Elfriede Hermann, Karin Klenke, Michael Dickhardt (Hg.)

Form, Macht, Differenz

erschienen im Universitätsverlag Göttingen 2009

Elfriede Hermann, Karin Klenke,
Michael Dickhardt (Hg.)

Form, Macht, Differenz

Motive und Felder
ethnologischen Forschens

Universitätsverlag Göttingen
2009

Bibliographische Information der Deutschen Nationalbibliothek

Die Deutsche Nationalbibliothek verzeichnet diese Publikation in der Deutschen Nationalbibliographie; detaillierte bibliographische Daten sind im Internet über <http://dnb.ddb.de> abrufbar.

Gefördert durch die STIFTUNGNIEDERSACHSEN

Anschrift der Herausgeber
Elfriede Hermann, Karin Klenke,
Michael Dickhardt
Georg-August-Universität Göttingen
Institut für Ethnologie
Theaterplatz 15
37073 Göttingen

Dieses Buch ist auch als freie Onlineversion über die Homepage des Verlags sowie über den OPAC der Niedersächsischen Staats- und Universitätsbibliothek (http://www.sub.uni-goettingen.de) erreichbar und darf gelesen, heruntergeladen sowie als Privatkopie ausgedruckt werden. Es gelten die Lizenzbestimmungen der Onlineversion. Es ist nicht gestattet, Kopien oder gedruckte Fassungen der freien Onlineversion zu veräußern.

Satz und Layout: Steffen Herrmann
Umschlaggestaltung: Margo Bargheer
Titelabbildung: Jörg Hauser
Blick durch das Tor eines balinesischen Tempels mit einem Hoheitsschirm und der roten Spitze einer Standarte als Hinweis auf eine dort anwesende Gottheit

© 2009 Universitätsverlag Göttingen
http://univerlag.uni-goettingen.de
ISBN: 978-3-940344-80-9

Für Brigitta Hauser-Schäublin

*Mit Dank, Respekt und Zuneigung für
wissenschaftliche Inspirationen, endlose Energie
und ansteckende Forschungsleidenschaft!*

Inhalt

Danksagung — 7

Form, Macht und Differenz als Dimensionen kultureller Praxis — 9
Michael Dickhardt, Karin Klenke und Elfriede Hermann

Brigitta Hauser-Schäublin im Feld

Stationen einer Feldforscherin von 1972 bis 2008 — 29
Ein Foto-Essay
Jörg Hauser

„Als Ibu Brigitta hierher kam, hat einfach alles gestimmt" — 57
Interview mit I Wayan Terang in Julah/Bali
I Wayan Terang und Meike Rieger

„Ich brachte es nicht übers Herz, ihr diese Dinge nicht mitzuteilen" — 65
Interview mit Jero Mangku Dalem I Nyoman Sutarmi in Sembiran/Bali
Jero Mangku Dalem I Nyoman Sutarmi und Sophie Strauß

„Was mich bewegt hat? Hier mit ihr zu sitzen und zu sprechen bis wir ins Schwitzen kamen!" — 77
Interview mit Jero Guru Nengah Teket in Batur/Bali
Jero Guru Nengah Teket und Meike Rieger

Form zwischen Macht und Differenz:
Objekte und Repräsentationen

The Curious Case of Non-Western Objects –   87
From „Artificial Curiosities" to Objects of Identity.
A Discussion about Brigitta Hauser-Schäublin,
Captain James Cook, and Museums
Nancy Lutkehaus

Die Institution ‚Ethnologisches Museum'   99
Historische Altlasten und innovative Möglichkeiten
Anna Schmid

Kūkā'ilimoku auf Reisen   111
Kontexte, Bedeutungen und (Re-)Präsentationen
Ulrich Menter

Provenienzforschung und ihre Tücken   127
Ein „Schild von Otaheiti" aus der Göttinger Cook/Forster-
Sammlung als Beispiel
Gundolf Krüger

Two Unusual Wooden Figures from the Marquesas Islands   141
Adrienne L. Kaeppler

Russisch-Amerika in deutschen Museen   149
Gudrun Bucher

Macht zwischen Form und Differenz:
Politische, religiöse und räumliche Kontexte

Zur Inszenierung nationaler, lokaler und religiöser Identitäten in   165
indonesischen Kulturparks
Judith Schlehe

Religion, Possession, and the „Hysteresis Effect"   181
A Case Study from India
William S. Sax

Inhalt

A Sea of Environmental Refugees? Oceania in an Age of Climate Change 191
Wolfgang Kempf

Symbolic Violence and Ceremonial Peace 207
Paul Roscoe

„Fish, Water, and Mosquitoes": The Western Invention of Iatmul Culture 215
Ulrike Claas

Dualism – A Motif of Thought in Sepik Societies 227
Markus Schindlbeck

Ständig in Bewegung: Heiligenverehrung im Laufe der Zeit 237
Beate Engelbrecht

Blanjong: An Ancient Port Site in Southern Bali, Indonesia 251
I Wayan Ardika

Die sozialräumliche Organisation des makassarischen Hauses 259
Martin Rössler

Differenz zwischen Macht und Form: Körper und Gender

Geschlechtliche Mehrdeutigkeit als ‚Raum der Möglichkeiten' 277
Transgenderism in zwei islamischen Gesellschaften Südostasiens
Birgitt Röttger-Rössler

Geschenk – Spende – Ware: Diskursive Deutungen in der öffentlichen 295
Debatte um Organtransplantation
Imme Petersen

Gender-Aspekte der Trauer im christlichen Hochland Äthiopiens 307
Brigitta Benzing

Zum Widerstreit symbolistischer und kulturmaterialistischer Ansätze 319
in der Deutung von Nahrungstabus
Ulrich Braukämper

Ethnologische Feldforschung
als Praxis von Differenz, Macht und Form

Wenn viele Felder sich in einem Raum vereinen: Feldforschung in internationalen Gremien
Regina Bendix ... 333

Als Ethnologin in der Medizin? Ein persönliches Resümee
Vera Kalitzkus ... 347

Verkörperte Feldforschung als Ethnologe und Missionar
Hans Reithofer ... 357

„Da willst Du wirklich hin? Als Frau, so ganz alleine?" – Geschlecht im Feld
Stefanie Steinebach ... 371

Veröffentlichungen von Brigitta Hauser-Schäublin ... 387

Autorinnen und Autoren ... 399

Danksagung

Während der Entstehung dieses Buches haben uns eine Reihe von Personen und Institutionen finanziell, praktisch und mit vielen guten Ideen unterstützt. An dieser Stelle möchten wir ihnen allen danken, insbesondere der Stiftung Niedersachsen für die großzügige finanzielle Unterstützung, Frau Fuhrmann-Koch von der Pressestelle der Universität Göttingen für tatkräftige Hilfe, Margo Bargheer vom Universitätsverlag Göttingen für ihren außergewöhnlichen Einsatz bei der Herausgabe dieses Buches, Steffen Herrmann für sein gewohnt sorgfältiges Engagement bei Lektorat und Layout, Fotobearbeitung und Titeldesign, den Mitgliedern des Instituts für Ethnologie für ihre freundlichen Hilfestellungen, Andrea Ladermann für ihre unschätzbare Hilfe bei der Administration, Harry Haase für das Scanning von Fotos, Nicole Hesse und Alexander Blechschmidt für die klaglose Übernahme der formalen Textbearbeitung sowie Jörg Hauser für seinen konspirativen *under-cover*-Einsatz im eigenen Haushalt.

Form, Macht und Differenz
als Dimensionen kultureller Praxis

Michael Dickhardt, Karin Klenke und Elfriede Hermann

Kulturelle Formen inmitten von Machtverhältnissen mit Blick auf Differenz zu untersuchen ist das Ziel eines Großteils ethnologischen Forschens. Form, Macht und kulturelle Differenz eröffnen ethnologische Felder für eine Vielzahl von Fragen – Fragen, die sich auch und gerade durch jene Bereiche ziehen, in denen das Forschen Brigitta Hauser-Schäublins sich vollzog und vollzieht, in denen es seine Motivation und seine vielfältigen Motive fand und findet: von Genderstudien zu den kulturellen Dimensionen der Körperlichkeit, von der materiellen Kultur zum musealen Objekt, von der Architektur zur kulturellen Räumlichkeit, vom Ritual zur Staatskultur, von der Dorfstudie zu den Verflechtungen der globalisierten Welt. In all diesen Feldern tauchen Form, Macht und kulturelle Differenz als Motiv immer wieder auf, doch sie tun dies nicht in einer klar bestimmbaren Konfiguration.[1] Form, verstanden als die innere Fügung *und* die äußere Gestalt, Macht, verstanden als äußerliches restriktives Instrument *und* innerliches produktives Strukturierungsprinzip, und kulturelle Differenz, verstanden als identitätsstiftendes Moment *und* als identitätspolitische Ressource, gehen in und durch ihre Polyvalenzen immer wieder neue Verbindungen miteinander ein, die eine Vielfalt von Fragen aufwerfen: Lässt sich behaupten: Form *macht* Differenz? Oder lässt sich zeigen: Kulturelle Form und Macht begründen Differenz? Oder ist zu erkennen: Kulturelle Form und Macht begründen Differenz, Ähnlichkeit und/oder Gleichheit? Diese knapp formulierten Fragen können weiter ausgeführt werden: Welche Zusammenhänge bestehen zwischen dem Erschaffen kultureller Formen, Machtbeziehungen und der Herstellung von Differenzen, Ähnlichkeiten und Gleichheiten? Inwiefern sind Formen sowie kulturell geschaffene Differenz und/oder Gleichheit Ausdruck der Ausübung von Macht und Gegenmacht? Inwiefern wird Machtausübung durch kulturelle Formen und Differenzen beziehungsweise Gleichheiten ermöglicht oder verhindert? Inwiefern begründen kulturelle Formen in spezifischen Machtverhältnissen Differenz, Ähnlichkeit oder Gleichheit? Mit diesen Fragen ist eine für das ethnologische Interesse entscheidende Perspektive verknüpft: Inwiefern lassen kulturelle Formen in gegebenen Machtfeldern und Manifestationen von Differenz und/oder Gleichheit auf das Handlungsvermögen von sozialen Akteuren[2] schließen?

Die hier zusammengetragenen Texte stammen nun aus ganz verschiedenen Feldern ethnologischen Forschens, in denen sich die genannten Fragen zum Zusammenhang von Form, Macht und Differenz stellen. Dabei war die Zusammenstellung der Texte von Beginn an nicht auf eine einheitliche thematische, theoretische oder methodologische Perspektive hin ausgerichtet. Vielmehr sollte die große Bandbreite ethnologischen Forschens sichtbar gemacht werden, die aber trotz ihrer Vielfältigkeit und Vielgestaltigkeit zusammengeführt wird durch jene spezifische ethnologische Perspektive, die das Werk Brigitta Hauser-Schäublins prägt. Diese besondere Perspektive wird weniger durch Begriffe wie Form, Macht und Differenz an und für sich ausgedrückt, als vielmehr durch die besondere Art, wie diese Begriffe in ihrer Relation zueinander bestimmt werden. Grundlegend für diese ethnologische Perspektive sind nun verschiedene Momente: die Anerkennung der Diversität kultureller und gesellschaftlicher Formen als Ausgangspunkt des verstehenden Erklärens menschlicher Praxis, die empirische Begründung in der Feldforschung im Modus der teilnehmenden Beobachtung, die kulturvergleichende Betrachtung und die methodische Nutzung der Fremdheitserfahrung. Alle diese Momente fußen aber auf einer zentralen Grundannahme, nämlich, dass menschliche Praxis von zwei untrennbar miteinander verbundenen Dimensionen gekennzeichnet wird – von der Objektivität der kulturellen Manifestationen und von der Subjektivität der Menschen, die diese Manifestationen in ihrem und durch ihr Handeln hervorbringen. Wie bestimmen sich also die Begriffe von Form, Macht und Differenz in einer ethnologischen Perspektive? Wie können die beiden wesentlichen Dimensionen soziokultureller Praxis ethnologisch bedeutsam unter der Perspektive des Zusammenhangs von Form, Macht und Differenz herausgearbeitet werden und zum Verstehen menschlicher Praxis beitragen?

Wenden wir uns zunächst dem Begriff der *Form* zu. Eingangs wurde er in seiner doppelten Bestimmung eingeführt: als innere Fügung *und* äußere Gestalt.[3] Dies mag zunächst verwundern, hebt doch der übliche Sprachgebrauch innerhalb der Ethnologie sowie der Kultur- und Sozialanthropologie oft einseitig auf die äußere Gestalt ab. Doch ist der Begriff der Form nicht auf die äußere Gestalt eines hervorgebrachten kulturellen Gegenstandes zu reduzieren, sondern verweist immer auch auf die Art des Gestaltens, auf das Formen, das sich gesellschaftlich bestimmten Regeln der Bedeutungszuschreibung unterwirft. Diese haben sich wiederum zu gesellschaftlich anerkannten Arten der

Strukturierung wie Sprache und Mythos, wie Rituale, Theater oder Literatur, wie Verwandtschaftsterminologien und Rollenvorstellungen kristallisiert. Vor diesem Hintergrund ist die Objektivität der äußeren Form immer Resultat eines Formungsprozesses, der sich in der Umsetzung der in den Regeln der Bedeutungszuschreibung angelegten Formungsprinzipien vollzieht. Und hier gelangt man zur inneren Fügung, denn das, was man als äußere Form erkennt, geht letztlich auf jene inneren Regeln und Prinzipien zurück, die bedeutungstragende Elemente wie Worte, Gesten oder materielle Objekte zusammenfügen mit den Bedeutungen, auf die sie verweisen. Das Äußere der Form und sein möglicher Bedeutungsgehalt ergeben sich nur in und durch diese Fügung, die in den Regeln und Prinzipien der Bedeutungszuschreibung angelegt ist und die sich durch den Formungsprozess konkretisiert. Hier nun freilich lässt die ethnologische Perspektive die Frage danach stellen, wie dieser Formungsprozess praktisch vonstatten geht, eine Frage, die uns zur Subjektivität der Menschen leitet, die die Formungen praktisch hervorbringen. Das Verhältnis der Akteure zu den soziokulturellen Formen ist nicht auf eines der bloßen Interpretation zu reduzieren. Wie gesagt, die Objektivität der Formen als äußere Gestalt entsteht durch einen Prozess der Formung, in dem Regeln und Prinzipien der Bedeutungszuschreibung und Bedeutungsverknüpfung materiale Bedeutungsträger mit Bedeutungen zusammenfügen. Dieses Fügen geschieht aber nicht von selbst, es geschieht durch die praktische Tätigkeit der Akteure. Diese deuten die äußeren Formen nicht bloß, sondern setzen diese praktisch um. Form erscheint somit als überaus komplexer Begriff, der es uns aus ethnologischer Perspektive erlaubt, die unterschiedlichen Dimensionen soziokultureller Praxis zu erfassen als die innere und die äußere Form und als das Formen in und durch die praktische Tätigkeit des Akteurs, als geformt und formend.

So vielschichtig das Feld auch sein mag, das der Begriff der Form einer ethnologischen Perspektive öffnen mag, so nachdrücklich haben die Debatten in der Ethnologie seit dem Einsetzen der postmodernistischen Kritik einen Begriff ins Zentrum der Aufmerksamkeit gerückt, ohne den keine Betrachtung der Form mehr auskommen kann: den Begriff der *Macht*. Es hat sich erwiesen, dass jeder Versuch, die Logik der soziokulturellen Formen nur aus sich selbst heraus zu verstehen, deren praktische Funktionen nicht erfassen kann – praktische Funktionen, die sich immer auch in einem von Macht bestimmten Feld entfalten.[4] Wie aber wird Macht für die soziokulturellen Formen relevant? Am auffälligsten wird die Rolle der Macht, wenn die soziokulturellen Formen instrumentell eingesetzt werden, um Interessen der Akteure durchzusetzen. Der Mythos kann zur Legitimation von Herrschaft verwendet werden, das Ritual zur Reproduktion von Hierarchie. Doch, so warnt Sahlins, die Machtanalyse darf nicht dazu führen, die spezifische Logik der soziokulturellen Formen auszublenden oder auf eine bloße Funktion funktionalistisch-instrumentell interpretierter Machteffekte zu reduzieren (Sahlins 1999). Erst ein tiefes Verständnis kultureller Formen wie der des japanischen Sumo-Ringens erschließt ein Verständnis möglicher instrumenteller Machteffekte:

> Sumo can serve venal interests, thus enter into entrepreneurial projects, because of its meanings, associations and relationships in history and the culture. Function must be the servant of custom if it schemes to be its pragmatic master. (Sahlins 1999:409)

Doch ist die Beziehung zwischen *function* und *custom,* zwischen Macht und Form komplizierter als Sahlins es hier suggeriert. Die Form, so muss mit einem Foucault'schen *cetero censeo* eingewendet werden, entsteht nicht losgelöst von der Macht, um erst später von dieser funktionalisiert zu werden. Die Macht bestimmt den Kontext, in dem sich die Form allererst formieren kann, und sie nistet sich über Regeln und Prinzipien der Bedeutungszuschreibung und Bedeutungsverknüpfung in die Form ein: Die Bedeutungen des Sumo-Ringens konnten nur entstehen, indem sich das Sumo-Ringen durch die Übernahme bestimmter Formen wie zum Beispiel von Shinto-Ritualen und kosmologischer Symbolik in bestimmte Machtstrukturen einfügte. Dieser bedurfte es zu seiner Legitimation und half, sie wiederum selbst zu legitimieren, indem es allein durch die formende Fügung der Bedeutungen jene Bedeutungen hervorbringt, die die herrschende Ordnung in ihrer religiösen und kosmologischen Legitimation bestätigen. Form, so könnte man sagen, wird also nicht bloß funktionalisiert, sondern sie wird ge*macht* und *macht* selbst die Ordnung, innerhalb derer sie funktionalisiert wird, indem sie machtrelevante Bedeutungszuschreibungen und Bedeutungsverknüpfungen ermöglicht – und auch jene verhindert, die der Macht abträglich wären.

Eines der interessantesten Momente, das bei der Analyse des Zusammenhangs von Macht und Form immer wieder diskutiert wurde, ist das der *Differenz*.[5] Differenz hat in der Geschichte der Ethnologie von Beginn an eine zentrale Rolle gespielt – und dies in unterschiedlichen epistemologischen, methodologischen und gegenstandstheoretischen Dimensionen, als gegebenes Faktum soziokultureller Praxis ebenso wie als Prinzip, dessen sich die Akteure bedienen, wenn sie vermittels der kulturellen und gesellschaftlichen Formen kulturelle Ordnungen aufbauen. Zunächst erscheint als wesentliches epistemologisches und methodologisches Moment der ethnologischen Perspektive eine doppelte Anerkennung der Differenz als Diversität kultureller und gesellschaftlicher Formen: zum einen als Ausgangspunkt des verstehenden Erklärens und zum anderen als methodologischer Rahmen, in dem Fremdheit kein Hindernis, sondern in ihrer Relationalität Voraussetzung ethnologischer Erkenntnis ist.[6] Auf dieser Grundlage wurde die Differenz vielfältig in der Ethnologie thematisiert: als Explanans im Rahmen der Kulturbeschreibung und des Kulturvergleichs, als Explanandum im Verhältnis zur Idee der Einheit der Menschheit und als Strukturierungsprinzip von Bedeutungen im Sinne von Systemen von Unterschieden. Dabei wurde lange Zeit die Differenz zwischen Kultur*en* in den Vordergrund gerückt, was unter anderem zur Folge hatte, dass die Momente der Gleichheit und der Homogenität innerhalb der voneinander differenzierten Einheiten betont wurden – zu Lasten, wie sich bald herausstellte, einer angemessenen Repräsentation der Vielschichtigkeit und Widersprüchlichkeit soziokultureller Praxis. Die Reflexion der Differenz sowie ihrer Bedingungen, Funktionen und Implikationen im Forschungsprozess und in der soziokulturellen Praxis haben es dann möglich gemacht, die Logik ethnologischer Objektivierung und die Logik der Praxis in deren Komplexität und Heterogenität klarer und deutlicher hervortreten zu lassen.[7] Differenz wurde nicht nur als gegebenes Faktum oder als Kontext soziokultureller Praxis, sondern zunehmend auch als Prinzip der Formung dieser Praxis durch die Akteure verstehbar. Die epistemologische und methodologische Kritik der Feldforschung und ihrer Formen der Repräsentation des Anderen erkannte in der Subjektivität des Forschers nicht mehr nur den privilegierten neutralen Ort der Erkenntnis, sondern eine im Erkenntnisprozess hervorgebrachte positionierte Perspektivität, die bestimmt wird durch komplexe Prozesse der Differenzierung, in denen der Feldforscher vermittels differenzierender Momente wie Hierarchie, Gender oder Alter zu einem konkreten sozialen, politischen, ökonomischen und ideologischen Akteur in praktischer Interaktion mit seinem Forschungsfeld und den ‚beobachteten' Akteuren wird.[8] Die Ethnizitätsforschung hat gezeigt, dass es die Logik der Differenz und Abgrenzung ist, die ethnische Einheiten allererst entstehen lässt, aber auch Raum für deren innere Komplexität und Heterogenität schafft.[9] Und schließlich ließen die Forschungen zu Gender und Leiblichkeit deutlich werden, dass es weniger ein substanzieller Kern vermeintlich natürlicher Körperlichkeit, sondern die Logik kultureller Differenz ist, die das Geschlecht und den Körper formt.[10] Die Fokussierung auf Verschiedenheit, Besonderheit und Abgrenzung führte also zu weitgehenden Erkenntnissen. Sie brachte jedoch auch eine starke, wenn nicht zu starke Akzentuierung von kultureller Differenz mit sich, womit Momente der Gleichheit oder Ähnlichkeit ausgeblendet wurden. Mit Blick auf negative Konsequenzen einer solchen Überbetonung gilt es, Differenz als relationale Differenz zu verstehen, als Verschiedenheit in Relation zu Gleichheit und Ähnlichkeit.[11]

Wenn nun aber (relationale) Differenz in all diesen ethnologischen Forschungsfeldern nicht als gegebenes Faktum anzusehen ist, sondern als formendes Prinzip soziokultureller Strukturierung, so muss die Frage nach der Macht gestellt werden. Begreifen wir Macht als das Vermögen, Objektivität zu setzen und durchzusetzen, und Differenz als formendes Prinzip, das Dinge voneinander unterscheidbar macht und dennoch in einer Beziehung zueinander hält, so kann diese Frage genauer gefasst werden: Die Form *macht* Differenz, aber jeder Form ist eine Logik der Differenzierung eigen, derer sich die Macht bedient, um die soziokulturelle Ordnung als Objektivität zu setzen. Und indem die Subjekte es sind, die in und durch ihre formende Praxis Objektivität differenzierend hervorbringen, werden diese selbst der relationalen Differenz unterworfen.

Form, Macht und Differenz in den Forschungen von Brigitta Hauser-Schäublin

Der analytische Blick auf Form, Macht und Differenz in ihren je spezifischen Relationen zieht sich durch die Forschungen von Brigitta Hauser-Schäublin. Er findet sich in

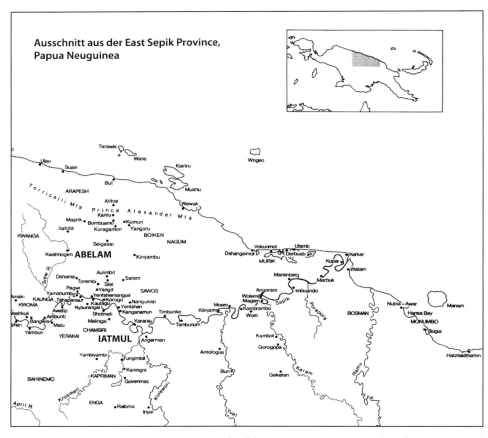

Forschungsgebiete von Brigitta Hauser-Schäublin in Papua-Neuguinea bei den Iatmul und Abelam.

ihren Ethnographien über die Iatmul und die Abelam in Papua-Neuguinea, in ihren Forschungen über Bali sowie in ihren Untersuchungen kultureller Diskurse und Praktiken in Mitteleuropa. So vielfältig die Regionen, so groß ist die Bandbreite ihrer thematischen Schwerpunkte, die von Museumsethnologie und materieller Kultur (z. B. 1988, 1989a, 2007c und im Druck) über Räumlichkeit (z. B. 1989b, 1992, 1997b, 2004, Dickhardt und Hauser-Schäublin 2003), Politik, Religion und Ritual (z. B. 1997b, 2003b, 2005a, 2005b, 2008, Hauser-Schäublin und Ardika 2008b), Gender und Körper (z. B. 1977, 1991, 2007a, 2007b, Hauser-Schäublin, Kalitzkus, Petersen und Schröder 2008, Hauser-Schäublin und Röttger-Rössler 1998) bis zu Cultural Heritage (z. B. Hauser-Schäublin und Krüger 2006) reichen und auch die allgemeinen Themen der Ethnologie wie Feldforschung (z. B. 2002, 2003a), Globalisierung (z. B. Hauser-Schäublin und Braukämper 2002) und Kulturkritik (z. B. 1997a) nie aussparen. Ein in seiner Breite und Tiefe so umfangreiches Werk kann an dieser Stelle nicht umfassend dargestellt werden. Hier sollen daher an drei Beispielen die Relationen von Form, Macht und Differenz in den Arbeiten von Brigitta Hauser-Schäublin umrissen werden.

Beginnen wir mit dem Verhältnis von Form und Differenz in dem, was die Arbeit Brigitta Hauser-Schäublins durchgängig in allen thematischen Feldern prägt: ihre konsequent durchgehaltene ethnologische Perspektive. Als eines der grundlegenden Momente einer solchen Perspektive wurde oben die Anerkennung der Differenz kultureller und gesellschaftlicher Formen als Ausgangspunkt des verstehenden Erklärens hervorgehoben. Nun zeigt Brigitta Hauser-Schäublins Analyse von Übergangsriten für Frauen bei den Abelam und den Iatmul im Sepik-Gebiet Neuguineas beispielhaft, wie wichtig eine Perspektive für das Verstehen kultureller Formen ist, die kulturelle Differenz nicht bloß vage postuliert, sondern in ihren konkreten kulturellen Ausformungen deutlich herauszuarbeiten vermag. In ihrem Artikel *Puberty Rites, Women's* naven, *and Initiation* (Hauser-Schäublin 1995) beschäftigt sie sich mit den unterschiedlichen Übergangsriten der Frauen in diesen beiden Gesellschaften, die zu den Sepik-Gesellschaften gezählt werden, eine Klassifizierung, die auf der Annahme kulturhistorisch begründeter Gemeinsamkeiten aufbaut. Wie aber sind dann die erheblichen Unterschiede in Inhalt, Funktion und Bedeutung zu erklären, die ein Vergleich der beiden Gesellschaften hinsichtlich der weiblichen Übergangsriten zutage bringt? Während bei den Abelamfrauen vor allem die Erstmenstruation rituell begleitet und als ein eigenständiger, von Frauen ausgeführter Übergangsritus ausgeformt wird, finden sich bei den Iatmulfrauen Übergangsriten anderer Art: Zum einen ist die Markierung kultureller Errungenschaften im Lebenslauf einer Frau im Kontext verwandtschaftlicher Beziehungen Anlass für ein *naven* genanntes Ritual, und zum anderen werden für einzelne Frauen Initiationen in bestimmte Positionen in den von Männern kontrollierten Klanstrukturen und den damit verbundenen Systemen esoterischen Wissens durchgeführt. Weder die Annahme eines gemeinsamen kulturellen Kontextes der ‚Sepik-Gesellschaften', noch die in beiden Gesellschaften überaus große Wichtigkeit der Frauen für die Subsistenz, noch ein allgemeiner Begriff der Initiation können an und für sich diese Rituale und deren soziokulturelle Bedeutung in ihren Unterschiedlichkeiten verständlich machen. Erst ein differenzierender Blick auf die konkrete symbolische Ausformung der Rolle der Frauen in den Bereichen des Anbaus, der Fruchtbarkeit und Fortpflanzung sowie der Subsistenz ermöglicht ein Verstehen dieser signifikanten Unterschiede. Diese ergeben sich nämlich weder aus der homologen Ausformung eines gemeinsamen kulturellen Substrats, wie es der Begriff der ‚Sepik-Gesellschaften' als gemeinsamer Bezugspunkt der Abelam und Iatmul nahelegt, noch aus der Ausformung einer allgemeinen rituellen Form der Initiation. Vielmehr müssen die konkreten Formen der weiblichen Übergangsriten und die darin zum Ausdruck kommenden unterschiedlichen Inhalte, Funktionen und Bedeutungen verstanden werden vor dem Hintergrund der konkreten Modi der Subsistenz, die sich bei den beiden Gesellschaften deutlich voneinander unterscheiden, und der symbolischen Ausformungen von Vorstellungen zur Fruchtbarkeit und zu Zeugungskräften im Zusammenhang mit diesen Modi der

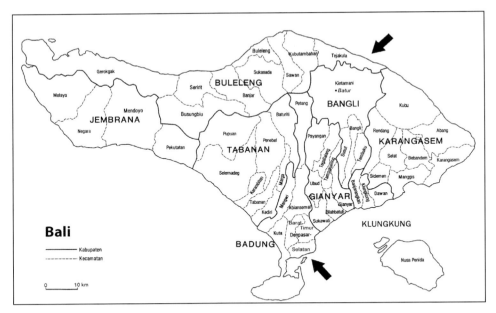

Forschungsgebiete von Brigitta Hauser-Schäublin in Bali.

Subsistenz (Hauser-Schäublin 1995:33–34 und 52). Kulturelle Differenz im Bemühen um ein Verstehen kultureller Formen ernst zu nehmen, heißt also, nicht an der Oberfläche der Formen zu verbleiben, sondern sie in ihren inneren Fügungen eingehend zu analysieren, heißt also, die oberflächliche Differenz nicht mit wohlfeilen Konstrukten wie ‚Sepik-Gesellschaften' oder ‚Initiation' als eine oberflächliche wegzudefinieren, sondern der Differenz in ihrer tiefen Begründung in der konkreten Praxis Geltung zu verschaffen.

Eine spezifische Relation von Macht und Form thematisiert Brigitta Hauser-Schäublin in ihrem Aufsatz *The Precolonial Balinese State Reconsidered* (2003b), in dem sie Theorien der Staatenbildung mit einer eingehenden quellenkritischen Analyse unterschiedlicher Textgenres aus verschiedenen Jahrhunderten verbindet, um die konkrete Ausformung von vorkolonialer königlicher Macht auf Bali neu zu deuten. Ausgangspunkt ist die klassische Frage der Staatenbildung, ob Regionen, die sich durch Bewässerungssysteme auszeichnen, eine starke zentrale politische Macht benötigen. Marx und Wittfogel haben diese Frage bejaht – hier seien die Stichworte „asiatische Produktionsweise" respektive „orientalischer Despotismus" genannt – und auf die Bedeutung des instrumentellen Aspekts von Macht zur Kontrolle der Ressource Wasser verwiesen. Für Bali haben Clifford Geertz mit der These des *theater state* und Stephen Lansing mit dem *democratic irrigation model* diese Frage jedoch aus unterschiedlichen Perspektiven verneint und mit dem empirisch unterfütterten Argument, dass die vorkolonialen balinesischen Könige keine Kontrolle über die Bewässerungssysteme gehabt hätten, gleichsam die Absenz des instrumentellen Aspekts von Macht und damit einen schwachen Staat konstatiert. Brigitta Hauser-Schäublin setzt sich in ihrem Aufsatz kritisch mit Geertz und Lansing auseinander und fragt erneut, in welcher Form die balinesischen Könige nun Macht über die Bewässerungssysteme ausübten und wie die vorkolonialen balinesischen Königtümer vor diesem Hintergrund als politische Gebilde zu verstehen sind. Verzichteten sie mit der bloßen rituellen Inszenierung königlicher Macht in Form des *theater state* auf konkrete instrumentelle Macht in Form der bürokratisch organisierten Verfügungsgewalt über die Bewässerungssysteme – und damit über den ökonomisch existentiellen Bereich, den Nassreisanbau? Lassen sich die Bewässerungssysteme damit als eine nicht-hierarchisch organisierte Form der Ressourcenverteilung jenseits der Kontrolle durch den König, als *democratic irrigation model* verstehen? Mit anderen Worten: Existierten die balinesischen Königtümer gleichsam als Form ohne Macht bzw. fielen Form und Macht in eins?

Brigitta Hauser-Schäublins Interpretationen von vorkolonialen balinesischen Quellen sowie kolonialen Aufzeichnungen zeigen im Unterschied zu Geertz und Lansing, dass die Kontrolle der Bewässerungssysteme und die königliche Macht keinesfalls zwei nur lose miteinander verbundene Bereiche waren, in denen gar die bloße Inszenierung königlicher Macht eine konkrete ökonomische und politische Macht überflüssig machte. Ihre Studien ergaben, „[...] that temple and ritual networks creating a series of purposeful, fixed in time, cyclically repeating [...] migrations to different sites within a large area were a fundamental principle of organization of the precolonial, Balinese state and thus of royal supremacy" (2003b:156–157).

Diese These eröffnet gleich zwei neue Perspektiven auf die Relation von Macht und Form im balinesischen Kontext: Zum einen zeigt ihr sorgfältiges Studium der alten Quellen, dass die Macht balinesischer Könige durchaus instrumentelle Aspekte aufwies, direkte Verfügungsgewalt über die ökonomischen Ressourcen – konkreter über das Wasser und die Bewässerungssysteme – bedeutete und zudem eng mit den hierarchisch hoch stehenden Tempeln assoziiert war. Zum anderen wird deutlich, dass die spezifische Form des vorkolonialen Staates – und hier eben auch die Form im Sinne der inneren Fügung – untrennbar verbunden ist mit einer Macht, die er nicht nur instrumentell ausübt, sondern die ihn in und durch die Form von Tempelnetzwerken, zyklischen Ritualen, Pilgerfahrten und ökonomischen Verpflichtungen prozesshaft in seiner besonderen Form hervorbringt (Hauser-Schäublin 2003b:157). Die Macht des Königs definierte sich dabei primär über die Fähigkeit zur Mobilisierung großer Menschenmassen.[12] Macht wird auf kulturell höchst spezifische Art und Weise immer wieder *gemacht* und erinnert in dieser fluiden Form nur sehr peripher an den territorial definierten Staat europäischer Provenienz.

Aktuell beschäftigt sich Brigitta Hauser-Schäublin mit dem Thema *cultural property* aus interdisziplinärer Perspektive.[13] Auch hier lassen sich spezifische Konfigurationen von Form, Macht und Differenz finden. Differenz ist dabei ein konstitutives Moment für *cultural property,* das sich als kulturell ganz spezifisch Eigenes, Typisches,

Besonderes von allem anderen abgrenzt. Differenz ist somit weniger eine Eigenschaft als ein relationales Verhältnis. Dieses Eigene, Typische, Besondere eines *cultural property* existiert mit einer spezifischen äußeren Form und – als Ausdruck des kulturell Eigenen – mit einer spezifischen inneren Fügung. *Cultural property* lässt sich jedoch nicht auf eine unschuldige Authentizität reduzieren, sondern nur im Kontext konkreter Machtbeziehungen verstehen, ohne darin aufzugehen. Wessen kulturell Eigenes wird – sowohl in Konkurrenz von Gesellschaften untereinander als auch innerhalb einer ja immer heterogenen Gesellschaft – zum *cultural property*? Welche Formen von *cultural property* bringt der globale Diskurs über den Schutz materieller wie immaterieller kultureller Phänomene hervor, welche der nationale Wunsch nach der Präsentation kulturellen Reichtums? Wie verändert sich in diesem Kontext das Verständnis für und von Kultur insgesamt, wie die soziale Praxis? Wie verschiebt sich Macht im Sinne der Verfügungsgewalt im Prozess der Zertifizierung von kulturellen Phänomenen etwa zu einem Weltkulturerbe? Die praktische Wirkmächtigkeit von Differenz, so lässt sich konstatieren, wird im Kontext von *cultural heritage* durch den Einsatz spezifischer kultureller Formen von verschiedenen Akteuren in machtstrukturierten Kontexten formuliert und beansprucht.

Zu den Beiträgen in diesem Band

Bei der Zusammenstellung dieses Buches haben wir versucht, die vielfältigen Motive, die uns in Arbeit und Werk Brigitta Hauser-Schäublins und in den Beiträgen entgegentraten, mit den soeben umrissenen Aspekten der Relation von Form, Macht und Differenz in Verbindung zu bringen. Der Begriff des *Motivs* erwies sich dabei für uns in seiner schillernden Mehrdeutigkeit als besonders inspirierend: Das Motiv als Beweggrund ethnologischen Forschens zwischen engagierter Kulturkritik und ethnographischer Faszination, als Gegenstand der Darstellung und Analyse sowie als Thema und Leitmotiv ethnologischen Forschens. Und so symbolisiert das Motiv unseres Titelbildes – der Blick durch das Tor eines balinesischen Tempels mit einem Hoheitsschirm und der roten Spitze einer Standarte als Hinweis auf eine dort anwesende Gottheit[14] – für uns in seiner ethnographischen Faszination einen Beweggrund ethnologischen Forschens und verweist zugleich in der Art, wie in ihm die Form die Macht zu verdecken und doch zugänglich zu machen scheint, auf ein Leitmotiv dieses Forschens. Auch in den Beiträgen entdeckten wir sehr unterschiedliche Motive, die sich aber unter verschiedenen Aspekten der Relation von Form, Macht und Differenz zusammenfügen ließen. Dabei wird, den oben skizzierten Relationen folgend, in den Kapiteln dieses Buches je ein Begriff in seinem Verhältnis zu den beiden anderen in den Mittelpunkt gestellt. Entsprechend nähern sich die Beiträge in diesem Buch der Komplexität dieser Relationen aus verschiedenen regionalen und thematischen Perspektiven. Je nach thematischem Fokus steht Form in Relation zu Macht und Differenz oder Macht in

Relation zu Form und Differenz oder Differenz in Relation zu Macht und Form im Mittelpunkt der Betrachtung. Die Beiträge des letzten Kapitels reflektieren schließlich das ethnologische Forschen als Praxis von Form, Macht und Differenz. Da sich die Bedeutung der Beiträge der Kapitel zwei bis fünf für das Thema des Buches selbst erschließt, soll hier nur näher auf das erste Kapitel eingegangen werden.

Feldforschung als Praxis von Form, Macht und Differenz ist seit über 35 Jahren die große Leidenschaft von Brigitta Hauser-Schäublin, die sie auch theoretisch reflektiert hat (2002 u. 2003a). Dieser Leidenschaft in ihrer konkreten Form, der komplexen Erfahrung, „[...] was das Kulturwesen Mensch, der/die Andere ‚ist' und was ich selber bin" (Hauser-Schäublin 2002:73), ist das erste Kapitel gewidmet. Die Fotos von Jörg Hauser zeigen diese Begegnung zwischen dem eigenen und dem relational fremden Sein als Kulturwesen Mensch. Feldforschung als eminent sinnliche Praxis und Erfahrung findet sich in der bloßen textuellen Repräsentation nur unzureichend wieder. In den Fotografien, die Brigitta Hauser-Schäublin an den Orten ihrer Forschungen im Gespräch oder in Aktion mit anderen zeigen, wird jedoch etwas von dem lebendig, was ein Text nur schwer wiedergeben kann: die konkrete, alltägliche Praxis des Forschens, die Momente von Nähe und Verstehen, von Fremdheit, von Mühsal, von Ruhe und Entspannung und immer wieder Momente des intensiven Zuhörens und des Dialogs. Bei genauerer Betrachtung der Bilder zeigt sich, dass Form, Macht und Differenz auch visuell vermittelt werden: durch Körperhaltungen und Gesten, durch die räumliche Struktur, durch Blicke und Positionierungen, durch Sitzordnungen und Kleidung. Gleichzeitig legen sie Zeugnis ab von einer jahrzehntelangen vertrauten und selbstverständlichen Zusammenarbeit zwischen Brigitta Hauser-Schäublin und Jörg Hauser sowie von seiner Meisterschaft als Fotograf.

Die Fotos werden ergänzt durch Interviews mit I Wayan Terang aus Julah, Jero Guru Nengah Teket aus Batur und Jero Mangku Dalem I Nyoman Sutarmi aus Sembiran, drei Forschungspartnern von Brigitta Hauser-Schäublin, die im Kontext ihrer Forschungen auf Bali von zentraler Bedeutung sind. Mit den Interviews sollen ihre balinesischen Wegbegleiter einen angemessenen Platz in dieser Festschrift finden und Brigitta Hauser-Schäublins Leidenschaft für Feldforschung, die sich in ganz existentieller Hinsicht aus ihrer Neugier auf Menschen und ihrer Faszination durch Begegnungen und Beziehungen speist, gewürdigt werden:

> Bei jedem Forschungsaufenthalt bin ich wieder verzaubert von den Geweben der Beziehungen der Menschen dort, aber auch denjenigen zwischen mir und ihnen, von der Begegnung mit Menschen, mit denen mich z. T. seit langem vieles verbindet, aber auch vieles trennt. (Hauser-Schäublin 2002:73)

Die drei Interviews bieten nicht nur einen sehr lebendigen und humorvollen Einblick in die Praxis der Feldforschung, die Bedeutung jahrelanger Beziehungen und die Persönlichkeit der drei Interviewten, sondern zeigen gerade in ihrer Kombination auch sehr klar, wie sehr die eigene Perspektivität – wie eingangs erläutert – durch Prozesse der Differenzierung auf der Basis von Geschlecht, Alter und Macht, aber auch auf der Basis der kulturellen Herkunft in der Feldforschung bestimmt wird und zu einer konkreten relationalen Positionierung im Feld führt, wie Brigitta Hauser-Schäublin es sehr differenziert am Beispiel ihrer eigenen Feldforschungserfahrungen darstellt (2002). Alter und Status der eigenen Person strukturieren, so zeigen die Interviews, das jeweilige Verhältnis zu Brigitta Hauser-Schäublin in einer in Bezug auf Form, Macht und Differenz je spezifischen Weise: Für I Wayan Terang, dem jüngsten der drei, sind sie und ihr Mann „wie Eltern", denen er dankbar für ihre Tipps zu seiner Amtsführung als Bürgermeister und für ihre materielle Unterstützung ist. Jero Mangku Dalem I Nyoman Sutarmi, ein Tempelpriester, der etwa im gleichen Alter wie Brigitta Hauser-Schäublin ist, beschreibt ihr Verhältnis dagegen als ebenbürtig – so ebenbürtig, dass selbst die Dozenten der Universität Udayana erstaunt gewesen seien. Jero Guru Nengah Teket schließlich erläutert mit der ganzen Würde nicht nur seines Alters, sondern auch seines Amtes als Priester am Batur-Tempel, einem Tempel mit zentraler Bedeutung für ganz Bali, dass er sie als sein Kind ansehe und daher eine große – und schwere? – Verantwortung trage, da er dadurch verpflichtet sei, sie zu versorgen und ihr weiterzuhelfen. Gleichzeitig wird darin deutlich, dass sowohl die jeweiligen Verhältnisse selbst als auch ihre sprachlichen Explikationen bestimmten kulturellen Formen folgen, in denen Respekt für Ältere und sozial höher Stehende unter anderem durch (rhetorische) Bescheidenheit zum Ausdruck gebracht wird. So erscheint in Wayang Terangs Erzählungen sein Verhältnis zu Brigitta Hauser-Schäublin als ein einseitiges, in dem ausschließlich er der Empfangende ist und seine eigene Arbeit, die er für sie leistet, völlig in den Hintergrund tritt. Ihr verdankt er, so fasst er ihre gemeinsame Arbeit zusammen, letztlich sein Amt als Bürgermeister und sogar einen Besuch beim Präsidenten, sein gesamtes Dorf verdankt ihr die positive Entwicklung. Jero Mangku Dalem dagegen erläutert, dass ihr Verhältnis auf Gegenseitigkeit beruhe: „Unser Leben besteht doch daraus, dass wir uns gegenseitig helfen!" Jero Guru Nengah Teket wiederum, als Priester des Batur-Tempels der Ranghöchste der drei, stellt klar, dass ihre gemeinsame Arbeit nicht auf Gegenseitigkeit beruht, sondern er in diesem Verhältnis der ausschließlich Gebende ist:

> Was auch immer sie gefragt hat, konnte ich beantworten. Alles, was ich schon wusste, musste sie dann nicht mehr aus irgendwelchen Texten lernen. Von ihr konnte ich nichts Neues mehr lernen. Sie hat ihre Ergebnisse nur immer mit mir abgeglichen.

Alle drei thematisieren sehr klar diese relationalen Positionierungen und deren Implikationen. Form, Macht und Differenz erfahren hier kulturell spezifische und pragmatische Artikulierungen. Nicht zuletzt zeigen diese Interviews jedoch auch jenseits aller Überlegungen zu Form, Macht und Differenz die große Wertschätzung, die Brigitta Hauser-Schäublin von ihren balinesischen Informanten erfährt. Das letzte Wort soll hier I Wayan Terang erhalten:

Ich denke, der spezielle Erfolg von Ibu Brigittas Forschung lässt sich auf jeden Fall darauf zurückführen, dass sie immer direkt auf die Menschen zugegangen ist und ihr das persönliche Kennenlernen wichtig war, so dass die Bevölkerung sie sehr geschätzt hat.

Anmerkungen

1 Die folgenden Überlegungen verstehen sich hinsichtlich des *Formbegriffs* vor allem vor dem Hintergrund des Ansatzes Ernst Cassirers, dessen Formbegriff auf der Grundlage der strukturierungstheoretischen Entwürfe Bourdieus, der von strukturierenden Strukturen spricht (1987:98), und Giddens, der auf den dualen Charakter der Struktur verweist (1989:XXXI,242). Zusammenfassendes findet sich bei Bourdieu (1987:97–121, 1983 und 1998) sowie bei Giddens (1989:1–40). Zum Formbegriff Cassirers siehe Cassirer (1956, 1992 und 1994, vor allem Band 1:3–52). Siehe dazu auch Dickhardt (2001:27–58). Die Überlegungen zum *Machtbegriff* nehmen ihren Ausgang bei Michel Foucault und dessen Denken zum Begriff der Macht (1976, 1991 und 1995) und Pierre Bourdieu (vor allem 1987:97–179). Zusammenfassendes zu Foucault findet sich bei Lorey (1999) und Ricken (2004). Für die Überlegungen zum Begriff der *Differenz* in seinen epistemologischen und methodologischen Dimensionen sei auf die konzise Zusammenfassung von Moore und Sanders (2006:1–3) sowie auf Rottenburg (2006) verwiesen. Grundlegend sind freilich Moore (1994) und Wagner (1981). Für differenzierte und kritische Positionen sei verwiesen auf Abu-Lughod, die vor einer „anthropology's complicity in the reification of cultural difference" (Abu-Lughod 2002:783) warnt, und auf Hermann (2006).

2 Um der Lesbarkeit willen wird auf die jeweilige Nennung der weiblichen und männlichen Form verzichtet, ohne das nicht genannte Geschlecht dabei ausklammern zu wollen.

3 Siehe dazu Anmerkung 1.

4 Siehe dazu Anmerkung 1.

5 Siehe dazu Anmerkung 1.

6 Diese Hinwendung zur kulturellen Differenz kann als Geburtsstunde der heutigen Ethnologie in Abwendung vom klassischen Evolutionismus verstanden werden, wie sie Franz Boas und seine Schüler und Schülerinnen vollzogen haben; dazu siehe Hatch (1983, vor allem die Seiten 24–26 und 52–59).

7 Der Weg zu dieser Erkenntnis war ein langer und gewundener, maßgeblich bestimmt von der *Writing Culture*-Debatte, der postmodernistischen Kritik und der Kritik an den Konsequenzen einer homogenisierenden sowie einseitig kulturalistischen und relativistischen Kulturanthropologie. Dazu siehe z. B. Abu-Lughod (1991, 1993 und 2002), Bloch (2005) sowie Clifford und Marcus (1986).

8 Dazu zusammenfassend Fuchs und Berg (1999) und Hauser-Schäublin (2002).

9 Dazu siehe Barth (1969), Fenton (2003), Jenkins (1997) und Linnekin und Poyer (1990).

10 Dazu siehe z. B. Hauser-Schäublin und Röttger-Rössler (1998) und Moore (1994).

11 Dazu siehe Hermann (2006).

12 Wurden während des Suharto-Regimes Religion und Politik strikt getrennt, knüpfen heute in der Zeit der politischen Dezentralisierung Indonesiens balinesische Politiker an diese Traditionen an – ein Thema, das Brigitta Hauser-Schäublin aktuell untersucht.

13 Seit 2008 ist sie Mitglied der DFG-geförderten Forschergruppe „Die Konstituierung von *Cultural Property*. Akteure, Diskurse, Kontexte, Regeln" und arbeitet mit VölkerrechtlerIn-

nen zu den Prozessen, die dazu führten, dass die an der thailändisch-kambodschanischen Grenze gelegene Tempelanlage Preah Vihear zum UNESCO-Weltkulturerbe ernannt wurde, sowie zu den Grenzsstreitigkeiten, die der Ernennung folgten. Damit bleibt sie ihrer Leidenschaft für interdisziplinäres Arbeiten sowohl in der Forschung als auch in der Lehre treu. Neben der fruchtbaren Zusammenarbeit mit der Archäologie und der Geographie im Kontext ihrer Arbeiten zu Bali hat sie in der Lehre vielfach interdisziplinäre Lehrveranstaltungen mit VertreterInnen anderer Fächer der Universität Göttingen angeboten.

14 Für das Titelbild danken wir Jörg Hauser herzlichst!

Literatur

Abu-Lughod, Lila (1991) Writing Against Culture. In: Richard G. Fox (Hg.): *Recapturing Anthroplogy. Working in the Present*, S. 137–162. Santa Fe: School of American Research Press.

Abu-Lughod, Lila (1993) *Writing Women's Worlds. Bedouin Stories*. Berkeley: University of California Press.

Abu-Lughod, Lila (2002) Do Muslim Women Really Need Saving? Anthropological Reflections on Cultural Relativism and Its Others. In: *American Anthropologist* 104 (3), S. 783–790.

Barth, Fredrik (1969) Introduction. In: Fredrik Barth (Hg.): *Ethnic Groups and Boundaries. The Social Organization of Culture Difference*, S. 9–38. Oslo: Univeritets Forlaget.

Bloch, Maurice (2005) Where Did Anthropology Go? Or the Need for ‚Human Nature'. In: Maurice Bloch: *Essays on Cultural Transmission*, S. 1–19. Oxford: Berg (London School of Economics Monographs on Social Anthropology 75).

Bourdieu, Pierre (1983) *Zur Soziologie der symbolischen Formen*. Frankfurt a.M.: Suhrkamp (stw 107).

Bourdieu, Pierre (1987) *Sozialer Sinn. Kritik der theoretischen Vernunft*. Frankfurt a.M.: Suhrkamp.

Bourdieu, Pierre (1998) *Praktische Vernunft. Zur Theorie des Handelns*. Frankfurt a.M.: Suhrkamp (Edition Suhrkamp NF 985).

Cassirer, Ernst (1956) Der Begriff der symbolischen Form im Aufbau der Geisteswissenschaften. In: Ernst Cassirer: *Wesen und Wirkung des Symbolbegriffs*, S. 169–200. Darmstadt: Wissenschaftliche Buchgesellschaft.

Cassirer, Ernst (1992) *An Essay on Man*. New Haven: Yale University Press.

Cassirer, Ernst (1994) *Philosophie der symbolischen Formen, 3 Bände*. Darmstadt: Wissenschaftliche Buchgesellschaft.

Clifford, James und George E. Marcus (Hg.) (1986) *Writing Culture. The Poetics and Politics of Ethnography.* Berkeley: University of California Press.

Dickhardt, Michael (2001) *Das Räumliche des Kulturellen. Entwurf zu einer kulturanthropologischen Raumtheorie am Beispiel Fiji.* Münster: Lit (Göttinger Studien zur Ethnologie 7).

Dickhardt, Michael und Brigitta Hauser-Schäublin (2003) Eine Theorie kultureller Räumlichkeit als Deutungsrahmen. In: Brigitta Hauser-Schäublin und Michael Dickhardt (Hg.): *Kulturelle Räume – räumliche Kultur. Zur Neubestimmung des Verhältnisses zweier fundamentaler Kategorien menschlicher Praxis,* S. 13–42. Münster: Lit (Göttinger Studien zur Ethnologie 10).

Fenton, Steve (2003) *Ethnicity.* Cambridge: Polity.

Foucault, Michel (1976) Die Macht und die Norm. In: Michel Foucault (Hg.): *Mikrophysik der Macht. Michel Foucault über Strafjustiz, Psychiatrie und Medizin,* S. 114–123. Berlin: Merve Verlag.

Foucault, Michel (1991) *Die Ordnung des Diskurses.* Frankfurt a.M.: Fischer.

Foucault, Michel (1995) *Überwachen und Strafen. Die Geburt des Gefängnisses.* Frankfurt a.M.: Suhrkamp (stw 184).

Fuchs, Martin und Eberhard Berg (1999) Phänomenologie der Differenz. Reflexionsstufen ethnographischer Repräsentation. In: Eberhard Berg und Martin Fuchs (Hg.): *Kultur, soziale Praxis, Text. Die Krise der ethnographischen Repräsentation,* S. 11–108. Frankfurt a.M.: Suhrkamp (stw 1051).

Giddens, Anthony (1989) *The Constitution of Society. Outline of the Theory of Structuration.* Cambridge: Polity Press.

Hatch, Elvin (1983) *Culture and Morality. The Relativity of Values in Anthropology.* New York: Columbia University Press.

Hauser-Schäublin, Brigitta (1977) *Frauen in Kararau. Zur Rolle der Frau bei den Iatmul am Mittelsepik, Papua New Guinea.* Basel: Ethnologisches Seminar und Museum für Völkerkunde (Basler Beiträge zur Ethnologie 18).

Hauser-Schäublin, Brigitta (1988) Die Rolle der Völkerkundemuseen bei der Vermittlung von Fremdbildern. In: Ina-Maria Greverus, Konrad Köstlin und Heinz Schilling (Hg.): *Kulturkontakt, Kulturkonflikt: zur Erfahrung des Fremden, Teil 1.* (26. Deutscher Volkskundekongress in Frankfurt vom 28. September bis 2. Oktober 1987), S. 555–561. Frankfurt a.M.: Institut für Kulturanthropologie und Europäische Ethnologie (Notizen, Institut für Kulturanthropologie und Europäische Ethnologie, Universität Frankfurt a.M. 28).

Hauser-Schäublin, Brigitta (1989a) *Leben in Linie, Muster und Farbe. Einführung in die Betrachtung aussereuropäischer Kunst am Beispiel der Abelam, Papua-Neuguinea.* Basel: Birkhäuser.

Hauser-Schäublin, Brigitta (1989b) *Kulthäuser in Nordneuguinea. Teil 1: Architektur, Funktion und Symbolik des Kulthauses bei den Abelam. Teil 2: Vergleichende Studien zu Kulthäusern im Sepik-Gebiet und an der Nordküste.* Berlin: Akademie-Verlag (Abhandlungen und Berichte des Staatlichen Museums für Völkerkunde Dresden 43; Monographien 7).

Hauser-Schäublin, Brigitta (Hg.) (1991) *Ethnologische Frauenforschung. Ansätze, Methoden, Resultate.* Berlin: Reimer.

Hauser-Schäublin, Brigitta (1992) Der verhüllte Schrein. Sakralarchitektur und ihre Umhüllungen in Bali. In: Wolfgang Marschall et al. (Hg.): *Die fremde Form*, S. 171–200. Bern: Société Suisse d'Ethnologie (Ethnologica Helvetica 16).

Hauser-Schäublin, Brigitta (1995) Puberty Rites, Women's Naven, and Initiation: Women's Rituals of Transition in Abelam and Iatmul Culture. In: Nancy Lutkehaus und Paul Roscoe (Hg.): *Gender Rituals: Female Initiation in Melanesia*, S. 33–53. New York und London: Routledge.

Hauser-Schäublin, Brigitta (1997a) Blick zurück im Zorn. Ethnologie als Kulturkritik. *Zeitschrift für Ethnologie* 122:3–17.

Hauser-Schäublin, Brigitta (1997b) *Traces of Gods and Men. Temples and Rituals as Landmarks of Social Events and Processes in a South Bali Village.* Berlin: Reimer.

Hauser-Schäublin, Brigitta (2002) Gender: Verkörperte Feldforschung. In: Hans Fischer (Hg.): *Feldforschungen: Erfahrungsberichte zur Einführung* (2. Auflage, Neufassung), S. 73–100. Berlin: Reimer.

Hauser-Schäublin, Brigitta (2003a) Teilnehmende Beobachtung. In: Bettina Beer (Hg.): *Methoden und Techniken der Feldforschung*, S. 33–54. Berlin: Reimer.

Hauser-Schäublin, Brigitta (2003b) The Pre-colonial Balinese State Reconsidered: A Critical Evaluation of Theory Construction on the Relationship Between Irrigation, the State, and Ritual. *Current Anthropology* 44(2):153–182.

Hauser-Schäublin, Brigitta (2004) The Politics of Sacred Space: Using Conceptual Models of Space for Socio-political Transformations in Bali. *Bijdragen tot de Taal-, Land- en Volkenkunde* 160(2/3):283–314.

Hauser-Schäublin, Brigitta (2005a) On Irrigation and the Balinese State. Reply. *Current Anthropology* 46(2):306–308.

Hauser-Schäublin, Brigitta (2005b) Temple and King: Resource Management, Rituals and Redistribution in Early Bali. *Journal of the Royal Anthropological Institute* 11(4):747–771.

Hauser-Schäublin, Brigitta (2007a) „Was die Europäer uns gebracht haben, ist der Körper". Von der Undenkbarkeit des Körpers als Objekt. In: Jochen Taupitz (Hg.): *Kommerzialisierung des menschlichen Körpers*, S. 21–36. Berlin: Springer.

Hauser-Schäublin, Brigitta (2007b) Blutsverwandtschaft. In: Christina von Braun und Christoph Wulf (Hg.): *Mythen des Blutes. Publikation der gleichnamigen Tagung vom 1.–3. Dezember 2005 in Berlin*, S. 171–183. Frankfurt a.M.: Campus Verlag.

Hauser-Schäublin, Brigitta (2007c) Weiss in einem Meer von Rot. Die bemalte Giebelwand des Abelam-Kulthauses. In: Anna Schmid und Alexander Brust (Hg.): *Rot. Wenn Farbe zur Täterin wird* (Buch zur Ausstellung im Museum der Kulturen, Basel), S. 190–194. Basel: Christoph Merian Verlag.

Hauser-Schäublin, Brigitta (2008) Ritual, Pilgrimage and the Reconfiguration of the State. Sacred Journeys in the Political Landscape of Bali (Indonesia). In: Jörg Gengnagel, Monika Horstmann und Gerald Schwedler (Hg.): *Prozessionen, Wallfahrten, Aufmärsche. Bewegung zwischen Religion und Politik in Europa und Asien seit dem Mittelalter*, S. 288–311. Köln: Böhlau.

Hauser-Schäublin, Brigitta (Im Druck) Changing Contexts, Shifting Meanings: The Cook/Forster Collection, for Example. In: Elfriede Hermann (Hg.): *Changing Contexts – Shifting Meanings: Transformations of Cultural Traditions in Oceania*. Honolulu: The University of Hawai'i Press.

Hauser-Schäublin, Brigitta und I Wayan Ardika (Hg.) (2008) *Burials, Texts and Rituals. Ethnoarchaeological Investigations in North Bali, Indonesia*. Göttingen: Universitätsverlag Göttingen (Göttinger Beiträge zur Ethnologie 1).

Hauser-Schäublin, Brigitta und Ulrich Braukämper (2002) Einleitung: zu einer Ethnologie der weltweiten Verflechtungen. In: Brigitta Hauser-Schäublin und Ulrich Braukämper (Hg.): *Ethnologie der Globalisierung. Perspektiven kultureller Verflechtungen*, S. 9–14. Berlin: Reimer.

Hauser-Schäublin, Brigitta, Vera Kalitzkus, Imme Petersen und Iris Schöder (2008) *Der geteilte Leib: die kulturelle Dimension von Organtransplantation und Reproduktionsmedizin in Deutschland*. Überarbeitete Version (2005) und Ergänzung (2008) des gleichnamigen Buches von 2001. Verfügbar unter <http://webdoc.sub.gwdg.de/pub/mon/2008/hauser-schaeublin.pdf>.

Hauser-Schäublin, Brigitta und Gundolf Krüger (2006) Pacific Cultural Heritage – The Göttingen Cook/Forster Collection. In: Therese Weber und Jeanie Watson

(Hg.): *Cook's Pacific Encounters: The Cook-Forster-Collection of the Georg-August University of Göttingen,* S. 15–28. Canberra: National Museum of Australia Press.

Hauser-Schäublin, Brigitta und Birgitt Röttger-Rössler (1998) Differenz und Geschlecht – Eine Einleitung. In: Brigitta Hauser-Schäublin und Birgitt Röttger-Rössler (Hg.): *Differenz und Geschlecht. Neue Ansätze in der ethnologischen Forschung,* S. 7–22. Berlin: Reimer.

Hermann, Elfriede (2006) *Korrelationen von Verschiedensein und Gleichsein als Ko-Differenz: Selbst und Ethnie bei den Banabans in Fiji* (Universität Göttingen: unveröffentlichte Habilitationsschrift).

Jenkins, Richard (Hg.) (1997) *Rethinking Ethnicity. Arguments and Explorations.* London: Sage.

Linnekin, Jocelyn und Lin Poyer (Hg.) (1990) *Cultural Identity and Ethnicity in the Pacific.* Honolulu: University of Hawai'i Press.

Lorey, Isabell (1999) Macht und Diskurs bei Foucault. In: Hannelore Bublitz (Hg.): *Das Wuchern der Diskurse.* Frankfurt a.M.: Campus.

Moore, Henrietta (1994) *A Passion for Difference. Essays in Anthropology and Gender.* Camebridge: Polity.

Moore, Henrietta und Todd Sanders (2006) Anthropology and Epistemology. In: Henrietta Moore und Todd Sanders (Hg.): *Anthropology in Theory. Issues in Epistemology,* S. 1–21. Malden: Blackwell.

Ricken, Norbert (2004) Die Macht der Macht – Rückfragen an Michel Foucault. In: Norbert Ricken und Markus Rieger-Ladich (Hg.): *Michel Foucault: Pädagogische Lektüren,* S. 119–143. Wiesbaden: VS Verlag.

Rottenburg, Richard (2006) Untrivializing Difference. A Personal Introduction. In: Richard Rottenburg, Burkhard Schnepel und Shingo Shimada (Hg.): *The Making and Unmaking of Differences. Anthropological, Sociological and Philosophical Perspectives),* S. 7–12. Bielefeld: transcript (Culture and Social Practice).

Wagner, Roy (1981) *The Invention of Culture.* Chicago: University of Chicago Press.

Brigitta Hauser-Schäublin im Feld

Stationen einer Feldforscherin von 1972 bis 2008

Ein Foto-Essay

Jörg Hauser

Als Doktorandin auf der ersten Feldforschung in Papua-Neuguinea unter der Leitung von Professor Meinhard Schuster, Sepikfluss, Pagui 1972.

Am Sepik, Papua-Neuguinea 1972.

Mit Frauen aus Kararau auf dem Sepikfluss unterwegs zum Sagomarkt, Papua-Neuguinea 1973.

Mit der Hauptinformantin Ruth Sabwandshan und ihrer Familie, Dorf Kararau, Iatmul, Papua-Neuguinea, 1973.

Sepik-Fluss, Dorf Kararau, Papua-Neuguinea, 1973.

Stationen einer Feldforscherin

Dorf Kalabu, Abelam, Papua-Neuguinea, 1978.

Bei der Einweihung des Kulthauses im Weiler Kaumbul, Dorf Kalabu, Abelam, Papua-Neuguinea 1978.

Stationen einer Feldforscherin

Beim Kunstmaler Nyurek im Dorf Kuminimbis, Abelam, Papua-Neuguinea 1979.

Mit Bewohnern des Weilers Dshangunge im Dorf Kalabu, Abelam, Papua-Neuguinea, 1979.

Mit Ida Pedanda Gede Oka Timbul von Intaran/Sanur auf dem Gunung Lempuyang, Bali 1992.

Mit I Wayan Terang in Julah, Bali 1995.

Mit Göttinger Studentinnen in Bali, Bondalem 1997.

Im Gespräch mit einem Priester in Gentuh, Bali 1998.

Im Tempel Ulun Danu Batur, Kintamani, Bali 2001.

Mit dem Priester des Tempels Pura Puseh, Desa Selulung, Bali 2003.

Mit Prof. I Wayan Ardika in Batugambir/Julah, Bali 2004.

Mit Jero Mangku Sutarmi und Mitarbeitern des Ausgrabungsteams, Sembiran 2004.

Reinigungsritual nach einer Ausgrabung in Pacung (im Hintergrund Enrico Kalb), Bali 2004.

In Sukawana, Bali 2004.

In Sukawana, Bali 2004.

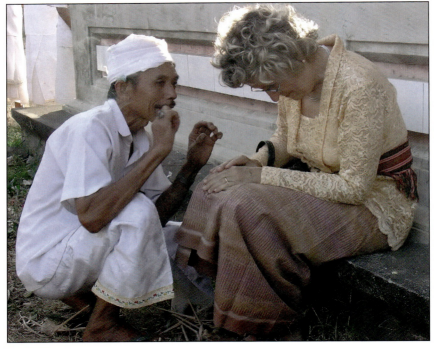

Im Gespräch mit einem Tempelpriester, Dorf Sembiran, Bali 2004.

Mit Jero Guru Nengah Teket im Tempel Pura Ulun Danu Batur, Kintamani, Bali 2006.

Mit Jero Penyarikan Duran im Pura Dalem Balingkang, Bali 2008.

Präsentation einer gemeinsamen Buchveröffentlichung, mit Prof. I Wayan Ardika und Dr. I Nyoman Suarka in Denpasar, Bali 2008.

Dorf Leang Dai, Kambodscha, 2008.

Mit Aditya Eggert vor dem Königspalast in Phnom Penh, Kambodscha 2009.

Mit Meike Rieger und Jero Mangku Alit im Tempel Ulun Danu Beratan, Bali 2009.

„Als Ibu Brigitta hierher kam, hat einfach alles gestimmt"

Interview mit I Wayan Terang in Julah/Bali

I Wayan Terang und Meike Rieger

Vorbemerkung (Meike Rieger): *Das Ehepaar I Wayan Terang (53) und Ni Nyoman Sadiasih (49) lebt in Julah, Nord-Bali, einer zentralen Untersuchungsregion von Brigitta Hauser-Schäublin (vgl. beispielsweise 2008, Sembiran and Julah – Sketches of History). Als ich das Ehepaar in der Hoffnung auf ein Interview besuchte, vermuteten die beiden noch bevor ich mich und mein Anliegen vorstellen konnte bereits eine Verbindung zu Brigitta Hauser-Schäublin. Ich wurde umgehend herzlich in Empfang genommen und das Gespräch verlief sehr offen. Im Anschluss an das Interview berichtete I Wayan Terang, dass er an diesem Morgen mit seiner Ehefrau eigentlich nach Denpasar in Süd-Bali fahren wollte. Irgendetwas habe ihn jedoch innerlich davon abgehalten – dies müsse die enge Verbundenheit sein, die sich im Laufe der Jahre zu Brigitta Hauser-Schäublin entwickelt hat. Das folgende Gespräch fand im März 2009 statt und wurde von mir übersetzt und leicht gekürzt.*

Meike Rieger: *Erinnern Sie sich noch an das erste Treffen mit Ibu Brigitta?*
I Wayan Terang: Ja, daran erinnere ich mich noch sehr gut, das war 1996. Zu der Zeit war gerade meine Großmutter verstorben. 37 Tage nach ihrem Tod fand ein Bestattungsritual *(upacara metuun)* statt, bei dem ich Ibu Brigitta und ihren Ehemann kennen gelernt habe. Ich habe den beiden einen guten Morgen gewünscht und gefragt, ob

ich helfen kann, aber wusste erst nicht, woher sie kamen. Trotzdem spürte ich, dass sie sicherlich zum Haus meiner Großmutter gehen würden und auch etwas zum Ritual beisteuern wollen. Nachdem ich sie angesprochen hatte, stellten sie sich vor und erzählten, dass sie aus Deutschland kommen und in Sembiran und Julah eine Forschung durchführen. Ibu Brigitta war noch auf der Suche nach Informanten, die sie genauer zu Julah befragen wollte und ich habe ihr ein, zwei Personen empfohlen, mich eingeschlossen. So war der Anfang.

MR: *Was haben Sie denn zu der Zeit gemacht und wie konnten Sie Ibu Brigitta weiterhelfen?*
IWT: Zu der Zeit hatte ich im Dorf noch keine spezifische Funktion, sondern habe in einem Hotel in Air Sanih, 15 Kilometer westlich von hier, gearbeitet und war nur ein gewöhnlicher Mann. Nachdem ich Ibu Brigitta einige Jahre kannte, bin ich 2002 Bürgermeister *(perbekel)* von Julah geworden und habe dieses Amt fünf Jahre lang bis 2007 bekleidet. Im letzten Jahr bin ich dann pensioniert worden und genieße es sehr, jetzt zur Ruhe kommen zu können und frei zu sein.

MR: *Wie hat sich nach dem ersten Treffen mit Ibu Brigitta die Zusammenarbeit weiter entwickelt?*
IWT: Ibu Brigitta hat vor allem nach den Anfängen und der Geschichte des Dorfes Julah geforscht und sich sehr für die Verbindungen zu anderen Dörfern wie Sembiran oder Pacung interessiert. Daher hat sie mich gebeten, sie mit den dortigen traditionellen Vorstehern *(klian adat)* oder deren Vertretern bekannt zu machen. Ich habe sie selbstverständlich dorthin gebracht, so dass sie schließlich an allen dörflichen Ritualen teilnehmen konnte. Insgesamt war sie mehrere Monate hier und hat während dieser Zeit unser Dorf regelmäßig unterstützt. Schließlich ist sie durch die Forschung hier Professorin geworden und es wurde ein Buch von ihr veröffentlicht, welches sich auf ihre Arbeit hier in Julah, Sembiran und Pacung bezog. [...]

MR: *Wie lange hat Ibu Brigitta denn Julah besucht?*
IWT: Zu Beginn war sie zwei Jahre lang immer mal wieder hier. Erst fünf Monate, dann vier Monate, dann noch einmal drei und anschließend immer mal wieder für einen Monat oder drei Wochen. Wenn ich mich richtig erinnere, war sie in diesen zwei Jahren sicherlich zehn Mal in Julah. [...] Insgesamt sind es sicherlich um die dreißig Mal geworden, im Januar bis März 2008 war sie zum letzten Mal hier.

MR: *Sie kennen Ibu Brigitta also schon über zehn Jahre. Bei so einer langen Zusammenarbeit erlebt man sicherlich einiges gemeinsam. Man ist gemeinsam unterwegs und macht gemeinsame Erfahrungen. Vielleicht können Sie sich an einen außergewöhnlichen Tag oder ein besonderes Ereignis erinnern?*

Das Ehepaar Ni Nyoman Sadiasih und
I Wayan Terang.
Foto: Meike Rieger.

IWT: Ja, wir haben von Anfang an hier zusammen gearbeitet und bis heute stehen wir in Kontakt. Als wir uns kennen lernten, habe ich nicht viel besessen, es war sogar schwer für mich, mir etwas zu Essen zu kaufen. Mit Ibu Brigittas Unterstützung habe ich einen Kredit erhalten und konnte eine kleine Schweinezucht aufbauen, die sich sehr gut entwickelt hat. Zuerst konnte ich fünf Schweine kaufen, als diese sich vermehrten, verkaufte ich wieder zehn bis ich schließlich vierzig Schweine besaß.

Bis heute habe ich einige Schweine, aber ich habe auch welche verkauft und die Gewinne vor allem in eine Näherei investiert. Diese Näherei kann heute einige Frauen im Dorf beschäftigen. Heute besitze ich also sowohl die Näherei als auch einige Schweine. Dass Ibu Brigitta uns diese Möglichkeit eröffnet hat, ist für mich eine ganz besondere Erinnerung. [...] Bis heute fühle ich mich ihr sehr verbunden und Ibu Brigitta und ihr Ehemann sind wie Eltern für mich. [...] Ich weiß gar nicht, wie ich meine Dankbarkeit dafür ausdrücken soll.

MR: *Gab es für Sie noch weitere außergewöhnliche Erfahrungen durch die Zusammenarbeit?*
IWT: Oh, es gibt sehr viele solcher speziellen Erlebnisse mit ihr. Eine ganz besonders interessante Erfahrung ist, wie sich Julah dadurch weiterentwickelt hat. Schon lange hatte ich mir gewünscht, dass es in Julah aufwärts geht, aber ich wusste nicht, wie das gehen soll. Letztendlich bin ich zu Ibu Brigitta gegangen und habe sie um Rat gefragt. Sie konnte mir wertvolle Hinweise geben, so dass ich zum *perbekel* geworden bin. Auch nachdem ich schon *perbekel* war, konnte ich noch viel von ihr lernen, so dass Julah 2006 einen Preis gewann. Zu diesem Anlass konnte ich sogar Jakarta besuchen und den Präsidenten kennen lernen. Diese Erfahrung verdanke ich sicherlich der Freundschaft mit ihr. Auch wenn sie eine andere Arbeitsweise hatte als ich, konnte ich inhaltlich wirklich viel davon lernen.

MR: *Vielleicht können Sie das noch einmal genauer erklären? Welche Ideen und Gedanken konnten Sie mit Ibu Brigitta teilen, die für Sie persönlich und das Dorf Julah letztendlich derartige Veränderungen angestoßen haben?*
IWT: Zum *perbekel* bin ich geworden, da die Bevölkerung von Julah dies ausdrücklich unterstützt hat. Ich weiß gar nicht, warum gerade ich dafür das Vertrauen erhielt, da ich nicht mal ein konkretes Konzept für die Entwicklung des Dorfes vorlegen konnte. Bis heute erinnere ich mich, dass sie dann sagte: „Wenn jemand *perbekel* wird oder irgendeine andere Führungsposition erhält, ist das wichtigste Prinzip Ehrlichkeit." Das fand ich sehr interessant und es stimmt tatsächlich. Auch wenn man vielleicht nicht besonders gebildet ist und auch mal ein Fehler passiert, wird die Bevölkerung darüber nicht sprechen, sondern Verständnis haben, so lange man immer ehrlich bleibt. Umgekehrt kann auch jemand Gebildetes gesellschaftliche Gelder verschwenden, was gefährlich ist. Diesen grundsätzlichen Sinn für Ehrlichkeit habe ich durch die Zusammenarbeit mit Ibu Brigitta gelernt.

So ist Julah eine richtige Einheit geworden, was früher nicht so war. Ich habe mich für Transparenz eingesetzt, so dass die Bevölkerung von Julah und ich als *perbekel* immer an einem Strang gezogen haben. Dadurch hat es hier viele Fortschritte gegeben, beispielsweise konnten wir gemeinsam eine bessere Wasserversorgung des Dorfes bewirken. Julah hat in Buleleng [einem Distrikt von Bali] wahrscheinlich den besten Zugang zu Trinkwasser, aber verkauft dieses nicht nach außerhalb, so dass dies weiter der Bevölkerung hier zu Gute kommt. Solche Entscheidungen gehen letztendlich auf unseren Austausch über Ehrlichkeit zurück.

MR: *Das ist ja sehr interessant. Eigentlich war Ibu Brigitta ja nach Julah gekommen, um über dessen Geschichte zu forschen und letztendlich fand so also eine gegenseitige Unterstützung statt?*
IWT: Ja, das freut mich auch sehr. Auch wenn die beiden, mich gerade nicht hören können, muss ich doch noch einmal meine große Dankbarkeit für all die praktische und ideelle Hilfe aussprechen, die wir durch Ibu Brigitta und ihren Ehemann erhalten haben. Das werde ich niemals vergessen. [...] Wann auch immer sie wieder hierher kommen wird, bin ich bereit, ihr nach meinen Möglichkeiten zu helfen. [...]

MR: *Gab es denn auch jemals Missverständnisse? Ich selbst war schon mehrere Male in Indonesien, aber bis heute gibt es immer wieder kulturelle Gewohnheiten* (adat)*, die ich noch nicht kenne, so dass ich mich vielleicht nicht immer ganz angemessen verhalte. Vielleicht gab es auch etwas, das für Ibu Brigitta neu war?*
IWT: Die *adat*-Regeln hier sind nicht allzu streng, aber ein Mal kam es vor, dass ihr Ehemann nicht wusste, dass hier ein Ritual stattfindet [und daher nicht angemessen gekleidet war]. Er wollte sich dann einen *sarong* und *udeng* [spezielle Kopfbedeckung, die von Männern im Tempel getragen werden muss] von mir leihen, vielleicht wusste er vorher nicht, dass man das im Tempel tragen muss. Möglicherweise dachte er auch,

man könne eine lange Hose anziehen, in anderen Dörfern ist das erlaubt. Als ich ihm dann beides gegeben habe, war ich schon besorgt, ob er das wirklich anzieht, aber er hat gelacht und gesagt, das sei gut. Interessant war, dass er einen Sarong trug, den ich zuvor schon benutzt hatte. Das war für mich ein Zeichen, dass er sich wirklich auf eine Ebene mit der Bevölkerung stellt. Das ist das einzige kulturelle Missverständnis, an das ich mich erinnern kann. [...]

MR: *Hat die Zusammenarbeit mit Ibu Brigitta ausschließlich in Julah stattgefunden oder waren Sie auch mal gemeinsam unterwegs?*
IWT: Wir waren sehr viel unterwegs, hier in der Nähe in Air Sanih, in Batur, in Sembiran, aber auch weiter entfernt in Denpasar oder Gianyar. Wohin auch immer sie wollte, ich habe sie begleitet. Wenn sie nicht genau wusste, wie sie an einen bestimmten Ort kommt, habe ich sie mit dem Auto gefahren.

MR: *Und was haben Sie dann an diesen anderen Orten gemacht?*
IWT: Wenn wir dort ankamen, hat sie immer zunächst den jeweiligen *klian adat* und andere hohe Persönlichkeiten des Dorfes aufgesucht. Wir waren auch mal in Museen oder an mysteriösen Orten aus grauer Vorzeit. Zum Beispiel waren wir mal in Upit, wo es vor Jahrhunderten einen Tempel gab. Niemand erinnert sich mehr daran, so lange ist das her, aber Ibu Brigitta hat dort eine Keramik gefunden und wusste sofort, wie es dort damals ausgesehen haben muss. Beispielsweise, dass das Dorf Julah früher fünf Kilometer bergaufwärts von hier gelegen hat.

MR: *Woher wusste sie denn so etwas?*
IWT: Das weiß ich auch nicht so genau, aber sie kennt sich sehr gut mit Geschichte aus. Bis heute wüsste ich das nicht, wenn sie mir das nicht erzählt hätte. Sie hat herausgefunden, wo der Tempel genau gewesen sein muss, wo die Küche, wo der Ort für das Weihwasser *(tirta)*.

MR: *Wird der Ort denn seitdem wieder religiös genutzt?*
IWT: Bis heute wird der Ort jedes Jahr besucht, aber wir beten dort nicht, sondern holen *tirta* aus der Quelle. Den Tempel gibt es ja nicht mehr. Heute sieht man nur noch Gras und große Bäume. Aber Ibu Brigitta hat wirklich viel über die Geschichte in Erfahrung gebracht. Sie hat zum Beispiel auch herausgefunden, dass es hier früher mal einen Hafen gab, was selbst die Leute von hier nicht mehr wussten. [...]
In dem Buch, das sie später geschrieben hat, gibt es auch ein Foto, das ich sehr interessant finde und ich habe mich immer gefragt, wie sie das aufgenommen hat, ob sie vielleicht mit einem Helikopter geflogen ist. Heute weiß ich, dass es ein Satellitenbild ist, auf dem ich sogar mein Haus erkennen kann. [Das Buch wird geholt und auf dem Foto gezeigt und erklärt, wo das Haus ist, wo der Strand etc.] Ich finde das sehr spannend, dass sie so ein Buch geschrieben hat.

MR: *Gibt es sonst noch etwas Besonderes, an das Sie sich in Bezug auf die Arbeit mit Ibu Brigitta erinnern?*
IWT: Sie hat sich immer äußerst rücksichtsvoll bei ihrer Arbeit verhalten und die Rituale in Julah wie *melasti* oder *melis* mit Respekt dokumentiert. Andere Gäste fotografieren beispielsweise häufig direkt von vorne, aber das wollte sie nicht. Sie hat ebenso wie die Leute von hier immer nur von hinten oder von der Seite zugeschaut und fotografiert. Sie hat sich genau wie jemand von hier verhalten und sich nie in den Vordergrund gedrängt. Sie hatte von Anfang an ein sehr tiefes Verständnis der Kultur hier und hat sich nie wie andere Gäste unethisch verhalten. […]

MR: *Was hat Ibu Brigitta außer der Geschichte denn sonst noch interessiert?*
IWT: Eigentlich nur die Geschichte, die Geschichte von Julah und die Verbindungen von Julah mit Sembiran und Batur, wo sie auch oft war. […] Sie wollte immer wissen, wo die Tempel sind, was für Zusammenhänge es gibt, woher das verwendete *tirta* stammt. Wenn es eine Quelle oder einen Informanten dafür gab, wollte sie direkt dorthin. Sie hat nie abgehoben gefragt, sondern wollte immer vor Ort sein. Dort hat sie dann direkt gefragt und alles dokumentiert. Sie hat also nie nur über etwas gesprochen, sondern ist immer direkt ins Feld gegangen. So wurde es nie langweilig, obwohl es zumeist nur um diese drei Aspekte ging. […]

MR: *Haben Sie denn auch mal über die Kultur gesprochen, aus der Ibu Brigitta kommt?*
IWT: Danach habe ich eigentlich nie gefragt, aber sie hat öfter mal etwas aus Deutschland mitgebracht oder erzählt, was im Gegensatz zu Julah in ihrem Dorf anders ist oder auch, was für Gemeinsamkeiten es gibt. Obwohl es große Unterschiede zu geben scheint, hat es ihr hier aber immer gefallen und umgekehrt finden die Leute hier sie sehr interessant. Manchmal kamen sogar welche, nur um ihr zuzuschauen, vor allem die Kinder. Ihr hat es dann sehr gefallen, sich direkt mit den Menschen zu unterhalten, sie kann ja auch sehr gut Balinesisch.

Indonesisch beherrscht sie ebenfalls fließend, als sei es ihre eigene Sprache. Im Balinesischen ist sie auch fließend, aber manchmal gibt es noch Ausrücke, die sie nicht kennt. Dennoch versteht sie immer, was ich sagen will, auch wenn ich mich beispielsweise mit meiner Frau unterhalte. Damals hat sie sich hier extra einen Balinesisch-Lehrer gesucht und spricht immer Hoch-Balinesisch, nicht das gewöhnliche Balinesisch. […]

Wenn sie irgendwo unterwegs ist, auf der Straße oder im Tempel, mischt sie sich immer gleich unter die Bevölkerung, sitzt gemeinsam mit den Leuten von hier, ist einfach wie jemand von hier. Jedes Mal wenn sie hierher kommt und ein Ritual stattfindet, spendet sie auch dafür.

MR: *Gibt es eine besondere Botschaft, die Sie aus Julah für ihre Festschrift mitgeben möchten?*
IWT: Als erstes und vor allem möchte ich ihr für die Unterstützung danken, die ich persönlich und das Dorf Julah allgemein durch die Zusammenarbeit mit ihr erhalten haben. Zweitens möchte ich meinen Dank aussprechen, dass sie uns so viel Wissen vermittelt hat, dass Julah zu dem Dorf werden konnte, was es heute ist und sogar einen Preis gewonnen hat. Drittens möchte ich mich bedanken, da mein Lebensweg ohne den theoretischen Austausch mit ihr sicherlich anders verlaufen wäre. Auch meine Kinder hätten ohne ihre Hilfe heute keine Arbeit.

Ich möchte ihr sagen, dass sie hier immer willkommen ist und ich mich sehr freue, dass sie ein Teil meiner Familie geworden ist. Als ich damals zum *perbekel* wurde, hatte ich vielleicht nicht immer genug Zeit, mich mit ihr zu unterhalten, da ich so in meine gesellschaftliche Aufgabe eingebunden war. Aber heute hätte ich wieder viel Zeit für sie und hoffe, sie wird uns in Julah noch oft besuchen kommen. Ich hoffe, dass es ihr gut geht und weiß es sehr zu schätzen, dass sie mich und meine Familie bis heute nicht vergessen hat.

MR: *Eine letzte Frage habe ich noch. Was können andere EthnologInnen oder Ethnologie-Studierende, die Feldforschung betreiben, aus dem Beispiel ihrer guten Zusammenarbeit lernen?*
IWT: Ich denke, so eine Zusammenarbeit hängt immer sehr von den individuellen Personen ab, wie jemand sich in der lehrenden beziehungsweise lernenden Position verhält. Vielleicht gibt es dann auch manchmal Missverständnisse oder jemand hat keine Zeit. Als Ibu Brigitta hierher kam, hat einfach alles gestimmt. Wir hatten gemeinsame Interessen und konnten gegenseitig voneinander lernen. Ich kann also leider kein universelles Rezept vorschlagen, sondern es hängt immer von den jeweiligen Charakteren ab. [...] Ich denke, der spezielle Erfolg von Ibu Brigittas Forschung lässt sich auf jeden Fall darauf zurückführen, dass sie immer direkt auf die Menschen zugegangen ist und ihr das persönliche Kennenlernen wichtig war, so dass die Bevölkerung sie sehr geschätzt hat.

MR: *Vielen Dank für das Gespräch.*

„Ich brachte es nicht übers Herz,
ihr diese Dinge nicht mitzuteilen"

Interview mit Jero Mangku Dalem I Nyoman Sutarmi
in Sembiran/Bali

Jero Mangku Dalem I Nyoman Sutarmi und Sophie Strauß

Vorbemerkung (Sophie Strauß): *Jero Mangku Dalem I Nyoman Sutarmi*[1] *ist ein Tempelpriester in Sembiran. Er betreut dort einen der Tempel, die im Zusammenhang mit Friedhöfen stehen (Pura Dalem). Während ihrer Forschungsaufenthalte in Sembiran war er einer von Brigitta Hauser-Schäublins Hauptinformanten vor Ort. Er wurde um 1944 geboren. Seine Frau und er haben acht erwachsene Kinder, drei Jungen und fünf Mädchen, die ihr Elternhaus bereits verlassen haben und heute in verschiedenen Regionen Balis leben. Trotz seines Alters und schlechten Gesundheitszustandes traf ich ihn am Tag des Interviews bei schwerer Feldarbeit an. Bei unserem Gespräch, das bei ihm zu Hause stattfand, waren auch seine Frau, die an Tuberkulose erkrankt ist, und mein Mann Made anwesend. Wir wurden trotz der äußerst einfachen Lebensumstände mit größter Herzlichkeit und Großzügigkeit empfangen. Die Wände des Hauses waren mit zahlreichen Fotos von Brigitta Hauser-Schäublin und ihrem Mann aus der Zeit ihrer Forschung geschmückt. Auch in den Gedanken des Ehepaares waren die beiden sehr präsent. Mehrmals betonte I Nyoman Sutarmi, dass er schon auf einen Besuch von „Ibu Brigitta" (Frau Brigitta) warte und bereits ein Datum errechnet habe, an dem sie wahrscheinlich nach Bali kommen würde. Er äußerte jedoch mehrmals seine Sorge, dass sie in der Zeit ihres*

Ruhestandes nicht mehr nach Bali reisen würde. Mit leuchtenden Augen und viel Humor erinnerte er sich an den Beginn dieser Beziehung des gegenseitigen Austausches.

Das Gespräch fand am 5. April 2009 statt. Es wurde auf Indonesisch geführt und von mir übersetzt und leicht gekürzt.

Sophie Strauß: *Können Sie sich noch an die Anfänge Ihrer Zusammenarbeit mit Ibu Brigitta erinnern?*
Jero Mangku Dalem I Nyoman Sutarmi: Während der Zeit, als sie hier war, hat sie mich über die Geschichte der alten Dörfer in Bali befragt. Dies Dorf hier ist nämlich das älteste Dorf in Bali, Nummer zwei ist das Dorf Tenganan, dann kommen direkt sieben andere Dörfer. Die Geschichte dieses Dorfes nahm ihren Anfang in der Erschaffung der Menschen durch Gott. Als die Menschen erschaffen wurden, geschah dies aus Holzstücken. Die Menschen wurden im Tempel *Kembam* aus dem Holz *Kastuban* erschaffen. Ibu Brigitta habe ich zu allen Tempeln in dieser Gegend mitgenommen, weil sie die Orte der ältesten Tempel in Bali kennenlernen musste. Sie erforschte alle diese Tempel bis hin zu den Friedhöfen. All dies erforschte sie. Ich nahm sie auch an Orte mit, die ziemlich schwer zu erreichen sind.

SS: *Nur in diesem Dorf hier?*
JMDINS: In der Gegend um dieses Dorf herum.

SS: *Da waren Sie sicher viel gemeinsam unterwegs.*
JMDINS: Wir waren sehr viel gemeinsam zu Fuß unterwegs. Ich konnte nicht glauben, dass sie imstande war, so viel und weit zu Fuß zu gehen. Die Lage der Tempel war zum Teil auch etwas abschüssig – aber sie konnte trotzdem überallhin folgen! Ihr Mann genauso, er war ebenso kräftig. Genauso wie Christian[2] aus Deutschland. Ja, das war wirklich großartig. Sie sind gelaufen, bis sie von der Sonne ganz braun wurden. Das war wirklich beeindruckend.

SS: *Wissen Sie noch, wie Sie Ibu Brigitta das erste Mal begegnet sind?*
JMDINS: Das erste Mal begegnete ich ihr, als sie Opfergaben untersuchte und sie mit Filmaufnahmen verglich. Das war das erste Mal. Danach befragte sie mich auch dazu, welches Wissen und welche Fähigkeiten die Menschen hier früher besaßen. Zum Beispiel hatten die Leute hier eine Vorliebe und ein großes Wissen auf dem Gebiet der Astronomie. Noch bevor es Kalender gab, konnten sie den Verlauf der Zeit anhand der Sterne verfolgen, anhand der Sterne und des Mondes. Die Daten für bestimmte Zeremonien wurden anhand der Sterne bestimmt, Purnama und Tilem[3] anhand des Mondes, die Monate anhand der Sterne. Auf diesem Gebiet haben die Leute hier besondere Begabungen.

"Ich brachte es nicht übers Herz, ihr diese Dinge nicht mitzuteilen" 67

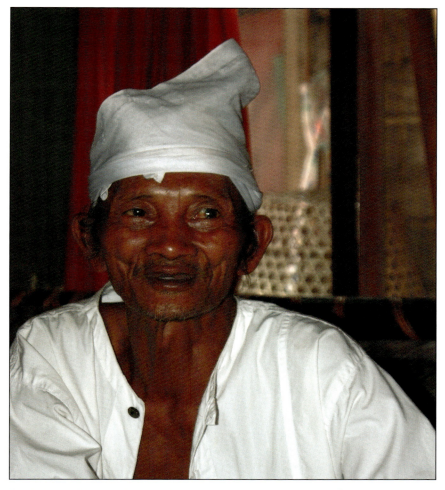

Jero Mangku Dalem I Nyoman Sutarmi　　　　　　　　　　Foto: Sophie Strauß

SS: *Und das war eins der ersten Themen, zu dem Ibu Brigitta Sie befragt hat?*
JMDINS: Was sie fragte, betraf zuerst die Opfergaben, die sie schon gefilmt hatte. Das war das erste Thema. Den Film hatte sie mitgebracht. Und auch zur Geschichte des Dorfes bis zur heutigen Zeit fragte sie mich. Das ist ein sehr weites Thema, wenn ich es ausführlich erzählen würde.

SS: *Und dann kam sie oft zu Ihnen oder wie ist Ihre enge Zusammenarbeit entstanden?*
JMDINS: Ja, ich habe ihr gesagt, wenn sie weitere Fragen hat, kann sie einfach zu mir kommen. Sie wusste ja schon, wo ich wohne. Und jetzt geht sie also in Pension. Heißt das, dass sie nicht mehr nach Bali kommt?

SS: *Sicher kommt sie weiterhin nach Bali. Wenn man im Ruhestand ist, hat man ja auch mehr Zeit als vorher.*
JMDINS: Ach so ... vielleicht also schon in diesem Jahr. Vielleicht schon Anfang des Monats. Normalerweise kommt sie in diesem Monat.

SS: *Wenn sie dieses Jahr kommt, bitte sagen Sie aber nichts von diesem Buch, es soll eine Überraschung für sie werden, zur Feier ihres Ruhestandes.*
Sie fragte also etwas zu den Opfergaben und zur Geschichte und kam dazu oft zu Ihnen. Welches waren noch andere Themen, die Sie mit ihr besprochen haben?
JMDINS: Sie fragte sehr viel bis hin zu den Friedhöfen und zum Wohnsitz des Fürsten. Sie hat alle Friedhöfe hier aufgesucht und erforscht. Hier gibt es wirklich viele Friedhöfe, allein zwei für Kinder und drei für Erwachsene. Viele gibt es hier.

SS: *Und was dachten Sie am Anfang, als Ibu Brigitta oft zu Ihnen kam, um Sie etwas zu fragen und mit Ihnen zu sprechen?*
JMDINS: Oh, ich habe mich sehr gefreut. Ich habe sie immer voller Freude empfangen und war dankbar über ihr Kommen. Erstens, weil ich ihr helfen wollte, damit sie Bescheid weiß über die Dinge, die sie mich fragte, und zweitens auch, weil sie mir zu essen brachte. Ich war sehr froh während der Zeit, als sie hier war, wegen ihrer Güte. Ich war sehr dankbar. Ihr Mann war auch sehr gut zu uns. Immer, wenn wir krank waren, hat er uns Geld fürs Krankenhaus gegeben.

SS: *Haben Sie auch gemeinsam an Zeremonien teilgenommen? Was für Zeremonien waren das?*
JMDINS: Wo immer hier Zeremonien stattfanden, dahin habe ich sie mitgenommen. Damit sie durch das direkte Zusehen und Zuhören ein noch tieferes Verständnis für das, was ich ihr erklärt habe, bekommt.

SS: *Wie haben Sie das erlebt, als Ibu Brigitta Ihnen zu den Zeremonien gefolgt ist?*
JMDINS: Oh, das war immer sehr schön. Ich habe sie sehr gern mitgenommen zu den Zeremonien hier im Dorf und auch in der Umgebung. Sie war auch sehr dankbar, wenn ich sie mitnahm. Außer mir hat fast niemand gewagt, sie bis dorthin mitzunehmen. Die meisten Leute hier sind sehr zurückhaltend. Sie sind schüchtern. Aber ich habe ein Prinzip: Warum soll man schüchtern sein, wo wir doch alle Menschen sind? Ich denke immer so. Wenn die Menschen ehrlich sind, werden sie keine Probleme miteinander haben. Aber die anderen Leute hier, deren Gedanken gehen nicht so weit. Sie sind zurückhaltend und außerdem sind ihre Sprachkenntnisse nicht so gut. Sie sprechen teilweise nicht so fließend Indonesisch. Viele verstehen wenig von den Dingen, um die es ging, obwohl Ibu Brigitta viele Menschen aufgesucht hat, damit sie ihr die Zeremonien erklären. Aber sie konnten weniger gut mit ihr kommunizieren. Daher wollte sie es auch nicht glauben, als ich erzählte, dass ich nicht einmal die Grundschule

beendet habe. Sie konnte es einfach nicht glauben. Selbst meine Freunde, die die Oberschule besucht haben, können nicht so flüssig sprechen. Wie kann es also sein, dass Jero Mangku die Grundschule abgebrochen hat? Aber es stimmt, so war es. Ich habe die Grundschule abgebrochen. Das ist schon lange her.

SS: *Und was sagten die anderen Leute hier im Dorf dazu, dass Ibu Brigitta stets mit Ihnen unterwegs war? Was dachten die wohl darüber?*
JMDINS: Die wunderten sich. Ibu Brigitta war sehr gut zu mir, sie wollte mich auch gerne immer mitnehmen. Wenn ich einen Personalausweis gehabt hätte, hätte sie mich sogar mit nach Surabaya genommen. Aber weil ich noch keinen hatte, ging das leider nicht, weil man ihn als Reisedokument im Flugzeug oder Schiff vorzeigen muss. Ich bin gerne mit Menschen zusammen und freunde mich gerne mit Leuten von außerhalb an, wenn wir uns auf Indonesisch unterhalten können. Leider kann ich kein Englisch. Wenn ich Englisch könnte, wäre es noch einfacher. Ich wäre sehr froh, wenn ich es könnte. […]
   Im Moment gibt es leider eine Krise. Sie zieht sich über drei Stufen, die erste, die zweite und die dritte. Ungefähr fünf Jahre dauert eine Stufe. Jetzt werden wir die dritte Stufe erreichen. Die Schwierigkeiten werden immer größer. Ich habe es Ibu Brigitta schon erzählt. Daher bat ich sie darum, mir zu helfen. Nicht, dass ich hinterher Probleme habe, uns mit Nahrungsmitteln zu versorgen. Die Trockenheit der Erde ist zurzeit enorm. Jetzt sind wir schon mitten in der Krise. Aber wenn man etwas anderes arbeitet und nicht auf die Feldfrüchte angewiesen ist, ist es ein wenig anders als bei Leuten wie mir. Nach meiner Auffassung liegt es an der Hitze der Erde, dass die Pflanzen allesamt eingehen, denn derzeit strömen die Hitze und das Gas der Erde aus. Zusammen mit den Sonnenstrahlen entsteht so eine große Hitze. Jetzt ist es noch nicht ganz so schlimm. Ungefähr im Jahr 2013 wird es überall deutlich zu sehen sein. Es wird immer heißer. Im Jahre 2015 wird es dann schon wieder normal. Nach diesem Zeitpunkt, also in den Jahren 2030, 2040, 2050, 2060 wird der Fortschritt der Welt unsere Erwartungen um das Doppelte übertreffen. Das bedeutet, dass eine Filterung der Welt von Taten, die nicht richtig sind, stattfindet. Jetzt ist es noch schwierig, den richtigen Weg in diesem Leben zu finden. Daher müssen wir so gute Taten vollbringen wie irgend möglich. Unseren Freunden müssen wir so gut helfen, wie wir können. Wir dürfen nicht immer lügen und boshaft sein, das darf man eigentlich nicht. […]

SS: *Welches Thema fanden Sie denn von denen, die Sie mit Ibu Brigitta besprochen haben, am wichtigsten? Gab es etwas, dass Ihnen besonders wichtig war?*
JMDINS: Oh, das wichtigste waren die Bräuche und Traditionen (*adat-istiadat*). Sie hat die Traditionen und religiösen Zeremonien jeden Monats nach dem balinesischen Kalender aufgezeichnet. Sie hat alle Zeremonien untersucht und notiert. Und das sind hier sehr viele. Wenn du es sehen willst, hier habe ich eine Liste.

SS: *Oh, diese Zeremonien finden alle hier statt? Nur im Pura Dalem?*
JMDINS: Nein, diese hier finden tatsächlich im Pura Dalem statt, diese hier an anderen Orten. Hier steht, wo sie jeweils stattfinden und hier stehen die Monate.

SS: *Und Ibu Brigitta ist überall mit hingegangen?*
JMDINS: Ja, diese Zeremonien hat sie auch alle aufgezeichnet.

Made: *Oh, diese Orte hat Ibu Brigitta alle aufgesucht?*
JMDINS: Ja, alle, alle diese Tempel hat sie besucht. Sie weiß jetzt über alle Zeremonien Bescheid und auch, welche Opfergaben jeweils verwendet werden. Die Opfergaben sieht man auch hier.

SS: *Oh, das sind ja viele Seiten.*
JMDINS: Hier sind alle Zeremonien eines Monats aufgeführt. In diesem Tempel gibt es folgende Zeremonien, hier steht, welche Opfergaben man verwendet, Hühner oder Enten oder auch Schweine, alles steht hier. Wenn Rinder verwendet werden, dann steht das auch hier drauf.

SS: *Wie lange ist denn Ibu Brigitta mit Ihnen mitgegangen?*
JMDINS: Oh, sehr lange. Bis sie alle Tempel untersucht hatte. Sehr lange. Sie war einmal ganze sechs Monate lang hier und dann immer einmal im Jahr, zweimal im Jahr mehrere Wochen. Schon seit langer Zeit untersucht sie dieses Thema.

SS: *Woran können Sie sich denn am besten erinnern aus ihrer Zeit mit Ibu Brigitta?*
JMDINS: Ich erinnere mich am besten an die Zeremonien, die wir zusammen besucht haben. Hochzeitszeremonien, oder Zeremonien während der Schwangerschaft *(matebus belingan)*, da gibt es auch bestimmte Bräuche und Zeremonien. Nach der Geburt eines Kindes gibt es auch eine Zeremonie.

SS: *Und Ibu Brigitta war auch da mit dabei?*
JMDINS: Sie kam zu diesen Anlässen immer mit. Manchmal sogar an Orte, die sehr abgelegen waren, weit außerhalb des Dorfes, weil sie diese Zeremonien auch untersucht hat. Bei der Zeremonie *matebus belingan* muss man viele Orte aufsuchen.

SS: *Und auf welcher Sprache haben Sie sich unterhalten?*
JMDINS: Sie spricht Balinesisch, nachdem sie schon länger hier war, konnte sie Balinesisch gut verstehen. Und schon als sie herkam, konnte sie sehr gut Indonesisch. Wir konnten uns von Anfang an sehr gut auf Indonesisch unterhalten.
 Ich freue mich auch immer, wenn ich Post aus Deutschland bekomme, zum Beispiel von Christian, der hier einmal einige Wochen gelebt hat. Zur Religion wollte ich eigentlich nicht so viel fragen oder kritisieren, denn Religionen sind allesamt gleich

gut. Nur die Praxis entspricht oft nicht der Religion. So sehe ich das. Religion müssen wir in Übereinstimmung mit den Traditionen ausüben. Wie ich schon erzählt habe, kann es sonst sein, dass der Weltuntergang alles zunichte macht, was hier nicht gut oder nicht aufrichtig ist. Das würde uns unsere Zukunft nehmen. Ich habe Ibu Brigitta und Christian das auch gesagt, „Versucht mir gegenüber so gut zu sein, wie irgend möglich, egal welcher Religion ihr angehört; damit es den Regeln entspricht, so dass es uns allen wohlergeht." Ich möchte, dass wir alle gemeinsam gesegnet werden. Obwohl sie weit weg sind, wünsche ich mir das, damit sie mir auch von dort aus nahestehen. Das möchte ich ihnen mitgeben. Ich freue mich sehr darüber, Freunde von weither zu treffen. Das macht mich sehr froh.

SS: *Seit der Zeit, als Sie sich oft mit Ibu Brigitta getroffen haben und über Verschiedenes geredet haben, haben Sie da auch viel über Ihre eigene Kultur nachgedacht?*
JMDINS: Ja, zu den Zeremonien habe ich ihr immer den Sinn und die Absicht erklärt. Darüber haben wir viel gesprochen. Ich habe ihr immer die richtige Ausführung erläutert, damit sie die hiesigen Traditionen noch besser versteht. Nur jetzt ist es leider so, dass das auf der Welt immer weniger wird, der Glaube der Menschen hier nimmt ab. Aber ich vermute, dass das Wissen der Menschen von früher in der Zukunft wiederkehren kann. Nur jetzt wird es nicht praktiziert.

SS: *Warum, glauben Sie, ist das so?*
JMDINS: Es wird diesen Themen derzeit keine Aufmerksamkeit geschenkt. Es heißt, man soll die Zeremonien sorgfältig ausführen, oder eben auch nicht. Beides gibt es. Leider haben die Leute hier wenig Angst. Außerdem ziehen schon viele Menschen hier weg. Wer weit weg lebt, hat keine Lust mehr, die Zeremonien so auszuführen, wie es den Traditionen im Dorf entspricht. Daher gibt es hier zunehmend eine Art Stau. Ich sehe diese Situation des Verfalls und werde daran erinnert, was ich oben erklärt habe [den drohenden Weltuntergang, Anm. SS]. Die Leute von heute werden unzufrieden, wenn sie kein Geld haben. Nur das Geld haben sie vor Augen. Sie wollen nicht an das Göttliche denken. Daher vergessen die Leute die Traditionen. Manchmal erinnern sie sich an die weit entfernten Tempel, aber nicht an die hier im Ort, das sieht man heute oft. Ehrlich gesagt, wenn wir uns an *Sanghyang Widhi* [höchste Gottheit im balinesischen Hinduismus, Anm. SS] erinnern, ist es besser, zuerst den Tempel hier im Dorf aufzusuchen, nicht einen, der weit weg ist. Wir müssen uns zuerst hundertprozentig auf die Tempel hier konzentrieren, wenn man schon nicht die Tempel hier und die Tempel weit weg gleichwertig behandeln und beide aufsuchen kann. Das ist jedenfalls meine Meinung.
Was gibt es noch für Fragen?

SS: *Das mit den Zeremonien haben Sie schon erzählt. Nachdem Sie Ibu Brigitta das erste Mal begegnet sind, hat sie Sie zu den Opfergaben befragt. Warum wollten Sie denn über-*

haupt mit ihr zusammenarbeiten? Wann haben Sie beschlossen, dass Sie mit ihr zusammenarbeiten und ihr helfen wollen?
JMDINS: Ja das war so: So wie sie zu mir kam, um mich über die Opfergaben zu befragen, so habe ich sie auch empfangen. Ich habe ihr zuerst nur die Zusammenstellung der Opfergaben erklärt, danach habe ich sie mitgenommen, wenn eine Zeremonie stattfand und sie hat alles direkt fotografiert, damit es gebündelt und leichter verständlich wird, wie die Opfergaben hergestellt werden, zum Beispiel Opfergaben, die aus Kokosblättern gemacht werden, damit sie auch das weiß. Später, als sie die Opfergaben alle schon auf den Fotos sehen konnte, habe ich ihr erklärt, wie die einzelnen Bestandteile heißen und wozu sie verwendet werden. Zu Hause habe ich das alles mit ihr zusammen übersetzt. Sie hat auch einen Film mitgebracht.

SS: *Hat Ibu Brigitta den Film selbst gedreht? Oder vielleicht ihr Mann?*
JMDINS: Sie selbst. Sie kann das genauso gut.

SS: *Und dann?*
JMDINS: Manchmal war es so, dass ich, wenn sie alles genau sehen musste, die Opfergaben für sie geholt habe. Ich war es, der sie hingestellt hat, dann habe ich erklärt, wie sie heißen und sie hat sie direkt fotografiert. Es gab niemanden, der sich außer mir getraut hätte, soweit auf diese Dinge einzugehen.

Made: *Warum wollten sie das denn tun?*
JMDINS: Weil sie die Namen von den Opfergaben wissen musste, um ein besseres Verständnis davon zu gewinnen. Ich brachte es nicht übers Herz, ihr diese Dinge nicht mitzuteilen.

SS: *Auch wenn das für Sie viel Aufwand war?*
JMDINS: Auch wenn es aufwändig war. Über den Aufwand habe ich gar nicht nachgedacht. Ich habe es als Dienst am Menschen gesehen. Unser Leben besteht doch daraus, dass wir uns gegenseitig helfen. Wer weiß, später fehlt es mir vielleicht an irgendetwas, woanders herrscht vielleicht Überschuss. Dann fällt es mir nicht schwer, Freunde zu finden, die mir helfen. Normalerweise ist es doch immer so, wenn wir freundlich zu anderen sind, dann sind diese später auch freundlich zu uns. Wenn ich um irgendeine Erklärung bitte oder wenn ich um Hilfe bitte, dann ist es auf diese Weise ganz einfach. Wenn wir unseren Freunden nicht helfen möchten, dann ist es klar, dass unsere Freunde uns auch selten helfen wollen. Meiner Meinung nach besteht das Leben daraus: Wir müssen uns selbstverständlich immer gegenseitig helfen. Wenn ich mir die Landwirtschaft oder den Gartenbau anschaue, dann ist es eindeutig, dass die Erträge dort verschieden sind und wir uns gegenseitig helfen müssen, um zu leben. Hier ernten wir dies, dort ernten wir jenes, wenn wir das von hier dort anbauen und das von dort hier, so passt es nicht. Wenn wir hier diesen Ertrag haben und dort jenen, so können wir

am Ende tauschen. Genauso ist es beim Kaffee: Wenn wir hier Kaffe anbauen, so passt er nicht hierher. Höchstens Mais oder Süßkartoffeln kann man hier anbauen, nicht wahr? Wir müssen uns aushelfen, tauschen, wir müssen *gotong-royong* [gegenseitige (Nachbarschafts-)Hilfe, Anm. SS] leisten. Bei diesen Dingen hier, beim Austausch von Wissen muss man auch sagen, dass der Ertrag geteilt werden muss.

SS: *Die Beziehung zu Ibu Brigitta beruht für Sie also auf gegenseitiger Hilfe?*
JMDINS: Ja, genau, das meinte ich damit, gegenseitige Hilfe. Daher habe ich niemals Angst, wenn ich schon mit anderen Menschen kommunizieren kann, ganz egal, was für Leute das sind. Ich empfinde das so, dass wir alle als Menschen gleich sind. Warum sollten wir Angst haben? Aber von meinen Freunden hier hat fast keiner Gedanken, die so weit führen. Die wagen das nicht. Es ist doch so: Wenn man ehrlich ist, kann man auch mutig sein, wenn man nicht ehrlich ist, hat man Angst. Daran halte ich fest.

Ich würde auch gerne noch andere Sprachen sprechen können, damit ich mich mit jedem unterhalten kann. Aber da ich nicht zur Schule gegangen bin, wird daraus nichts. Wenn jedoch Fremde hierher kommen, werden sie immer zu mir geschickt, denn nur ich traue mich, mit ihnen zu reden. Die anderen Leute schämen sich. Aber ich mag es, mit Leuten von weit weg zu kommunizieren und mit ihnen Gedanken auszutauschen. Wir sind sowieso alle als Menschen gleich. Deshalb war ich auch so froh, mich mit Ibu Brigitta zu unterhalten. Vielleicht kommt sie schon in diesem Monat nach Bali. Wenn sie nach Bali kommt, dann kommt sie auf jeden Fall immer hierher. Auch wenn sie nur ganz wenig Zeit hat, zu mir kommt sie immer. Ich bin derjenige von ihren Freunden auf Bali, den sie immer besucht. Was möchtet ihr noch wissen?

SS: *Gab es irgendetwas ganz Wichtiges, was Sie Ibu Brigitta lehren wollten, auch über das hinaus, was sie gefragt hat? Sicherlich haben Sie über sehr vieles gesprochen, aber gab es davon irgendetwas, was Sie an sie weitergeben wollten, was Ihnen besonders wichtig war?*
JMDINS: Sie hat immer alles sehr gut aufgenommen und verstanden, was wir besprochen haben. Nachdem sie schon länger hier war, bereitete ihr auch das Balinesisch keine Probleme mehr, und wir haben gemeinsam nachgedacht. Wenn ich es recht überlege, so ist das Thema der Zeremonien sehr schwierig. Selbst wenn wir alle Hindu sind, so sind doch hier die Zeremonien und Bräuche ganz anders als sonst irgendwo auf Bali. Wenn ich so nachdenke über die Zeremonien hier, die von unseren Vorfahren stammen, so sind sie immer noch bis heute erhalten geblieben, seit den ersten Menschen, die gelernt haben, die Zeremonien durchzuführen. Seit den Religionskriegen, die die Einwanderer aus Indien, die nach Indonesien kamen, führten. Vom Königreich Melayu, von dort aus breitete sich unsere Religion seit dem 11. Jahrhundert über Ostjava direkt nach Bali aus. Seit dieser Zeit hatten die Menschen das Prinzip, in Bali neue Angehörige für den Hinduismus zu suchen, der ursprünglich aus Indien, aus dem Land am Ganges stammt. Während dieser Kriege war es in Sembiran nur die Religion, die angenommen wurde. Die Religion hier wurde so zum Hinduismus, während die alten Traditionen weiterhin

Bestand hatten. Daher sind die Zeremonien hier immer noch in dieser alten Form vorhanden. Bis heute.

Woanders sind sie anders, daher müssen Leute von hier, wenn sie jemanden von außerhalb heiraten wollen, die Zeremonien nachholen, die normalerweise ab dem Tag der Geburt durchgeführt werden. Wenn nicht, wollen sie nicht in den Tempel gehen. Es kann sein, dass ein Paar sich scheiden lässt, wenn die Zeremonien nicht ganz von Anfang an, von der Geburt an, durchgeführt werden. In diesem Bereich sind wir Leute von hier seltsam. Ibu Brigitta meinte auch, das sei hier ganz anders als anderswo in Bali. Bei Leuten von außerhalb, die jemanden aus einem anderen Dorf heiraten als aus dem ihren, sind ihre Riten nach der Geburt schon vollständig von einem Brahmanen-Priester *(pedanda)* durchgeführt worden. Sie müssen keine weitere machen. Hier ist es anders, die Leute von hier müssen das vor der Hochzeit nochmals machen. Das ist immer noch so, wenn man die Hindus in Bali betrachtet, so beten die Hindus hier in Tempeln *(kahyangan)*, aber nicht in den *kahyangan tiga* [die drei Tempel eines balinesischen Dorfes, Anm. SS]. Denn hier gibt es den ältesten Tempel Balis, *Pura Dulu* heißt er. Und hier gab es den *Pura Jagat Nathan* zu allererst. Wer sich hier im sogenannten *Pura Jagat Nathan* aufhält, das sind die Gottheiten *Bhatara Guru* und *Bhatara Licin*. *Bhatara Licin* war es, die zuerst die Menschen hier erschaffen hat. Jedoch hieß sie zu der Zeit nicht *Bhatara Licin*, sondern *Ida Tua*. Sie war eine Jungfrau, aber eine Jungfrau, die schon alt war. Sie wurde *Ida Daa Tua* genannt. Wenn ihr mehr darüber wissen wollt, kein Problem. Kommt einfach wieder her.

SS: *Ja, später bringe ich dann die Fotos vorbei...*
JMDINS: Ich möchte auch gerne ein Exemplar von dem Buch für meine Kinder haben. Wenn es schon erschienen ist, dann möchte ich eins. Normalerweise geht das doch. Meine Tochter hier versucht es jetzt gerade mit dem Abschluss der Oberschule. Später kann mein Kind das lesen, um zu sehen, wie das Buch geworden ist. Ich kann es zwar nicht lesen, wenn das Buch auf Englisch ist, aber mein Kind kann es lesen, damit wir sehen, was aus der Geschichte von Ibu Brigitta und mir geworden ist. Wann geht sie denn in Pension?

SS: *Soweit ich weiß, schon bald, in ein paar Monaten. Aber zur Zeit lehrt sie noch.*
JMDINS: Vom Alter her kann sie schon in Pension gehen. Ich selbst bin auch schon über 60. Aber wenn es mir schlecht geht, liegt das an meiner Krankheit und nicht am Alter. Wenn ich nicht krank wäre, wäre ich noch unverbraucht. Ich bin ungefähr 64 Jahre alt. Wir waren gleichzeitig in der Schule, hat sie gesagt. Deswegen waren auch die Dozenten von der Universitas Udayana, die hier Ausgrabungen gemacht haben, so verwundert. Sie sagten: „Wie kann es sein, dass Pak[4] Mangku und Ibu Brigitta sich ständig umarmen? Wird denn da niemand böse auf ihn?", so fragten sie. Aber wir bewegen uns eben auf derselben Ebene. Wir sind wie Geschwister. Darüber wunderten sich die Dozenten von der Universitas Udayana, als sie hier ihre Ausgrabungen machten. Sie

waren erstaunt. „Wieso kennt Pak Mangku Ibu Brigitta so gut?", wunderten sich die Studenten aus Java. Viele kamen aus Java hierher. „Wenn ich einen Vater hätte mit der Erfahrung von Bapak Mangku, da wäre ich wirklich sehr froh", so sagte einer. „Willst du, dass ich dein Vater werde? Hier ist meine Tochter, heirate sie doch!" Da hat er gelacht. Als die Dozenten hier unter der Erde ihre Daten sammelten, da baten sie mich immer hinzu. Ich war wahrscheinlich jedes Mal dabei. Manchmal wollten sie mich sogar bis Pacung mitnehmen, aber ich kann nicht Motorrad fahren. Weite Entfernungen waren das. Zu der Zeit war hier aber auch sehr viel los, es gab sehr viele Zeremonien auf einmal.

SS: *Gibt es vielleicht noch etwas, was Sie Ibu Brigitta mitteilen wollen oder den Leuten, die das Buch lesen?*
JMDINS: Nur das, wenn ich darf: Wenn sie irgendwann nach Bali kommt, möchte sie uns doch besuchen. Darüber würde ich mich sehr freuen. Und wenn sie noch irgendetwas braucht und es hier die Daten gibt, die sie benötigt, so soll sie gerne herkommen. Das ist alles. Wenn sie schon in Pension ist, kommt sie dann noch oft nach Bali? Es ist nämlich auch so, dass sie die Schulkosten für mein Kind bezahlt. Und sie hilft uns auch, damit wir genug zu essen haben. Früher hat sie versprochen, dass sie meine Tochter bis zur Universität unterstützen will. Sie hat mich noch nie belogen.

SS: *Wenn sie das versprochen hat, dann wird es sicher so sein.*
JMDINS: Wenn sie früher etwas versprochen hat, dann hat sie es auch immer eingelöst. Sie hat mich noch nie belogen. ... Ich bekomme auch oft Post aus Deutschland. Bislang sind immer alle Fotos angekommen, auch wenn manchmal Post aus dem Ausland nicht ankommt, diese sind alle angekommen. Später, wenn du die Universität abgeschlossen hast, dann komm wieder, damit wir uns wiedersehen.

SS: *Ja, dann bringe ich auch das Buch vorbei. Darf ich Ihren Namen in dem Text nennen? Und ein Foto verwenden?*
JMDINS: Ja, das ist kein Problem. Das ist sogar noch besser, damit noch mehr Leute mich kennenlernen. Aber vielleicht sind die Leute überrascht. „Wie kann es sein, dass Pak Mangku in einem Buch in Deutschland zu sehen ist?" Dann wandert das Wissen von hier nach dort und zurück.

SS: *Vielen Dank für das Gespräch!*

Anmerkungen

1 Im Balinesischen werden vor allem im religiösen Kontext Personen, die älter und/oder sozial hochstehend sind, respektvoll mit „Jero" angesprochen. Der Titel „Mangku Dalem" weist ihn als Priester eines Tempels aus, der mit Friedhöfen in Verbindung steht.

2   Mit „Christian" bezieht sich Jero Mangku auf Christian Riemenschneider, der im Jahre 2003 einen mehrwöchigen Feldforschungsaufenthalt in Sembiran zubrachte und eng mit I Nyoman Sutarmi und seiner Frau zusammenlebte und -arbeitete (Christian Riemenschneider und Brigitta Hauser-Schäublin 2006: „... yang hidup di sini, yang mati di sana." Upacara lingkaran hidup di Desa Sembiran, Bali (Indonesia). Münster: Lit (Göttinger Studien zur Ethnologie 15)).

3   Die hindu-balinesischen Feiertage Purnama (Vollmond) und Tilem (Neumond) werden jeden Monat mit den zugehörigen Zeremonien begangen.

4   „Pak", die Abkürzung von „Bapak", wörtlich „Vater" ist die respektvolle Anrede für ältere und/oder hochstehende männliche Personen, also das männliche Äquivalent zu „Ibu".

„Was mich bewegt hat? Hier mit ihr zu sitzen und zu sprechen bis wir ins Schwitzen kamen!"

Interview mit Jero Guru Nengah Teket in Batur/Bali

Jero Guru Nengah Teket und Meike Rieger

Vorbemerkung (Meike Rieger): *Jero Guru Nengah Teket*[1] *(74) ist einer der Hauptinformanten von Brigitta Hauser-Schäublin im derzeitigen DFG-Projekt „Tempel, Rituale und politische Akteure unter den Bedingungen der* otonomi daerah *[regionalen Autonomie] und* reformasi *[politischen Reformationsprozessen] in Bali, Indonesien". Brigitta Hauser-Schäublin führt dieses Projekt am Pura [Tempel] Ulun Danu Batur (im Folgenden „Batur-Tempel"), einem Tempel mit über-regionaler Bedeutung für ganz Bali durch, während ich im selben Projekt am Tempel Ulun Danu Beratan in Candikuning im Gebiet Bedugul arbeite. Nur wenige Tage vor dem Interview hatte Brigitta Hauser-Schäublin den Batur-Tempel zur Dokumentation des dortigen halbjährlichen Tempelfestes besucht. Ich traf Jero Guru Nengah Teket im Batur-Tempel an, wo er sich umgehend zum folgenden Gespräch bereit erklärte. Das Gespräch fand auf Indonesisch statt und wurde von mir übersetzt und leicht gekürzt.*

Meike Rieger: *Ihr Name ist Jero Guru Nengah Teket. Heißt das, Sie sind oder waren Lehrer [indon.* guru *– Lehrer]?*
Jero Guru Nengah Teket: Ich bin als traditionelles Oberhaupt *(penghulu adat)* für die Rituale und deren Organisation im Batur-Tempel verantwortlich. Für Ibu Brigitta waren dieser Tempel und seine Geschichte im Detail wichtig: Welche Götter und wel-

che Rituale und welche Verbindungen gibt es zu anderen Tempeln? Das ist es eigentlich schon.

MR: *Können Sie sich noch daran erinnern, wann Sie Ibu Brigitta zum ersten Mal getroffen haben?*
JGNT: Ja, das war vor zweieinhalb Jahren.

MR: *Und wie war das? Wo sind Sie sich begegnet und über was haben Sie gesprochen?*
JGNT: Zum ersten Mal haben wir uns hier im Tempel getroffen. Danach war sie sicherlich über fünfzehn Mal bei mir zu Hause. Jedes Mal wenn sie zum Batur-Tempel kam, hat sie mich auch privat zu Hause besucht. Sie ist auch zu anderen Tempeln mitgekommen und ich habe ihr unterwegs Erklärungen zu diesen anderen Tempeln gegeben.

MR: *Ibu Brigitta war also auch sicherlich bei vielen Ritualen anwesend?*
JGNT: Ja, sie war häufig zu Ritual-Zeiten hier, so wie letzte Woche. Eigentlich hatten wir auch noch eine Verabredung und sie wollte etwas über die Tempel in Bedugul wissen. Aber ich war so beschäftigt, dass sie schon nach Bedugul abreisen musste, bevor wir darüber sprechen konnten. Jetzt ist sie sicherlich schon wieder zu Hause in Deutschland.
   Sie hat erzählt, dass sie pensioniert wird. Wenn Sie sie sehen, sagen Sie ihr bitte, dass ich mir sehr eine indonesische Übersetzung wünsche. Sie hat auch schon angesprochen, dass vielleicht eine/r ihrer StudentInnen die Forschung weiter fortführen wird. Ich werde gerne dabei helfen. Bitte, er/sie soll einfach nach mir fragen. Ich hätte dann nur gerne ein Foto als Andenken und Erinnerung. Von ihr habe ich schon Bilder bei mir zu Hause, auf denen auch ich zu sehen bin. Es ist allerdings wichtig, dass ihre StudentInnen Indonesisch sprechen. Meine Englischkenntnisse sind sehr gering, ich habe die Grundschule nur bis zur dritten Klasse besucht.

MR: *Was haben Sie und Ibu Brigitta denn normalerweise zusammen gemacht, nachdem Sie sich kennen gelernt haben? Haben sie nur Fragen bezüglich des Batur-Tempels besprochen oder waren sie auch gemeinsam unterwegs?*
JGNT: Hier im Tempel waren wir häufig zum Beten. Anschließend ging es dann direkt los und wir haben alles über die Geschichte des Batur-Tempels besprochen. Welche Hinweise darauf kann man aus den Ritualen und Gebeten hier gewinnen? Ich war immer aufrichtig und mit reinem Herzen dazu bereit. Es ging mir nicht um meinen eigenen Nutzen. Wenn sie mir ein Souvenir mitgebracht hat, habe ich das gerne angenommen, aber wenn nicht, war das auch in Ordnung. Sie können sie ruhig fragen, Bezahlung habe ich nie verlangt, nicht einen Dollar. Heute gibt es viele Leute, die sich für solche Informationen bezahlen lassen, aber ich bin nicht so. Ich mache das von Herzen. Wenn mich jemand etwas fragen will, lade ich ihn zu mir nach Hause ein. Ich wohne im Ban-

„Was mich bewegt hat? Hier mit ihr zu sitzen und zu sprechen bis wir ins Schwitzen kamen!" 79

Jero Guru Nengah Teket   Foto: Jörg Hauser

jar Jaba Kuta. Scheiben Sie das auf! Wenn mich jemand sucht, steht mein Haus dort immer offen.

MR: *Wenn Sie sich mit Ibu Brigitta getroffen haben, wie sah dann ein typischer gemeinsamer Tag mit ihr aus? War sie nur bei Ritualen hier oder jeden Tag?*
JGNT: Jeden Tag war sie irgendwo beschäftigt. Auch wenn sie in anderen Dörfern nachgeforscht hat, war ihr meine Meinung immer wichtig. Sie hat mich um Hinweise gebeten, ob ihre Informationen richtig oder falsch waren. Wenn sie zum Beispiel etwas über die Geschichte der Tempel in Bedugul erfahren hat, wollte sie wissen, ob das richtig oder falsch ist, ob noch etwas fehlt und was genau fehlt. Für die Geschichte

des Batur-Tempels bin ich der Fachmann, der Lehrer, gemeinsam mit dem Jero Gede [Tempelpriester]. Auch zu anderen Tempeln auf Bali kann ich Auskunft geben, zu fünfzig Prozent weiß ich auch darüber Bescheid.

MR: *Es ging also im Wesentlichen um die Geschichte des Tempels hier?*
JGNT: Ja, die Geschichte von Tempeln und Königreichen beziehungsweise wie die Verbindungen zwischen Tempeln und Königreichen waren.

MR: *Wie kommt es, dass Sie so gut darüber Bescheid wissen?*
JGNT: Das liegt in meinem Glauben begründet und an meinen persönlichen Erfahrungen. Ich habe viele Hinweise von alten Leuten bekommen und aus *lontar* [historische Schriften auf Palmblättern] gelernt. Demnach war der Batur-Tempel zunächst abhängig vom König Purana Ulun Danu Batur. Alte Quellen belegen auch Verbindungen zwischen dem Königreich Majapahit und dem Batur-Tempel hier.
Darüber weiß ich alles ganz genau, das habe ich mir selbst beigebracht. Die Schule habe ich nur bis zur dritten Klasse und ohne Abschluss besucht, aber ich habe alte Sprachen studiert und aus den Weda [heilige Schriften des Hinduismus] gelernt. Daher und aus eigener Erfahrung weiß ich das alles.

So kommen eben sogar Professoren zu mir und wollen von mir lernen. Mit einem habe ich mal über die Verbindung von Sonne und Mond gesprochen. Ich habe darüber aus *lontar* gelernt, Wissen über den Kalender, über die Sterne, über Medizin, das ist auch alles in den Weda enthalten. Seine und meine Erkenntnisse waren fast gleich.
Sie können also gerne ihren Freunden sagen, ich möchte keine Bezahlung, so etwas gibt es hier nicht. Wenn jemand Kaffee oder Tee trinken möchte, bitteschön, so etwas muss nicht bezahlt werden, solange ich dafür verantwortlich bin. Balinesen sind ja in der ganzen Welt für ihre Gastfreundschaft bekannt.

MR: *Wenn Ibu Brigitta so viel über Geschichte und Königreiche wissen wollte, haben Sie ja vielleicht auch noch etwas Neues darüber erfahren?*
JGNT: Ich habe mir das alles selbst angeeignet, das war eine Gabe von Gott. Was auch immer sie gefragt hat, konnte ich beantworten. Alles, was ich schon wusste, musste sie dann nicht mehr aus irgendwelchen Texten lernen. Von ihr konnte ich nichts Neues mehr lernen. Sie hat ihre Ergebnisse nur immer mit mir abgeglichen. Wenn die schon stimmten, habe ich ihr gesagt, das sei richtig. Das beruht alles auf *lontar*. Ich kann aber auch alles so erzählen und muss nicht immer in den *lontar* nachlesen, die *lontar* kenne ich alle auswendig.

Sie hat mich also immer gefragt, ob ihre Informationen richtig oder falsch sind. Die waren zu einem Großteil richtig, aber ein Teil ist hier am Batur-Tempel anders. Zum Beispiel in Bezug auf den König Dalem Melingkat. Dazu hat sie in den Niederlanden etwas auf Englisch nachgelesen, aber das war eine andere Version. Laut der englischen Version wurde die Ehefrau des Königs von Mengwi von den Göttern am Batur verflucht und wurde zu dem übernatürlichen Wesen eines Barong Landung. Das hat sie auf Indonesisch übersetzt und gefragt, ob diese Version glaubhaft sei. Diese Geschichte ist schon bis in die Niederlande vorgedrungen und sie wollte wissen, ob das so richtig ist oder nicht. Ja, es ist richtig, aber eben nur ein bisschen. Um die Geschichte zu korrigieren, war es also wirklich wichtig, dass sie alles hier vor Ort dokumentiert hat.

MR: *Ibu Brigitta hat also Geschichten über den Batur-Tempel aus den Niederlanden hierher mitgebracht. Und Sie wussten das alles schon?*
JGNT: Ja, in den Niederlanden gibt es viel über die Geschichte des Batur-Tempels, den Tempel Besakih und den Tempel Lempuyang. Sie hat dann hier gefragt, ob das so richtig sei und ich habe das mit den *lontar* von hier berichtigt. Die Hälfte der Geschichte aus den Niederlanden kannte ich bereits. Die andere Hälfte ist noch ungeklärt und wir gehen dem jetzt genau nach. Auch aus den *lontar* weiß man noch nicht alles, denn es konnten noch nicht alle übersetzt werden. Es gibt aber sehr selten Leute, die mehr aus den *lontar* wissen, denn die in den *lontar* verwendete Sprache ist häufig noch nicht übersetzt.

MR: *Sie haben Ibu Brigitta also häufig hier getroffen.*
JGNT: Ja hier im Batur-Tempel, auch beim ersten Mal. Sie kannte meinen Namen schon und hat gefragt, wer ist Guru Nengah Teket? Ich habe mich ihr vorgestellt und sie ist danach mit zu mir nach Hause gekommen. Erst in den Tempel, dann nach Hause. Ich habe sie auch zu anderen Tempeln gebracht. So lernt es sich leichter darüber. Jetzt kann man schon aus ihren Büchern lernen, das ist vielleicht nicht so schwer. So gibt es schon ein Erbe aus ihrer Arbeit hier.

Wenn StudentInnen die Forschung hier fortführen, können sie sich an ihr ein Vorbild nehmen, sie hat alles sehr schnell gelernt. Seit ungefähr drei Jahren beschäftigt sie sich damit, davon war sie ungefähr eineinhalb Jahre hier. Wir sind alles immer wieder durchgegangen und ich habe korrigiert. Sie hat gesagt, später wird alles vielleicht in acht Sprachen übersetzt. Wenn sie pensioniert wird, macht sie das ja vielleicht. Ich wünsche mir dann sehr, bitte, auch eine Übersetzung auf Indonesisch, damit es einen Beleg für die Ergebnisse aus meinen Erklärungen für ihre Forschung auf Bali gibt. Die Inhalte, die sie von mir bekommen hat, übersetzt sie dann hoffentlich für die Bevölkerung hier.

MR: *Und wenn Ibu Brigitta andere Tempel besucht hat, sind Sie dann auch mal mitgefahren?*
JGNT: Manchmal ja, manchmal nein. Wenn es weit weg und ich beschäftigt war, konnte ich nicht mit. Nach Singaraja zum Beispiel, das ist weit von hier und ich hatte etwas zu tun, da bin ich dann nicht mitgekommen. Aber wenn sie mich ausdrücklich darum gebeten hat, dass ich mitkomme, habe ich das auch gemacht. Im Gebiet um Singaraja gibt es viele Tempel mit einer langen Geschichte. Wenn sie dazu Fragen hatte, war es ausreichend, wenn ich die hier beantwortet habe. Sie ist also dorthin gefahren,

hat ihre Ergebnisse aufgeschrieben, ich habe das dann ergänzt. Es gibt viele Aufnahmen von den Gesprächen zwischen ihr und mir, aber ich bin nur selten irgendwohin mitgefahren.

MR: *Und wo waren Sie gemeinsam?*
JGNT: Hier in der Umgebung von Bangli, beispielsweise beim Tempel Belintang, Tempel Jati oder Batur-Tempel, das waren die wichtigsten Tempel. Ich habe ihr einen nach dem anderen gezeigt. Hier ist die *meru*, hier das *puri*. So konnte sie ihre Daten sammeln und Tempelpläne erstellen. Bei anderen Tempeln habe ich nur ergänzt, ob es stimmt, dass bestimmte Schreine für bestimmte Götter sind. Ich musste gar nicht selbst dorthin, es reichte, wenn ich mir ihre Daten angesehen habe und konnte dann alles beantworten.

Für weitere Informationen hat sie den *parisada* [Parisada Hindu Dharma – Rat der Hindu] oder andere Vertreter in Zentral-Bali aufgesucht. Die Ergebnisse hat sie dann auch mit mir besprochen und ich habe ergänzt. Alles, was mit dem Batur-Tempel zusammenhängt, hat sie untersucht, denn der ist wirklich einzigartig. Neun Tempel gibt es hier und ohne irgendwelche Bücher weiß ich darüber Bescheid. [...]

MR: *Ist es denn kein Problem, wenn Sie all das Wissen, was sie von Gott erhalten haben, weitergeben?*
JGNT: Nein, überhaupt nicht. Es sind schon Leute aus ganz Bali, von der Universitas Udayana in Denpasar, dem Institut Hindu Dharma und sogar aus Jakarta zu mir gekommen und ich habe alle zu mir nach Hause eingeladen. Ich bin stolz, dass ich so offen bin, auch gegenüber Leuten aus dem Ausland. Der Kontakt zwischen Menschen kann nicht falsch sein.

So habe ich viel Anerkennung bekommen. Ich musste nicht zur Schule gehen, um Professor zu werden, ich bin quasi Professor geworden, da andere Professoren und Doktoren zu mir kamen. Wenn ich nicht den Status eines Professors hätte, wie könnte es dann sein, dass andere Professoren zu mir kommen und mich befragen?

Und was das Wissen von Gott angeht, sogar Leute aus dem Ausland kennen meinen Namen, I Nengah Teket, und wissen: Wenn nicht von ihm, dann ist es nicht leicht, dieses Wissen zu erhalten. Innerhalb von ein, zwei Wochen könnte ich zwei Bücher füllen und aus einem Buch könnten hundert werden, denn das wären erst die Grundlagen.

MR: *Gibt es ein besonderes gemeinsames Erlebnis mit Ibu Brigitta, an das sie sich gerne erinnern?*
JGNT: Etwas gemeinsam mit ihr, was mich bewegt hat? Die Geschichte des Batur-Tempels. Hier mit ihr zu sitzen und zu sprechen bis wir ins Schwitzen kamen. Anschließend haben wir dann bei mir zu Hause gegessen, das hat mich gerührt. Sie ist schon wie

ein Mitglied meiner Familie. Ich habe auch Fotos davon. Wenn die Generation nach ihr das fortführen möchte, gerne, ich bin bereit.

MR: *Und wie war die Zusammenarbeit mit Ibu Brigitta? Wie hat sie sich beispielsweise bei Tempelfesten verhalten?*
JGNT: Sie weiß schon sehr viel über das balinesische *adat*. Ich würde sagen, sie ist genau wie jemand aus Batur. Der einzige Unterschied ist, dass sie Indonesisch spricht. Auf Balinesisch versteht sie vielleicht zehn Prozent. Aber von ihrem Verhalten her, ihrer Kleidung ist sie genau wie die Leute aus Batur. Auch beim Essen. Sie hat nie etwas abgelehnt, was ich ihr angeboten habe. In Sterne-Hotels gibt es vielleicht besonders gutes Essen, aber auch was ich ihr nach meinen Möglichkeiten angeboten habe, hat ihr geschmeckt. Auch wenn sie keine leibliche Tochter von mir ist, sehe ich sie als mein Kind an. Es ist eine große Verantwortung, denn dadurch bin ich ja verpflichtet, sie zu versorgen und ihr weiterzuhelfen.

MR: *Sie unterscheidet sich also sehr von anderen ausländischen Gästen, die hierher kommen?*
JGNT: Ja, sehr. Denn ihre Intention ist ja eine ganz andere. Sie ist John sehr ähnlich, da ihre Forschungen sich beide auf den Batur-Tempel beziehen. Er befasst sich mit der Verbindung von *subak* [Bewässerungsgemeinschaften] zum Batur-Tempel. Vor acht Monaten habe ich die beiden hier zusammengebracht. Es gab ein paar Differenzen und Missverständnisse. Einer sagte, der Tempel hier sei ein Königstempel, aber das stimmt so gar nicht. Der Batur-Tempel, der Tempel Besakih und der Tempel Lempuyang wurden zwar von den balinesischen Königen unterstützt, aber sind keine Königstempel, sondern Tempel der gesamten hinduistischen Gemeinschaft – und sogar von anderen Gemeinschaften! Christen, Islam, Buddhisten, aus Mekka, Indien, China, da gibt es keine Unterschiede und auch keine Probleme. [...]

MR: *Oh, wer ist denn John?*
JGNT: John kommt aus Kalifornien. Er hat sich mit Bewässerungssystemen beschäftigt und auch Brigitta kennen gelernt. Er war auch mal an der Universitas Udayana und hat dort Agrarwissenschaften gelehrt. Außerdem hat er viele *lontar* studiert und übersetzt.[2] [...] Aus Australien war auch mal jemand hier, der hat sich mit *keris* beschäftigt. Aus Hongkong kam auch jemand.

MR: *Da gibt es aber viele Leute, die aus dem Ausland hierher kommen und forschen wollen. Die Zusammenarbeit mit Ibu Brigitta ist ja sehr erfolgreich verlaufen. Gibt es etwas, was andere EthnologInnen oder Ethnologie-Studierende daraus lernen können?*
JGNT: Ich bin auch für die kommenden Generationen bereit, die sie vielleicht hierher schicken wird.

MR: *Und im Allgemeinen? Was sollten Studierende, die auf Bali forschen, beachten?*
JGNT: Wer auch immer hierher kommen will, soll sich an mich wenden und alles fragen, was noch nicht klar ist. Mein Name ist Guru Nengah Teket und ich wohne in Batur Selatan, Banjar Jaba Kuta. [...] Ich kann nicht so gut schreiben, aber in der balinesischen Sprache kenne ich mich gut aus. Einen Großteil kann ich übersetzen. Wenn ich alles verstehe, kann ich auch *pendeta* [Priester] werden, aber das möchte ich gar nicht, denn ich bin schon *penghulu adat*. Die Geschichte des Tempels kenne ich, die Rituale kenne ich, Mantra kenne ich auch. Das reicht mir schon. So kann ich Opfergaben alleine vorbereiten und weiß wie und wofür diese verwendet werden. Darauf bilde ich mir nicht zu viel ein, denn das sind alles Gaben von Gott.

MR: *Eine letzte Frage habe ich noch. Die Festschrift, für die dieses Interview ist, soll ja eine Überraschung für Ibu Brigitta werden. Vielleicht haben Sie noch eine besondere Botschaft an sie?*
JGNT: Ich möchte ihr sehr herzlich danken und stehe ihr mit offenem Herzen zur Verfügung für was auch immer sie brauchen kann. Hoffentlich konnten ihr meine Erklärungen weiterhelfen und sie wird einen guten weiteren Weg finden. Tausend Dank, dass sie den Namen und den Status meiner Familie angenommen hat. [...] Darauf bin ich sehr stolz. Wenn sie später in dem Buch meinen Namen lesen wird, ist sie bestimmt ganz überrascht. Vielen Dank noch einmal.

MR: *Ich muss mich bedanken. Es war ein wunderbares Gespräch.*

Anmerkungen

1 „Jero" ist eine respektvolle balinesische Anredeform für ältere und/oder sozial hochstehende Personen. „Guru" heißt eigentlich im Indonesischen „Lehrer" bzw. „Lehrerin", bedeutet bei älteren Personen aber auch „weise".
2 Jero Guru Nengah Teket bezieht sich hier auf John Stephen Lansing, der ausführlich zu Bewässerungssystemen auf Bali gearbeitet hat.

Form zwischen Macht und Differenz: Objekte und Repräsentationen

The Curious Case of Non-Western Objects –
From "Artificial Curiosities" to Objects of Identity

A Discussion about Brigitta Hauser-Schäublin, Captain James Cook, and Museums

Nancy Lutkehaus

I still vividly remember how striking it was when I first walked into the Museum für Völkerkunde und Schweizerisches Museum für Volkskunde in 1984 and saw, in the midst of this august and medieval-feeling institution, the towering façade of a New Guinea spirit house (*haus tambaran* in Melanesian pidgin) replete with the original orange colored fruit and dramatic bark paintings used to decorate the exterior. It was Brigitta Hauser-Schäublin who, in the course of her study of these magnificent structures, arranged to have building materials for one shipped back to Basel for assembly and display in the museum.[1]

Like the iconic American anthropologist, Margaret Mead, Hauser-Schäublin first worked in New Guinea – in her case, first among the Iatmul (where Mead had worked with Gregory Bateson) and then among the Abelam, a people living in the Sepik Hills of Papua New Guinea, distant neighbors of the Mountain Arapesh, whom Mead had studied. Later, as had Mead and Bateson, Hauser-Schäublin also worked in the neighboring country of Indonesia, on the island of Bali.[2] Like Mead, her prolific and productive career includes extensive time conducting fieldwork and collecting ethnographic data as well as much time spent studying ethnographic artifacts and organizing exhibits that displayed them. Thus her career has entailed not just research, teaching and scholarly writing, but also organizing ethnographic exhibits on the arts and cultures of South Pacific peoples as well as publications that reach out to a more general public.[3] In doing so, she, like Mead, has contributed to making anthropology relevant to audiences well beyond those a scholar usually encounters in the course of her academic career.

The Cook/Forster Collection of "Artificial Curiosities"

In addition to the Balinese and the Abelam, there is another culture, another era, and another individual that have also been a focus of much of Prof. Dr. Hauser-Schäublin's academic and curatorial attention: 18th century England, the three voyages to the South Pacific made by the British explorer, Captain James Cook, and the objects collected by Cook and others on these voyages (see Hauser-Schäublin and Gundolf Krüger 1998; Urban 1998).[4] Through a series of political and social connections – themselves historically indicative of the complex royal lineages that intertwined the ruling monarchies of England with many other aristocratic families throughout Europe, members of the Royal House of Hanover in Lower Saxony, where the University of Göttingen is located, were related to the King of England (King George II and his son, King George III). Because of this British-Hanover connection, a large number of objects – referred to at the time as "artificial curiosities" (in contrast to such "natural curiosities" as botanical specimens, dead birds, etc. that were also being collected) – that Cook and others who had accompanied him on voyages to the South Pacific between 1768 and Cook's untimely death in 1779, came to reside in the Academic Museum at the University of Göttingen, from where they were later moved to the Ethnographic Collection at the Institute of Cultural and Social Anthropology at the same University. The collection is named the Cook/Forster Collection because it includes many objects collected by the German naturalist Johann Reinhold Forster and his son Georg who accompanied Cook on his second voyage to the South Pacific. Eventually, Hauser-Schäublin came to hold the chair of Cultural and Social Anthropology at Göttingen, where she was responsible for the Institute of Cultural and Social Anthropology and thus the Cook/Forster Collection.

"The Winding Paths of the Objects": Ethnographic Objects as Items of Exchange

From the beginning of her ethnographic research, Hauser-Schäublin has been interested in the study of objects and material culture, first in her fieldwork among the Iatmul and the Abelam and then in her fieldwork in Bali, but always within their larger cultural context as parts of ritual complexes and other social processes. In Hauser-Schäublin's article in the journal *Oceania,* "The Thrill of the Line, the String and the Frond, or

The Curious Case of Non-Western Objects

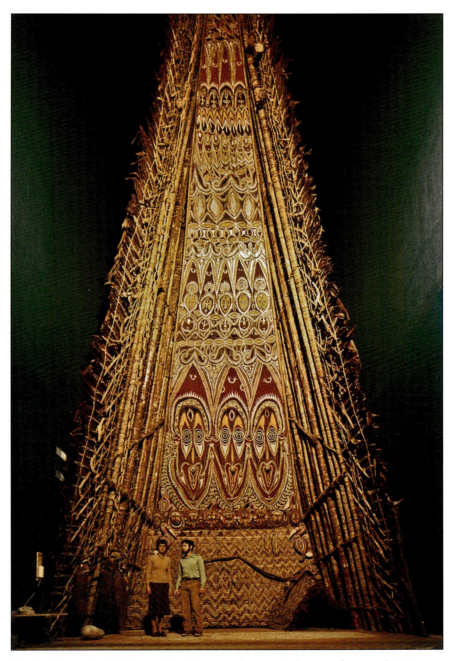

Brigitta Hauser-Schäublin and Jörg Hauser in front of the *haus tambaran* at the Museum für Völkerkunde und Schweizerisches Museum für Volkskunde, Basel.

Photo: Jörg Hauser, 1981.

Lomeni, Ren, "Burre" (Brigitta Hauser-Schäublin), Tambanjoe and Waina in front of a container of building materials destined for the *haus tambaran* in Basel.
Photo: Jörg Hauser, Wewak, May 7, 1979.

Why the Abelam Are a Non-Cloth Culture," we see the value of the German/Swiss academic tradition in anthropology whereby two different fieldwork sites and two distinct dissertations are required for the scholar to achieve the Habilitation degree (Hauser-Schäublin 1996:81). In this article, Hauser-Schäublin draws upon her extensive study of Balinese and other Indonesian textiles to discuss the contrasting culture of the Abelam, where cloth – or cloth-like substitutes such as barkcloth – is of little interest as a material for cultural and artistic elaboration (Hauser-Schäublin, Nabholz-Kartaschoff and Ramseyer 1991). Instead, twine used in knotting netbags *(bilums)* decorated with complex and dazzling geometric designs are the focus of cultural industry and aesthetic and symbolic elaboration, as well as bold paintings done on sago palm fronds.

In 1998, turning her attention to the Institute's Cook/Forster Collection at the University of Göttingen, Hauser-Schäublin and her colleague Gundolf Krüger edited a volume in German and English about the objects in the collection titled *James Cook: Gifts and Treasures from the South Seas*. In her essay in the volume, "Exchanged Value: The Winding Paths of the Objects," Hauser-Schäublin described how this collection of 18th century objects was made, focusing on the different types of exchanges of material goods that took place between the British and the Pacific Islanders they encountered on their travels throughout the Pacific Ocean. The most important type of exchange that went on between the British and the Pacific Islanders was the exchange of manufactured goods, such as metal knives, axes, beads, and cloth, for food and water. The British were dependent upon the goodwill of the islanders to provide them with fresh food – fruit, coconuts, yams, and – most highly prized by both parties – pigs. However, many of the sailors and other men on board, including Johann and Georg Forster, were also interested in obtaining examples of local manufacture, items such as woven baskets, fans, conch shell trumpets, and tapa cloth. These items appealed to the British as souvenirs of their voyages or gifts to be brought back to family and friends. In some cases, the objects were sold to wealthy patrons back in England who desired them for their own "cabinets of curiosities," a favorite pastime among aristocratic Europeans that developed during the 18th century as more and more voyages of discovery were being made. A third source of objects was as gifts. Cook and some of the other high-ranking men received gifts of local manufacture from indigenous rulers, the exchange of gifts between them being a means of creating an on-going social relationship between Cook and the various rulers (Hauser-Schäublin 1998:11–29; see also Thomas 1991).

Hauser-Schäublin points out the irony inherent in Cook's death, which occurred on the big island of Hawaii in 1779, as Cook was fatally attacked by a Hawaiian who killed him with a knife that had been made by one of his own blacksmiths (Hauser-Schäublin 1998:26). In this article she also contributes her own thoughts to a famous debate in anthropology between two well-known American anthropologists, Marshall Sahlins (1995, 1981) and Gananath Obeyesekere (1992), about the meaning of Cook's death. She suggests two ways, in addition to the manufactured knife, in which objects contributed to his death, both of which were overlooked or not mentioned by Sahlins or Obeyesekere. On the one hand, Sahlins justified the Hawaiians' divine identification of Cook with their god of peace and fertility, Lono, on the basis of a report made by one of Cook's own men in his journal. However, Sahlins failed to notice, or to mention, that there was other evidence reported in this same journal that Hauser-Schäublin interprets as indicating that the Hawaiians may have also associated Cook with their god of war, Ku. "In my opinion," she says, "the feather portrait made of Cook [a gift to Cook from the Hawaiian king] strongly points to this. [...] Cook himself, however, had provided signs for identification not only with Lono, but with Ku as well." (Hauser-Schäublin 1998:28).

When Cook was forced to return to the Big Island because of a broken foremast, his ship would no longer have been sailing into Kealakekua Bay with the same square white sail that it had originally had hoisted when it had first appeared to the Hawaiians in January 1779. Hauser-Schäublin notes how similar this square white sail would have been to the pictorial symbol of Lono, the god of peace – a square white banner hoisted on a standard (Hauser-Schäublin 1998:28). According to Hauser-Schäublin, since Lono's emblem was now missing on Cook's ship, and the peaceful ritual period of Lono had likewise ended for the Hawaiians, Cook now confronted the Hawaiians "as an avenger and a warrior," thus contributing to the Hawaiians fear of him and a motive for killing him (Hauser-Schäublin 1998:29).

There is another sense in which the objects in the Cook/Forster collection can be seen as items of exchange besides their origin. And that is in terms of how 350 items arrived at the Ethnographic Collection in Göttingen (then known as the Academic Museum) through the auspices of the Councillors of the Royal House of Hanover's letter of request to the British king, George III. The king, in turn, made a gift of the items to the Göttingen Museum (Urban 1998:59). Thus, what had been true of those items given to Captain Cook by rulers of South Pacific societies, was likewise true of the Cook Collection (the Forster items in the collection were primarily acquired through purchase from Forster): they were gifts from one ruler (King George) to another (indirectly, to the Royal House of Hanover, via the University Museum); a token of friendship and a means of reinforcing an important social and political relationship.

The Transformation of Ethnographic Objects into Objects of Identity

For many years the items in the Cook-Forster collection remained housed at the Institute of Cultural and Social Anthropology at Göttingen, surviving such cataclysmic events as World War II.

Sometimes the items were used in teaching. Early in the 19th century individuals such as Goethe learned of them from friends who were students at the university. More recently they have been studied by scholars of Pacific cultures, such as Adrienne Kaeppler, who has documented the whereabouts of other items collected on Cook's voyages (see Kaeppler 1978). Both Kaeppler and Hauser-Schäublin have participated in the transformation of these and other objects from Oceania from their origin 18th century status as "artificial curiosities" – things that provoked wonder, derision, or disgust, depending upon whether one saw them as tokens from an earthly Paradise, examples of a barbarian stage of development, or pagan idols that needed to be destroyed – to ethnographic artifacts – the subject of anthropological inquiry – to their acceptance as objects of art by some of the world's most highly esteemed museums of fine art such as the Louvre, the National Gallery in Washington D.C., and the Metropolitan Museum of Art (see Kaeppler, Kaufmann and Newton 1997).

Most recently, Hauser-Schäublin has facilitated the loan of the Cook/Forster collection for two international exhibits in 2006 – one at the Honolulu Academy of Arts, titled "Life in the Pacific of the 1700s: The Cook/Forster Collection of the Georg August University of Göttingen," and the other at the National Museum of Australia in Canberra titled "Cook's Pacific Encounters: The Cook/Forster Collection of the Georg August University of Göttingen". These exhibits represent the first time that the collection has traveled outside of Göttingen since its arrival there in 1783.

The Curious Case of Non-Western Objects

The objects selected for display at the Honolulu Academy of Arts were blessed at the University of Göttingen's Institute of Cultural and Social Anthropology prior to embarking on their long journey (from left to right: La'akea Suganuma, Brigitta Hauser-Schäublin, and Jackie Kaho'okele Burke). Photo: Wolfgang Kempf, January 23, 2006.

It is not a coincidence that these two exhibits took place in Hawaii and Australia, two of the most significant regions in the Pacific that Cook encountered on his voyages. On the one hand, Cook is credited with having discovered the Hawaiian Islands in 1778, while on the other, even though he was not the first European to discover Australia, he did claim the continent for Great Britain and the time he and his men spent there paved the way for the British to colonize the continent. In both cases, the exhibits represented the first time that present-day Hawaiians and Australians had seen the objects Cook had collected more than two hundred years earlier back in their places of origin, as the Göttingen collection had never traveled abroad before.

As text for the exhibit at the National Museum of Australia stated: "When we look at the beautifully preserved artifacts in 'Cook's Pacific Encounters,' we can ponder the changes that have taken place in the world over the past two centuries. The seemingly unchanging character of the artifacts suggests a journey back in time" (Hauser-Schäublin and Krüger 2006:15).

For people in both Pacific locations, the focus of the exhibits was on the artifacts as objects of Pacific cultural heritage and thus as expressions of Pacific Islanders' and Australian Aborigines' cultural identities. Because the objects had been collected at a time when Cook and his men were the first Europeans to have contact with these Pacific peoples, the items represent these cultures as they were prior to the introduction of Western goods, such as metal knives and axes, buttons and medals and cloth – all types of Western things that gradually were introduced into the production of indigenous objects. Thus, because of the objects' autochthonous origins they have come to symbolize the cultural continuity between the Hawaiians and Aborigines of today (and that of other contemporary Pacific Islanders, such as Tahitians, Tongans and New Zealanders, from whose ancestors Cook collected artifacts) with the Pacific Islanders of Cook's time.

In Hawaii the exhibit was held at the Honolulu Academy of Arts rather than at the Bishop Museum, the prestigious natural history museum in Honolulu that has an extensive collection of Pacific artifacts. The choice of venue for the exhibit in Hawaii represents a new international recognition by museums of fine art, those traditional arbiters of "high" or "elite" culture, that objects that used to be considered as merely

The opening of the exhibition "Life in the Pacific of the 1700s" at the Honolulu Academy of Arts: Brigitta Hauser-Schäublin, Stephen Little, Her Royal Highness Abigail Kekaulike Kinoiki Kawananakoa, Her Royal Highness Princess Pilolevu of Tonga, and Elfriede Hermann.
Photo: Wolfgang Kempf, February 22, 2006.

of "ethnographic interest" are worthy of the same respect and admiration as Western paintings and sculpture.⁵ As Stephen Little, the director of the Honolulu Academy of Arts stated, the purpose of the exhibit was "to celebrate the brilliant cultural and spiritual lives of the indigenous people of the Pacific as they existed prior to first contact with Westerners" (Little in Bernardo 2006). So honored was the museum to have the opportunity to exhibit these "rare, powerful objects," that Little enlisted the aid of several cultural experts, including La'akea Suganuma, president of the Royal Hawaiian Academy of Traditional Arts, to get their advice on how best to recognize and respect the sacred nature of the artifacts (Little in Bernardo 2006). Suganuma then traveled to Göttingen along with other members of the Royal Hawaiian Academy to bless and escort the collection to Hawaii.

In addition to the exhibit itself there was also a scholarly symposium held in conjunction with the opening of the exhibit on February 23, 2006 that highlighted aspects of Pacific Island cultures today and the heritage of their past. Prof. Dr. Hauser-Schäublin gave the keynote address at the public lecture that opened the symposium. She spoke about "Changing Contexts – Shifting Meanings: The Göttingen Cook/Forster Collection, For Example."⁶

Conclusion

From the beginning of her academic career, Hauser-Schäublin has been associated with museums and with the study of material culture, first at Basel, then at Göttingen. In the United States she has spent time at Dartmouth College at the Hood Museum, assessing their collection of Melanesian artifacts, and at the Metropolitan Museum of Art in New York City, where the Rockefeller Wing of the museum now displays a spectacular collection of art from Oceania, including many bark paintings from the Middle Sepik region of Papua New Guinea where she first carried out ethnographic research on art, architecture and ritual. Hauser-Schäublin's career as a curator has both contributed to and is reflective of the transformation of "artificial curiosities" from exotic tokens from far-off, primitive cultures to our modern appreciation of them as *objects d'art*.

In facilitating the loan of the University of Göttingen's Cook-Forster Collection for exhibition in Hawaii and Australia, Hauser-Schäublin enacted yet another exchange in the life of these objects, bringing them full-circle back to the places where many of them originated. As significant as this exchange was, which allowed younger generations of Pacific Islanders and other multicultural inhabitants of these post-colonial states to see first hand the beauty and power and creativity inherent in these objects from the past, even more significant was the "shifting contexts and changing meanings," Hauser-Schäublin referred to in the title of her public lecture at the Honolulu Academy of Arts. For the idea of changing meanings is true not only of the artifacts in the Cook-Forster collection, but also of the meanings many Westerners' now attribute to non-Western objects in general as well as their significance to Pacific Islanders today as talismen of their cultural heritage and identity.

Notes

1 For a photograph of this spirit house see Hauser-Schäublin (1989a:132). Hauser-Schäublin has written extensively about these spirit houses in her volume *Kulthäuser in Nordneuguinea* (1989b) and the decorated objects that adorn their exterior and interior in *Leben in Linie, Muster und Farbe: Einführung in die Betrachtung aussereuropäischer Kunst* (1989a). See also Hauser-Schäublin (1990:470–479).
2 There is an interesting German-American connection here in that Mead's mentor at Columbia University was the German anthropologist, Franz Boas. Boas is often credited with having developed the science of anthropology in the United States through his work first at the American Museum of Natural History, and later through the establishment of the Department of Anthropology at Columbia. See Lutkehaus (2008).
3 Mead oversaw the installation of the Hall of the South Pacific at the American Museum of Natural History, where she was Curator of Pacific Cultures.
4 Hauser-Schäublin has also written about the work of another early explorer named Georg Thomas von Asch, but I am not going to deal with that subject here. It has parallels with the work of Cook in that it is the work of an 18th century explorer who was interested in non-western cultures, in this case, those of the Transsiberian area, whose collections and journals also ended up in the Göttingen Institute of Cultural and Social Anthropology.
5 See for example Sally Price, *Primitive Art in Civilized Places* (1989). See also *Paris Primitive* (2007), Price's discussion of the controversy surrounding former French President Chirac's decision to create the Musee du Quai Branly, a new museum dedicated to the art of Oceania, Africa and the America's that opened in Paris in 2006. See also Nancy Lutkehaus, *From Ethnographic Artifact to Object d'Art: Nelson Rockefeller and the Transformation of Non-Western Objects into Art at the Metropolitan Museum of Art* (Unpublished Manuscript).
6 The proceedings from the symposium will be published in a volume titled Changing Contexts – Shifting Meanings: Tranformations of Cultural Traditions in Oceania, edited by Elfriede Hermann (in press, University of Hawai'i Press).

References

Bernardo, Rosemarie (2006) Voyage to the Past. Artifacts collected by Capt. James Cook on his Pacific voyages will be on display here. *Honolulu Star-Bulletin* 11(50). Available at <http://archives.starbulletin.com/2006/02/19/news/story04.html> [10.9.2009].

Hauser-Schäublin, Brigitta (1989a) *Leben in Linie, Muster und Farbe: Einführung in die Betrachtung aussereuropäischer Kunst am Beispiel der Abelam, Papua-Neuguinea.* Basel et. al.: Birkhäuser.

Hauser-Schäublin, Brigitta (1989b) *Kulthäuser in Nordneuguinea. Teil l: Architektur, Funktion und Symbolik des Kulthauses bei den Abelam. Teil II: Vergleichende Studien* der Kulthäuser im Sepik-Gebiet und an der Nordküste. Berlin: Akademie-Verlag. (Abhandlungen und Berichte des Staatlichen Museums für Völkerkunde Dresden 43; Monographien 7).

Hauser-Schäublin, Brigitta (1990) In the Swamps and on the Hills. Settlement Patterns and House Structure in the Sepik, Papua New Guinea. In: Nancy Lutkehaus, Christian Kaufmann, William E. Mitchell, Douglas Newton, Lita Osmundsen and Meinhard Schuster (eds): *Sepik Heritage. Tradition and Change in Papua New Guinea,* pp. 470–480. Durham: Carolina Academic Press.

Hauser-Schäublin, Brigitta (1996) The Thrill of the Line, the String and the Frond, or Why the Abelam Are a Non-Cloth Culture. *Oceania* 67(2):81–106.

Hauser-Schäublin, Brigitta (1998) Exchanged Value – The Winding Paths of the Objects. In: Hauser-Schäublin, Brigitta und Gundolf Krüger (eds): *James Cook. Gifts and Treasures from the South Seas. The Cook/Forster Collection, Göttingen,* pp. 11–29. München and New York: Prestel.

Hauser-Schäublin, Brigitta and Gundolf Krüger (2006) Cook-Forster Collection: Pacific Cultural Heritage. In: National Museum of Australia: *Cook's Pacific Encounters. The Cook-Forster Collection of the Georg-August University of Göttingen.* Canberra: National Museum of Australia Press. Also published as Electronic Document <http://www.nma.gov.au/cook/background.php?background=The_collection> [10.09.2009].

Hauser-Schäublin, Brigitta, Marie-Louise Nabholz-Kartaschoff and Urs Ramseyer (1991) *Balinese Textiles.* London: British Museum Press.

Kaeppler, Adrienne (1978) *"Artificial Curiosities": Being an Exposition of Native Manufactures Collected on the Three Pacific Voyages of Captain James Cook, R.N., at the Bernice Pauahi Bishop Museum, January 18, 1978 – August 31, 1978 on the occasion of the bicentennial of the European discovery of the Hawaiian Islands by captain Cook, January 18, 1778.* Honolulu: Bishop Museum Press (Bernice P. Bishop Museum Special Publications 65).

Kaeppler, Adrienne, Christian Kaufmann and Douglas Newton (1997) *Oceanic Art.* New York: Harry N. Abrams.

Lutkehaus, Nancy (2008) *Margaret Mead: The Making of an American Icon.* Princeton: Princeton University Press.

Lutkehaus, Nancy (n.d.) *From Ethnographic Artifact to Object d'Art: Nelson Rockefeller and the Transformation of Non-Western Objects into Art at the Metropolitan Museum of Art* (Unpublished Manuscript).

Obeyesekere, Gananath (1992) *The Apotheosis of Captain Cook. European Mythmaking in the Pacific.* Princeton: Princeton University Press.

Price, Sally (2007) *Paris Primitive: Jacques Chirac's Museum on the Quai Branly.* Chicago: University of Chicago Press.

Price, Sally (1989) *Primitive Art in Civilized Places.* Chicago: University of Chicago Press.

Sahlins, Marshall (1995) *How "Natives" Think: About Captain Cook, For Example.* Chicago: University of Chicago Press.

Sahlins, Marshall (1981) *Historical Metaphors and Mythical Realities: Structure in the Early History of the Sandwich Islands Kingdom.* Ann Arbor: University of Michigan Press.

Thomas, Nicholas (1991) *Entangled Objects: Exchange, Material Culture, and Colonialism in the Pacific.* Cambridge, Mass.: Harvard University Press.

Urban, Manfred (1998) The Acquisition History of the Göttingen Collection. In: Brigitta Hauser-Schäublin and Gundolf Krüger (eds): *James Cook. Gifts and Treasures from the South Seas. The Cook/Forster Collection, Göttingen,* pp. 56–85. München and New York: Prestel.

Die Institution ‚Ethnologisches Museum'

Historische Altlasten und innovative Möglichkeiten

Anna Schmid

Mit der Eröffnung des neu gegründeten Musée du Quai Branly im Juni 2006 und die sie begleitenden kontroversen, sowohl fachinternen als auch öffentlichen Diskussionen, die um seine Konzeption und deren Umsetzung entbrannten, stellt sich erneut die Frage nach der heutigen Relevanz der Institution Ethnologisches Museum. In Deutschland erhält diese Diskussion zusätzliche Brisanz aufgrund des Beschlusses des Deutschen Bundestages 2002, im Zentrum Berlins das Humboldt-Forum – unter anderem mit den Beständen der Museen in Dahlem – zu errichten.[1] Die Ausstellung ‚Die Tropen – Ansichten von der Mitte der Weltkugel' im Martin Gropius Bau[2] sollte als ein erster konzeptioneller Schritt auf dem Weg zum Humboldt-Forum (Parzinger 2008:8) verstanden werden.[3]

In all diesen Debatten spiegelt sich die inhaltliche Unschärfe, die das Ethnologische Museum – wieder? – auszeichnet. Damit verbunden sind zentrale, immer noch ungeklärte Fragen: Was ist heute der Gegenstandsbereich dieser Museumssparte? Welches sind die Kriterien, anhand derer Besucher einschätzen könnten, was sie in diesem Museum zu erwarten haben jenseits von kruden Vergleichen mit früheren europäischen Epochen? Und welche Aufgaben lassen sich aus der Beantwortung dieser Fragen für das Ethnologische Museum ableiten? Nimmt man weiterhin die Verschiebung vom Fokus ‚Sammlung' auf den Fokus ‚Publikum' in die alltägliche Museumspraxis auf, müssten nicht nur neue Ansätze der Präsentation entwickelt werden, sondern auch die Anforderungen von außen – vor allem von verschiedenen Segmenten des Publikums (vgl.

dazu Keene 2005:1f.) – aufgenommen werden. Allerdings entbindet der Rekurs auf das Publikum nicht von der Verpflichtung, inhaltliche Ziele zu definieren und diese auch umzusetzen.

Derzeit werden dabei vor allem zwei Richtungen thematisiert: Während die einen ‚dem Schönen' als oberste Prämisse für die Präsentation von Ethnografika das Wort reden – also die ästhetische Dimension in den Vordergrund stellen und damit die Analogie zu den Kunstmuseen betonen – verteidigen andere die Funktion dieser Institution als Fenster zur ethnologischen Forschung – diejenigen, die für Kontextualisierungen eintreten – und als Sprachrohr für andere Kulturen, deren kulturelle Zeugnisse in den Ethnologischen Museen lagern.

Im Folgenden will ich aufzeigen, inwiefern – erstens – diese beiden Ansätze in inhaltlicher Hinsicht zu kurz greifen und – zweitens – die Ethnologie Richtungen vorgegeben hat, die für Museen sehr viel stärker ausgeschöpft werden könnten. Dabei handelt es sich zum einen um die ‚Anthropology at home' und zum anderen um die ‚Anthropology as cultural critique'. Diese beiden Richtungen können für eine Klärung der Ziele des Genres Ethnologisches Museum fruchtbar gemacht werden unter der Voraussetzung, dass die Relevanz dieser Institution, d. h. die Möglichkeiten des Erkenntnisgewinns, in erster Linie für die jeweilige Gesellschaft, in der sie angesiedelt ist, anerkannt werden muss.

Dem Schönen gewidmet
Die ästhetische Dimension als vorrangiges Kriterium

Das Projekt ‚Musée du Quai Branly' wurde hinlänglich beschrieben und inzwischen auch auf verschiedene Aspekte hin eingehender untersucht (vgl. u. a. Brutti 2006, Dias 2008). An dieser Stelle mag es genügen, die wichtigsten Etappen zu benennen: Jacques Chirac verkündete bereits 1995, dass er ein neues Museum gründen wolle, das die Sammlungen von zwei Museen zusammenführen sollte – die des Musée de l'Homme und diejenige des Musée des Arts d'Afrique et d'Océanie. Als Vorprojekt – Viatte (2006a:208) nennt es einen symbolischen Akt – wurde im Jahr 2000 der Pavillon des Sessions mit etwa 120 Meisterwerken aus allen Kontinenten mit Ausnahme Europas im Louvre eingerichtet. Der Ethnologe Maurice Godelier, der das Projekt nach eigenem Bekunden vorbehaltlos unterstützte, wurde zunächst mit der inhaltlichen Konzeption betraut.[4] In seiner Konzeption versuchte er, grundlegende Fragen der Ethnologie in den Mittelpunkt zu stellen und dabei die Kluft zwischen einem wissenschaftlichen und einem ästhetischen Zugang zu überbrücken (vgl. dazu Godelier 2006). Dass seine Vorarbeit in die Realisierung eingeflossen ist, scheint aufgrund des Ergebnisses eher ausgeschlossen. Germain Viatte (2006a:209), verantwortlich für die Museographie des Quai Branly, betont, dass das Konzept für die permanente Ausstellung der Integration von ästhetischer und ethnographischer Präsentation verpflichtet sei. Es „sollen Rundgänge durch die wichtigsten Kulturräume angeboten, Querverbindungen zwischen Themen gezogen [...] werden. Dabei soll die Identität der großen Kulturräume und die außerordentliche Stellung der Übergangszonen zum Ausdruck gebracht [...] werden" (Viatte 2006a:209). Weiter führt Viatte (2006a:213) aus, dass der Darstellung von Geschichte besondere Aufmerksamkeit zukommen solle, um Kontakte und Einflüsse thematisieren zu können. Am Ende sollte „das Museum ein Raum der Erkenntnis, des Nachdenkens, der Freiheit und der künstlerischen Initiativen sein" (Viatte 2006a:214).[5] Dem steht die Aussage des Direktors des Quai Branly, Stéphane Martin, gegenüber: Michael Kimmelman, Journalist der New York Times, befragte ihn zu dem Museum. In seiner Antwort charakterisierte Martin es als ein „neutral environment with no aesthetic or philosophical line" (Kimmelmann 2006).

In dem über 4.000 qm großen Ausstellungsraum werden etwa 3.500 Objekte geordnet nach Kontinenten präsentiert.[6] Die Kritikpunkte, dass kaum Informationen zu den Objekten verfügbar sind, dass Kontexte nicht zu erschließen sind, dass zu viele Objekte den ästhetischen Genuss mindern, dass der Raum zu dunkel ist, wurden wiederholt benannt. Ebenfalls wurde wiederholt moniert, dass die erklärten Ziele nicht realisiert wurden: dazu gehört die Auseinandersetzung mit der kolonialen Vergangenheit ebenso wie die naive Annahme, die Jacques Chirac formulierte, durch dieses Museum könnten Hierarchien wenigstens aufgebrochen, wenn nicht gar aufgehoben werden.

Wolf Lepenies (2008:o.p.) fasst diese Kritik treffend zusammen: „Gegenüber dem Staunen und der Bewunderung treten am Quai Branly das Verstehenwollen und damit auch das Verstehen in den Hintergrund. Dafür ist nicht zuletzt die Architektur von Jean Nouvel verantwortlich, die dem Prinzip der Re-Exotisierung folgt." Daraus folgt für Lepenies (2008:o.p.): „Die Bewunderung und Anerkennung ihrer [der Objekte, Anm. AS] Schönheit ersetzen dann die Rekonstruktion ihres Entstehungs- und Wirkungszusammenhangs." Für das Quai Branly mag dies zutreffen.

Museum der Ideen oder Museum der wissenschaftlichen Rekonstruktion

Sind ethnologische Museen Institutionen, die auch in der Visualisierung besonders der wissenschaftlichen Rekonstruktion – also der immer wieder zitierten Kontextualisierung – verpflichtet sind? Oder sollten hier nicht vielmehr Ideen, die weit über eine ästhetisierende und kontextualisierende Präsentationsform hinausgehen müssen, im Vordergrund stehen? Könnten anhand solcher Ideen nicht bestimmte Lebensbereiche mit einer entsprechenden visuellen Rhetorik, die immer auch ästhetisch sein kann, gezeigt werden? Damit stünde dann endlich nicht mehr die immer wieder diskutierte, meines Erachtens aber irreführende Frage nach Kontext oder Kunst im Zentrum. Denn Kulturen lassen sich nicht ins Museum bannen, ein Abbild der jeweiligen Lebenswirklichkeit lässt sich über das Medium Ausstellung nicht erreichen.[7] Wird diese Haltung eingenommen, sind per se essentialistische Ausstellungskonzepte zu einzelnen ethnischen Gruppen oder geographischen Einheiten wie zum Beispiel Kontinente nicht mehr möglich. Stattdessen müssten Themen, die regional verankert werden, oder Ideen, die in den bzw. für die jeweiligen Kulturen relevant sind, als Ausgangspunkte für die Präsentation in Ausstellungen gewählt werden.

Einen Vorstoß in diese Richtung hat das Världskultur Museet (Museum of World Culture) in Göteborg unternommen.[8] Nach der Umstrukturierung der schwedischen Museumslandschaft mit dem Ziel, diese zu modernisieren, um gesellschaftliche Prozesse adäquater spiegeln und vor allem reflektieren zu können, wurde das alte ethnologische Museum Göteborgs geschlossen, ein neues, funktionales Museumsgebäude von dem Architekturbüro Brisac Gonzalez, London, errichtet und im Dezember 2004 eröffnet.[9]

Ein essentielles Diktum der ersten Museumsdirektorin Jette Sandhal (2001–2006) war es, bei den Ausstellungen Themen in den Vordergrund zu stellen, die anhand von regionalen Beispielen ausgeführt werden. Ein struktureller Ausgangspunkt der Arbeit waren die historischen Entstehungszusammenhänge der Sammlungen und ihre Implikationen in Bezug auf Machtgefälle und Identitätskonstruktionen. Als thematischer Ausgangspunkt wurden die weitreichenden Prozesse der Globalisierung und Migration gewählt. Die fünf Ausstellungsräume werden ausschließlich mit Sonderausstellungen bespielt, auf permanente Ausstellungen wird vollständig verzichtet:

> [...] against the background of the colonial history and interpretative framework of the collections, and within the setting of the complex contemporary context, the museum was reluctant or averse towards the complete, unified world view and the fixed, totalising meta-narrative characteristic of permanent displays. The grand meta-narratives of our time still seem integral elements and underpinnings for the mythology of colonialism and for the nation state, and it was thought wisest to avoid them. (Sandahl 2007:212)

Mit dieser Entscheidung entfällt ein zentrales Problem der musealen Ethnologie: Die Objekte und damit auch die Kulturen, denen sie entstammen, werden der sich in musealen Präsentationen immer wieder einschleichenden Zeitlosigkeit entrissen. Darüber hinaus lässt sich ein Bekenntnis zu zeitgenössischen Themen sehr viel besser, wenn nicht sogar ausschließlich über das Format der Sonderausstellung realisieren. Eine der ersten Ausstellungen ‚Horizons – voices from a global Africa'[10] verdeutlicht exemplarisch den Anspruch des Hauses, Wissen und Erkenntnis zu produzieren. Aus all den vielen Ausstellungen zu Afrika ragt diese eindeutig heraus. Durch die Anordnung und die Themen der Stationen wird von vornherein der Eindruck vermieden, dass es sich bei Afrika um einen einheitlichen geographischen Raum handelt ohne dabei in Beliebigkeit abzugleiten. Um nur zwei Beispiele zu nennen: Die eigenen Sammlungsbestände aus verschiedenen Regionen Afrikas wurden an raumhohen Gitterwänden angeordnet. Was auf den ersten Blick wie eine Verlagerung des Magazins in die Ausstellungsräumlichkeiten wirkte, wurde bei näherer Betrachtung zu einer Auseinandersetzung mit dem kulturellen Reichtum und der Kreativität des afrikanischen Kontinents. Mit einer starken künstlerischen Installation – die Anordnung der Fußfesseln in Anlehnung an diejenigen auf den Sklavenschiffen – wurde auf die Middle Passage reflektiert. Darüber hinaus zeichnete sich die Ausstellung durch die Realisierung (und nicht bloße Behauptung) des Konzepts der multiplen Stimmen aus: nicht nur wurden in der Ausstellung selbst unterschiedlichste Gesellschaftssegmente – aus Afrika und Schweden – durch audiovisuelle Medien präsentiert, auch in der Erarbeitung der Ausstellung rekurrierte das Museum auf kuratorische Hilfe aus Mali und Kenia.

Das Världskultur Museet in Göteborg vermochte es, die neu geforderte Museumsrhetorik nicht nur reflexartig zu bedienen, sondern diese inhaltlich zu füllen. Dazu gehören die Beteiligung sowohl der lokalen Bevölkerung als auch einzelner Mitglieder aus den Herkunftsländern,[11] die Bearbeitung von schwierigen Themen (neben dem erwähnten unter anderem auch Ausstellungen zu AIDS und Menschenhandel), die Erweiterung der Reflexions- und Erkenntnismöglichkeiten, die Etablierung des Hauses als Treffpunkt und Kommunikationszentrum und dabei doch immer mit der eigenen Sammlung zu arbeiten. Die Mission Statements (vgl. Sandhal 2007:210ff) scheinen für einmal so formuliert zu sein, dass sie auch als Leitfaden für die Praxis dienen. Damit zeigt das Beispiel Göteborg, dass das Museum der Ideen mit demjenigen der wissenschaftlichen Rekonstruktionen vereinbar ist – es handelt sich nicht um ein Entweder-Oder, sondern um ein Sowohl-als-auch.

Im Vergleich lässt sich der qualitative Unterschied zwischen dem Quai Branly und dem Världskultur Museet auf den folgenden Nenner bringen: Während Viatte in seiner Konzeption des Quai Branly von Kontaktzonen spricht und davon, dass sie im Museum erfahren werden können, werden sie in Göteborg auf verschiedenen Ebenen hergestellt und ausgelotet. Dabei verstehe ich Kontaktzone im Sinne von Mary Louise Pratt (1992:228), die diesen Begriff als „social spaces where disparate cultures meet, clash and grapple with each other often in texts of high asymmetrical relations of power" definierte.[12] Die Aussage über Texte lässt sich meines Erachtens ohne Umschweife auf das Format der Ausstellung übertragen.

Das Potenzial des Objekts

Vergleicht man die beiden Häuser im Hinblick auf den Umgang mit ihren eigenen Sammlungen, werden auch hier prinzipielle Unterschiede sichtbar. Während das Objekt im Världskultur Museet zur Begegnung – mit Ideen, die es vermittelt, mit Personen, die damit in Berührung kamen – einlädt, wird es im Quai Branly in einem Meer von Objekten, die anhand von formal-ästhetischen Kriterien gruppiert wurden, distanziert. Einem ästhetischen Ansatz verpflichtet zu sein, bedeutet nicht per se, eine Distanzierung gegenüber dem Objekt herzustellen.[13] Auf jeden Fall aber führt eine ästhetisierende Präsentationsform dazu, die Objektpräsentation unseren Sehgewohnheiten anzupassen und damit fast zwangsläufig auch dazu, die indigenen Kontexte visuell in den Hintergrund zu drängen. Hinzu kommt das Problem der wechselnden Perspektiven: „[...] our point of view changes with every new epoch, and the significance of the objects has also changed for the members of the cultures from which they originated" (Hauser-Schäublin 1998:11).

Wie Kohl (2008) überzeugend dargelegt hat, verändert sich der Kontext eines Objekts, sein alltäglicher Lebenszusammenhang, mit dem Eintritt in die Institution Museum. Mit diesem Eintritt ist es dem normalen – ökonomischen, religiösen usw. – Kreislauf entzogen. Solange unter Kontextualisierung verstanden wird, dass der Musealisierungsprozess das Objekt in seiner Funktion nicht verändert oder verändern darf, ist es unmöglich, innerhalb des Museums von einem indigenen Kontext des Objektes zu sprechen. Die Gegenposition vertritt die Auffassung, das Objekt selbst könne sprechen. Unbestritten ist die Kraft und Macht mancher Objekte, durch die sie den Besucher direkt ansprechen können. Aber die Vorstellung, dass Objekte unmittelbar und bedeutungsvoll kommunizieren, ist nicht haltbar (vgl. dazu Gurian 2004:281). Wie viel Vorwissen benötigt wird, um ‚Objekte zu verstehen', und in welcher Form es den Besuchern zur Verfügung gestellt werden sollte, hängt davon ab, in welchen Zusammenhang innerhalb des Museums bzw. der Ausstellung es gestellt wird und welche Erkenntnis durch die reine Anschauung gewonnen werden soll.

Einen souveränen und emanzipierten Umgang mit der eigenen Sammlung zeigt das von Peter Zumthor realisierte, 2008 eröffnete Kunstmuseum des Erzbistums Köln:

> Das Museum darf die Ästhetik eines Kunstwerkes [wie auch eines ethnografischen Objektes; Erg. AS], das heißt seine Wirkungsweise, nicht auf so oft erwünschte Erklärungen übertragen, auf ein abrufbares Informationssystem reduzieren und in die Funktion einer nur noch begleitenden Illustrierung zum erforschten Wissen domestizieren, vielmehr sollte es als seine eigentliche Aufgabe Voraussetzungen schaffen, dass sie sich in einer größtmöglichen realen Gegenwärtigkeit entfalten kann. (Plotzek et al. 2007:15)

Die Kuratoren stellen eindeutig die Erfahrung aufgrund der Begegnung mit den Objekten in den Vordergrund. Das Objekt wird also eingesetzt, um eine Idee zu verkörpern, nicht um sie zu illustrieren. Die Ethnologischen Museen müssen offenbar erst noch lernen, der Macht ihrer Objekte und Sammlungen zu vertrauen, um ihr Potenzial ausschöpfen zu können. Dieses Potenzial anzuerkennen und ernst zu nehmen, bedeutet auch, dass die eigenen Sammlungen auch in Zukunft im Mittelpunkt der Museumspraxis stehen werden. In Bezug auf ethnografische Objekte ist darüber hinaus festzustellen, dass die ihnen inhärenten Erkenntnismöglichkeiten erst dann ausgelotet werden können, wenn sie nicht mehr nur einer kuratorischen Objektivierung unterzogen, sondern den verschiedenen Perspektiven zugänglich gemacht werden: denn sie enthalten einen unermesslichen Reichtum an Gedanken, Lebensformen und -praktiken. Daraufhin befragt, können sie Aufschluss geben über Begegnungen, über ihre Geschichte der Aneignung, über Zuschreibungen und Projektionsflächen derjenigen Akteure, mit denen sie in Berührung kamen, durchaus auch über ihre Ursprungskultur und nicht zuletzt über das museale System, in das sie auf Um- oder Irrwegen gelangt sind. Rückt man von dem – insbesondere von einem großen Teil des Publikums geforderten – Faktischen oder Wahrheitsanspruch ab, steht man zu Perspektivität, dem Fragmentarischen oder dem Partikularen, lassen sich Objekte auf vieles hin befragen.[14] Damit will ich keineswegs der Beliebigkeit das Wort reden. Vielmehr geht es darum, „to rely strongly on the beauty and poetry of the objects" (Sandhal 2007:212), sich zu verlassen auf die ästhetische Wirkung der Objekte und auf ihr erzählerisches Potenzial.

Das Potenzial der Anthropology at Home

Ethnologische Forschungen in der eigenen Gesellschaft, also die ‚Anthropology at Home' der 1970er und 1980er Jahre, waren unter anderem machtpolitischen Veränderungen – vor allem der Dekolonisierung – und dem ‚Verschwinden' des ‚ursprünglichen' ethnologischen Untersuchungsgegenstandes geschuldet. Damit einher ging auch ein grundlegender Wandel der ethnologischen Perspektive:

> Because anthropology is a kind of knowledge, or a form of consciousness, that arises from the encounter of cultures in the mind of the researcher, it enables us to understand ourselves in relation to others, becoming a project of heightened self-awareness. (Peirano 1998:109f.)[15]

Mit die wichtigste Erkenntnis, die sich aus dieser Richtung gewinnen ließ, lag darin zu akzeptieren, dass wir nur im Spiegel des Anderen, im Oszillieren zwischen dem Eigenen und dem Fremden, die Bedeutung des jeweils anderen Weltbildes mit all seinen Konsequenzen verstehen können.

Auch das Ethnologische Museum ist ein Kind der Zeit der Entdeckungsreisen und der Kolonialzeit. Vor allen Dingen aber ist dieses Museumgenre auch eine Institution unserer eigenen Gesellschaft; es wurde hier entwickelt und geformt – von uns für uns! Das bedeutet auch, dass die Museen und die darin gezeigten Anordnungen von Objekten sehr viel mehr über uns aussagen als über andere Kulturen. Bezogen auf die Kunst-oder-Kontext-Debatte formuliert Gell (1998:3) „to see the art of other cultures aesthetically tells us more about our own ideology and its quasi-religious veneration of art objects as aesthetic talismans, than it does about these other cultures".

Wenn diese Selbst-Reflexivität nur über das Andere zu erreichen ist, liegt gerade darin eine zukunftsorientierte Möglichkeit der Ethnologischen Museen. Das Gegenüber, das Andere, kann über die Objekte und Sammlungen erzeugt werden. Bedingung dafür ist allerdings, dass der Bezug zum Hier und Jetzt hergestellt wird. Das bedeutete auch, dass die Trennung zwischen Kulturen der westlichen Welt und Kulturen der aussereuropäischen Welt nur auf der analytischen Ebene stattfinden darf. Nach Arsenyev (2007:159) bedarf die museale Ethnologie eines neuen Paradigmas „for seeing the world and existing in it". Konkret formuliert er: „the ethnographical museum is called to introduce people to the other-reality of other cultures through a conjunction of rational with emotional components of reflection and cognition" (ebd.: 159f.).[16] Bei der Neuausrichtung des Museums der Kulturen Basel, das 2011 neu eröffnet wird, wird im Vordergrund stehen, diesen Anspruch umzusetzen.

Das Ethnologische Museum als Institution der kritischen Reflexion

Kritische Reflexion auf das Eigene, mit anderen Worten Kulturkritik, sollte aus ethnologischer Perspektive eigentlich ein selbstverständliches Anliegen sein. Damit ist keine moralisierende Ermahnungsgeste vor dem Hintergrund anderer, eben ethnologischer Wissensbestände gemeint, sondern eine konstruktive Einmischung und ein zur Verfügung stellen dieser Wissensbestände. Marcus und Fischer (1986:1) gehen soweit zu konstatieren, dass die Ethnologie ihren Lesern diesbezüglich sogar ein Versprechen gegeben habe:

> The [...] promise of anthropology [...] has been to serve as a form of cultural critique for ourselves. In using portraits of other cultural patterns to reflect self-critically on our own ways, anthropology disrupts common sense and makes us reexamine our taken-for-granted assumptions.

Die Autoren benennen als Strategien der Kulturkritik „defamiliarization. [...] doing the unexpected, placing familiar subjects in the unfamiliar, or even shocking, contexts are the aims [...] to make the reader conscious of difference." (1986:137)

Ich möchte den auf schriftliche Ethnographien begrenzten Geltungsanspruch auf die Ethnologischen Museen und auf ihre Sammlungen ausdehnen.[17] Ganz nach dem Motto ‚Spurensuche nach der Differenz – Lesen gegen den Strich' sollte nicht nur das Affirmative, nicht nur das Schöne, sondern auch das Aufrüttelnde, das Provokative, mitunter sogar das Quälende im Museum zu Hause sein. Wenn die Museen riskieren, kontrovers diskutierte Themen aufzugreifen, könnten sie ihre gesellschaftlichen und gesellschaftspolitischen Aufgaben tatsächlich besser wahrnehmen. Vor diesem Hintergrund lässt sich das wichtigste Ziel des Ethnologischen Museums mit Belting (2005b:252) in folgende Worte fassen: „Der Sinn des Museums liegt nicht in seiner Aktualität, sondern in seiner Alterität. Die Andersartigkeit ist seine wahre Bedeutung, die Differenz auch seine heutige Chance." In der Tat können und sollen Museen nicht tagesaktuell sein. Sehr wohl aber sollten sie den großen zeitgenössischen Themen verpflichtet sein und diese aus anderen als den medial aufbereiteten Perspektiven beleuchten – so ist der Hinweis Beltings auf Alterität anstatt Aktualität zu verstehen. Differenz bezieht sich vor diesem Hintergrund nicht auf ein ‚Othering' bzw. auf die Exotisierung, sondern auf das Mittel der Perspektive und auf Perspektivität, also auf den Akt des neu oder anders Sehens und Deutens. Damit könnte die Ethnologie im Allgemeinen und das Ethnologische Museum im Besonderen – zu deren Alltagsgeschäft die Perspektivität gehört – die institutionalisierte Chance im Sinne Beltings sein. Darüber hinaus ermöglichte diese inhaltliche Präzisierung des Ethnologischen Museums auch die immer wieder eingeforderte Stärkung der Dienstleistungsorientierung auf der intellektuellen und der ästhetischen Ebene, aber auch auf der Ebene des Genießens.

Anmerkungen

1 Vgl. dazu den Abschlussbericht der Arbeitsgruppe „Schlossareal", http://www.humboldt-forum.de/pdf/Abschlussbericht_Schlossareal.pdf [abgerufen am 24.05.2009], den Abschlussbericht der Internationalen Expertenkommission: Historische Mitte Berlin, http://www.humboldt-forum.de/pdf/Schlossplatz-Berlin-Abschlussbericht-der-Internationalen-Expertenkommission.pdf [abgerufen am 24.05.2009], Schuster und Wullen (2008) sowie König (2008).
2 Die Ausstellung war vom 12. September 2008 bis zum 05. Januar 2009 zu sehen. Vgl. dazu die Aufsätze in der Zeitschrift Kunstforum ‚Hot Spot Tropen' Bd. 195, 2009.
3 In einer Kritik zu der Ausstellung von Sieglinde Geisel (2008) wird konstatiert, dass der Ansatz – eine Brücke von den Artefakten der Vormoderne zur internationalen Gegenwartskunst zu schlagen – die Ausstellung zu einem Experimentierfeld für das geplante Humboldt-Forum mache.
4 Interessensgegensätze führten jedoch dazu, dass Godelier sein Amt als wissenschaftlicher Direktor niederlegte.
5 Vgl. dazu auch die Ausführungen von Viatte (2006b:28f.).
6 Um einen Eindruck von der Präsentation zu erhalten, sei auf die Homepage verwiesen: http://www.quaibranly.fr/en/collections/permanent-collections/index.html [abgerufen am 24.05.2009]. Die meisten der dort eingestellten Fotografien betonen das einzelne Objekt sehr viel stärker als dies in der Ausstellung der Fall ist. In der Ausstellung entsteht zuweilen der Eindruck, dass die Vitrine ebenso wichtig ist, wie die darin gezeigten Objekte. Die Ausleuchtung der Ausstellung wirkt auf den Fotografien sehr viel heller als im dämmrigen Ausstellungsraum.
7 Vgl. dazu auch Belting (2005a), Schmid (2007:219).
8 Vgl. http://www.worldculture.se/content/1/c4/41/59/ccf2186eaf3c.pdf [abgerufen am 24.05.2009].
9 An dieser Stelle sei angemerkt, dass der Neubau ebensoviel Aufmerksamkeit verdient hätte wie das Musée du Quai Branly. Darüber hinaus überrascht, dass die Neukonzeption kaum zur Kenntnis genommen wurde und wird – gerade vor dem Hintergrund, dass viele Häuser eine Neuorientierung anstreben.
10 Vgl. dazu auch http://www.worldculture.se/content/1/c4/41/59/853ec2102b34.pdf [abgerufen 24.05.2009].
11 Vgl. dazu Coxall (2006:141f.).
12 Die Literaturwissenschaftlerin M.L. Pratt hat in ihrer Arbeit ‚Imperial Eyes' das theoretische Konzept der Kontaktzone ausgearbeitet. Dieses Konzept wurde vor allem in den Postcolonial Studies fruchtbar angewendet.
13 Das belegt die Ausstellung ‚Bildwelten: Afrika, Ozeanien und die Moderne' in der Fondation Beyeler eindrücklich. Vgl. zu dem Thema auch Keene (2005:103ff).

14 Die Forderungen des Publikums sind auf jeden Fall ernst zu nehmen. Wie diese dann zu bedienen oder einzubinden sind, bedarf der Klärung.

15 An dieser Stelle sei ausdrücklich betont, dass ich die diesem Wandlungsprozess vorausgehenden Probleme und die Unverfrorenheit, mit der die ethnologische Zunft dies anging, keinesfalls verschweigen oder verharmlosen möchte. Die Vertiefung dieses Themas kann an dieser Stelle nicht erfolgen.

16 Vgl. dazu auch die Einleitung und die Beiträge in dem Sammelband, herausgegeben von Paul Voogt 2008.

17 Ein ähnliches Verständnis bzgl. des Potenzials der Ethnologie als Kulturkritik vertritt Brigitta Hauser-Schäublin (1997), wenn sie die Mechanismen und Vorstellungen hinsichtlich neuerer Reproduktionstechnologien und Organhandel ins Visier nimmt.

Literatur

Arsenyev, Vladimir (2007) A Museum Crisis? A Crisis for Ethnography? A Crisis of Civilisation? *Forum for Anthropology and Culture* 4:151–160 (Forum 6: ‚Ethnographical Collections in the Modern Museum').

Belting, Hans (2005a) Gibt es eine Ausstellung von Kulturen? In: Hans Belting: *Szenarien der Moderne. Kunst und ihre offenen Grenzen,* S. 222–240. Hamburg: Europäische Verlagsanstalt.

Belting, Hans (2005b) Das Museum. Ein Ort der Reflexion, nicht der Sensation. In: Hans Belting: *Szenarien der Moderne. Kunst und ihre offenen Grenzen,* S. 241–266. Hamburg: Europäische Verlagsanstalt.

Brutti, Lorenzo (2006) Die Kritik: Ethnographische Betrachtungen des Musée du Quai Branly aus der Perspektive des teilnehmenden Beobachters. In: Cordula Grewe (Hg.): *Die Schau des Fremden. Ausstellungskonzept zwischen Kunst, Kommerz und Wissenschaft,* S. 230–251. Stuttgart: Franz Steiner Verlag.

Coxall, Helen (2006) Open Minds: Inclusive Practice. In: Hugh H. Genoways (Hg.): *Museum Philosophy for the Twenty-First Century,* S. 139–149. Lanham et al.: Altamira Press.

Dias, Nélia (2008) Cultural Difference and Cultural Diversity: The Case of the Musée du Quai Branly. In: Daniel J. Sherman (Hg.): *Museums and Difference,* S. 124–154. Bloomington und Indianapolis: Indiana University Press.

Geisel, Sieglinde (2008) Die tropische Kunst in unseren Köpfen. Eine Ausstellung in Berlin probt den Dialog zwischen Ethnologie und Gegenwartskunst. *NZZ* vom 14.10.2008.

Gell, Alfred (1998) *Art and Agency. An Anthropological Theory.* Oxford: Clarendon Press.

Godelier, Maurice (2006) Die Vision: Einheit von Kunst und Wissenschaft im Musée du Quai Branly. In: Cordula Grewe (Hg.): *Die Schau des Fremden. Ausstellungskonzept zwischen Kunst, Kommerz und Wissenschaft*, S. 215–230. Stuttgart: Franz Steiner Verlag.

Gurian, Elaine Heumann (2004) What Is the Object of This Exercise? A Meandering Exploration of the Many Meanings of Objects in Museums. In: Gail Anderson (Hg.): *Reinventing the Museum. Historical and Contemporary Perspectives on the Paradigm Shift*, S. 269–283. Lanham: Altamira Press.

Hauser-Schäublin, Brigitta (1997) Blick zurück im Zorn. Ethnologie als Kulturkritik. *Zeitschrift für Ethnologie* 122(1):3–17.

Hauser-Schäublin, Brigitta (1998) Exchanged Value – The Winding Paths of the Objects. In: Hauser-Schäublin, Brigitta und Gundolf Krüger (Hg.): *James Cook: Gifts and Treasures from the South Seas – The Cook/Forster Collection, Göttingen. Gaben und Schätze aus der Südsee – Die Göttinger Sammlung Cook/Forster*, S. 11–29. München und New York: Prestel.

Keene, Suzanne (2005) *Fragments of the World: Uses of Museum Collections.* Amsterdam: Elsevier.

Kimmelman, Michael (2006) In the City of Light, a Heart of Darkness. *New York Times* vom 03.07.2006.

König, Viola (2008) Die Idee des Humboldt-Forums auf dem Schlossplatz Berlin. *Paideuma* 54:245–251.

Kohl, Karl-Heinz (2008) Kontext ist Lüge. *Paideuma* 54:217–221.

Lepenies, Wolf (2008) Abschied vom intellektuellen Kolonialismus. *Welt Online* vom 01.04.2008. Abrufbar unter <http://www.welt.de/welt_print/article1858177/Abschied_vom_intellektuellen_Kolonialismus.html> [24.05.2009]

Marcus, George E. und Michael M. J. Fischer (1986) *Anthropology as Cultural Critique. An Experimental Moment in the Human Sciences.* Chicago und London: The University of Chicago Press.

Parzinger, Hermann (2008) Grusswort. In: Alfons Hug, Peter Junge und Viola König (Hg.): *Die Tropen. Ansichten von der Mitte der Weltkugel*, S. 8–9. Bielefeld: Kerber Verlag.

Peirano, Marzia G. S. (1998) When Anthropology is at Home: The Different Contexts of a Single Discipline. *Annual Review of Anthropology* 27:105–128.

Plotzek, Joachim M. et al. (2007) Eine Heimat für die Kunst. In: Joachim Plotzek et.al. (Hg.): *Auswahl eins: Kolumba. Werkhefte und Bücher,* Band 28, S. 11–27. Köln: Kolumba.

Pratt, Mary Louise (1992) *Imperial Eyes. Travel Writing and Transculturation.* London: Routledge.

Sandahl, Jette (2007) The Included Other – The Oxymoron of Contemporary Ethnographic Collections? *Forum for Anthropology and Culture* 4:208–217 (Forum 6: ‚Ethnographical Collections in the Modern Museum').

Schmid, Anna (2007) The Ethnographical Museum: Another Crisis and Possible Consequences. *Forum for Anthropology and Culture* 4:217–220 (Forum 6: ‚Ethnographical Collections in the Modern Museum').

Schuster, Peter-Klaus und Moritz Wullen (2008) Das Humboldt-Forum. In: Thierry und Susanne Greub (Hg.): *Museen im 21. Jahrhundert: Ideen, Projekte, Bauten,* S. 164–169. Berlin: Prestel.

Viatte, Germain (2006a) Das Konzept: Ein Essay zum Musée du Quai Branly. In: Cordula Grewe (Hg.): *Die Schau des Fremden. Ausstellungskonzept zwischen Kunst, Kommerz und Wissenschaft,* S. 207–214. Stuttgart: Franz Steiner Verlag.

Viatte, Germain (2006b) Ohne Titel. In: Musée du Quai Branly (Hg.): *Museum Guide Book,* 26–29. Paris: Musée du Quai Branly.

Voogt, Paul (Hg.) (2008) Can we Make a Difference? Museums, Society and Development in North and South. Amsterdam: KIT Publishers (Bulletin of the Royal Tropical Institute 387).

Kūkāʻilimoku auf Reisen

Kontexte, Bedeutungen und (Re-)Präsentationen

Ulrich Menter

Innerhalb der Bestände der Ethnologischen Sammlung des Instituts für Ethnologie der Universität Göttingen nimmt die Sammlung Cook/Forster einen bedeutenden Platz ein: Unter ihren mehr als 500 ethnographischen Objekten, die ein einfaches Röhrichtbündel ebenso einschließen wie ein vielteiliges Trauergewand aus Tahiti, finden sich hervorragende Objektgruppen von den Gesellschaftsinseln, Tonga oder Aotearoa/Neuseeland. Auch eine Sammlung aus Hawaiʻi gehört zur Göttinger Cook/Forster Sammlung: großartige Rindenbaststoffe, Schmuck, Arbeits- und Spielgeräte, verschieden geformte Angelhaken sowie ein Federhelm und eine Federskulptur zählen zu den Höhepunkten dieser einzigartigen Zeugnisse aus voreuropäischer Zeit. All diese Dinge gelangten im ausgehenden 18. Jahrhundert nach Europa und fanden schließlich ihren Weg nach Göttingen.

Heute geben die auf den Südsee-Reisen des Kapitäns James Cook (1728–1779) erworbenen Gegenstände nicht nur Auskunft über den technologischen Stand der pazifischen Kulturen, über ihre ästhetischen Prinzipien, ihre sozialen und spirituellen Vorstellungen an der Wende zu den massiven Umbrüchen des 19. Jahrhunderts; sie geben auch Zeugnis vom wissenschaftlichen Geist der Aufklärung des 18. und frühen 19. Jahrhunderts, als deren exemplarischer und hervorragender Vertreter Johann Friedrich Blumenbach (1752–1840) in Göttingen wirkte. Auf sein Betreiben wurde diese außergewöhnliche Sammlung in den Bestand der von ihm gegründeten Forschungssammlung des Academischen Museums eingegliedert.[1]

Federbildnis, Repräsentation des Kriegsgottes Kūkāʻilimoku, Oz 254, Cook/Forster-Sammlung, Ethnologische Sammlung, Institut für Ethnologie der Universität Göttingen.

Foto: Harry Haase.

Im Jahre 2006 schickte das Institut für Ethnologie der Universität Göttingen unter der Leitung von Brigitta Hauser-Schäublin nach langen Vorbereitungen die Cook/Forster-Sammlung auf eine Reise in den Pazifik – und damit gewissermaßen auf einen Weg, den die Objekte mehr als 200 Jahre zuvor in umgekehrter Richtung zurückgelegt hatten. Wichtige und eindrucksvolle Ausstellungen in Honolulu und Canberra präsentierten fast die gesamte, an Höhepunkten so reiche Sammlung einem großen Publikum. Während die Cook/Forster-Sammlung nach dem Finale der Ausstellung in Canberra in ihre südniedersächsische Heimat zurückkehrte, war die Reise für eine hawaiische Federskulptur, gemeinhin als Repräsentation des Kriegsgottes Kūkāʻilimoku beschrieben, noch nicht beendet. Für das Federbildnis (hawaiisch: *kiʻi hulu manu* – Vogelfederfigur), das inzwischen zu einem Signet der Göttinger Sammlung geworden war, standen weitere Ausstellungsstationen in Paris und der Schweiz auf dem Reiseplan. Jede dieser Ausstellungen setzte unterschiedliche Akzente und thematische Schwerpunkte und präsentierte das hawaiische Federbild in einem anderen Ausstellungsdesign und Kontext.[2] Ich möchte hier der Reise des Kūkāʻilimoku folgen und an den Zwischenstationen jeweils eine kurze Rast einlegen – bietet sich hier doch eine Gelegenheit, „Veränderungen" zu verfolgen, denen ein Objekt in Ausstellungen ausgesetzt ist, und aufzuzeigen, welche Bedeutungsaspekte eines Dinges – gewollt oder ungewollt – von den Kuratoren und Ausstellungsgestaltern herausgestellt bzw. in den Hintergrund gerückt werden. Indes, die Transfiguration der Objekte beginnt schon lange, bevor sie in die Depots und

Ausstellungssäle gelangen: bereits auf ihren ganz unterschiedlich verlaufenden Wegen erfahren sie Umdeutungen und Brüche des sie begleitenden Wissens und der mit ihnen verbundenen Vorstellungen. Deshalb soll an dieser Stelle zunächst ein Blick in die Vergangenheit des Federbildes gerichtet werden, dessen Provenienz auf die dritte Südseereise James Cooks in den Jahren 1776 bis 1780 zurückgeführt wird.

Ihren Anfang nahm die Reise des Federbildnisses vor gut 200 Jahren in Hawai'i. Ihre erste, wohl bedeutendste Umdeutung erfuhr die kleine Bildskulptur noch vor Antritt des Weges nach London und weiter nach Göttingen, als sie den sozialen, politischen und religiösen Kontext der hawaiischen Gesellschaft verließ und Aufnahme in europäische Objektwelten fand, wo sie durch ihre Seltenheit wirtschaftlichen Wert erhielt und schließlich wissenschaftliches Interesse fand.

Als am 18. Januar des Jahres 1778 völlig unerwartet hohe Inseln am Horizont vor den britischen Segelschiffen *Resolution* und *Discovery* auftauchten, befanden sich die Schiffe unter dem Kommando der Kapitäne James Cook und Charles Clerke auf der Suche nach der legendären Nordwestpassage im arktischen Norden des amerikanischen Kontinents. Cook und seine Mannschaften erkundeten von See aus die der europäischen Welt noch unbekannten Inseln, bevor sie in Waimea auf der Insel Kaua'i an Land gingen. Dort beendete Kapitän Cook in der Tradition europäischer Entdeckungsreisender ihren Status der Unbekanntheit und gab den Inseln einen europäischen Namen – Sandwich Islands.[3]

Die Seefahrer blieben nur kurz in Waimea und brachen dann erneut zu ihrer letztlich erfolglosen Suche eines neuen Seeweges nach Europa auf. Als der Einbruch des eisigen Winters von Alaska die Männer zur Rückkehr zwang, nahmen die Schiffe wieder Kurs auf den neu entdeckten Archipel im Süden, wo sie im Dezember 1778 in der Kealakekua Bucht auf der südlichsten Insel Hawai'i vor Anker gingen. Die ansässige Bevölkerung und die Besatzungen der europäischen Schiffe gingen respektvoll aufeinander zu und an einem Dienstag, dem 26. Januar des Jahres 1779, überreichte das höchste ansässige Oberhaupt am Strand der Kealakekua Bucht verschiedene Geschenke an Kapitän James Cook. Doch bevor der hochrangige Mann zu den Briten an den Strand kam, umrundeten er und seine Begleiter mit ihren Booten die in der Bucht vor Anker liegenden britischen Schiffe. In einer viel zitierten Textstelle beschrieb der spätere Kapitän James King, Teilnehmer der dritten Cook-Reise, diese Szene, wobei sein Augenmerk auch den ungewöhnlichen Federskulpturen galt:

> The next day, about noon, the king, in a large canoe, attended by two others, set out from the village, and paddled towards the ships in great state. Their appearance was grand and magnificent. In the first canoe was Terreeoboo and his chiefs, dressed in their rich feathered cloaks and helmets, and armed with long spears and daggers; in the second came the venerable Kaoo, the chief of the priests, and his brethren, with their idols displayed on red cloth. These idols were busts of a gigantic size, made of wicker-work, and curiously covered with small feathers of various colours, wrought in the same manner with their cloaks. Their eyes were made of large pearl oysters, with a black nut fixed in the centre; their mouths were set

with a double row of the fangs of dogs, and, together with the rest of their features, were strangely distorted. The third canoe was filled with hogs and various sorts of vegetables. As they went along, the priests in the centre canoe sung their hymns with great solemnity; and after paddling round the ships, instead of going on board, as was expected, they made toward the shore at the beach where we were stationed. (King 1785:16–17)

Dieser „König Terreeoboo" (*Te ari'i o pu'u* – der hohe Adlige), der an jenem Tag aufbrach, um mit Kapitän Cook zusammenzutreffen, war Kalani'ōpu'u, einer der mächtigsten *Ali'i*[4] auf der Insel Hawai'i (Te Rangi Hiroa o. J.). Als Zeichen ihres hohen Ranges waren Kalani'ōpu'u und die ihn begleitenden *Ali'i* in Federmäntel gekleidet und trugen mit Federn besetzte Helme. Federn, auf vielen Inseln Polynesiens von großer Bedeutung und ein Zeichen hohen Ranges, bedeckten auch die Bildnisse, die hier wohl erstmals ein Europäer zu Gesicht bekam. Auch wenn diese „busts of a gigantic size" erheblich kleiner gewesen sein dürften als hier geschildert (keines der wenigen bis heute erhaltenen Beispiele erreicht eine Höhe von einem Meter; das Göttinger Federbildnis misst 46,5 cm), so gibt die detailreiche Schilderung doch ein sehr lebendiges Bild von der Gestalt der Figuren wie auch der Art des Transports. Der Maler John Webber (1752–1793) hat diese Szene in einer aquarellierten Federzeichnung, die zwischen 1781 und 1783 in England entstand, festgehalten (Forbes 1992:42–44): Auf der Plattform eines Doppelrumpfbootes sieht man die zwischen den Ruderern stehenden Männer von Rang in ihren roten Federmänteln und -helmen; im Heck eines anderen Bootes leuchten drei große rote Köpfe von Federbildnissen hervor, deutlich sind ihre Augen und ihre verzerrten Münder zu erkennen. Rindenbaststoffe verhüllen mehrere Meter lange Körper – vielleicht ist dies auch ein Hinweis auf die Verwendung der Figuren, die auf Stangen getragen worden sein sollen.

Die einzigartigen hawaiischen Federskulpturen bestehen aus einem Kopf mit einem zumeist ausgeprägten Hals. Ihre auffallende Gestalt erhalten sie durch ein Korbgeflecht aus *'ie'ie*-Fasern *(Freycinetia arborea)* und ihre leuchtend rote Färbung durch den Besatz kleiner Federn des Kleidervogels *i'iwi (Vestiaria coccinea)*, die – in großer Zahl in ein fein gewirktes Netz aus fester *olonā*-Schnur *(Touchardia latifolia)* geknüpft – die gesamte Figur überziehen (Te Rangi Hiroa 1964:503–512, Abbott 1992:105–110). Wie schon Kapitän James King schrieb, vervollständigen Hundezähne und Perlmuscheln die Erscheinung der *ki'i hulu manu*. Während sich Konstruktion und verwendete Materialien anhand der erhaltenen Federbilder ohne weiteres belegen lassen, stellte die Beschreibung ihrer religiösen Bedeutung sowie ihrer Verwendung im sakralen Kontext die Forschung vor größere Herausforderungen – gehört doch die offizielle hawaiische Religion mit ihren Tempeln, Paraphernalien, organisierten Priesterschaften und Zeremonien seit 1819 der Vergangenheit an.[5]

Das hawaiische Pantheon kannte vier Hauptgottheiten: Kū, Lono, Kāne und Kanaloa, jeweils verbunden mit unterschiedlichen Prinzipien und Aspekten der belebten wie der unbelebten Natur und dem sozialen Miteinander der Menschen. Jede einzelne dieser Gottheiten besaß wiederum eine Reihe konkreter Erscheinungsformen: allein für den Gott Kū sind zumindest 29 Eigennamen überliefert, nur wenige von ihnen beziehen sich wie der Name Kūkāʻilimoku (Kū, der das Land ergreift) deutlich auf kriegerische Aspekte des Lebens (Valeri 1985:12–13, Kamakau 1991:58–59). Federbildnisse werden vor allem mit zwei Gottheiten in Verbindung gebracht, die zentrale und zugleich gegensätzliche Aspekte der hawaiischen Götterwelt repräsentierten: zum einen mit Lono, dem Gott des Friedens und des Landbaus, zum anderen mit Kū, der für eher aggressive, der männlichen Sphäre zugeordnete Prinzipien steht. Diese Zuordnungen sind niemals eindeutig, doch wurde die Göttinger Bildskulptur aufgrund ihrer Ikonographie – hierzu zählen der aggressiv verzerrte Mund und der an die Federhelme erinnernde gelbe Federkamm auf ihrem Kopf – dem Kūkāʻilimoku und damit den kriegerischen Aspekten des Kū zugeordnet (Kaeppler 1998:242f., Kaeppler 2006:18, D'Alleva 1998:99–101).

Wie ihre hölzernen Gegenstücke gewannen die gefiederten Götterbilder ihre eigentliche Bedeutung erst im Rahmen von Ritualen, die in den *heiau* oder Tempeln zelebriert wurden. Hier ging das Numinose in die Figuren ein, und so verwandelt standen sie als sichtbare Zeichen des Göttlichen im Mittelpunkt der Feiern. In Prozessionen führte man sie, auf Stangen gesteckt, um die Tempel herum (wie denn auch Kalaniʻōpuʻu seine Boote mit den Federskulpturen wie in einer Prozession um die Schiffe Cooks herumrudern ließ), gleich Standarten ließen hochrangige Oberhäupter die Figuren bei kriegerischen Auseinandersetzungen und besonderen Gelegenheiten vorantragen, als Zeichen ihrer weltlichen Macht und ihrer Nähe zu den göttlichen Kräften (cf. Valeri 1985:245–248).

Unter den Geschenken, die Kalaniʻōpuʻu am Nachmittag des 26. Januar 1779 Kapitän Cook überreichte, befanden sich auch mehrere Federskulpturen. Ob das heute in Göttingen verwahrte Bildnis, das ja während des Aufenthaltes der britischen Schiffe in Hawaiʻi erworben wurde, ebenfalls zu dieser Gabe gehörte, ist bis heute ungeklärt. Mit der Übergabe an die Engländer – fand sie nun an diesem Nachmittag oder doch bei einer anderen Gelegenheit statt – begann gewissermaßen die Reise des Kūkāʻilimoku. Zugleich veränderten sich die mit der Figur verbundenen Bedeutungen und Sichtweisen: die Hawaiier übergaben den Fremden ein Bildwerk, das im Kontext ihrer Zeremonien als kraftgeladene Transformation des Gottes wirksam werden konnte, die Engländer nahmen ein Objekt in Empfang, in dem sie zwar ein „Idol" oder „Götzenbild" erkannten, an dem sie aber eher dessen wunderliche Gestalt oder die komplexe Art und Weise seiner Herstellung interessierte. Nicht einmal drei Wochen nach dieser feierlichen Gabe fand James Cook, der zuvor Kalaniʻōpuʻu hatte gefangen nehmen lassen, in einer Auseinandersetzung mit Hawaiiern am 14. Februar 1779 den Tod;[6] eine Woche darauf, am 22. Februar 1779, setzten die britischen Seeleute Segel und verließen die Kealakekua Bucht und die Insel Hawaiʻi, um die Rückreise nach England anzutreten.

An Bord eines der Schiffe befand sich nun auch die zierliche Figur des Kūkāʻilimoku und mit jeder Seemeile, die sich die Segler von den hawaiischen Inseln entfernten, wurden die Verbindungen zu den mächtigen *Aliʻi* und den Zeremonien und Ritualen, für die sie auf den Inseln geschaffen worden war, brüchiger. Als die Federfigur schließlich 1782 in London zum Verkauf kam, beschrieb der Händler George Humphrey (über den der größte Teil der Göttinger Cook/Forster–Sammlung erworben wurde) in seinem Verkaufskatalog eingehend Material und Gestalt der Figur und setzte an den Schluss des Eintrags: „The whole image is singularly curious from Sandwich Isles."[7] Und Georg Forster, Teilnehmer an der zweiten Reise James Cooks, schrieb in einem von ihm 1781 verfassten Preisverzeichnis „von südländischen Kunstsachen und Naturalien" über die Federfigur: „Ein riesenmäßiges Bild, welches einen menschl. Kopf vorstellt, und von Federn gemacht ist, (nur gar wenige Stücke dieser Art wurden nach England gebracht.) 50 rthlr [Reichsthaler]".[8] – Das Federbild des Kūkā'ilimoku war ein Objekt geworden, dessen Seltenheit den Wert in Form des Preises bestimmte.

Machen wir nun einen großen Sprung über die nächsten 200 Jahre hinweg, in denen die Bildskulptur von der Handelsware zum Gegenstand wissenschaftlichen Interesses und schließlich zu einem Museumsobjekt wurde, das in einer Vitrine von fernen Material- und Vorstellungswelten kündet. In der Südsee-Dauerausstellung der Göttinger Ethnologischen Sammlung, einer aus dem Museum Blumenbachs hervorgegangenen Lehr- und Forschungssammlung, in der Objekte nach Herkunftsregionen geordnet und weitgehend ohne sonst in Museen übliche kontextuelle Inszenierungen gezeigt werden, steht Kūkā'ilimoku in einer historischen Vitrine mit dem Titel „Hawai'i". Ein Federhelm *mahiole*, ein Federhalsband, bemalter Rindenbaststoff *kapa* sowie weitere Schmuckobjekte und Zeremonialgeräte stehen gemeinsam mit dem Federbild exemplarisch für die von Teilnehmern der dritten Cookschen Reise mitgebrachten Dinge. Zugleich verweisen sie aber auch auf verschiedene Aspekte der hawaiischen Kultur in voreuropäischer Zeit. Nur während der allgemeinen Öffnungszeiten zeigt sich Kūkā'ilimoku unverhüllt, in der übrigen Zeit bleibt er hinter Vorhängen aus schwarzem Samt verborgen. Auch diese Verhüllung des Objektes reflektiert seinen veränderten Status: Hatte die zumindest teilweise Verpackung der *ki'i hulu manu* im hawaiischen Kontext – wie King sie in seiner Schilderung der Bootsprozession um die Schiffe Cooks beschrieb – auch einen religiösen Hintergrund, so dient sie heute dem Schutz vor den schädlichen Einwirkungen des Lichts und somit dem (Wert-) Erhalt des einzigartigen und kostbaren Objekts.

Mit einer Ausstellung der Honolulu Academy of Arts, die 2006 in Kooperation mit dem Institut für Ethnologie der Universität Göttingen in Hawai'i gezeigt wurde, begann für die Göttinger Cook/Forster-Sammlung ein Ausstellungsreigen, der sich auch im Jahre 2009 fortsetzen wird.[9] Unangesehen ihrer aufwendigen und zugleich unaufdringlichen Präsentation[10] war diese Schau die vielleicht spektakulärste der diversen Ausstellungen – führte sie die Objekte doch zurück in das Gebiet ihrer Herkunft, die Inselwelt des Pazifiks. Für die hawaiischen Objekte bedeutete dies eine zeitweilige Rückkehr auf einen Archipel, dessen Kultur und Gesellschaft seit den Tagen James Cooks grundsätzliche Veränderungen erfahren hat, in einen Bundesstaat der Vereinigten Staaten, in dem hawaiische Initiativen und Bewegungen bis heute die Wiedererlangung kultureller und politischer Deutungsmacht anstreben (siehe z. B. Churchill und Venne 2004, Trask 1999).

Es ist nicht verwunderlich, dass gerade der Figur des Kūkāʻilimoku bereits im Vorfeld der Ausstellung große Aufmerksamkeit zuteil wurde. Eine hawaiische Delegation vollzog vor dem Verpacken des Objekts in Göttingen und beim Öffnen der Transportkisten in Honolulu feierliche Zeremonien zur Aufhebung von Tabus, womit dem Federbildnis eine religiöse Bedeutung im Kontext der gegenwärtigen hawaiischen Gesellschaft zugeschrieben wurde – eine Relevanz, die auch das ansonsten sehr zurückhaltende Ausstellungsdesign reflektierte.[11] Als eines von nur zwei Objekten erfuhr die Federskulptur eine besondere Inszenierung:[12] Auf einem fast zwei Meter hohen Podest platziert, beherrschte das Federbild den Ausstellungssaal. Um es zu betrachten, mussten Besucher zu ihm aufblicken. Diese überhöhende quasi-sakrale Inszenierung ging auf hawaiische Beratung zurück, war aber m. E. nicht angemessen – entsprach sie doch

Präsentation des Federbildnisses Oz 254 bei der Ausstellung *Life in the Pacific of the 1700s* in der Honolulu Academy of Arts.
Foto: Wolfgang Kempf, 22.02.2006.

Präsentation des Federbildnisses Oz 254 bei der Ausstellung *Cook's Pacific Encounters: The Cook-Forster Collection of the Georg-August University of Göttingen* in Canberra.
Foto: Ulrich Menter.

zum einen nicht den überlieferten traditionellen Verwendungszusammenhängen, zum anderen gewann die Figur im Kontext der Ausstellung eine Bedeutung, die dem Status des Kūkāʻilimoku als persönlicher Gottheit Kalaniʻōpuʻus und später Kamehamehas I. nicht gerecht wurde.[13] Diese aussagekräftige, nicht weiter erläuterte Präsentation der Figur forderte auch Widerspruch von hawaiischer Seite heraus. So schrieb Ivy Haliʻimaile Andrade vom Center for Hawaiian Studies der University of Hawaiʻi, Mānoa, in einer Rezension der Ausstellung in der Honolulu Academy of Arts: „I found the altar-like setting perplexing and there was no explanation for it. [...] I feel it encouraged people to leave hoʻokupu (offerings), not understanding how this particular Kū (ancestral deity associated with politics or war) may have functioned as a private god for designated followers rather than a public god for all to worship" (Andrade 2007:342).

In der folgenden Ausstellung in Canberra kamen zwar die für Honolulu gestalteten und gebauten Vitrinen zum Einsatz, die Ausstellungsmacher des National Museum of Australia wichen aber in mehreren Punkten maßgeblich vom Konzept der Ausstellung in Honolulu ab. So stellte die Person James Cooks und damit auch die Entstehung der Göttinger Cook/Forster-Sammlung einen wichtigen Aspekt der Ausstellung „Cooks Pacific Encounters" dar: Dem Entdeckungsreisenden war der Eingangsraum gewidmet, zahlreiche Banner mit Zitaten aus dem Tagebuch Cooks begleiteten den Besucher bei seinem Rundgang durch die Ausstellung.[14] Auch die Figur des Kūkāʻilimoku zeigte sich hier von einer anderen Seite. Zwar stand auch im National Museum of Australia das Federbild in seiner eigenen Vitrine, doch entsprach die Höhe des Vitrinensockels den Maßen der übrigen Schaukästen. Ein außen um die Vitrine gelegter schmaler Sockelkranz kennzeichnete das ausgestellte Objekt als etwas besonderes, ohne es jedoch aus der Gesamtheit der Ausstellungsobjekte herauszulösen oder einer genauen und näheren Betrachtung durch die Besucher zu entziehen.[15] Den kriegerischen Aspekten des kleinen Standbildes trug die Ausstellung, offensichtlicher noch als die Schau in Honolulu, durch die Einordnung der Figur in den Bereich der Waffentechnik Rechnung – zugleich korrespondierte der rote Federkopf aber auch mit dem auffallend leuchtenden Rot eines hawaiischen Federhelmes, der ebenfalls in einer freistehenden Vitrine inmitten von Schmuckgegenständen präsentiert wurde. So reihte sich das Zeremonialobjekt Kūkāʻilimoku in dieser Ausstellung in den Sammlungsverband ein – die direkte Sicht auf einen Gegenstand von gleicher Materialität und Herstellungstechnik, den Federhelm *mahiole*, relativierte zugleich die immerhin betonte Einzigartigkeit des Objekts.

Nachdem die Ausstellung in Canberra ihre Pforten geschlossen hatte, führte die Reise des Kūkāʻilimoku weiter nach Paris. Im Musée du quai Branly wurde die Federfigur in der Ausstellung „D'un regard l'autre" gezeigt. Im Mittelpunkt dieser Ausstellung, die einen Bogen vom 16. Jahrhundert bis in die Gegenwart spannte, standen europäische Blickweisen auf fremde und neue Welten. Hier nun soll der umfangreiche zur Ausstellung erschienene Katalog und die Einordnung und Darstellung des Federbildnisses in dieser Publikation im Vordergrund stehen.[16]

Im Kapitel „Les expéditions des lumières", das die europäischen Entdeckungsreisen in der zweiten Hälfte des 18. Jahrhunderts zum Inhalt hat, sind Objekte versammelt, deren Provenienz auf ebendiese Fahrten in neue Welten zurückgeht. Im kurzen Einleitungstext heißt es hierzu:

> Nouveaux, les objets rapportés du Pacifique amélioraient le salaire des marins et formèrent pour les savants le noyau de collections d'histoire naturelle. Choisis comme des échantillons caractéristiques d'une région et du degré d' ‚avancement' de son peuple, les objets réligieux et ceux du quotidien se mêlaient sur les planches des *Atlas* de voyage sans plus d'indications sur les usages et rituels. [...] Les morts de Marion-Dufresne en Nouvelle-Zèlande en 1772 et du capitaine Cook, élevé au rang de divinité et déchu sur un plage d'Hawaii en 1779, apportèrent une dimension dramatique à ces expéditions. Elles n'affaiblirent cependant pas la vision utopique des ‚naturels' ni le mythe du roi blanc. (Le Fur 2006:107)[17]

Es ist in diesem Zusammenhang von einer gewissen Konsequenz, die Figur des Kūkāʻilimoku unter der Zwischenüberschrift „La mort du dieu blanc" und eingebunden in den Kontext des Todes von James Cook auf einer Doppelseite zu zeigen: Während das Federbildnis die Hälfte der linken Seite einnimmt, teilen sich die Reproduktionen zeitgenössischer Darstellungen – beides Varianten der europäischen Sicht auf die Ereignisse vom 14. Februar 1779 – die rechte Seite dieses Unterkapitels.[18] Die Einleitungssätze schließen mit den Worten: „Rapidement devenue un épisode légendaire, la mort de Cook remit en cause, pour certains, le mythe du ‚Bon Sauvage' du Pacifique" (Le Fur 2006:126)[19] – und auch wenn der Katalogeintrag die Rolle der Federbilder als Gaben zu Ehren Cooks erwähnt, tut die Bildzusammenstellung doch ein Übriges, um die Federskulptur in einen gewaltsamen, kriegerischen Kontext zu rücken. Zwar repräsentiert sie mit großer Wahrscheinlichkeit die kriegerischen Aspekte des Gottes Kū, in Hinblick auf die möglichen Begleitumstände ihrer Übergabe an Cook oder seine Mitreisenden kann sie aber ebenso und vielleicht sogar eher für die guten und friedlichen Beziehungen zwischen Hawaiiern und Engländern stehen.

Als letztes Beispiel soll nun die vorläufig letzte Station des Kūkā'ilimoku betrachtet werden, der seit dem 25. Januar 2009 in einer Ausstellung der Fondation Beyeler in Riehen bei Basel zu sehen war. Verfolgten die bisherigen Präsentationen einen wesentlich ethnographisch-historischen Anspruch, so stand hier nun der ästhetische Wert des Objektes im Vordergrund und in einer Konfrontation außereuropäischer Kunst mit Werken der euro-amerikanischen Moderne richtete sich der Blick vornehmlich auf das Kunstobjekt *ki'i hulu manu*. Die Intention des Kurators Oliver Wick ist wie folgt beschrieben worden:

> The usual hierarchies between Western artists and the anonymous masters of African and Oceanic art are transcended, and, with a bold affirmation of conceptual and subjective choices, Wick puts his signature to what could be called the ‚Magic of Imagery' in a way that resembles more closely an aesthetic theory than it does an exhibition in the traditional sense of the word. (Tribal Art 2009:7)

Anders als fast alle übrigen in der Ausstellung versammelten, in Objektgruppen zusammengestellten Beispiele außereuropäischer Kunst muss der Göttinger Federkopf für sich allein bestehen. In der Ecke eines abgedunkelten Raumes ist das Bildnis in Beziehung zu drei großformatigen Gemälden des amerikanischen Malers Mark Rothko (1903–1970) gesetzt – Gemälden, die durch ihre monochromen, ineinander verlaufenden roten bis schwarzen Farbflächen dem Saal eine fast sakrale Atmosphäre verleihen.[20] Anders als in der Ausstellung der Honolulu Academy of Arts, wo die Inszenierung das Federbild *ki'i hulu manu* selbst als verehrungswürdig präsentierte, ist die feierliche Anmutung des Raumes in der Fondation Beyeler nicht so sehr einer dem hawaiischen Objekt zugeschriebenen religiösen Wirksamkeit geschuldet, als vielmehr der Wirksamkeit des Ästhetischen selbst. Auch die sich aus der Sammlungsgeschichte herleitende Bedeutung des Objekts tritt in dieser Präsentation zurück hinter der Aufforderung an die Besucher, insbesondere die ästhetischen Aspekte und Qualitäten der zwischen den gewaltigen Leinwänden noch fragiler wirkenden und dennoch – oder gerade darum – sehr präsenten Federfigur zu betrachten. Wie sehr der Kunst-Aspekt des Kūkā'ilimoku in der Ausstellung in den Vordergrund tritt, zeigt auch das folgende Zitat:

[...] the height of poetry is achieved by one somber conjunction: a stridently polychrome Hawaiian feather effigy stands alongside two immense abstract Rothko canvases. From one side comes silence and from the other a scream and a grin. (Geoffroy-Schneider 2009:56)[21]

Hier endet vorerst die Reise des Kūkāʻilimoku. – Reisen bildet, sagt man und meint damit den Zugewinn jener Erfahrungen, die der Reisende durch seine Begegnungen mit dem Neuen macht. Dies aber heißt vor allem: Reisen verändert. Nicht nur der Reisende wandelt und erweitert seinen Horizont durch den Blick auf Fremdes und Neues; auch in der Wahrnehmung der Gastgeber wandelt sich der Reisende, bisher unbekannte Aspekte seines Wesens treten in das Blickfeld derjenigen, die ihm Gastfreundschaft gewähren und, wenn der Reisende ein erfahrener Reisender ist, in sein eigenes.

Indem wir den Reisestationen des Kūkāʻilimoku folgten, konnten wir einen jeweils neuen Blick auf das unverändert fortbestehende Federbildnis gewinnen, da jede einzelne dieser Ausstellungen ein und dasselbe Gebilde aus Korbgeflecht und Federn durch Inszenierungen, Texte und Kontexte gewissermaßen vervielfältigte. Eben dieses Potential von Ausstellungskonzepten und Ausstellungsdesign, das den Dingen jenseits sachlicher Katalogeinträge oder Vitrinenbeschriftungen Bedeutung zuspricht, ist gegenwärtig zunehmend Gegenstand von Diskussion und Reflektion (siehe u. a. Grewe 2006, Kirshenblatt-Gimblett 1998, Newhouse 2005). Der „Museums-Effekt", die Herauslösung eines Dinges aus den Kontexten seiner Entstehung und traditionellen Verwendung, womit den Ausstellungsbesuchern die Möglichkeit eines befreiten Schauens auf die ihnen zunächst fremden Objektwelten gegeben werden soll (Alpers 1991:27), ist andererseits gerade in Hinblick auf ethnographische Objekte nicht unproblematisch. Letztere existieren eben nicht unabhängig von der Geschichte und dem Kontext – ihrer eigenen, der ihrer Hersteller und Verwender oder der Ausstellungsmacher und -besucher. Kuratoren und Ausstellungsmachern kommt die Verantwortung zu, dies bei Konzeption und Gestaltung einer Präsentation im Blick zu behalten, eigene Ziele, die möglichen Interessen eines potentiellen Ausstellungspublikums und die legitimen Ansprüche und Forderungen indigener Bevölkerungen offen zu legen, gegeneinander abzuwägen und womöglich miteinander in Einklang zu bringen (cf. Kosasa 2007:345).

Die Dinge selber wehren sich nicht: wie diese kurze Exkursion zeigt, tritt das hawaiische Federbild *kiʻi hulu manu* aus der Göttinger Cook/Forster-Sammlung gleichermaßen wirkungsvoll als kraftgeladenes Sakralobjekt auf, dient widerspruchslos als Beispiel für Technologie und Materialverwendung, erscheint ebenso in grandioser Aufmachung als ästhetisches Objekt und wirbt als eindrückliches Signet für die gesamte Ethnologische Sammlung der Universität Göttingen. Den „wahren" Kūkāʻilimoku mag es zwar nicht geben, ebenso wenig wie sonst ein Museumsstück; Aufgabe von Ausstellungen jedoch ist es und muss es sein, ihren Besuchern immer wieder neue Aussichtspunkte auf die Dinge *und* ihre Geschichte(n) zu eröffnen.

Anmerkungen

1 Siehe hierzu ausführlich Hauser-Schäublin und Krüger 2006 sowie Urban in dem 1998 von Brigitta Hauser-Schäublin und Gundolf Krüger herausgegebenen ersten Gesamtkatalog der Göttinger Cook/Forster-Sammlung.
2 Little und Ruthenberg (2006); National Museum of Australia (2006); Le Fur (2006); Wick und Denner (2009). Während ich die Ausstellungen in Honolulu, Canberra und Basel selbst gesehen habe und daher auf die Präsentationsform des Federbildes eingehen kann, habe ich die Pariser Schau nicht besucht und werde daher in diesem Fall die Einordnung der Federskulptur in den Katalogkontext betrachten.
3 Mit dieser Namensgebung ehrte Cook den Lord der Britischen Admiralität, John Montagu, Earl of Sandwich (1718–1792). Der Name Sandwich Islands hatte im internationalen Verkehr bis in das späte 19. Jahrhundert Bestand und wurde schließlich ersetzt durch den einheimischen Namen einer der Inseln – Hawai'i (auch diese Namensgebung lässt sich in gewissem Maße auf den Einfluss äußerer Interessen, den wachsenden Machtanspruch der Amerikaner, die einen „englischen" Namen des Archipels ablehnten, zurückführen).
4 Die hawaiische Gesellschaft war streng hierarchisch organisiert und teilte sich im wesentlichen in zwei Kategorien: die einfache Bevölkerung, *maka'āinana*, ohne wesentliche Statusunterschiede, sowie die *ali'i*, so genannte Adlige, deren jeweiliger Rang sich aus ihrer Abstammung und den überlieferten Genealogien herleitete.
5 In diesem Jahr, noch vor der Ankunft der ersten protestantischen Missionare, wurde auf Betreiben Ka'ahumanus, der mächtigen Witwe Kamehamehas I., die Auflösung der offiziellen Religion Hawai'is angeordnet. Dieser Anordnung ging der bewusste und öffentlich inszenierte Bruch des *'aikapu* (eines religiös begründeten Verbots des gemeinsamen Speisens von Frauen und Männern) durch Ka'ahumanu und Liholiho, den Nachfolger Kamehamehas I., sowie weitere hochrangige Mitglieder der hawaiischen Gesellschaft voraus (cf. Kame'eleihiwa 1992:74–93).
6 Auf die komplexen Ereignisse um den Tod James Cooks kann hier nicht eingegangen werden. Siehe dazu z. B. Salmond (2004:386–416) und Thomas (2003:378–401). Kalani'ōpu'u starb nur wenige Jahre später im April 1782. Kurz vor seinem Tode übergab er die weltliche Macht und die Verfügungsgewalt über das Land an seinen Sohn; zum rituellen Hüter seines persönlichen Gottes, des kriegerischen Kūkā'ilimoku, machte er seinen Neffen Kamehameha (ca. 1758–1819), der später als Eroberer des gesamten hawaiischen Archipels und Begründer des Königreichs Hawai'i in die Geschichte eingehen sollte.
7 Zitiert nach Köhler (1998:326).
8 Zitiert nach Urban (1998:67).
9 So werden Teile der Sammlung, darunter auch das Federbild des Kūkā'ilimoku, in diesem Sommer in einer Ausstellung der Bundeskunsthalle in Bonn zu sehen sein.
10 Die Honolulu Academy of Arts ließ für die Ausstellung einheitliche, sehr schlichte Vitrinen anfertigen, die auf gestalterische Kontextualisierungen der ausgestellten Objekte fast völlig verzichteten. Auf einem einheitlichen einfarbigen Hintergrund präsentiert, kamen auch die Ästhetik und hochwertige Verarbeitung selbst unscheinbarer Dinge auf besondere Weise zur Geltung.
11 „Gesegnete Reise: Tränen für Kriegsgott Kuka'ilimoku", Britta Bielefeld, Göttinger Tageblatt 24.1.2006:11.
12 Auch ein tahitisches Trauergewand *heiva tupapa'u*, im Rahmen der Beerdigungszeremonien vom obersten Trauernden (Chief Mourner) getragen, fand in einer besonderen Umgebung

seinen Platz: In einem eigens errichteten abgedunkelten Raum war dieses Gewand von den übrigen tahitischen Objekten getrennt.

13 Die Honolulu Academy of Arts hatte für die Einrichtung der Ausstellung und den Umgang mit den Objekten aus Hawai'i einen hawaiischen Berater gewonnen. La'akea Suganuma, Präsident der Royal Hawaiian Academy of Traditional Arts und ein Protagonist der hawaiischen Kampfkunst *Lua*, hatte bereits die Segnung des Objekts in der Göttinger Sammlung durchgeführt. Gerade im Kontext der *Lua*, deren erneuerte Form seit den 1990er Jahren vermehrt Anhänger findet, kommt den kriegerischen Aspekten des hawaiischen Gottes Kū besondere Bedeutung zu. Anzumerken ist hier allerdings, dass Kūkā'ilimoku eine von zumindest 29 bekannten, jeweils mit anderen Namen versehenen Erscheinungsformen des Kū war (s.o.), die zudem als persönliche Gottheit Kamehamehas I. galt. Inwieweit also die vorgenommenen Ehrungen über einen kleinen Kreis der persönlich mit dem Kūkā'ilimoku assoziierten Hawaiier hinaus den traditionellen religiösen Regeln entsprachen und angemessen waren, blieb unter hawaiischen Vertretern umstritten (s.u.).

14 Anders als in Canberra wurde die Person James Cooks und damit die Entstehung der Sammlung in der Ausstellung der Honolulu Academy of Arts eher ausgeblendet. Ihr Direktor Stephen Little stellte hierzu fest, das Ziel der Ausstellung sei „to celebrate the brilliant cultural and spiritual lives of the indigenous people of the Pacific as they existed prior to the first contact with Westerners" („Voyage to the past", Rosemarie Bernardo, Honolulu Star Bulletin 19.2.2006, abrufbar unter <http://archives.starbulletin.com/print/2005.php?fr=/2006/02/19/news/story04.html> [23.4.2009]). Margaret Jolly hat sich in zwei mir leider nicht vorliegenden Texten den Unterschieden zwischen den Ausstellungen in Hawai'i und Australien und der jeweils grundsätzlich voneinander abweichende Bewertung der Rolle des James Cook gewidmet (Unsettling Memories: Commemorating „Discoverers" in Australia and Vanuatu in 2006. In: Frédéric Angleviel (Hg.): *Pedro Fernández de Quirós et le Vanuatu: Découverte mutuelle et historiographie d'un acte fondateur 1606*, S. 197–219. Port Vila: Sun Publications 2006; Moving Objects: Reflections on Oceanic Collections. Keynote Distinguished Lecture. Konferenz der European Society for Oceanists, Università degli Studi di Verona, 10.–12.7.2008).

15 Auf die gleiche Weise präsentierte die Schau in Canberra auch das tahitische Trauergewand, welches hier in einer allseits einsehbaren Vitrine in der Mitte eines der Ausstellungsräume zu sehen war.

16 In den Katalogen zu den bereits betrachteten Ausstellungen der gesamten Cook/Forster-Sammlung in Honolulu und Canberra (Little und Ruthenberg 2006; National Museum of Australia 2006), wie auch in der Publikation zur Göttinger Sammlung (Hauser-Schäublin und Krüger 1998), erfolgte keine Einbettung des Objekts in ein übergeordnetes Thema. Sie alle bildeten die Federskulptur als herausragendes Einzelstück ab, weitergehende Erläuterungen zu Erwerb, Herstellungsweise und Funktion fanden sich in den begleitenden Katalogeinträgen und Texten. In der thematisch ausgerichteten Pariser Ausstellung stand nicht eine Sammlung im Mittelpunkt, es wurden vielmehr einzelne, verschiedenen Themen zugeordnete Objekte aus unterschiedlichen Zusammenhängen präsentiert.

17 „Weil sie neu waren, verbesserten die aus dem Pazifik mitgebrachten Objekte das Einkommen der Seeleute und für die Gelehrten bildeten sie den Kern naturhistorischer Sammlungen. Ausgewählt als charakteristische Beispiele für eine Region und den Grad der ‚Fortgeschrittenheit' ihrer Bewohner vermengten sich religiöse und alltägliche Objekte auf den Planken der *Atlas* ohne weitere Hinweise auf ihren Gebrauch und die Rituale. [...] Der Tod von Marion-Dufresne in Neuseeland 1772 und von Kapitän Cook, erhoben in den Rang der Göttlichkeit und niedergestreckt an einem Strand auf Hawai'i im Jahre 1779, verliehen diesen Expeditionen eine dramatische Dimension. Sie schwächten indes weder die uto-

pische Vision von den ‚Naturvölkern' noch den Mythos vom weißen König" [Übersetzung: U.M.].
18 Bei den Abbildungen handelt es sich um den Stich „The Death of Captain Cook" von Francesco Bartolozzi und William Byrne aus dem Jahre 1784 sowie um das ca. 1795 entstandene Gemälde „The Death of Captain James Cook, 14 February 1779" von Johann Zoffany.
19 „Schnell zu einer legendären Episode geworden, stellte der Tod Cooks für manche den Mythos vom ‚Guten Wilden' des Pazifiks in Frage" [Übersetzung: U.M.].
20 Bei den ausgestellten Bildern Mark Rothkos handelt es sich um Untitled, 1962; Nr. 64 (Untitled), 1960; Untitled (Red, Orange), 1968.
21 Anders als die Präsentation stellen die Texte der Begleitpublikation den historisch-ethnographischen Hintergrund der diversen Objektgruppen heraus (vgl. zum Federbildnis *ki'i hulu manu* Menter 2009). In diesem Zitat werden lediglich die zu beiden Seiten des Federbildnisses gehängten Gemälde angeführt, während das dritte, ebenfalls den Raum bestimmende Bild keine Erwähnung findet.

Literatur

Abbott, Isabella Aiona (1992) *Lā'au Hawai'i: Traditional Hawaiian Uses of Plants*. Honolulu: Bishop Museum Press.

Alpers, Svetlana (1991) The Museum as a Way of Seeing. In: Ivan Karp und Stephen D. Lavine (Hg.): *Exhibiting Cultures: The Poetics and Politics of Museum Display*, S. 25–32. Washington, DC: Smithsonian Institution.

Andrade, Ivy Hali'imaile (2007) Life in the Pacific of the 1700s: The Cook/Forster Collection of the George August University of Göttingen. Honolulu Academy of Arts, Luce Galleries, Honolulu, Hawai'i, 23 February–14 May 2006 (Review). *Contemporary Pacific* 19(1):341–2.

Churchill, Ward und Sharon H. Venne (Hg.) (2004) *Islands in Captivity: The International Tribunal on the Rights of Indigenous Hawaiians*. Cambridge, MA: South End Press.

D'Alleva, Anne (1998) *Arts of the Pacific Islands*. New York: Harry N. Abrams.

Forbes, David W. (1992) *Encounters with Paradise: Views of Hawaii and Its People, 1778–1941*. Honolulu: University of Hawai'i Press und Honolulu Academy of Arts.

Geoffroy-Schneider, Bérénice (2009) A High-Tension Aesthetic Experience: Visual Encounters at the Beyeler Foundation. *Tribal Art* 51:54–57.

Grewe, Cordula (Hg.) (2006) *Die Schau des Fremden: Ausstellungskonzepte zwischen Kunst, Kommerz und Wissenschaft*. Stuttgart: Franz Steiner Verlag (Transatlantische historische Studien. Veröffentlichungen des Deutschen Historischen Instituts Washington, DC 26).

Hauser-Schäublin, Brigitta und Gundolf Krüger (2006) Pacific Cultural Heritage: The Göttingen Cook–Forster Collection. In: National Museum of Australia (Hg.): *Cook's Pacific Encounters: The Cook–Forster Collection of the Georg–August University of Göttingen*, S. 15–27. Canberra: National Museum of Australia Press.

Hauser-Schäublin, Brigitta und Gundolf Krüger (Hg.) (1998) *James Cook: Gifts and Treasures from the South Seas. The Cook/Forster Collection, Göttingen* (Dt./Engl.). München: Prestel.

Kaeppler, Adrienne (1998) Hawai'i – Ritual Encounters. In: Brigitta Hauser-Schäublin und Gundolf Krüger (Hg.): *James Cook: Gifts and Treasures from the South Seas. The Cook/Forster Collection, Göttingen* (Dt./Engl.), S. 234–48. München: Prestel.

Kaeppler, Adrienne (2006) Life in the Pacific in the 1700's and Today. In: Brigitta Hauser-Schäublin et al. (Hg.): *Life in the Pacific of the 1700s – The Cook/Forster Collection of the Georg August University of Göttingen.* Band 2, S. 9–19. Honolulu: Honolulu Academy of Arts.

Kamakau, Samuel Manaiakalani (1991) *Ka Po'e Kahiko: The People of Old.* Honolulu: Bishop Museum Press (Bernice P. Bishop Museum Special Publication 51).

Kameeleihiwa, Lilikalā (1992) *Native land and Foreign Desire: Pehea Lā E Pono Ai?* Honolulu: Bishop Museum Press.

King, James (1785) *A Voyage to the Pacific Ocean. Undertaken, by the Command of His Majesty, for Making Discoveries in the Northern Hemisphere. Performed under the Direction of Captains Cook, Clerke, and Gore. In his Majesty's Ships the Resolution and Discovery; in the Years 1776, 1777, 1778, 1779, and 1780.* Band 3. London: G. Nicol und T. Cadell.

Kirshenblatt-Gimblett, Barbara (1998) *Destination Culture: Tourism, Museums, and Heritage.* Berkeley: University of California Press.

Köhler, Inken (1998) Katalog: Hawai'i. In: Brigitta Hauser-Schäublin und Gundolf Krüger (Hg.): *James Cook: Gifts and Treasures from the South Seas. The Cook/Forster Collection, Göttingen* (Dt./Engl.), S. 326–33. München: Prestel.

Kosasa, Karen (2007) Life in the Pacific of the 1700s: the Cook/Forster Collection of the George August University of Göttingen. Honolulu Academy of Arts, Luce Galleries, Honolulu, Hawai'i, 23 February–14 May 2006 (Review). *The Contemporary Pacific* 19 (1):344–345.

Le Fur, Yves (2006) *D'un regard l'autre: histoire des regards européens sur l'Afrique, l'Amerique et l'Océanie.* Paris: Musée du quai Branly.

Little, Stephen und Peter Ruthenberg (Hg.) (2006) *Life in the Pacific of the 1700s: The Cook/Forster Collection of the Georg August University of Göttingen*. Honolulu: Honolulu Academy of Arts.

Menter, Ulrich (2009) Das Antlitz des Kriegsgottes Kū. In: Oliver Wick und Antje Denner (Hg.): *bildgewaltig – Afrika, Ozeanien und die Moderne*, Bogen XIV. Basel: Christoph Merian Verlag.

National Museum of Australia (Hg.) (2006) *Cook's Pacific Encounters: The Cook–Forster Collection of the Georg–August University of Göttingen*. Canberra: National Museum of Australia Press.

Newhouse, Victoria (2005) *Art and the Power of Placement*. New York: The Monacelli Press.

Salmond, Anne (2004) *The Trial of the Cannibal Dog: Captain Cook in the South Seas*. London: Penguin.

Te Rangi Hiroa (Peter H. Buck) (1964) *Arts and Crafts of Hawaii. Section XI Religion*. Honolulu: Bishop Museum Press (Bernice P. Bishop Museum Special Publication 45).

Te Rangi Hiroa (Peter H. Buck) (o. J.) Explorers of the Pacific: European and American Discoveries in Polynesia – Cook's Third Voyage. Abrufbar unter <www.nzetc.org/tm/scholarly/tei-BucExpl-t1-body-d14-d6.html> [23.4.2009].

Thomas, Nicholas (2003) *Cook: The Extraordinary Voyages of Captain James Cook*. New York: Walker and Company.

Trask, Haunani-Kay (1999) *From a Native Daughter: Colonialism and Sovereignty in Hawai'i*. Revised edition. Honolulu: University of Hawai'i Press.

Tribal Art (2009) Between Audacity and Jubilation: A Beliberately Aesthetic Proposal. *Tribal Art Special Issue* 1 (Visual encounters/La magie des images):6–9.

Urban, Manfred. 1998. The Acquisition History of the Göttingen Collection. In: Brigitta Hauser-Schäublin und Gundolf Krüger (Hg.): *James Cook: Gifts and Treasures from the South Seas. The Cook/Forster Collection, Göttingen* (Dt./Engl.), S. 56–85. München: Prestel.

Valeri, Valerio (1985) *Kingship and Sacrifice: Ritual and Society in Ancient Hawaii*. Chicago: University of Chicago Press.

Wick, Oliver und Antje Denner (Hg.) (2009) *bildgewaltig – Afrika, Ozeanien und die Moderne*. Basel: Christoph Merian Verlag.

Provenienzforschung und ihre Tücken

Ein „Schild von Otaheiti" aus der Göttinger Cook/Forster-Sammlung als Beispiel

Gundolf Krüger

Einleitung

Auf die Bedeutung von Archivdokumenten für den Provenienznachweis von Objekten, die während der drei Südseereisen von James Cook (1768–1779/80) gesammelt worden sind, hat bereits vor längerer Zeit Adrienne Kaeppler (1972:195) hingewiesen. Man stelle sich vor: Archivalien wie Inventar- und Eingangsbücher, historische Schriftstücke und Abbildungen sowie darüber hinaus auch publizierte Primär- und Sekundärquellen zu einem Objekt von den Reisen Cooks sind vorhanden. Aufgrund der günstigen Quellenlage könnte man denken, geeignete Voraussetzungen zur geographischen Zuordnung und lokalen Herkunftsbestimmung des Kulturdokumentes sowie zur Deutung seines historischen und kulturellen Kontextes zu besitzen, zumal sich Angaben zum Objekt durch Archivakten nachweisen lassen, die bereits über Generationen weitergegeben wurden und in ihrer Stichhaltigkeit zu überzeugen scheinen.

Bei genauerer Betrachtung gaben einzelne Artefakte im Zuge der vollständigen Dokumentation der Göttinger Cook/Forster-Sammlung, die während der letzten zehn Jahre durchgeführt wurde und sich in vier Ausstellungen und entsprechenden Publikationen niederschlug (Göttingen 1998, Honolulu 2006, Canberra 2006, Bonn 2009), indes trotz einer umfassenden historischen Dokumentenlage immer wieder Rätsel in Bezug auf Provenienz, Funktion und Kontext auf.

Ein für diesen Beitrag ausgewähltes Kulturzeugnis aus Polynesien soll beispielhaft verdeutlichen, welche Tücken die Erschließung und Auswertung von Ethnographica in Bezug auf ihre Provenienz bis heute birgt. Da für die Dokumentation dieses Objektes im Rahmen der erwähnten Publikationen zur Göttinger Cook/Forster-Sammlung aus Gründen des Proporzes nur wenig Raum zur Verfügung gestanden hatte, soll dem Gegenstand in diesem Beitrag nachträglich die ihm gebührende Würdigung zuteil werden.

Im Sprachgebrauch des 18. Jahrhunderts wurden Kulturzeugnisse der Polynesier, die Europäer damals sammelten, generell als „Merkwürdigkeiten" bzw. „artificial curiosities" (Kaeppler 1998a:91) bezeichnet. Und in der Tat haftet manchen Objekten seit ihrem Erwerb durch das Academische Museum der Universität Göttingen im letzten Drittel des 18. Jahrhunderts nach unserem heutigem Wortverständnis etwas „Kurioses" an: Dazu zählt ein damals als „Schild von Otaheiti" (Inv.Nr. Oz 137) inventarisierter Gegenstand, bei dessen Provenienzüberprüfung sich für die Publizierung der Göttinger Cook/Forster-Sammlung vor einem Jahrzehnt unerwartete Irritationen und eine Reihe offener Fragen ergaben. Bei dem „Schild" wurde schnell klar, dass der Herkunftsort Tahiti (damaliger Sprachgebrauch: Otaheiti bzw. Otaheite) falsch war und das Objekt der Inselgruppe von Tonga (damaliger Sprachgebrauch: Freundschaftsinseln) zugeordnet werden musste. Überdies ließ der Gegenstand erkennen, dass seine Funktion und sein kultureller Kontext nicht unbedingt über seinen Fundort Tonga zu erschließen war, sondern über Fiji als einen Ort enger vorkolonialer Beziehungen der Tonganer. An diesen Ort aber war Cook während seiner drei Expeditionen nie gelangt und insofern konnte er über die dortige Kultur und über eine mögliche andere und viel gewichtigere Bedeutung des vermeintlichen „Schildes" nichts wissen. Insofern erklärt sich, dass sich die Deutung dieses „Schildes" als Schutzschild im Kontext tonganischer Kriegsführung als unzureichend herausstellte und hier neu diskutiert werden soll.

Zur Frage der Herkunft und der kulturellen Bedeutungen des Gegenstandes

Der „Schild" zählt zweifellos zu den ungewöhnlichsten Objekten aller ca. 2000 Kulturgegenstände aus Polynesien, die von den Reisen Cooks stammen und sich heute weltweit auf etwa 45 Institutionen, Museen, Sammlungen, und Privathäuser verteilen, und von denen Göttingen mit 500 Ethnographica den größten Anteil hat. Dabei handelt es sich um eine annähernd runde Platte aus Walknochen mit einem Durchmesser von 47,5 cm. Dieses Objekt wurde aus dem Schulterblatt eines Spermwals bzw. Pottwals *(Physeter macrocephalus)* hergestellt und weist zwei Bohrungen zur Befestigung einer Trageschnur auf. Der „Schild" ist Bestandteil des Nachlasses von Reinhold Forster

Provenienzforschung und ihre Tücken

Tonganische Brustplatte aus Walknochen *'aofi (tui tofua'a)*. Oz 137, Ethnologische Sammlung, Institut für Ethnologie der Universität Göttingen. Foto: Harry Haase.

(1729–1788), der aus ca. 160 Ethnographica besteht und ein Jahr nach Forsters Tod dank der Initiative des damaligen Sammlungsleiters Johann Friedrich Blumenbach für das Academische Museum erworben wurde. Im „Verzeichniß der (Forsterschen) SüdseeSachen" (1799) ist der Gegenstand unter „B. Waffen" als Nr. 14 „ein Schild von Otaheiti" aufgeführt und dementsprechend als „Kriegsgerät" inventarisiert worden (Oz 137).

Bis in die Gegenwart immer wieder als Schutzschild interpretiert und im Kontext von Bewaffnung und Krieg diskutiert, stiftet die Platte bis heute einige Verwirrung. Weltweit existiert nur noch eine weitere Scheibe aus Walknochen mit nahezu identischem Umfang. Sie befindet sich im Pitt-Rivers Museum in Oxford (Kaeppler 1978:211). Beide Knochenscheiben stammen nachweislich von der Zweiten Reise Cooks (1772–1775). Zwei weitere vergleichbare Schilde gehen auf die Zeit nach Cook um die Wende des 18./19. Jahrhunderts zurück und befinden sich heute in einer Privatsammlung und im British Museum (Hooper 2006:254,255). Wie den Tagebuchaufzeichnungen von Georg Forster zu entnehmen ist, stammen die Schilde von der Zweiten Reise Cooks nicht aus Tahiti, sondern wurden zusammen von ihm und seinem Vater in Tonga erworben.[1] Forster schreibt über den Kauf eines der Schilde in Tongatapu im Oktober 1773:

> Von hier aus eilten wir wieder nach der Küste herab, wo fleißig um Früchte, Vieh und Schweine gehandelt wurde. Als eine Curiosität kauften wir ein großes flaches Brustschild, das aus einem runden Knochen bestand, der vermuthlich von einer Wallfischart seyn mochte. Es war ohngefähr 18 Zoll im Durchmesser groß, so weiß als Elfenbein und schön poliert. (Forster 1989a:362)

Zusätzliche Hinweise zu ihrer möglichen Funktion und Bedeutung fehlen. Immerhin aber lässt sich dem Zitat entnehmen, dass solche Schilde offenbar nicht in der Hand geführt (wie üblicherweise Schutzschilde im Krieg), sondern um die Brust gehängt wurden. Dafür sprechen auch die Lochungen zur Befestigung einer Schnur. Aus weiteren Ausführungen Forsters wird deutlich, dass es sich bei dem Schild um eine Rarität gehandelt haben muss, denn er nennt nach hölzernen Kriegskeulen und Angelhaken Schmuck als nächst wichtige Gruppe der Gegenstände, die in Tonga gesammelt worden sind: Unter dem Stichwort „Brustzierrathe" führt er aber keine solche Schilde auf, sondern den ansonsten typischen Brustschmuck tonganischer Würdenträger, bestehend aus Perlmuttscheiben (Forster 1989a:348; Abb. eines solchen Schmuckes in Kaeppler 1978:209; Farbzeichnung eines Trägers solchen Schmuckes von William Hodges in Joppien/Smith 1985,2:69). Cook nennt zur Herstellung des Schmucks von Häuptlingen neben Conchylien (Muschel- und Schneckenmaterial) zwar auch „Knochen" (Beaglehole 1961,II:267). Wie der Erwerb von tonganischem Schmuck aus der Zeit Cooks zeigt, waren damit aber Vogelknochen und nicht Walknochen gemeint.

Betrachtet man nun alle publizierten Schilderungen der Reisen Cooks, so gibt es nur noch einen zweiten Hinweis auf solche Schilde. Der Geschützoffizier Robert Anderson beobachtete eine Kampfvorführung von Tonganern der Insel Eua im Juli 1777 während der Dritten Reise Cooks (1776–1779/80):

> When the challenge was accepted the pair began without any ceremony and beat from above upon each others heads and shoulders without mercy either till they left off by mutual consent or broke their clubs to pieces which frequently happened. It can scarcely be doubted but accidents sometimes happen at this rough diversion, [...] yet we saw no method they us'd to defend themselves from the blows farther than holding down the face, except in one man who had a very large thick semicircular breast plate made of one piece of bone hung round his neck which they said was of the manufacture of Feejee [Fiji, G.K.]. (Beaglehole 1967 III,2:964)

Dieser Hinweis auf die Schutzfunktion solcher Schilde im Kampf dürfte entscheidend dafür gewesen sein, dass sie in der Folge analog zum Inventarverzeichnis der Göttinger

Sammlung als persönliche Schutzschilde von Kriegern gedeutet worden sind. Mit dem Hinweis auf die Herkunft solcher Bewaffnungen aus Fiji im Journal von Anderson wurde indes lange Zeit falsch umgegangen: Fergus Clunie vom Fiji Museum erwähnt in seiner Untersuchung „Fijian weapons and warfare" (1977) an keiner Stelle solche Schilde und nennt in seinem „Fiji Museum catalogue" (1986:161) ausdrücklich Tonga als Herstellungsort solcher großen Scheiben aus Walknochen, verbunden mit dem interessanten Hinweis, dass Tonganern solche Bewaffnungen dazu gedient hätten, sich der Pfeile von Fiji-Kriegern zu erwehren. Anderson lag also zumindest dahingehend nicht falsch, dass er grundsätzlich Fiji ins Spiel gebracht hatte. Denn nach heutigem Forschungsstand standen solche Scheiben, auch wenn sie von den Forsters in Tonga gesammelt wurden und dort entweder „getragen oder als Prestigeobjekte aufbewahrt wurden" in Verbindung mit Fiji (Kaeppler 1998b:211).

Auch Hans Plischke kam wie später Kaeppler zu dem Schluss, dass es sich bei dem Göttinger Exemplar um einen besonders seltenen Gegenstand von Tonga handelte:

> Da man in Polynesien und somit auch auf Tonga nur auf gestrandete Wale angewiesen war, also den Walfang in voreuropäischer Zeit nicht kannte, waren Walzähne, ebenso Walknochen […] sehr wertvoll […]. Demnach ist die Annahme berechtigt, dass diese als Brustschmuck getragene Knochenplatte das Schmuckstück eines der Häuptlinge von Tongatabu war. Als Zierstück, das aus dem Schulterblatt eines gestrandeten Wales und nicht einer regelmäßig sowie zahlreich erlegten Tierart hergestellt ist, konnte es kein allgemein üblicher Schmuck, […] sondern nur ein einmal für einen einzelnen angefertigter Schmuck sein. (Plischke 1939:136)

Plischke bewertet dieses tonganische Kulturzeugnis als ein Unikat und verweist bei diesem Gegenstand anstelle der schützenden Funktion im Krieg ausdrücklich auf die Bedeutung als Schmuck. Er rekurriert dabei auf Leo Frobenius, der bei seiner vergleichenden Untersuchung der Schilde der Ozeanier zu dem Ergebnis kommt: „Weder Mikronesien noch Polynesien haben irgend etwas, was man mit Recht einen Schild nennen könnte" (Frobenius 1925,2:141). Außerdem verweist Plischke in Anlehnung an den Samoa-Kenner Augustin Krämer auf Handelsbeziehungen, die von Samoa aus nach Tonga und Fiji hin bestanden hatten. Er geht deshalb davon aus, dass es Samoaner gewesen seien, die speziell Schmuck aus Walzahn verhandelt hätten. Zudem nimmt er an, dass ursprünglich der aus Walzahn gearbeitete Schmuck in Gestalt von Walzahnketten, wie sie in ganz Westpolynesien vorkommen, sich von Fiji nach Samoa und Tonga verbreitet hätte. Die Tonganer schließlich hätten im Rahmen dieser vorkolonialen Handelskontakte darüber hinaus die Knochenscheiben des Wals gesondert für sich als ganz eigene Schmuckform entdeckt (Plischke 1939:127f.).

Plischke hatte aus Kenntnis der heutigen Quellenlage sicherlich Recht, dass es sich bei diesem Schmuck um etwas besonders Wertvolles gehandelt hatte. Einige der von Cook in Tonga erworbenen Artefakte können in der Tat zu jenen kostbaren „Erbstücken" von tonganischen Adeligen gezählt werden, die eigentlich mit großer Umsicht und Pflege von Generation zu Generation weitergegeben wurden und deren Prestigewert stieg, je mehr sie verbunden waren mit familiären Anekdoten, Hinweisen auf dynastische Verbindungen und historischen Ereignissen. Zu solchen von Cook erworbenen Gegenständen der ‚Luxusklasse' gehörten z. B. geflochtene Körbe der höchsten sozialen Kategorie *kato mosi kaka* und wohl auch diese seltenen Brustplatten. Betrachtet man nun aber die schlichte Knochenplatte aus Göttingen, so scheint ihr nach bloßem äußeren Anschein und europäischen Verständnis eigentlich eine höhere Bedeutung zu fehlen. Es gibt zwar eine indigene, einheimische Bezeichnung dafür, nämlich *'aofi (tui tofua'a)*, doch dieses Wort heißt nichts anderes als „Besitz des Herrschers". Diese Klassifizierung kann als ein Hinweis dafür gewertet werden, dass alle festen Bestandteile gestrandeter Wale automatisch in den Besitz von Häuptlingen übergingen. Die traditionelle Bezeichnung für den in vielen Cook/Forster-Sammlungen vorhandenen Schmuck war hingegen *ki'i teunga* (für kleine Schmuckanhänger) und *teunga kahoa* (für den typischen Adels-Brustschmuck aus Perlmutt, vgl. Hoare 1982,III:385; Koch 1955:57).

Eigene Befragungen von Persönlichkeiten des politischen und intellektuellen Lebens im heutigen Tonga und in Samoa im Jahr 1992 ergaben, dass dort niemand über einen derartigen Schmuck aus Walknochen nähere Auskünfte geben konnte. Im Tonga National Museum in Nuku'alofa und in der Königsresidenz von Tupou IV wusste man aber generell um den Geschenketausch, der zwischen Tonganern und Europäern zur Zeit Cooks stattgefunden hatte, und ferner, dass grundsätzlich kulturelle Verbindungen bzw. kriegerische Beziehungen mit Fiji bestanden hatten.

Ein Besuch des Fiji-Museums in Suva brachte schließlich folgenden Hinweis: Neben zahlreichen Walzahnketten waren dort auch zwei Brustplatten aus Walknochen ausgestellt, mit dem deutlichem Vermerk, dass es sich dabei um tonganische Produkte handelte, die in den Besitz von Fiji-Häuptlingen gelangt waren und ursprünglich den Tonganern als Schutzschilde gedient hatten.

Die dort ausgestellten Exemplare waren allesamt an den Rändern mehr oder weniger gut erkennbar gezackt ornamentiert worden, ähnlich einem sehr gut erhaltenen Beispiel aus dem New Zealand Museum Te Papa Tongarewa in Wellington (Barrow 1972:84). D. h. diese noch nicht ornamentierten Brustplatten kamen offenbar – gelocht zum Umhängen um den Hals – aus Tonga und wurden in Fiji weiter bearbeitet. Hier entstand dann, wie zahlreiche Beispiele nach Cooks Reisen aus der Zeit um die Wende des 18./19. Jahrhunderts zeigen, ein eigener Fiji-Stil. Der war, wie die späteren Belege deutlich machen, vor allem dadurch gekennzeichnet, dass im Unterschied zu dem Göttinger Exemplar etwas kleinere Platten hergestellt wurden, die kunstvoll aus verschiedenen Materialien, nämlich Perlmuttscheiben, geschliffenen Walzähnen und Walknochen, zusammengesetzt und durch Kokosfasern miteinander verbunden waren (Germer 1965:33; Cartmail 1997:100–105; Neich und Pereira 2004:144f.; Meyer 1995:464). Ob derartig verfeinerte Brustplatten in der Zeit nach Cooks Besuchen in Tonga auf direktem Wege von Tonga nach Fiji verhandelt wurden, erscheint fraglich.

Provenienzforschung und ihre Tücken 133

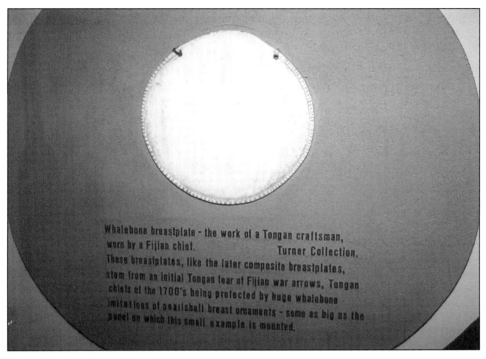

Tonganische Brustplatte aus Walknochen mit Randornamentik. Fiji Museum, Suva.
Foto: Gundolf Krüger.

Neich und Pereira (2004:144) und Hooper (2006:252) verweisen darauf, dass Anfang des 19. Jahrhunderts handwerkliche Spezialisten, insbesondere Kanubauer *tofunga* bzw. *tohunga* aus Samoa und Tonga, in den Diensten von Fiji-Häuptlingen standen und solche zusammengesetzten Brustplatten herstellten. In Fiji jedenfalls wurden solche kleineren Brustplatten begrifflich wie folgt unterschieden: Der mit Perlmutt und Walzahn bzw. Walknochen verarbeitete Brustschmuck hieß *civavonovono* und diente als Statussymbol von Häuptlingen vor allem bei Tauschzeremonien; der ausschließlich aus mehreren geschliffenen Spermwalzähnen zusammengesetzte Schmuck wurde von Kriegerhäuptlingen im Kampf getragen und gehörte zum wertvollsten Besitz in Fiji überhaupt. Solche Platten wurden *civatabua* genannt und man glaubte von ihnen, dass sie einen Krieger unverwundbar machten.

Der Gegenstand im Kontext transinsularer Beziehungen

Die hier vorgestellten älteren Belegstücke so genannter Schilde aus der Zeit Cooks wie auch die nachfolgenden Belege um die Wende des 18./19. Jahrhunderts deuten auf enge kulturelle Verflechtungen hin, die sich bereits in vorkolonialer Zeit zwischen Inselgruppen wie Tonga und Fiji entwickelt hatten. Insgesamt gesehen lässt sich für die älteren wie auch die jüngeren Schilde anhand der vorhandenen Quellen eine vorrangige Doppelfunktion erkennen: Zum einen handelte es sich um sozial und religiös determinierte Schutzsymbole im Kampf und zum anderen um soziale Rangabzeichen. Beide Funktionen erklären sich eher aus dem Kontext der jeweiligen traditionellen Gesellschaftsordnungen mit ihren sozialen Stratifizierungen und wohl erst nachrangig aus dem Kontext „Kriegsführung". Man kann es angesichts der losen Befestigung der Platten am Körper als fraglich ansehen, dass solche Brustplatten allein als praktische Schutzschilde im Krieg gedient haben sollen (Mariner 1817,2:283ff; Menter 2003:226), zumal die Kriegsführung in Polynesien und seinen Randgebieten neben dem Einsatz von Steinschleudern vornehmlich in Form von Nahkämpfen mit Keulen aus hartem Holz erfolgte. Derartige schwere Brustplatten als Schutzschilde wären eher hinderlich für die Beweglichkeit der Krieger und zudem leicht mit der Schlagkraft von Keulen zu beseitigen gewesen. Der Einsatz der Schilde zur Verteidigung der Tonganer gegen die Pfeile der Krieger von Fiji dürfte eher eine Nebenfunktion gewesen sein, die nur sporadisch eine Rolle gespielt hatte, aber insbesondere in älteren Quellen überbetont worden ist:

> This form of self-defence was shortlived, however, since by the early 1800s, the Tongans themselves had become adept at using the Vitian war bow and had apparently lost their fear of its arrows. (Cartmail 1997:100–101)[2]

Es zeigt sich am Beispiel der Schilde aus der Zeit Cooks, dass solche von Inselgruppe zu Inselgruppe verhandelten Objekte in Bezug auf ihre sich wandelnden kulturspezifischen Bedeutungen und Wertschätzungen erkannt werden müssen und dass ein Objekt nicht verstanden werden kann „by simply examining its surface level but must be related to its underlying social and cultural philosophy and evaluated according to Polynesian aesthetic principles" (Kaeppler 2008:7).

Wie können nun die Verbindungen im gesamten westpolynesischen Raum zur Zeit Cooks und in der Folge ausgesehen haben? Die bei Plischke (1939) vertretene Annahme, es seien allein Samoaner gewesen, die solche Brustplatten im friedlichen Tauschhandel innerhalb Westpolynesiens weiter verhandelt hätten, muss hier stark in Zweifel gezogen werden. Von den Handelsbeziehungen zwischen den Inselgruppen jener Region legen zwar orale Traditionen Zeugnis ab, und auch einzelne Objekte, die von Cook in Tonga gesammelt wurden (z. B. ein samoanisches Kleidungsstück in der Göttinger Sammlung), stammten eigentlich aus Fiji und Samoa (vgl. Kaeppler 1998b:196). Doch bezüglich der Schilde im Zusammenhang mit der Frage ihrer Herkunft und ihres kulturellen Austausches muss die politische Bedeutung des Inselreiches von Tonga zu jener Zeit genauer betrachtet werden.

Ebenso wie bereits Abel Tasman im Jahr 1643 hob Forster die Offenherzigkeit, Leutseligkeit und friedliche Gesinnung der Tonganer hervor und stimmte mit Cook darin überein, dass diese Inselgruppe es verdient hätte, den Namen die „freundschaftlichen Inseln (friendly Islands)" zu tragen (Forster 1989a:371f.). Obwohl die Obrigkeit in Tonga sich im Unterschied zu anderen Gebieten in Polynesien äußerlich kaum gegen das einfache Volk absetzte, fiel ihm aber auf, dass in der gesellschaftlichen Verfassung Tongas mit seiner absolutistischen Zentralmacht in Gestalt eines königgleichen Herrschers soziale Zwänge latent viel stärker ausgeprägt waren als im übrigen Polynesien: „Der Gehorsam und die Ergebenheit des Volks gegen die Obern, beweisen zur Gnüge, daß die hiesige Verfassung, wenn gleich nicht völlig despotisch, doch auch weit von der democratischen entfernt ist [...]" (Forster 1989a:372). Ausführlich beschreibt Forster die auffällige Präsenz von Waffen in Form von Speeren und Keulen. Und obwohl die Tonganer gegenüber Cook mehrfach versicherten, sie hätten über einen längeren Zeitraum keinen Krieg mehr geführt, stellte sich Forster die Frage, „Wozu die Leute eine solche Menge Waffen haben? Ist bey ihrem gutherzigen Charakter nicht leicht abzusehen" (Forster, 1989b:148). Kritisch folgerte er bezüglich Krieg und Gewalt:

> Die ungeheure Menge von Waffen, welche wir bey den Einwohnern fanden, stimmte aber gar nicht mit der friedfertigen Gesinnung, die sie in ihrem ganzen Betragen gegen uns, und vornemlich auch durch die Bereitwilligkeit äußerten uns solche zu verkaufen. Sie müssen folglich, ihrer friedfertig scheinenden Gemüthsart ohnerachtet, oft Händel untereinander haben, oder auch mit den benachbarten Inseln Krieg führen; doch konnten wir hievon, trotz aller Nachfrage nichts befriedigendes erfahren. (Forster, 1989a:350)[3]

Dass Forster mit seiner Skepsis Recht hatte, wies der Ethnohistoriker Karl Wernhart später mit seinen Untersuchungen über Tonga und seine rivalisierenden Herrscherhäuser nach. Er resümiert:

> Die Bezeichnung freundschaftliche Inseln, wie sie die Kapitäne Tasman und Cook nannten, stimmt eigentlich nicht, und zahlreiche Keulen in den Sammlungen bestätigen die kriegerische Aktivität. (Wernhart 1992:84)

Tatsächlich war das tonganische Inselreich im 18. Jahrhundert *die* Hegemonialmacht des pazifischen Ozeans. Sein Herrschaftsgebiet reichte zu jener Zeit über tausende von Seemeilen bis nach Fiji und nach Tuvalu.[4] Im dafür nötigen Bau von hochseetüchtigen Doppelbooten als Fortbewegungsmittel waren sie Meister, was Forster, allerdings ohne Assoziation mit Krieg und Gewalt, bereits erkannte. Mit ihren großen Doppelbooten *tongiaki* gelangten sie auch nach Fiji.

Die Kontakte zwischen Tonga und Fiji verliefen teils friedlich, teils kriegerisch (Plischke 1957:220–223). Während dieser direkten Verbindungen dürften sowohl jene kriegerischen Erbeutungen zustande gekommen als auch friedliche Tauschvorgänge abgewickelt worden sein, die dazu führten, dass Fiji-Häuptlinge während der Zeit von Cooks Südseereisen in den Besitz von tonganischen Brustplatten kamen. Natürlich ist es denkbar, dass sich die Tonganer bei kriegerischen Auseinandersetzungen mit den Brustplatten als Schutzschilde verteidigten. Möglicherweise aber waren die künstlerisch nahezu unbearbeiteten Knochenscheiben für die Tonganer ein viel effizienteres und wertvolleres Gut als bloße Schutzschilde, nämlich ein wichtiges Zahlungsmittel in Fiji. Dieser Wertmesser könnte von den Tonganern dafür verwendet worden sein, Sandelholz zu kaufen (vgl. Mariner 1817,2:283ff). Und überdies könnte mit diesen Knochenplatten als Zahlungsmittel der im Vergleich zu den schwerfälligen *tongiaki* wendigere und schnellere Doppelbootstyp *ndrua* in Fiji erworben worden sein. Dieser Bootstyp aus Fiji tauchte für die Zeit der Zweiten Reise Cooks um 1773 in Tonga auf und ist auch auf einem Stich zu dieser Reise gut zu identifizieren (Joppien und Smith 1985,2:114). Es steht sogar mittlerweile fest, dass dieser Einfluss von Fiji aus einen Wandel im tonganischen Bootsbau zur Zeit Cooks bewirkte (Koch 1984:23).

Erst später, gegen Ende des 18. Jahrhunderts, dürfte sich dann unter Mitwirkung samoanischer und tonganischer handwerklicher Spezialisten ein unverwechselbarer Stil von Brustplatten aus Walzahn und Walknochen in Verbindung mit Perlmutt herausgebildet haben, der sich von seiner Provenienz her eindeutig Fiji zuordnen lässt und nichts mehr mit den ursprünglichen direkten Kontakten zwischen Tonga und Fiji zu tun hatte. Interessant dabei ist, dass speziell bei den aus Perlmuttscheiben und Walknochen zusammengesetzten *civavonovono* aus Fiji ab Ende des 18. Jahrhunderts eine Ornamentierung ins Auge fällt, die neben Sternen und Halbmonden auch stilisierte Tierdarstellungen, vor allem Vögel, bevorzugte. Letzteres Motiv entspricht wiederum einer tonganischen Tradition. Es findet sich als Kerbschnitt- und Ritzornamentik an den Enden von Holzkeulen, mit denen bereits zur Zeit Cooks in Tonga gekämpft worden ist und von denen sich auch entsprechend ornamentierte Exemplare in der Göttinger Sammlung befinden.

Zusammenfassung

Die Göttinger Brustpatte ist ein Beispiel dafür, dass Archivdokumente zwar einen wertvollen Beitrag zum Provenienznachweis eines Gegenstandes leisten können, dass aber allein ihre Existenz nicht ausreicht, um daraus gesicherte Erkenntnisse über ein indigenes Kulturzeugnis zu gewinnen. Gerade die aus der Zeit der frühen Begegnungen zwischen Indigenen und Europäern stammenden Objekte, für die es häufig nur wenige Quelleninformationen gibt, fordern immer wieder Neubewertungen ebenso aus eigener wie auch aus indigener Perspektive gleichermaßen heraus, denn Artefakte verändern sich fortlaufend in ihrer Aussagekraft, weil sich „mit jeder neuen Epoche, mit jeder neuen Frage, die wir an sie richten, nicht nur die Sichtweise, sondern auch das Sehen und das Gesehene verändert. Und jedes Mal vermitteln sie uns andere Antworten, entschlüsseln wir auf dem Hintergrund veränderter Standpunkte und Fragestellungen neue Botschaften" (Hauser-Schäublin 2006:20f.)[5].

Das heißt bezogen auf den langen Weg der ethnographischen Objekte aus dem fremden Kontext in den eigenen Kontext werden wir mit einer Deutungsproblematik konfrontiert, die auf der Basis fortschreitender Erkenntnisse aus neueren historischen und ethnologischen Forschungen stets eine Neuüberprüfung von Provenienzangaben wie auch kultureller Bedeutungen von Objekten implizieren muss. Denn Foucault (1980:404–410) folgend sollte uns bewusst sein, dass Aussagen von Archivalien unter dem Paradigma zeitimmanenter Strukturen des Denkens gewissermaßen „erfrieren" können und so ungeprüft von Generation zu Generation weiter gegeben werden. Insofern kann ein Archiv mit seinen Dokumenten als diskursive Struktur verstanden werden, die einschränkt, „was in welcher Form gesagt werden kann und was als wert erachtet wird, gewusst und erinnert zu werden" (Mills 2007:67). Und genau da liegt das Problem, dass nämlich Aussagen historischer Quellen oft eine Statik fremder Kultur und deren Objektwelt suggerieren. Aus der Unkenntnis historisch gewachsener Verflechtungen indigener Kulturen wurde in der Vergangenheit häufig übersehen, welcher kulturellen Dynamik und welchen transkulturellen Prozessen man auch bereits in vorkolonialer Zeit in außereuropäischen Gesellschaften begegnen kann.

Das Beispiel des hier vorgestellten so genannten Schildes aus Göttingen im Vergleich mit ebenso alten wie auch jüngeren Vergleichsstücken zeigt letztlich, welch multiple kulturelle Bedeutungen dem Gegenstand zugrunde lagen und wie umfassend die kulturellen, aber auch künstlerischen Beziehungen zwischen den erwähnten Inselgruppen bis an den Rand Polynesiens gewesen sind. Aufgrund seiner Grenzlage zwischen Polynesien und Melanesien kann Fiji dabei als ein besonderer Ort der Integration und Transformation kultureller Importe anderer Inseln betrachtet werden. Was natürliche Ressourcen wie Walknochen und Walzähne angeht, fand in Fiji eine eindrucksvolle künstlerische „Veredelung" und Aufwertung solcher Materialien im sozialen Kontext statt. Insofern lässt sich resümieren:

> Fijian culture reflects a mixture of Polynesian and Melanesian traits; its arts are clearly Polynesian in concept, style, and technique. Utilitarian and decorative objects made for chiefs and commoners display the inherent beauty of the natural materials from which they are made. Of all the chiefly paraphernalia, the large shell, whalebone, and whale-ivory breast ornaments show the most accomplished craftsmanship. Worn by high-ranking persons in battle or at major ceremonies, some breast ornaments combine the splendour of shell and the warmth of ivory. (Dell 1989:256)

Anmerkungen

1 Zur generellen Problematik lokaler Zuordnung von Objekten aus der Zeit des 18. Jahrhunderts siehe Kaeppler (1998b:196): „Frühe Tonga-Objekte führten in den Museumssammlungen oft die Provenienz ‚Otaheite': Damit war nicht Zentralpolynesien, sondern auch Tonga oder sogar Neuseeland und Hawai'i gemeint. Gerade weil tonganische Gegenstände nicht von anderen getrennt wurden, kann die Herkunftsbestimmung nur über die Angaben der Sammler, wie diejenigen der Forster, die sie einzeln vermerkten, geschehen."

2 Bogen und Pfeil dienten in Fiji zwar als Kriegswaffe, wurden auf den Inseln Polynesiens in vorkolonialer Zeit aber fast ausschließlich nur als Jagd- und Sportgerät und wegen zu geringer Wirkungskraft nicht als Waffe im Krieg verwendet. Plischke (1957:224) nennt als Grund dafür, dass tonganische Krieger sich vor feindlichen Pfeilen kaum zu fürchten brauchten: „Die Brise des Meeres nahm dem Bogenschützen die Treffsicherheit des Pfeiles, der leicht im Winde wie Rohr unschädlich dahinsegelte". Er nennt als weit wirksamere Waffen Schleudersteine, Lanzen und Speere sowie Keulen.

3 Wovon Forster auch nichts erfuhr: Eigentlich war der Tod Cooks und seiner Mannschaft während einer nächtlichen Tanzdarbietung, an der sie teilnahmen, von Tonganern beschlossen worden. Dieser konspirative Akt tonganischer Häuptlinge auf der Insel Lifuka blieb aufgrund von Problemen der genauen Terminierung schließlich aber folgenlos, so dass die Europäer mit dem Leben davon kamen (Beaglehole 1967,III,2:ciiif).

4 Bemerkenswert erscheint in diesem Zusammenhang der Hinweis auf die Existenz einer Brustplatte aus Walknochen (nach Fiji-Stil an den Rändern gezackt), für deren geographischen Fundort James Edge-Partington die Inselgruppe der Karolinen in Mikronesien angegeben hat (Neich und Pereira 2004:36f.). Nicht auszuschließen ist, dass es dorthin Kontakte gegeben hatte, entweder von Tonga oder von Fiji aus. Aus ethnohistorischen, linguistischen und archäologischen Forschungen liegen bekanntlich reichlich Hinweise dafür vor, dass während der vergangenen Jahrhunderte immer wieder Wanderungen aus dem Raum Westpolynesiens bis in Gebiete von Mikronesien stattgefunden haben.

5 Deutsche Übersetzung durch die Verfasserin.

Verwendete Literatur

Barrow, Terence (1972) *Art and Life in Polynesia*. London: Pall Mall Press.

Beaglehole, John C. (Hg.) (1961) *The Journals of Captain James Cook on his Voyages of Discovery. The Voyage of the Resolution and Adventure 1772–1775*. Band 2. Cambridge: Hakluyt Society at the University Press.

Beaglehole, John C. (Hg.) (1967) *The Journals of Captain James Cook on his Voyages of Discovery. The Voyage of the Resolution and Discovery 1776–1780*. Band 3, Teil 2. Cambridge: Hakluyt Society at the University Press.

Cartmail, Keith (1997) *The Art of Tonga*. North Ryde, Australia: Craftsman House.

Clunie, Fergus (1977) *Fijian Weapons and Warfare*. Suva: Fiji Museum (Bulletin of the Fiji Museum 2).

Clunie, Fergus (1986) *Yalo i Viti. Shades of Viti, a Fiji Museum Catalogue*. Suva: Fiji Museum.

Germer, Ernst (1965) *Waffen der Südseevölker*. Leipzig: Museum für Völkerkunde Leipzig und DEWAG Werbung Leipzig.

Dell, Roger A. (1989) *Honolulu Academy of Arts. Selected Works*. Honolulu: Honolulu Academy of Arts.

Forster, Georg (1989a) *Georg Forsters Werke: sämtliche Schriften, Tagebücher, Briefe. Reise um die Welt.* Teil I,2 (Bearbeitet von Gerhard Steiner). Berlin: Akademie-Verlag.

Forster, Georg (1989b) *Georg Forsters Werke: sämtliche Schriften, Tagebücher, Briefe. Reise um die Welt.* Teil II,3 (Bearbeitet von Gerhard Steiner). Berlin: Akademie-Verlag.

Foucault, Michel (1980) *Die Ordnung der Dinge.* Frankfurt a.M.: Suhrkamp.

Frobenius, Leo (1925) *Erlebte Erdteile. Erschlossene Räume. Das Problem Ozeanien.* Band 2. Frankfurt a.M.: Frankfurter Societäts-Druckerei.

Hauser-Schäublin, Brigitta (2006) Witnesses of Encounters and Interactions. In: Stephen Little und Peter Ruthenberg (Hg.): *Life in The Pacific of the 1700s. The Cook/ Forster Collection of the Georg August University of Göttingen.* Band 2: European Research, Traditions, and Perspectives, S. 20–35. Honolulu: Honolulu Academy of Arts.

Hoare, Michael E. (Hg.) (1982) *The Resolution Journal of Johann Reinhold Forster 1772–1775.* Band 3. London: The Hakluyt Society.

Hooper, Steven (2006) *Pacific Encounters. Art & Divinity in Polynesia 1760–1860.* London: British Museum Press.

Joppien, Rüdiger und Bernard Smith (1985) *The Art of Captain Cook's Voyages.* Band 2. New Haven: Yale University Press.

Kaeppler, Adrienne L. (1972) The Use of Documents in Identifying Ethnographic Specimens from the Voyages of Captain Cook. *The Journal of Pacific History* 7:195–200.

Kaeppler, Adrianne L. (1978) *Artificial Curiosities: Being an Exposition of Native Manufactures Collected on the Three Pacific Voyages of Captain James Cook, R.N., at the Bernice Pauahi Bishop Museum January 18, 1978 – August 31, 1978 on the Occasion of the Bicentennial of the European Discovery of the Hawaiian Islands by Captain Cook – January 18, 1778.* Honolulu: Bishop Museum Press. (Bernice P. Bishop Museum Special Publication 65).

Kaeppler, Adrienne L. (1998a) Die Göttinger Sammlung im Internationalen Kontext. In: Brigitta Hauser-Schäublin und Gundolf Krüger (Hg.): *James Cook. Gaben und Schätze aus der Südsee,* S. 86–93. München: Prestel.

Kaeppler, Adrienne L. (1998b) Tonga – Eintritt in komplexe Hierarchien. In: Brigitta Hauser-Schäublin und Gundolf Krüger (Hg.): *James Cook. Gaben und Schätze aus der Südsee,* S. 195–220. München: Prestel.

Kaeppler, Adrienne L. (2008) *Pacific Arts of Polynesia and Micronesia*. Oxford: University Press.

Koch, Gerd (1955) *Südsee-Gestern und heute. Der Kulturwandel bei den Tonganern und der Versuch einer Deutung dieser Entwicklung.* Braunschweig: Albert Limbach Verlag.

Koch, Gerd (Hg.) (1984) *Boote aus aller Welt*. Katalog zur Sonderausstellung. Staatliche Museen Preußischer Kulturbesitz Berlin. Berlin: Fröhlich & Kaufmann.

Mariner, William (1817) *An Account of the Natives of the Tonga-Islands in the South Pacific Ocean*. Band 2. London: hrsg. v. J. Martin.

Menter, Ulrich (2003) Kontinent der Inseln. In: Rainer Springhorn (Hg.): *Ozeanien. Kult und Visionen. Verborgene Schätze aus deutschen Völkerkundemuseen,* S. 14–25. München: Prestel.

Meyer, Anthony J. P. (1995) *Ozeanische Kunst*. Köln: Könemann.

Mills, Sara (2007) *Der Diskurs*. Tübingen und Basel: A. Francke Verlag.

Neich, Roger und Fuli Pereira (2004) *Pacific Jewelry and Adornment*. Honolulu: University of Hawai'i Press.

Plischke, Hans (1939) *Ein Brustschmuck von Tonga-Tabu und die Verarbeitung von Walknochen in Polynesien*. Göttingen: Vandenhoeck & Ruprecht (Nachrichten von der Gesellschaft der Wissenschaften zu Göttingen Band II Nr.7).

Plischke, Hans (1957) *Bogen und Pfeil auf den Tonga-Inseln und in Polynesien*. Düsseldorf: Droste (Göttinger Völkerkundliche Studien).

Wernhart, Karl R. (1992) Aspekte der Kulturgeschichte Polynesiens. In: Hanns Peter (Hg.): *Polynesier. Vikinger der Südsee,* S. 53–90. Wien: Museum für Völkerkunde.

Two Unusual Wooden Figures from the Marquesas Islands

Adrienne L. Kaeppler[1]

In the collection of the Smithsonian Institution there are two unusual wooden figures from the Marquesas Islands, which have documentation that traces them to before 1858. As few portable wooden figures from the Marquesas have such early documentation, this essay will put on record the history of these two figures and place them in the corpus of Marquesan art and material culture.

History

The two figures came into the Smithsonian collection from David Dunn Thomas of College Park, Maryland, in 1967, with a detailed history. Mr. Thomas has a most interesting genealogy that takes us back to two of the earliest Europeans in the Society Islands – to William Henry (1770–1859) and his wife – of the first group of missionaries of the London Missionary Society who arrived on the missionary ship *Duff* under Captain Wilson in 1797. A descendant of William Henry married a descendant of fellow missionary John Muggridge Orsmond (1788–1856), producing Teuira Henry (1847–1915), author of *Ancient Tahiti* published by the Bishop Museum in 1928, and John William Henry (1841–d. after 1904), a great-grandfather of David Dunn Thomas.

John William Henry left Tahiti for Massachusetts before 1858 (he was baptized in Massachusetts in April 1858) and remained in the U.S. until 1875, when he went back

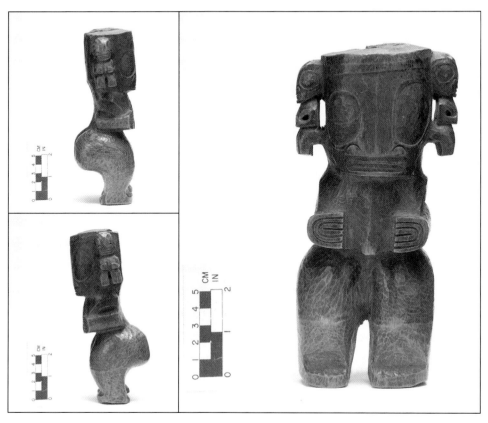

Figure 1. Three views of Marquesan sculpture in the Anthropology Department, Smithsonian Institution (409,700). Photography by Donald Hurlbert.

to Tahiti with his wife Cornelia Adams Dunn and four year old daughter Eliza. In 1876 he returned again to the United States and served as a minister in Michigan until 1894. He then moved to San Francisco and again to Tahiti in 1898 and lived in Papeari until 1900. From 1900 to 1904 he and his wife worked as missionaries in Hitiaa. In 1904, because of the illness of his wife and the difficulties of life in Hitiaa, he returned to California, residing in Berkeley, where he gave parlor and church lectures on Tahiti. Henry's daughter Eliza married Jay Bonnell Thomas in 1895 – they were grandparents of David Dunn Thomas. John William Henry's collection, of which the two Marquesan wooden figures were a part, was kept in a large old box marked with Henry's Massachusetts address – an area to which he never returned after he left in 1871. The objects remained in the box until 1966, making it almost certain that they arrived with John William Henry by 1858 (based on letters in the accession file from David Dunn Thomas and on O'Reilly and Teissler 1975).

"The Henry Collection" was presented to the Smithsonian by David Dunn Thomas on September 5, 1967, in memory of his grandparents John William Henry and Henry Bonnell Thomas. The collection, which was described and evaluated by Dr. Donald Marshall, includes some 124 objects that come from various places in Polynesia, including Samoa, 'Uvea/Futuna, the Society Islands[2], Tuamotu Islands, Austral Islands, and the Marquesas. The Marquesan pieces include the two wooden figures, two canoe paddles, and four ornaments of human hair.

Two Unusual Portable Wooden Figures

Each of the pair of figures is about 20 cm. high and eight cm. in diameter. The figures have a cylindrical form with low relief carving. They were described by Donald Marshall and entered into the accession records based on his description as follows:

> E409.700 AH. 20.0 cm., W. 9.2 cm., T. 8.9 cm. Image carved in the round of a standing human figure, one of a pair. Top of head roughly square, eyes indicated as large circular shallow depressions, a band is indicated crossing the forehead. Nose is indicated only by carved lines. Mouth wide and straight. Forearms indicated horizontally, at sides, with six-fingured [sic] hands on breasts. Waist shown as a marked constriction, legs short and stumpy and appear slightly bent-kneed. Feet flat, formed by a notch in front of leg. Ears are each a small figure of the same type, with top of head rounded. No sex indicated but back is concave between base of head and buttocks, causing a marked steatopygy. Surface has not been smoothed and is covered with the small facets left by the carving tool.

> E409.701 AH. 20.2 cm., W. 8.4 cm. T. 7.3 cm. This, with the preceeding object, form a pair. Standing human image carved in the round. Top of head rounded. Eyes indicated as large circular shallow depressions. Nose shown only by two semi-circular cuts to indicate the flare of the nostrils. Mouth indicated by two incised straight lines. Upper arms vertical, forearms horizontal, with six-fingered hands on chest. Waist indicated by a marked constriction. Legs short, stumpy and appear slightly bent. Feet flat-bottomed and poorly indicated but an effort has been made to show toes. Left foot damaged, right knee damaged and repaired with plaster. Ears are vertical, semi-circular lugs, the right one damaged and repaired with plaster. No sex indicated and this figure not as steatopygeous as the preceeding. Surface has not been smoothed and is covered with the small facets left by the carving tool.

Figure 2. Three views of Marquesan sculpture in the Anthropology Department, Smithsonian Institution (409,701). Photography by Donald Hurlbert.

Notes on early Marquesan collections

The Marquesas archipelago consists of ten main islands and several small uninhabited islets divided into two geographic areas: A northern group – Nukuhiva, Ua Huka, Ua Pou, Eiao, and Hatutu – and a southern group – Fatu Hiva, Fatu Huku, Hiva Oa, Tahuata, Motane. The first European to visit the area was the Spaniard Alvaro de Mandana (in 1595) who named the group of islands Las Islas de Marquesas de Mendoza after the Viceroy of Peru. In 1774, the second Pacific voyage of Captain James Cook called at Tahuata, known by the Spaniards as Santa Christina, and a number of ornaments, fans, and weapons were collected by Cook, Johann Reinhold and Georg Forster, and others on the voyage. In 1797 the London Missionary Society left one missionary at Vaitahu on Tahuata. This was William Pascoe Crook, who learned the language and stayed until 1799. Other LMS missionaries include David Darling 1834–35, John Rodgerson 1834–37, George Stallworthy, 1834–41 and Robert Thomson 1838–41. However, there is no information on if they collected any objects or if so, where they might be (Carol Ivory, personal communication). Although we have little information about the LMS missionaries and their collections from the Marquesas, there is one small group of eight objects in the British Museum LMS collection. This includes a fan, two wooden bowls, a gourd vessel, a belt of bird (?) bones, a canoe prow, a staff, and a club. There is, however, no information about which missionary collected them (Jill Hasell, personal communication).

Other well-known visitors included Joseph Ingraham in 1791, Étienne Marchand in 1791, Edward Robarts in the 1790s, Capt. Adam Johann von Krusenstern and Georg Heinrich von Langsdorff in 1804, Capt. David Porter in 1813, Louis Le Breton in 1838, Dumont d'Urville in 1838, Admiral Abel Aubert Dupetit-Thouars in 1842, Herman Melville in 1842, Louis-Marie-Julien Viaud (Pierre Loti) in 1872, Robert Louis Stevenson in 1888, and Paul Gauguin in 1901 (for others see Kjellgren and Ivory, 2005). Given all these visitors, it is significant that few wooden sculptures can be identified and dated. Ivory notes only three: a figure at Colmar, France, collected by Daniel Rohr c.1842; a figure at Quai Branly collected by Noury in the 1840s; and a figure in Quai Branly said to have been collected by DuPetit-Thouars in 1837 or 1842 (Ivory, personal communication). Thus, the two Smithsonian figures collected before 1858 add significantly to the corpus of early Marquesan sculptures.

Marquesan material culture and art

The most comprehensive study of Marquesan material culture was carried out in 1897 by the German Karl von den Steinen who published a three volume work. Ethnographic fieldwork in the 1920s by Ralph Linton, E. S. C. Handy, and Willowdean Chatterson Handy made important contributions to the study of Marquesan society and material culture. Much of the early material has been summarized and reinterpreted by Carol Ivory (1990). An exhibition at the Metropolitan Museum of Art in 2005 summarized Marquesan art and included one wooden figure, dated only as 19th century (Kjellgren and Ivory 2005).

Important art forms are temple architecture, sculpture in wood, stone, ivory, and bone, feathered headdresses, ornaments for the ears and hair, barkcloth, wood, coconut, and gourd containers, stone food pounders, fans with carved handles, sharkskin-covered drums, shell trumpets decorated with human hair and bone toggles, carved clubs, tattoo, reciting of genealogical chants, singing, and dancing. The ceremonial complexes of monumental architecture consisted of sacred areas, *me'ae,* and secular areas, *tohua.* These open air complexes consisted of artificial stone terraces, platforms on which stood houses and other structures, and pavements with seating areas for viewing rituals and dancing. Here the ancestral gods and personifications of nature were worshiped, honored, and consulted. Wooden and stone images in human form were placed in vari-

Figure 3. Three views of cylindrical carving by Paul Gauguin "Hina with Two Attendants", Spring 1892, Tamanu wood with painted gilt, 14 5/8 x 5 ¼ x 4 ¼ inches. Hirshhorn Museum and Sculpture Garden, Smithsonian Institution, Museum Purchase with Funds provided under the Smithsonian Institution Collections Acquisition Program, 1981.

Photography by Lee Stalsworth.

ous parts of the *me'ae* and a high-roofed house was used by the priest. Large stone and wooden sculptures on the *me'ae* had features carved in relief. Small stone figures were used in healing the sick and as offerings. Stone and wood sculptures usually have heavy bent legs, carved-in-relief hands placed on the stomach (sometimes the arms are separated from the torso) the head is often large in proportion to the rest of the body and often has well-carved ears, eyes, and mouth.

To return to our unusual figures in the Smithsonian, their essentially cylindrical form separates them from most portable Marquesan wooden sculptures in that they have little or no neck and do not have the characteristic waist and long legs of other later figures, for example the well-known figure that was formerly in the collection of Pablo Picasso. Instead, the Smithsonian figures are more like the large wooden temple figures, such as the ones in the Bishop Museum (see Kaeppler 1994, fig. 743). They are also similar to some small stone sculptures, bone toggles, and carved ivory and wood fan handles, which come from the first half of the 19th century. Thus, I suggest that this cylindrical form, is an early style from at least some parts of the Marquesas. I also suggest that this cylindrical carving style, especially the type shown in Figure 1 (E409.700) may have been a model for the cylindrical carvings of Paul Gauguin (who lived in the Marquesas from September 1901 until his death in May 1903), such as the one now in the Hirshhorn Museum of the Smithsonian Institution (Figure 3, three views).

Notes

1 This short note in honor of Brigitta Hauser-Schäublin aims to remind our readers that although most of her publications are not about Polynesia, she did write the area essay and the entries about the Marquesan materials in the Cook/Forster collection in Göttingen (Hauser-Schäublin 1998).
2 The Society Islands material includes a very early accordion, about which I have published an article with photographs (Kaeppler 2001).

References

Handy, E.S.C. (1923) *The Native Culture in the Marquesas.* Honolulu: Bishop Museum Press.

Handy, Willowdean (1922) *Tattooing in the Marquesas.* Honolulu: Bishop Museum Press.

Hauser-Schäublin, Brigitta (1998) Marquesas: Plagued by Misfortune. In: Brigitta Hauser-Schäublin and Gundolf Krüger (eds): *James Cook. Gifts and Treasures from the South Seas,* pp. 221–233, 324–326. Munich and New York: Prestel.

Henry, Teuira (1928) *Ancient Tahiti.* Honolulu: Bishop Museum Press.

Ivory, Carol Susan (1990) *Marquesan Art in the Early Contact Period 1774–1821.* Ph.D. Dissertation, University of Washington, Seattle.

Kaeppler, Adrienne L. (2001) Accordions in Tahiti – An Enigma. In: Helen Reeves Lawrence (ed.): *Traditionalism and Modernity in the Music and Dance of Oceania: Essays in Honour of Barbara B. Smith,* pp. 45–66. Sydney: University of Sydney (Oceania Monograph 52).

Kaeppler, Adrienne L., Christian Kaufmann and Douglas Newton (1994) *Ozeanien. Kunst und Kultur.* Freiburg et.al.: Herder.

Kjellgren, Eric with Carol S. Ivory (2005) *Adorning the World. Art of the Marquesas Islands.* New York: The Metropolitan Museum of Art.

Linton, Ralph (1923) *The Material Culture of the Marquesas Islands.* Honolulu: Bishop Museum Press.

O'Reilly, Patrick and Raoul Teissier (1975) *Tahitiens. Répertoire biographique de la Polynésie Francaise.* Paris: Société de Océanistes (Publications de la Société de Océanistes 36).

Steinen, Karl von den (1925–28) *Die Marquesaner und ihre Kunst. Studien über die Entwicklung primitiver Südseeornamentik.* 3 volumes. Berlin: Reimer.

Russisch-Amerika in deutschen Museen

Gudrun Bucher

> *Aber die Artefakte sind nur vermeintlich die gleichen geblieben; geändert hat sich unser Blick, die Fragen, die wir an diese Objekte und ihre Herkunft richten, und schließlich die Aussagen, von denen wir meinen, daß wir sie ihnen entnehmen können. So verändert sich unsere Sichtweise mit jeder neuen Epoche, und auch für die Angehörigen der Kulturen, aus denen sie stammen, hat sich die Bedeutung der Objekte gewandelt. Die Gegenstände als solche sind deshalb nicht Gegenstände an sich, die wir wahrnehmen, ist doch die Wahrnehmung abhängig nicht nur vom Individuum, sondern auch von der Zeit und der Kultur, in der es lebt. Auf diese Weise ‚verändern' sich kontinuierlich auch die Objekte.*
> (Hauser-Schäublin 1998:11)

Unter Russisch-Amerika versteht man jene Küsten und Inseln Alaskas, die von ihrer Entdeckung 1741 bis zum Verkauf an die USA im Jahre 1867 unter russischer Verwaltung standen. An der Erforschung dieses Gebietes waren häufig auch deutschsprachige Gelehrte beteiligt, wie z. B. Georg Wilhelm Steller, Carl Heinrich Merck, der Schweizer Johann Kaspar Horner, Georg Heinrich von Langsdorff, Adalbert von Chamisso und andere mehr. Im Rahmen der sogenannten Zweiten Kamtschatkaexpedition, die sowohl vom russischen Zarenhaus als auch von der russischen Akademie der Wissenschaften gefördert wurde, wurde im Jahr 1741 der Seeweg zur Inselkette der Aleuten entdeckt, was dazu führte, dass russische Pelzhändler ihr Augenmerk auf die neu entdeckte Region im weit entfernten Osten legten. War bislang der Zobel das Ziel ihrer Interessen, traten nun der Seeotter und die Pelzrobbe in den Vordergrund. Zunächst wurden die auf eigene Rechnung agierenden „promyšlenniki" (Jäger, Pelzhändler, Abenteurer in einer Person) aktiv. Katharina II. formulierte gleich nach ihrer Thronbesteigung 1762 staatliches Interesse an der Region im fernen Osten, indem sie der Marine befahl, die bis dahin ausschließlich auf privater Basis operierenden „promyšlenniki" zu unterstützen. In der zweiten Hälfte des 18. Jahrhunderts wuchs das Interesse an der Region des nördlichen Pazifiks auch in Europa und Amerika. Englische, französische und spanische Expeditionen suchten die Gewässer zwischen Russland und Alaska auf: so erhielt auch Kapitän James Cook 1778 für seine dritte Reise den Auftrag, die Nordwestküste Amerikas zu erkunden, durch die Beringstraße zu segeln und nach der Nordwestpassage zu suchen. Ausgelöst durch Cooks Aufenthalt im Nordpazifik wuchs das internationale Interesse am üppigen Vorkommen von Seeottern und Pelzrobben in der Region. Da Katharina II. befürchtete, ausländische Mächte könnten Gebietsansprüche erheben, sah sie sich gezwungen, Präsenz zu zeigen: Sie gab die „Geographisch-Astronomische Expedition in den nordöstlichen Teil von Russland" (1785–1792) in Auftrag und übertrug die Leitung Joseph Billings. Billings stand zu diesem Zeitpunkt in russischen Diensten, hatte die Gegend aber bereits als Teilnehmer an Cooks dritter Reise kennen gelernt. Durch diese Expedition wurden die Aleuten und die Insel Kodiak endgültig der russischen Krone unterstellt und der Anspruch Russlands auf die amerikanischen Besitzungen wurde international gefestigt. Billings sammelte in staatlichem Auftrag ethnographische Realien (siehe unten).

Im Jahr 1799 schließlich gewährte Zar Paul I. der Pelzhandelskompanie Šelichov-Golikov das lang ersehnte Monopol und es kam zur Gründung der sogenannten Russisch-Amerikanischen Kompanie (RAK), die in der Folge mit der Verwaltung der Kolonie betraut wurde. Es handelte sich dabei um eine von der Regierung kontrollierte Aktiengesellschaft (Amburger 1966:368). Der jeweilige Gouverneur war Repräsentant der russischen Krone und die Handelsgesellschaft war für das Gesundheits- und Schulwesen sowie für die russisch-orthodoxe Mission verantwortlich (vgl. Black 2004, Luehrmann 2008).

Die nach Deutschland gelangten ethnographischen Sammlungen aus Russisch-Amerika, um die es im Folgenden gehen soll, gewähren einen Einblick in weltweit bestehende Beziehungsgeflechte während der zweiten Hälfte des 18. Jahrhunderts und der ersten Hälfte des 19. Jahrhunderts. Sie sind damit auch als Dokumente globaler Verflechtungen zu lesen, denn dynastische Verbindungen, Verwandtschafts-, Freundschaftsbeziehungen oder andere Verbindlichkeiten führten dazu, dass Gebrauchsgegenstände der indigenen Bevölkerung Russisch-Amerikas – Aleuten, Alutiiq, seltener Yupik oder Inupiaq aber auch von indianischen Gruppen der Nordwestküste – in verschiedene Museen Europas gelangten. Ein wachsendes wissenschaftliches Interesse an der Natur und an fernen Gegenden führte vermehrt zur Gründung von Schausammlungen für ein öffentliches Publikum. Mit der Einführung des neuen taxonomischen Systems für die Naturkunde wurde eine konzeptuelle Trennung zwischen „Kunst" und „Natur" vollzogen. Es wurden vermehrt reine Naturalienkabinette angelegt, für die systematisch gesammelt werden musste. Gingen Naturforscher auf weite Reisen, wurden sie beauftragt, gezielt zu sammeln, und wenn sie schon einmal unterwegs waren, legten sie „nebenher" auch Sammlungen von Ethnographica an. Zwar gab es kein taxonomisches System für Kulturen, aber meist versuchten sie, charakteristische Beispiele des materiellen Besitzes der jeweiligen Ethnien zu erwerben (Feest 1993:6). Häufig wurde Fremdheit, d. h. größtmögliche Verschiedenheit zum Eigenen – also die Differenz – zum Kriterium der Auswahl von Objekten. Neben der Differenz spielen auch Form und Macht eine zentrale Rolle beim Erwerb und späteren Umgang mit Sammlungen. Mit den Reisen von James Cook zeichnete sich ein Paradigmenwechsel im Umgang mit Gegenständen fremder Kulturen ab: „Forms no longer were measured purely by comparison to similar forms in Europe. Differences were appreciated and explained in terms of their function in the other culture" (Feest 1993:6). Gesammelt wurden die Objekte jeweils von Repräsentanten der russischen Krone, die Macht über die indigene Bevölkerung ausübte und ihre Arbeitskraft zum Teil brutal ausbeutete (vgl. Luehrmann 2008). In manchen Fällen stammten sie auch von mehr oder weniger wissenschaftlich ausgerichteten Expeditionen, die ebenfalls im Auftrag der fremden Herrscher stattfanden.

Zwei der ältesten dieser Sammlungen befinden sich in der Ethnologischen Sammlung der Universität Göttingen. Es handelt sich dabei um Bestände aus den Sammlungen James Cooks und des Baron Georg Thomas von Asch. Beide Sammlungen wurden auf Initiative von Brigitta Hauser-Schäublin in umfangreich illustrierten Publikationen der Öffentlichkeit zugänglich gemacht (Hauser-Schäublin und Krüger 1998, 2007).

Sammlung Cook/Forster
Ethnologische Sammlung der Universität Göttingen

Ab den frühen 1770er Jahren gelangten auf unterschiedliche Art und Weise völkerkundliche Objekte, die von Cooks Reisen stammten, nach Göttingen (Urban 1998:57). Der Hauptanteil der Bestände kam in Form einer königlichen Schenkung nach Göttingen. Johann Friedrich Blumenbach hatte, als er selbst für die Sammlungen verantwortlich war, im August 1781 eine Anfrage an die „Herren Geheimen Räthe" in Hannover gerichtet, die diese im Oktober desselben Jahres an König Georg III. in London weiterleiteten. Bereits im folgenden Jahr konnte Blumenbach das Geschenk in Empfang nehmen. Einige Objekte wurden noch etwas später nachgeschickt (Urban 1998:59f.). Als Bestandteil dieser Sendungen gelangten auch einige Objekte aus Russisch-Amerika bzw. der Amerikanischen Nordwestküste nach Göttingen. Es handelt sich um acht Gegenstände der Nootka (NW-Küste) und um sechs Objekte der Eskimo und Aleuten, im einzelnen ein Bogen, ein Pfeilschaft, zwei Speerschleudern und zwei Knochenschnitzereien.

Sammlung Asch
Ethnologische Sammlung der Universität Göttingen

Georg Thomas von Asch wurde 1729 in St. Petersburg geboren und dort im Wesentlichen von Hauslehrern erzogen. Sein Medizinstudium absolvierte er in Deutschland an den Universitäten Tübingen (1744–1747) und Göttingen (1748–1750). Nach Abschluss seiner Promotion in Göttingen kehrte von Asch nach St. Petersburg zurück, wo er in den russischen Staatsdienst eintrat und bis zum Generalstabsarzt aufstieg. Ab 1771 begann von Asch nach damaligem Wissenschaftsverständnis bedeutsames Material an die Göttinger Universität zu schicken. Zunächst trafen seine Sendungen nur sporadisch ein und enthielten vor allem islamische, religiöse Schriften, aber nachdem er im Oktober 1777 zum Auswärtigen Mitglied der Göttinger Gesellschaft der Wissenschaften ernannt worden war, schickte von Asch regelmäßig Pakete nach Göttingen. Seine Sendungen beinhalteten Bücher, Handschriften, Münzen und Medaillen; es waren aber auch Landkarten und Zeichnungen sowie Mineralien, Fossilien, Pflanzensamen und menschliche Skelette, insbesondere Schädel, darunter. Dank seines ausgedehnten Korrespondenznetzes und seiner guten Kontakte zu Kollegen und Gelehrten in ganz Russland gelang es ihm ebenfalls, Gebrauchsgegenstände verschiedener Ethnien des Russischen Reiches und angrenzender Gebiete zu erwerben und diese nach Göttingen zu transferieren. Darunter sind insgesamt 65 Objekte aus Russisch-Amerika, ein Großteil davon stammt von der Billings-Expedition (vgl. Bucher 2007:243–252).

Sammlungen Krusenstern/Langsdorff und Leuchtenberg
Staatliches Museum für Völkerkunde, München

Die Versorgung von Russisch-Amerika mit Gebrauchsgütern und Getreide blieb bis zum Verkauf Alaskas im Jahr 1867 ein nicht zu unterschätzendes Problem. Um den langen und mühsamen, zum Teil auch gefährlichen Landweg zu umgehen, begann Russland zu Beginn des 19. Jahrhunderts, regelmäßig Weltumsegelungen durchzuführen. Die erste fand in den Jahren 1803–1806 statt und wurde von den Kapitänen Adam Johann von Krusenstern und Jurij Fedorovič Lisianskij geleitet. Als Gelehrter reiste neben anderen Georg Heinrich von Langsdorff mit. Er hatte in den Jahren 1793–1797 bei Johann Friedrich Blumenbach in Göttingen studiert und den Doktorgrad in Medizin erworben. Langsdorff brachte von den Aleuten und den Bewohnern der Insel Kodiak Objekte mit nach Europa und schenkte sie im Jahr 1823 dem König Maximilian I. Joseph von Bayern. 1868 gelangten sie in die „Königlichen Ethnographischen Sammlungen" und heute sind sie Bestandteil des Staatlichen Museums für Völkerkunde in München, wo sie als Sammlung Krusenstern inventarisiert sind (Rousselot 1994:25). Es handelt sich dabei um insgesamt 187 Nummern, die 113 Objekte aus Russisch-Amerika beinhalten (Rousselot 2007:74). Langsdorff hatte der Sammlung ein Verzeichnis beigegeben, in dem die Objekte auch beschrieben waren. Rousselot zufolge ist dieses Verzeichnis heute leider nicht mehr auffindbar. Einen Hinweis auf die Existenz dieses Verzeichnisses liefert aber der Münchener Akzessionskatalog, in dem sich Zitate daraus befinden.

Eine weitere Sammlung im Altbestand des Museums für Völkerkunde, München umfasst 35 Objekte aus dem Insel- und Küstengebiet des Nordpazifiks und stammt aus dem Besitz der Familie Leuchtenberg. Von dieser Sammlung sind weder der eigentliche Sammler noch die Umstände ihrer Entstehung bekannt (Rousselot 2007:75). Rousselot zufolge lassen sich aber zwei Theorien darüber aufstellen, wie die Objekte nach München gelangt sind. Der einen Variante zufolge gehen die Objekte auf Maximilian, den dritten Herzog von Leuchtenberg (1817–1852) zurück. Er lebte in Russland und vermählte sich 1839 mit Maria Nikolaevna, der ältesten Tochter von Zar Nikolaus I. Es wäre denkbar, dass er die Objekte in St. Petersburg erworben und sie seinem Vater, dem ersten Herzog von Leuchtenberg in Eichstätt geschenkt hat. Als sich nämlich die Familie Leuchtenberg 1858 endgültig in Rußland niederließ und das Fürstentum Eichstätt durch Rückkauf wieder Teil des Bayerischen Staates wurde, gehörte auch eine Sammlung von Ethnographica zu den erworbenen Gütern (Rousselot 2007:75). Die Objekte könnten aber auch aus dem Besitz von Joséphine de Beauharnais, der Mutter des ersten Herzogs von Leuchtenberg und ersten Frau Napoleons stammen, da verbürgt ist, dass auch sie eine ethnographische Sammlung besaß und nicht geklärt ist, was damit nach ihrem Tod geschehen ist (Rousselot 2007:76).

Sammlung von Wrangell bzw. von Rossillon Museum der Weltkulturen, Frankfurt a.M.

Die Jahre 1831 bis 1845 waren für die Russisch-Amerika Bestände europäischer Museen besonders fruchtbar. Drei Gouverneure, die nacheinander ihren Dienst versahen, legten umfangreiche Sammlungen an, und verfügten über entsprechende Verbindungen, Teile davon ins Ausland zu schicken. Im Einzelnen handelt es sich um Ferdinand von Wrangell (Gouverneur von 1831–1836), Ivan Antonovič Kuprejanov (Gouverneur von 1836–1840) und Arvid Adolf Etholén (Gouverneur von 1840–1845). Alle drei waren bereits vor ihrer jeweiligen Gouverneurszeit in Russisch-Amerika gewesen und hatten schon während dieser früheren Reisen begonnen zu sammeln.

Ferdinand Petrovič von Wrangell wurde am 29. Dezember 1796 in Estland geboren. Nach dem Besuch der Kadettenschule sammelte er erste Erfahrungen während der Weltumsegelung unter Kapitän V. M. Golovnin 1817–1819. In den Jahren 1820–24 unternahm von Wrangell eine Expedition in Nordost Sibirien. Seine zweite Weltumsegelung kommandierte er bereits selbst auf der Brigg Krotkii. Vom 21. September bis 12. Oktober 1826 hielt er sich in Sitka auf und war am 14. September 1827 wieder zurück in Kronstadt. Bald nach seiner Rückkehr erhielt er die Berufung zum Gouverneur von Russisch-Amerika und machte sich erneut auf in den „Fernen Osten", wo er von 1831 bis 1836 sein Amt ausübte und damit der direkte Vorgänger von Kuprejanov war (Pierce 1990).

Die Sammlung von Wrangell gelangte bereits 1834, also noch während Wrangells Dienstzeit in Russisch-Amerika, nach Frankfurt a. M. Sein Schwiegervater, Baron Wilhelm von Rossillon, schenkte die Objekte der Senckenbergischen Naturforschenden Gesellschaft. Heute befindet sich die Sammlung im Museum der Weltkulturen der Stadt Frankfurt a.M. und gehört zu den ältesten Beständen des Museums. Im Rahmen einer Magisterarbeit wurde die Sammlung im Jahr 2000 dokumentiert (Reiß 2000).

Zu welchem Zeitpunkt die Sammlung nach Europa geschickt wurde und inwieweit es dem Wunsch Wrangells entsprach, dass sie nach Frankfurt gelangte, ist nicht bekannt (Reiß 2000). Die Sammlung umfasste ursprünglich 51 Objekte, von denen neun heute nicht mehr vorhanden sind, da sie größtenteils während des 2. Weltkriegs verloren gingen. Auch wenn nicht eindeutig geklärt ist, wie die Objekte nach Deutschland gelangten, so zeigt sich doch, dass es offenbar möglich war, über private bzw. dynastische halboffizielle Kanäle Gegenstände abzuzweigen und ins Ausland zu senden. Zumindest scheint dies gängige Praxis gewesen zu sein, wie die Sammlungen von Kuprejanov und Etholén zeigen.

Sammlung Kuprejanov
Landesmuseum Natur und Mensch, Oldenburg

Im Jahr 1835 gab der Großherzog von Oldenburg, Paul Friedrich August, seinem Oberkammerherrn Alexander Edler von Rennenkampff den Auftrag, ein Naturhistorisches Museum einzurichten. Als Grundstock sollte er die Sammlung des „Kreisphysikus" Dr. med O.E. Oppermann in Delmenhorst erwerben (Hartung 1961:76). Der Ankauf dieser naturkundlichen Sammlung war für die Ausstellung in der Öffentlichkeit und die Belehrung der Bevölkerung gedacht, entsprang also nicht einer privaten Liebhaberei des Großherzogs. Schon 1836 wurden Räumlichkeiten angemietet,

Federgürtel. Pomo, Kalifornien – um 1830. Sammlung Kuprejanov, Landesmuseum Natur und Mensch, Oldenburg.

um die Sammlung dem interessierten Publikum zeigen zu können. Ab 1837 gab es eine hauptamtliche Stelle eines Kustos, damit auch eigene wissenschaftliche Arbeit geleistet werden konnte. Erster Kustos wurde Carl Friedrich Wiepken, der dieses Amt bis 1894 ausübte. Im Jahr 1879 zog das Museum in ein eigens errichtetes Gebäude, in dem es sich bis heute befindet. Es heißt derzeit Landesmuseum für Natur und Mensch. Die Sammlung Kuprejanov ist eine der frühesten geschlossenen Sammlungen im Bestand des Museums, da sie schon 1841 in Oldenburg eintraf.

Auf den ersten Blick scheint die Sammlung Kuprejanov gut dokumentiert, da ihr ein an Rennenkampff gerichtetes Begleitschreiben sowie eine Liste der Objekte beigegeben wurden. Beide sind in französischer Sprache abgefasst. Der Brief wurde in St. Petersburg von einem gewissen Grafen Tolstoj unterschrieben, dessen Identität vorläufig noch nicht geklärt ist, der aber offenbar persönlich mit Alexander von Rennenkampff bekannt war. Mehrere Träger dieses Namens hatten zur fraglichen Zeit Positionen inne, die es ihnen ermöglicht hätten, die Sammlung nach Oldenburg zu schicken.

Offenbar war jener Tolstoj für Prinz Peter von Oldenburg tätig, der wiederum in russischen Diensten stand. Tolstoj schreibt, dass der Oberst der Russischen Marine „Kouprianoff" von seiner Expedition rund um die Welt zurückgekehrt sei und dem gnädigen Herrn verschiedene Objekte verehre, die er aus den russisch-amerikanischen Kolonien mitgebracht habe. Es handele sich dabei um Kleidung, Waffen, Werkzeuge, Boote und Pfeile für die Waljagd. Außerdem enthalte die Sendung ebenfalls Skelette und Bälge von Robben und Vögeln. Tolstoj bemüht sich, von Rennenkampff mit zusätzlichen Informationen zur Sammlung zu versorgen. Er schreibt:

> Nun, werter Baron, das sind die einzigen Hinweise, die ich Ihnen geben kann, und um sich selbst weiter zu informieren, füge ich ein Werk eines Obersten bei, der die Welt umrundet und sich dort mehrere Jahre aufgehalten hat. Sein Werk ist nur wenig zufriedenstellend, aber dennoch kann es eine richtige Idee über den Gebrauch ihrer Waffen und über einige der Gegenstände, die ich Ihnen schicke, vermitteln.[1] (übersetzt von G.B.)

Bislang wurde in Oldenburg noch keine Spur dieses Schriftstücks gefunden. Es ist ebenfalls nicht bekannt, welchen Autor Tolstoj meint. Auch hier kommen mehrere

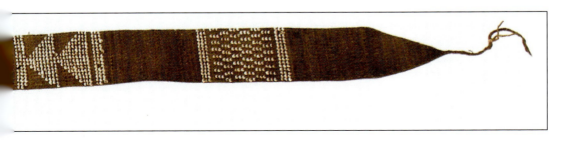

Korb. Tlingit, Alaska – um 1830. Sammlung Kuprejanov. Landesmuseum Natur und Mensch.
Foto: W. Kehmeier.

Marineangehörige in Frage, die Berichte über ihre Aufenthalte in Russisch-Amerika geschrieben haben. Weiterhin enthält der Brief Tolstojs einen Hinweis darauf, dass die Sendung legal und offiziell genehmigt das Land verlassen hat, da er schreibt, er werde eventuelle Fragen bezüglich der Gegenstände an das Kaiserliche Museum weiterleiten, das im übrigen eine noch umfangreichere Sammlung von Kuprejanov erhalten habe. Darüber hinaus erfahren wir im Brief des Grafen, dass die Gegenstände sorgfältig in vier Pakete verpackt mit dem Lübecker Dampfboot Alexandra Russland verlassen werden. Die Sendung ging an Seine Königliche Hoheit Ihre Eminenz den Großherzog zur Weitergabe an Herrn Baron von „Renenkampf". Dem Brief beigegeben war eine Liste, ebenfalls in französischer Sprache abgefasst: „Katalog der verschiedenen Gegenstände, die von den Einwohnern der Aleuten hergestellt wurden und von Colonel Kouprianoff von seiner Reise um die Welt mitgebracht wurden" (übersetzt von G.B.).[2]

Diese Liste umfasst 89 Nummern, insgesamt 137 Objekte. Von diesen sind, laut Liste, elf Skelette von Meeresvögeln, vier Skelette bzw. Knochen von Säugetieren und 24 ausgestopfte Vogelpräparate. Zieht man die Granate, vulkanische Schlacke, und ein spezielles Moos – aus dem die Aleuten gelbe Farbe gewannen – ab, bleiben 98 ethnographische Objekte. Von diesen 98 ethnographischen Objekten lassen sich bislang nur 31 sicher den aktuellen Inventarnummern des Oldenburger Museums zuordnen.

Zu Beginn der 1990er Jahre führte Hermann Devermann eine Gesamtinventur des völkerkundlichen Bestands des Museums durch, der ca. 3500 Objekte aus verschiedenen Regionen umfasst. In den vorhandenen Inventarbüchern, auf die Devermann sich stützte, werden insgesamt 139 Objekte der Sammlung Kurpejanov zugeordnet. Vorerst lässt sich nicht nachvollziehen, auf welcher Grundlage die Zuordnung zur Sammlung Kuprejanov damals erfolgte. Im Einzelnen wird also zu hinterfragen sein, ob es sich wirklich bei all diesen Gegenständen um Objekte aus der Sammlung Kuprejanov handelt. Dazu ist einerseits nötig, einen genaueren Blick auf die Person des Sammlers und seine Reisetätigkeit bzw. seine Kontakte zu anderen potentiellen Sammlern zu werfen, andererseits sind Vergleichsstudien an den Sammlungen in St. Petersburg durchzuführen. Auch die Beziehungen des Grafen Tolstoj zu Kuprejanov einerseits und zu Prinz Peter von Oldenburg und Baron von Rennenkampff andererseits sind eingehender zu beleuchten.

Ivan Antonovič Kuprejanov wurde vermutlich 1799 geboren und trat als 10-Jähriger in die Kadettenschule in St. Petersburg ein. Ab 1819 nahm er an mehreren Weltumsegelungen teil, die ihn in die Antarktis, den Südpazifik und auch nach Russisch-Amerika führten. So erreichte er beispielsweise am 3. September 1823 erstmals Sitka, den Regierungssitz von Russisch-Amerika. Er setzte seine Karriere in der russischen Marine fort und übernahm Aufträge, die ihn nach Finnland, aufs Schwarze Meer und

Chilkat-Decke. Tlingit, Alaska – um 1830. Sammlung Kuprejanov. Landesmuseum Natur und Mensch. Foto: W. Kehmeier.

die Ostsee führten, bis er am 29. August 1834 zum Gouverneur von Russisch-Amerika berufen wurde. Gemeinsam mit seiner Frau Julia Ivanovna kam er am 25. Oktober 1835 in Sitka an und löste Ferdinand von Wrangell ab. Der Posten des Gouverneurs wurde jeweils für fünf Jahre besetzt. Während seiner Dienstzeit in Russisch-Amerika unternahm Kuprejanov mehrere ausgedehnte Reisen, 1836 besuchte er die Insel Kodiak und 1837 die aleutischen Inseln Atka und Unalashka. 1837 schließlich reiste er zu dem befestigten Posten St. Dionysius in der Nähe der Mündung des Stikine und besuchte die Yakutat Bucht. Außerdem beauftragte er auch andere Mitarbeiter der Russisch-Amerikanischen Kompanie, die Region zu besuchen, zu erforschen und zu dokumentieren. Während seiner Zeit als Gouverneur wütete eine Pockenepidemie, die die indigene Bevölkerung drastisch dezimierte und bei der Russisch-Amerikanischen Kompanie zu akutem Arbeitskräftemangel führte (vgl. Luehrmann 2008). Am 1. Mai 1840 wurde Kuprejanov von seinem Nachfolger Arvid Adolf Etholén abgelöst. Er hielt sich aber noch bis zum 30. September in der Kolonie auf, bis er auf dem Seeweg nach St. Petersburg zurückkehren konnte. Über San Francisco, Valparaiso, Kap Hoorn und Rio de Janeiro erreichte er Kronstadt am 13. Juni 1841. Bereits im Oktober desselben Jahres wurden die Objekte von St. Petersburg nach Oldenburg geschickt. In der Folge befehligte Kuprejanov Fregatten auf der Ostsee und wurde im Oktober 1852 zum Vizeadmiral ernannt. Er starb am 30. April 1857 und wurde auf dem Orthodoxen Smolensker Friedhof in St. Petersburg beigesetzt.

Kuprejanovs Nachfolger Arvid Adolf Etholén hatte nach seiner Ausbildung in der Marineakademie in St. Petersburg bereits zehn Jahre in Russisch-Amerika in unterschiedlichen Positionen gearbeitet, bevor er Gouverneur wurde. Eine Zeitlang war er als Assistent Ferdinand von Wrangells tätig gewesen. Er war sehr viel gereist und hatte somit alle russischen Stützpunkte in Amerika besucht.

Wrangell und Etholén hatten sich bereits während der Weltumsegelung unter Golovnin (1817–1819) kennen gelernt. Im Jahr 1824 reiste Etholén auf jenem Schiff zurück nach Kronstadt, auf dem auch Kuprejanov Dienst tat. Es ist also davon auszugehen, dass alle drei recht gut miteinander bekannt waren. Wahrscheinlich ist es kein Zufall, dass ausgerechnet diese drei Gouverneure reichhaltige Sammlungen auch ins Ausland schickten. Gemeinsam ist den drei Sammlungen, dass sie neben Objekten der Aleuten und Alutiiq auch solche aus Kalifornien beinhalten, da sowohl Wrangell als auch Kuprejanov und Etholén in Fort Ross und San Francisco gewesen waren. Etholén hatte bereits von seinen früheren Aufenthalten Sammlungen nach Finnland geschickt. Diese kamen 1825 und 1826 in Turku an, gingen aber während eines großen Brandes in Turku im Jahr 1827 verloren.

Die Entstehung dieser drei Sammlungen fällt in die Zeit, in der die Kaiserliche Akademie der Wissenschaften in St. Petersburg großes Interesse an der naturräumlichen Ausstattung von Russisch-Amerika zeigte. So wurde beispielsweise Il'ja Gavrilovič Voznesenskij auf Kosten der Akademie für drei Jahre nach Russisch-Amerika geschickt, ausschließlich, um naturkundliche Sammlungen anzulegen. Sein Vertrag

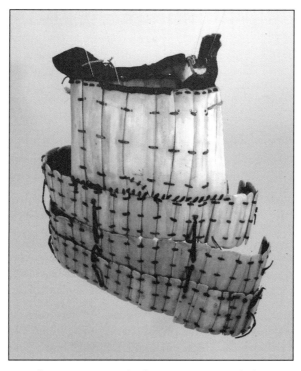

Lamellenpanzer aus Walroßrippen. Inupiaq, Alaska – um 1830. Landesmuseum Natur und Mensch.

Foto: W. Kehmeier.

wurde zunächst auf fünf, dann auf zehn Jahre verlängert. Voznesenskij reiste auf demselben Schiff wie Etholén, so dass beide gleichzeitig am 1. Mai 1840 in Sitka eintrafen. Kuprejanov, der gerade noch im Amt war, als Voznesenskij ankam, unterstützte dessen Arbeit, indem er ihm einen talentierten Gehilfen zur Seite stellte und ihm gestattete, auf Kompanieschiffen zu reisen. Später reiste Voznesenskij gemeinsam mit Etholén. Neben naturkundlichen Sammlungen legte er auch umfangreiche ethnographische Sammlungen an, die sich im Museum für Anthropologie und Ethnographie Peter der Große in St. Petersburg befinden. Nach seiner Rückkehr wurde Voznesenskij Kurator im Zoologischen Museum.

Die Sammlung Kuprejanov gehört zu jenen Sammlungen, die in Fachkreisen gut bekannt sind. Das Landesmuseum Natur und Mensch erhält häufig Anfragen bzw. Leihersuchen für einige der besonderen Objekte aus der Sammlung. Mehrere Versuche der wissenschaftlichen Bearbeitung und Veröffentlichung der Sammlung scheiterten an den finanziellen Mitteln. Um so wünschenswerter wäre es, die Sammlung Kuprejanov in vergleichbarer Form wie die Sammlungen Cook/Forster und Asch zu publizieren. Dank der Initiative von Brigitta Hauser-Schäublin kann derzeit wieder an der Sammlung gearbeitet werden. Eine Publikation der Sammlung wäre nicht zuletzt vor dem Hintergrund sinnvoll, dass auch in den Museen Alaskas reges Interesse an den Objekten besteht und zwar nicht in Form von Rückgabeforderungen. Es wird lediglich der Wunsch nach Zugänglichkeit geäußert, insbesondere wie König (1993:63f.) schreibt: „[...], um die Techniken ihrer Vorfahren wieder erlernen, anwenden und eigene Handwerker und Künstler ausbilden zu können."

An den Sammlungen aus Russisch-Amerika zeigt sich beispielhaft, dass Ethnographica „vom Ende der Welt" auch jenseits des kolonialen Kontextes reges Interesse fanden. Wurden sie in Russland als Dokumente aus der fernen Kolonie gesehen, so entwickelten sie sich in Europa zu wertvollen Geschenken, die dazu eingesetzt wurden, verwandtschaftliche Beziehungen zu pflegen oder sonstigen Verpflichtungen nachzukommen. Wie im eingangs aufgeführten Zitat von Brigitta Hauser-Schäublin formuliert, verändert sich unsere Sichtweise mit jeder neuen Epoche. Phasen besonderen Interesses an den Objekten wechselten mit relativem Desinteresse. Aus heutigem Blickwinkel wird ihnen aufgrund des vergleichsweise hohen Alters besonderer Wert für Studien zum Kulturwandel beigemessen, andererseits werden hervorragende Einzelstücke als Kunstwerke geschätzt und entsprechend präsentiert. Und auch für die Angehörigen der Kulturen, aus denen die Artefakte stammen, hat sich die Bedeutung der Objekte gewandelt. Von alltäglichen Gebrauchsgegenständen wurden sie zu Zeugen der eigenen Geschichte und dienen als Inspiration für aktuelle Künstler und Handwerker.

Anmerkungen

1 „[...] et afin de Vous mettre à même de prendre quelques Reinseignements j'y joins un ouvrage d'un Colonel qui a fait le tour du Monde, et qui a fait un Séjour de quelques années; Son Ouvrage est bien peu satisfaisant, mais pourtant peut donner une idee Juste Sur la manière de se Servir de leurs armes et sur plusieurs articles que je Vous envoi [...]" (Brief des Grafen Tolstoj an Baron Rennenkampff, Museum für Natur und Mensch Oldenburg).
2 „Catalogue de diverses productions de l'industrie des Habitants des Iles Aléoutes, apportées par le colonel Kouprianoff dans son voyage autour du monde."

Literatur

Amburger, Erik (1966) *Geschichte der Behördenorganisation Russlands von Peter dem Großen bis 1917.* Leiden: E.J. Brill.

Black, Lydia T. (2004) *Russians in Alaska 1732–1867.* Fairbanks, Alaska: University of Alaska Press.

Bucher, Gudrun (2007) Ethnographic Objects – Russian America. In: Brigitta Hauser-Schäublin und Gundolf Krüger (Hg.) *Sibirien und Russisch-Amerika: Kultur* und *Kunst des 18. Jahrhunderts. Die Sammlung von Asch – Göttingen,* S. 243–252. München: Prestel.

Feest, Christian (1993) European Collecting of American Indian Artefacts and Art. *Journal of the History of Collections* 5(1):1–11.

Hartung, Wolfgang (1961) 125 Jahre staatliches Museum für Naturkunde und Vorgeschichte in Oldenburg. *Museumskunde* 30(2):76–86.

Hauser-Schäublin (1998) Getauschter Wert – Die verschlungenen Pfade der Objekte. In: Brigitta Hauser-Schäublin und Gundolf Krüger (Hg.): *James Cook – Gaben und Schätze aus der Südsee,* S. 11–29. München: Prestel.

Hauser-Schäublin, Brigitta und Gundolf Krüger (Hg.) (1998) *James Cook – Gaben und Schätze aus der Südsee.* München: Prestel.

Hauser-Schäublin, Brigitta und Gundolf Krüger (Hg.) (2007) *Siberia and Russian America: Culture and Art from the 1700s – The Asch Collection, Göttingen; Sibirien und Russisch-Amerika: Kultur und Kunst des 18. Jahrhunderts – Die Sammlung von Asch, Göttingen.* München: Prestel.

König, Viola (1993) Auf den Spuren deutscher Entdecker und Forscher in Russisch Amerika. Alaska und die Nordwestküste im Spiegel alter völkerkundlicher Sammlungen in Bremen und Niedersachsen. In: *TenDenZen – Jahrbuch des Übersee-Museums* 2:27–66.

Luehrmann, Sonja (2008) *Alutiiq Villages under Russian and U.S. Rule.* Fairbanks, Alaska: University of Alaska Press.

Pierce, Richard A. (1990) Russian America: A Biographical Dictionary. Kingston, Ontario: Limestone Press (Alaska History 33).

Reiß, Barbara Johanna (2000) *Die Alaska Sammlung des Barons Ferdinand P. von Wrangell im Museum für Völkerkunde Frankfurt.* Magisterarbeit, Universität Frankfurt.

Rousselot, Jean-Loup (1994) *Kanuitpit? Kunst und Kulturen der Eskimo – Eine Auswahl aus den Museumssammlungen.* München: Staatliches Museum für Völkerkunde.

Rousselot, Jean-Loup (2007) Russisch Amerika – Die frühe nordamerikanische Sammlung. In: Claudius Müller und Wolfgang Stein (Hg.): *Exotische Welten. Aus den völkerkundlichen Sammlungen der Wittelsbacher 1806–1848,* S. 71–80. Dettelbach: Röll.

Urban, Manfred (1998) Die Erwerbungsgeschichte der Göttinger Sammlung. In: Brigitta Hauser-Schäublin und Gundolf Krüger (Hg.): *James Cook – Gaben und Schätze aus der Südsee,* S. 56–85. München: Prestel.

Macht zwischen Form und Differenz:
Politische, religiöse und räumliche Kontexte

Zur Inszenierung nationaler, lokaler und religiöser Identitäten in indonesischen Kulturparks

Judith Schlehe

Einleitung

Dieser Beitrag handelt von indonesischen Themen- bzw. Kulturparks – Orte, an denen auf vergnügliche Weise die Vielzahl der Kulturen des Archipels zur Darstellung gebracht wird. Es stellt sich die Frage, wie in diesen Parks nationale und lokale kulturelle Identitäten ausgedrückt und im gleichen Zuge erschaffen werden. Dies scheint mir besonders interessant vor dem Hintergrund des jüngeren politischen Wandels in Indonesien: In welcher Weise spiegeln sich die Demokratisierungs- und Dezentralisierungsprozesse seit dem Ende des autoritären Regimes von Präsident Suharto (1998) in der öffentlichen Inszenierung von Kultur? Und welche Rolle spielt die Religion dabei?

Demokratisierung, Retraditionalisierung und Neo-Nationalismus

Der politische Wandel in Indonesien wurde in der jüngeren wissenschaftlichen Literatur in erster Linie hinsichtlich wirtschaftlicher und politischer Aspekte untersucht, wesentlich weniger in Bezug auf kulturelle Fragen – obgleich es hoch relevant ist, welche neuen Bilder vom ‚Eigenen' und ‚Anderen', welche Identifikationen und Abgrenzungen und welche Orientierungen im Zuge der *Otonomi Daerah* (Regionalen Autonomie) entstehen. Die Schaffung einer nationalen Identität war nach der Unabhängigkeit 1945 ein vordringliches Anliegen des Staates. Hinter dem berühmten Motto ‚Einheit in der Vielfalt' und der Staatsphilosophie Pancasila[1] standen die Ausrichtung auf das Zentrum in Jakarta und die Dominanz der javanischen Kultur. Ethnische und regionale Besonderheiten wurden zwar nicht nur toleriert, sondern sogar gepflegt – dies aber nur im Hinblick auf Folklore, Embleme, künstlerische Ausdrucksformen und alles, was dem Tourismus zuträglich war. Darüber stand, mächtig und vereinigend, die Nationalkultur nach javanischem Muster.[2]

Ein besonders anschauliches Beispiel für diese Kulturpolitik der Suharto-Zeit stellt der 1975 eröffnete Kultur- und Themenpark ‚Taman Mini Indonesia Indah' (der ‚kleine Garten des schönen Indonesiens' oder ‚Park des schönen Indonesiens in Miniatur') in Jakarta dar. Er ist 150 Hektar groß, und jede Provinz wird durch prächtige traditionelle Häuser der jeweils ausgewählten ethnischen Gruppen repräsentiert. Daneben finden sich Museen, Freizeitangebote und Parks. Angeordnet um einen künstlichen See, in dem der Archipel durch kleine, aufgeschüttete Inselchen nachgebildet ist, spiegeln sich in Taman Mini die Domestizierung und Kontrolle der ethnischen Vielfalt des Landes in der Suharto-Zeit wider. Der Park gilt als Ikone der damaligen Politik der ‚Neuen Ordnung'. Dazu liegt eine große Zahl scharfsinniger Analysen vor (Anderson 1990, Pemberton 1994, Hitchcock 1997, Errington 1997, Schefold 1998), denen hier nichts weiter hinzuzufügen ist. Die Fragen, um die es jetzt geht, sind: Was geschah nach Suhartos Ende, wie wird Kultur und kulturelle Identität in der Gegenwart begriffen, repräsentiert und inszeniert?

Demokratisierung und weitgehende Abschaffung von staatlicher Zensur sollten, so die gängige Erwartung, zu Weltoffenheit und gleichen Rechten führen. Brigitta Hauser-Schäublin (2007) weist jedoch darauf hin, dass es in Bali, wie in ganz Indonesien, im Zeichen der Demokratisierung nicht nur zu einer neuen Öffnung gegenüber aller Art Einflüssen von außen und bislang unterdrückten Strömungen kam, sondern auch zu einer deutlichen Wendung nach innen, im Sinne von Retraditionalisierung. Die ‚eigene' Kultur wird zunehmend als Besitz verstanden, als etwas Dinghaftes, das verloren gehen könnte und das es deshalb zu bewahren und zu verteidigen gilt gegenüber den ‚Anderen', den ‚Fremden' – seien dies javanische MigrantInnen auf Bali oder sei es der Nachbarstaat Malaysia.[3] Im ersteren Fall beschreibt Hauser-Schäublin (2007:29), wie diese immer mehr ausgegrenzt und kulturelle und religiöse Differenzen immer wichtiger genommen werden und somit die Gefahr gewaltsamer Konflikte wächst. Im letzteren Fall lässt sich in der indonesischen Presse verfolgen, wie die Abgrenzung gegenüber Malaysia in den letzten Jahren zunehmend betont wird. Die bestehenden Konflikte um Land und Öl werden in diesem Zusammenhang kaum zum Ausdruck gebracht. Es geht im öffentlichen Diskurs vielmehr um schlechte Behandlung indonesischer Hausangestellter in Malaysia – und, noch wesentlich häufiger, um kulturelle Eigentumsrechte (z. B. Kompas 18.12.2007, Jakarta Post 11.1.2008). Allem voran erregt ein Maskentanz *(Reog)* die Gemüter. Er stamme aus Ostjava, und es gehe nicht an, dass Malaysia ihn stehle und als sein kulturelles Erbe präsentiere. Die Kultur müsse beschützt und bewacht werden. Der *Reog Ponorogo* gehöre dem indonesischen Volk („*milik bangsa Indonesia*"). Die dominante Identitätskategorie ist hier weiterhin die indonesische Nation. In diesem Sinne äußerte sich auch der Gouverneur und Sultan von Yogyakarta bei seiner Eröffnungsrede zu einer Kunstausstellung mit dem vielsagenden Titel „Neo-Nation". Neues Nationalbewusstsein müsse durch Revitalisierung und ein Verständnis von Kultur als *pusaka* (heiliges Erbstück)[4] erzeugt werden. Er fügte jedoch hinzu: „Dieser neue Nationalismus kann nur durch kulturelle Dynamik in Form von kultureller Transformation erreicht werden" (Hamengku Buwono X, 28.12.2007).[5] Welche kulturellen Transformationen aber lassen sich neben und im Verbund mit den genannten re-traditionalistischen und neo-nationalistischen Tendenzen ausmachen?

Alter und neuer Multikulturalismus

In Gesprächen mit Kulturmanagern, Künstlern und Beamten, die ich Ende 2007/ Anfang 2008 im Rahmen eines mehrmonatigen Forschungsaufenthalts führte,[6] wurde die Frage nach neuen Kulturkonzepten in der gegenwärtigen *Reformasi*- bzw. Post-*Reformasi*-Ära meist mit dem Verweis auf Multikulturalität beantwortet. Dies mag insofern verwundern, als sich dies nicht wesentlich von der Rhetorik der Suharto-Zeit unterscheidet. So erklärte mir der ehemalige Minister für Kultur und Tourismus, man könne Indonesien mit dem *Gado-Gado* genannten Gericht vergleichen. Dieses besteht aus vielerlei Gemüsesorten mit einer scharfen Erdnusssoße. Die einzelnen Gemüse (ethnischen Gruppen) bleiben für sich, werden aber durch die Soße (die Staatsphilosophie Pancasila) verbunden, ohne die sie keinen Geschmack hätten, eigentlich nichts wären (I Gede Ardika, 7.12.2007). In diesem Sinne wurde Multikulturalismus in Taman Mini von Beginn an zelebriert. Allerdings nur mit ganz bestimmten „Zutaten": Jede Provinz errichtete eines oder mehrere Häuser, entsandte Repräsentanten, die als Führer fungieren, und richtete Vorführungen ihrer traditionellen Kunstformen aus. Das setzt sich auch gegenwärtig fort, denn die sieben im Zeichen der Reformen neu etablierten Provinzen entwickeln rege Bautätigkeit in Taman Mini. Offenbar gilt es weiterhin als wichtig, im Zentrum repräsentiert zu sein. Nicht zuletzt, um dort die Kultur und die ökonomischen Potenziale der jeweiligen Region anzupreisen („*mempromosikan budaya, mempromosikan potensi ekonomi masing-masing daerah*", wie der als Ethnologe ausgebildete *Public Relations*-Manager des Parks sagt). Während das Ost-Timor-Haus nach der Unabhängigkeit kurzerhand zum Museum erklärt wurde und mangels finanzieller Unterstützung mittlerweile langsam zerfällt (vgl. Schlehe 2004), bauen vor allem diejenigen Provinzen, die über reiche Bodenschätze verfügen und deshalb besonders von der Dezentralisierung profitieren, riesige Häuser und Anlagen. Dies ist insofern bemerkenswert, als sich hier unschwer ein symbolischer Ausdruck veränderter Machtverhältnisse erkennen lässt. Neue Akteure betreten die Bühne und machen Java den Rang streitig, indem sie in Taman Mini viel Raum einnehmen, Größe und Bedeutung demonstrieren. Entsprechend Hauser-Schäublins Ansatz der „gegenseitigen Konstituierung von Räumlichem und Sozialem" (Hauser-Schäublin 2003:43) lässt sich der Park als „räumliche Bündelung" sehen, in dem Hierarchisierung repräsentiert, reproduziert und generiert wird (ebd.).

In diesem Zusammenhang ist eine weitere, vielleicht noch einschneidendere Neuerung zu nennen: Während die Inszenierung von Multikulturalität in der Suharto-Zeit immer auf Provinzen[7] und innerhalb dieser auf die dominanten oder touristisch interessanten ethnischen Gruppen bezogen war, niemals aber MigrantInnen oder Diaspora-Kulturen vorkamen, wird derzeit eine chinesische Anlage in Taman Mini gebaut. Mit privaten Spendengeldern finanziert, entsteht ein „Taman Budaya Tionghoa Indonesia" (chinesisch-indonesischer Kulturpark). Ein riesiges, prachtvolles Eingangstor und etliche Gebäude waren 2008 bereits fertig, weitere sind im Bau. Chinesische Kultur soll damit als integraler Bestandteil Indonesiens anerkannt werden. Schließlich hätten die indonesischen Chinesen (ca. 5% der Bevölkerung) einen wichtigen Beitrag im Unabhängigkeitskampf geleistet, so wurde mir versichert. Der Parkmanager für Kunst und Kultur erklärte, dass nach der *Reformasi* die Türen offen stünden und es „Fenster zur Welt" *(jendela dunia)* gäbe, was konkret hieße, dass Taman Mini künftig nicht nur chinesische, sondern vielleicht auch indische, arabische und europäische Teilbereiche haben könne, da diese Kulturen das Land in Vergangenheit und Gegenwart mitprägten bzw. -prägen. Angesichts der langen Geschichte der Unterdrückung chinesischer Kultur in Indonesien, welche erst in den letzten Jahren wieder öffentlichen Ausdruck finden durfte und revitalisiert wird (Knörr 2009),[8] ist es von beträchtlichem symbolischen Gewicht, dass chinesische Kultur nun im Zentrum der Inszenierung indonesischer Multikulturalität ihren Platz bekommt. Ob dies tatsächlich auf allgemeine Anerkennung schließen lässt oder eher mit der Abhängigkeit von chinesischem Kapital zusammenhängt, bleibe dahin gestellt.

In jedem Fall, so der Soziologe Heru Nugroho, muss man sich bezüglich der Repräsentationspolitik fragen, wo die Bevölkerung bleibt. Sie werde immer ausgeschlossen, da die Repräsentationen den Machthabern dienen, nach der *Reformasi* nicht weniger als zuvor (Nugroho 2007:14). Dem entsprechend vermittelten mir zahllose ParkbesucherInnen in Gesprächen, dass sie an den Exponaten schlichtweg nicht sonderlich interessiert sind. Die meisten kommen wegen der sonntäglichen traditionellen oder modernen Musik- und Tanzvorführungen, um der Erholung willen und weil der Eintritt billig ist,[9] weil sie Teil von Gruppen oder auf Betriebsausflügen sind oder weil sie von Lehrern geschickt werden. Junge Paare können in Zweisamkeit spazieren gehen, Familien, die in beengten Verhältnissen wohnen, lassen in weitläufiger, grüner, gepflegter und sicherer Umgebung ihre Kinder spielen, die Häuser bieten Schatten, um für große Gruppen ein Picknick zu veranstalten. Diese Seite scheint mir wichtig, denn sie wird in den vorliegenden wissenschaftlichen Analysen im Allgemeinen übersehen. Die Mehrzahl der

RezipientInnen entzieht sich gewissermaßen der Indoktrination, indem sie den Park für ihre eigenen Interessen nutzt. Diese haben mehr mit dem Alltagsleben zu tun als mit nationalen oder lokalen Identitätskonstruktionen. Einige wenige kommen, um einen Tanzkurs oder Ähnliches zu absolvieren (Choesin 1990) oder um eine Andachtsstätte zu besuchen. Indessen kann ich die von Bruner begeistert geschilderte Bedeutung der Batak-Häuser in Taman Mini als Bezugspunkt von Toba Batak in der Jakarta-Diaspora (Bruner 2005) nicht bestätigen. Die Häuser werden zwar als gut befunden, aber man kenne das bereits zur Genüge,[10] und der Vergnügungspark Ancol habe eigentlich mehr zu bieten, so bekam ich beständig zu hören.

Kultur und Religion

In Taman Mini stehen, Seite an Seite, eine Moschee, eine katholische und eine protestantische Kirche, ein buddhistischer und ein hinduistischer Tempel – ein Gebäude also für fast jede der von staatlicher Seite anerkannten Religionen[11] sowie ein Versammlungs- und Meditationshaus für *Kejawen*-AnhängerInnen.[12] Neben den jeweiligen routinemäßigen religiösen Aktivitäten finden auch Hochzeiten in diesen Bauwerken statt. Die Gemeindemitglieder oder Gläubigen sind meist BewohnerInnen der unmittelbaren Umgebung, nicht selten gehen aber auch ParkbesucherInnen in diese Gebäude, um ihre Gebete zu verrichten. Ein katholischer Geistlicher erklärte mir, dass eine Kirche in Taman Mini auch der Prüfung der Besucher diene. Diese bekommen nämlich den Eintritt zum Park umsonst. Wenn sie dann im Gottesdienst bleiben, statt der Versuchung zu erliegen, hinaus in den Park zu gehen, seien sie wahrhaft gute Christen.

Von der derzeitigen Islamisierung Indonesiens ist in Taman Mini kaum etwas zu spüren und zu sehen. Vielmehr wird religiöser Pluralismus betont und gegenseitige Besuche werden forciert. Weiter geht man allerdings nicht, d.h. am Gottesdienst, Gebet oder Ritual einer anderen Religion nimmt man nicht aktiv teil.

In der wissenschaftlichen Literatur wird beklagt, dass ein reduziertes Kulturkonzept in Indonesien religiöse Bedeutungsgehalte und Praktiken ausschließe (Schrauwers 1998).[13] Auch etliche meiner InformantInnen, insbesondere Nicht-Muslime, äußerten sich dahin gehend: Wenn ein Haus in Taman Mini nur als kulturelles Objekt dastehe, sei es unproblematisch, würde aber der religiöse Bezug erläutert,[14] so könnte das Konflikte mit den streng islamischen religiösen Gruppen hervorrufen. Das ist die eine Seite, deren Brisanz derzeit mit dem Erstarken orthodoxer und fundamentalistischer Strömungen gewiss zunimmt.[15] Auf der anderen Seite lässt sich jedoch auch beobachten, dass unter dem *label* Kultur manche religiösen Rituale stattfinden können, die keiner der offiziellen Religionen entsprechen. Auch verhältnismäßig streng gläubige Muslime nehmen aktiv an so genannten lokalkulturellen *(budaya lokal)* Ritualen teil, die nicht dem Bereich von Religion *(agama)* zugeordnet werden. So gibt es in Taman Mini traditionelle *Ruwatan*-Zeremonien, rituelle Reinigungen für junge JavanerInnen, in deren Zentrum ein Schattenspiel *(wayang kulit)* steht sowie Segnungen und rituelle Waschungen der InitiandInnen. Hierbei handelt es sich wohlgemerkt nicht um eine *living history performance,* sondern um ein – wenn auch verkürztes und für alle Parkbesucher zugängliches – ‚echtes' Ritual.[16] Die Umgebung und das Ereignis verleihen sich dabei gegenseitig Authentizität, und unmittelbar Beteiligte wie Zuschauer sind in umfassender Weise involviert. Bei einem solchen Anlass, dem ich 2007 beiwohnen konnte, drapierte der *Dalang* (Schattenspielmeister) aus Yogyakarta über der Leinwand Batiktücher, die er später an der zentraljavanischen Südküste der Geisterkönigin des Meeres, *Ratu Kidul,* als Opfergaben darbringen wollte. Damit wird der Bezug auf lokalreligiöse Glaubensvorstellungen hergestellt (vgl. Schlehe 1998) und zugleich die Verbindung zwischen Taman Mini in Jakarta und dem Herkunfts- und Kerngebiet der javanischen Kosmologie ausgedrückt.

Zu Recht lässt sich an der Stelle einwenden, dass es sich wieder um javanische kulturelle und religiöse Traditionen handelt, die bei diesem Anlass zelebriert werden, während andere lokalreligiöse Glaubens- und Praxisformen hinter der Reduktion auf kulturelle Artefakte[17] verschwinden. Die so genannten Außeninseln werden weiterhin als exotisch und primitiv präsentiert, wobei die Führer und Repräsentanten selbst ein Übriges dazu tun. So schildert der Führer im Toraja-Haus (der zwar aus Südsulawesi stammt, aber der ethnischen Gruppe der Bugis angehört) genüsslich „grausame" Bräuche anlässlich der Toraja-Totenzeremonien, ohne deren Hintergründe zu erläutern. Oder ein Führer im Papua-Haus, der seit der Parkgründung dort ist, rekurriert auf „Steinzeit"-Sitten, -Bräuche und -Kunst. Er selbst ist Papua, wurde in einer holländischen Missionsschule in der Bezirkshauptstadt erzogen und hat sein Wissen, wie er auf Nachfragen erläutert, aus Berichten von Missionaren und frühen niederländischen Ethnographen.

Dennoch gibt es auch gegenläufige Tendenzen, die mit der oben erwähnten Retraditionalisierung zusammenhängen mögen. Lokale Eliten erstarken, die Sultane und Rajas traditioneller Fürstentümer treten wieder auf und beanspruchen symbolische und teilweise auch reale Macht (van Klinken 2007). Besonders augenfällig wird dies, wenn sich solche Fürsten in Taman Mini versammeln, wie dies in den letzten Jahren jeweils zu Neujahr der Fall war. In prächtigen Gewändern schreiten sie in einem gemeinsamen Umzug durch den Park, auf diese Weise symbolisch die gesamte Nation umkreisend (Schlehe und Uike-Bormann im Ersch.).[18]

Auf Fragen nach dem Verhältnis von Kultur und Religion wurde mir Ende 2007 noch gesagt, dass der Park auf die vorhandenen Andachtsstätten beschränkt bliebe und die chinesische Anlage ausschließlich aus Gebäuden bestehen werde, welche Kultur repräsentieren (*„bukannya rumah ibadah, tapi rumah budaya"*). Für einen buddhistisch-konfuzianischen[19] Tempel *(Klenteng)* gäbe es keine Genehmigung. Bereits ein Jahr später jedoch hatte sich das geändert, und gegenwärtig befindet sich ein solcher im Bau. Er wird nicht in der chinesischen Anlage, sondern neben den anderen Andachtsstätten stehen.

Jenseits von Jakarta

Nicht nur im Zentrum Jakarta wurde während der ‚Neuen Ordnung' Suhartos ein Kulturpark errichtet, sondern auch andernorts, etwa in Semarang an der Nordküste Javas oder in Makassar, Süd-Sulawesi, wo traditionelle Häuser der Region im Stil von Freilichtmuseen ausgestellt werden. Man könnte annehmen, dass diese nun im Rahmen von Dezentralisierung und regionaler Autonomie im Sinne von *heritage*-Pflege und als Orte der Vergewisserung lokaler kultureller Identitäten eine Aufwertung erfahren. Aber das Gegenteil ist der Fall. Die Gelder aus Jakarta fehlen, die Verantwortung liegt bei regionalen Behörden und diese zeigen kaum Interesse am Erhalt dieser Stätten.[20] Ein hoher Beamter im Ministerium für Kultur und Tourismus beklagt, dass die Priorität der Regionalverwaltungen bei denjenigen Institutionen liege, die Geld einbringen, welches für den Aufbau der Infrastruktur benötigt werde. Dagegen würden Ausgaben für Bereiche, die subventioniert werden müssen, sehr eingeschränkt – und dazu gehöre die Kultur.[21] Früher, so erinnert sich der Marketing Manager des ‚Taman Mini Jawa Tengah' in Semarang,[22] konnte man sich, wenn man ein Kulturprogramm mit edukativem Inhalt anbot, mit der Zentralbehörde in Verbindung setzen und erwirken, dass ein Veranstaltungsbesuch zum schulischen Pflichtprogramm wurde – „ein Brief aus dem Zentrum galt als heilig" *(„surat dari pusat itu sakti")*. Heute werde die traditionelle Kultur und Bildung und die lokale Geschichte nicht mehr geschätzt. Er bemüht sich zwar gelegentlich, Kunstaufführungen zu organisieren, die „noch nicht durch Außeneinflüsse kontaminiert sind" *(„belum terkontaminasi oleh hal-hal yang di luar")*, aber da kommen heutzutage kaum Zuschauer. Diese seien nur verrückt nach Weltmarken-Artikeln. In ähnlicher Weise äußert sich sein Kollege in Makassar. Der dortige Süd-Sulawesi-Park mit Häusern, die um die Überreste des im 17. Jahrhundert zerstörten Forts Somba Opu errichtet sind, hat ebenfalls einen dramatischen Rückgang seiner Besucherzahlen zu beklagen. Dies ist umso bedauerlicher, da das Konzept von demjenigen der anderen Parks insofern abweicht, als hier neben den traditionellen auch moderne Künstler ihren Platz – d. h. Ateliers – haben sollten. Aber seitdem im Rahmen der Dezentralisierung die Aufsicht und Finanzierung an die regionale Tourismusbehörde überging, liegt der Park darnieder, es gibt kaum noch Veranstaltungen, und den Häusern mangelt es an Pflege. Als Erklärung bekam ich zu hören, dass die Beamten das Geld, das infolge der regionalen Autonomie nun in die lokalen Behörden fließt, nicht in die Kultur vor Ort investieren, sondern für Europa-Reisen ausgeben, „Vergleichsstudien" genannt. Der eigentliche Zweck dieser Reisen bestehe indessen zu neunzig Prozent in „*shopping* und Frauen".

Es kam jedoch nach der *Reformasi* auch zu Neugründungen und zwar insbesondere von Religionsparks. In der christlich dominierten Region der Minahasa im Norden von Sulawesi etwa wurde an einem aufgrund heißer vulkanischer Quellen touristisch attraktiven Ort im Jahr 2003 ein so genannter Bukit Kasih (Hügel der Liebe) etabliert, eine Anlage mit christlichen Kirchen, Moschee, hinduistischem und buddhistischem

Tempel sowie mit Ahnenfiguren, die auf die lokale Mythologie verweisen. Der offiziellen Darstellung zufolge soll Bukit Kasih religiöse Toleranz veranschaulichen und Dankbarkeit darüber ausdrücken, dass die Minahasa von gewaltsamen religiösen Konflikten verschont blieb. Allerdings fällt bei der Beobachtung des Besucherverhaltens auf, dass durchweg nur das Gebäude der jeweils eigenen Religion betreten wird. Und an höchster Stelle des Hügels wird alles von einem christlichen Kreuz überragt. Auffallend ist zudem, dass alle Leute, die dort arbeiten – sei es als ImbissstandbesitzerInnen, Hut- und SouvenirverkäuferInnen, ToilettenreinigerInnen oder am Informationsstand – aus dem nächstgelegenen Dorf Kanonang stammen, das zugleich der Herkunftsort des Gouverneurs ist, welcher den Bau der Anlage initiiert hat. Für Kanonang stellt der Park einen großen wirtschaftlichen Gewinn dar. Während es früher nur vier Motorräder im Dorf gab, gibt es jetzt schon hundert, erzählen die Leute. Jeder, der das Kapital habe, könne am Bukit Kasih ein *business* starten.

Noch deutlicher wird diese kommerzielle Komponente in einer anderen christlichen Region Indonesiens, am Toba See im Norden von Sumatra. Dort gehört ein ‚Bukit Doa Getsemane' (Gethsemane Gebetshügel) mit Kreuzweg zu einer großen, privaten Hotelanlage. Dies spiegelt einen weltweiten neuen Trend zu religiösen Themenparks, in denen Pilgerschaft und Vergnügungsausflug verbunden werden.

Fazit

Spätestens seit den so genannten *cultural turns* (Bachmann-Medick 2006) wurde weit über die Ethnologie hinaus die Bedeutung von Kultur als Grundlage menschlichen Handelns erkannt, aber auch die Möglichkeit ihrer Instrumentalisierung in kommerziellen Kontexten, etwa als Kulisse zur touristischen Unterhaltung (Hauser-Schäublin und Rieländer 2000), wie auch in politischer Hinsicht zur Schaffung imaginierter Gemeinschaften (Anderson 1990) auf der Basis kultureller Identitäten. Museale und räumliche Repräsentationen spielen dabei eine prominente Rolle in der Konstruktion und Konsolidierung nationalen Zusammenhalts. Im Kontext von Inszenierungen kulturellen Erbes und des Umgangs mit ethnischer Vielfalt in den verhältnismäßig jungen Nationalstaaten Südostasiens sind hier nicht zuletzt die zahlreichen ethnographischen *outdoor* Repräsentationen zu nennen: „the open air museum represents a meeting place where ethnicity is mediated in a multi-cultural context." (Hitchcock 2003:71).[23]

Im Falle Indonesiens wird der Kultur auch bezüglich des demokratischen Wandels der letzten Jahre ein entscheidender Einfluss zugemessen: „Dass die Demokratisierung in einem so heterogenen Staatswesen erfolgreich verlaufen konnte, ist Resultat einer trotz zahlreicher Konfliktlinien auf Konsens ausgerichteten politischen Kultur" (Rüland 2009). Konsens und Harmonie wurden und werden betont und gepflegt, Ungleichheiten und Konflikte[24] bleiben dahinter verborgen. Dies bezog sich in der Suharto-Zeit in erster Linie auf die Macht der Zentralregierung. Deshalb wäre zu erwarten, dass im Zuge von Demokratisierung und Dezentralisierung ein neues Kulturkonzept und damit einhergehend neue Formen der öffentlichen Inszenierung von Kultur bzw. von nationaler Identität und lokalen Identifikationen erkennbar würden. Dies trifft, wie hier am Beispiel von Kulturparks gezeigt werden sollte, in Teilen tatsächlich zu: Entsprechend einem erweiterten Verständnis von Multikulturalität wird neu ausgehandelt, welchen ethnischen Gruppen wie viel Gewicht bzw. Repräsentationsraum zukommt, und es steht zur Disposition, welche Gruppen, Minderheiten und Religionen überhaupt als Teil der indonesischen Nationalkultur gelten und Ausdruck finden dürfen. Es geht also um die Frage, was zum nationalen ‚Eigenen' gehört und in die Konstruktion der nationalen Identität eingeschlossen wird und was bzw. wer nicht. Hier zeichnet sich zumindest hinsichtlich der indonesischen ethnischen Chinesen eine gewisse Öffnung ab. Darüber hinaus zeigt sich allerdings kein wirklich innovativer Ansatz. Kulturen werden weiterhin – wie zu Zeiten von Suhartos ‚Neuer Ordnung' essentialisiert und als statische, traditionelle und geschlossene Einheiten präsentiert. Allenfalls in Musik-, Tanz- oder Theater-Vorführungen finden die Moderne sowie kulturelle Hybridisierung zuweilen Eingang und Ausdruck. Obgleich es oftmals heißt, lokale kulturelle Werte sollten in einem globalen Kontext gesehen und gepflegt werden (vgl. Agni Rahadyanti 2007:L), tritt die Welt außerhalb Indonesiens in der staatlichen Repräsentationspolitik nicht in Erscheinung. Und auf lokalpolitischer Ebene wird wenig in Kultur investiert bzw. es wird ein Primat des Kommerziellen deutlich. Auch die neuen Religionsparks fügen sich in diesen Zusammenhang.

Zugleich ist im urbanen Umfeld Indonesiens eine rasante Zunahme thematisierter Räume *(themed spaces)* zu verzeichnen. Und es ist bemerkenswert, dass hier – anders als in Taman Mini – das ‚Fremde' inszeniert wird. *Shopping malls,* Wohnanlagen, Resorts und Restaurants sind die Orte, an denen fremde Kulturen thematisiert und angeeignet werden. Mediterrane Architektur, *gated communities,* in denen europäische Wohn- und Lebensweisen gepflegt und zur Schau gestellt werden, Einkaufszentren, in denen nicht nur Dekorationen für globale Moden, sondern komplette Erlebniswelten gestaltet werden, islamisch, amerikanisch, ostasiatisch – hier, in kommerziellen Kontexten und Hand in Hand mit Kulturproduktionen und -bildern der Medien werden die Vorstellungen von der Welt ausgedrückt und geschaffen.[25]

Hierin wird deutlich, dass thematisierte Räume nicht mehr nur als separate, künstliche Freizeitwelten zu betrachten sind, die der Alltagswelt im Sinne einer Antistruktur entgegenzusetzen wären. Vielmehr kann die Grenze zur alltäglichen Lebenswelt verschwimmen. Scott Lukas spricht von „*lived theming*" und meint damit die Art und Weise, in der BesucherInnen die Zeichen, Ideen und Ideologien thematisierter Räume in ihr eigenes Leben inkorporieren (Lukas 2007). Dem kann hinzugefügt werden, dass zuweilen auch das Umgekehrte zutrifft, nämlich dass das Leben in die thematisierten Räume verlegt wird.[26] Wie aus dem obigen Beispiel der *Ruwatan*-Zeremonie in Taman Mini hervorgeht, wählen manche Menschen den Kontext eines Themenparks für ihre Zeremonien und Feiern oder, wie auch das Beispiel von Religionsparks zeigt, für spirituelle Zwecke. Verbunden mit einem Vergnügungsausflug in schön gestalteter, harmonischer, sicherer, sauberer und kontrollierter – und, nicht zuletzt, als ‚modern' geltender – Umgebung, die vor jeder Konfrontation mit Unerwartetem, Störendem, Problembehaftetem bewahrt, die keine Fragen aufwirft und keine Ambivalenzen kennt und die alle Sinne der Besucher einbezieht, lässt sich – von denjenigen, die es sich leisten können – ein angenehmes Leben erfahren oder auch ein Moment der Andacht erleben bzw. ein schönes Fest feiern.

Im Fall von Taman Mini verbringen lediglich die FührerInnen, welche als RepräsentantInnen der Provinzen im Park arbeiten, einen beträchtlichen Teil ihres regulären Alltagslebens dort. Für sie stellt Taman Mini definitiv einen Teil ihrer Lebenswelt dar, und diejenigen unter ihnen, die schon länger dort arbeiten, identifizieren sich stark mit seinem Konzept. Einige wenige BesucherInnen verbinden ein bestimmtes alltagsweltliches Anliegen mit dem Park (s. o., ein Tanzkurs, die Teilnahme an einer Zeremonie, ein Lernziel), die Mehrzahl jedoch verweilt nur einige Stunden zur Erholung und widmet sich den Exponaten eher beiläufig. Dennoch wird ihr Bild davon, was „Indonesien" im Ganzen und was die einzelnen ethnischen Gruppen ausmacht, durch die markanten Darstellungen geprägt und gefestigt. Es findet kulturelles Lernen statt. Deshalb ist es bedauerlich, dass es bislang so wenig Neuerungen in Taman Mini gibt – die Chance und Notwendigkeit, den Demokratisierungsprozess durch ein neues Verständnis von Kultur zu unterstützen, wurde bislang kaum genutzt, weder im Park noch im Land. Vielmehr lassen sich derzeit eher re-traditionalistische und neo-nationalistische Tendenzen verzeichnen, die im Widerstreit mit den ebenfalls vorhandenen progressiven Kräften stehen.

Eine ethnologische Begleitung im Sinne eines sowohl empathischen als auch kritischen Blicks auf die aktuellen Umbruchprozesse in Indonesien *auch* im kulturellen Bereich ist dringend geboten. Die Bestimmung dessen, was als die ‚eigene Kultur' gilt, was ein- und was ausgeschlossen wird, der Umgang mit ethnischer und religiöser Pluralität, mit Migration, Mischungen, Islamisierungs-, Modernisierungs- und Globalisierungsprozessen ist von höchster Brisanz im gesellschaftlichen und politischen Leben (vgl. Hauser-Schäublin und Braukämper 2002). Diese Bestimmung ist nur vor ihrem historischen Hintergrund verstehbar, und sie drückt sich nicht zuletzt in räumlichen Gestaltungen aus. Brigitta Hauser-Schäublin hat ihre Forschungen diesen Bereichen gewidmet. Begründet in sorgfältiger ethnographischer Arbeit kulturkritisch wirksames Wissen zu produzieren, ist ihr Programm, und sie hat diesbezüglich Richtungsweisendes geleistet.

Anmerkungen

1 Die fünf Prinzipien der Weltanschauung (Pancasila) als Staatsgrundlage der Republik Indonesien umfassen den Glauben an einen Gott, Humanismus, nationale Einheit, Demokratie und soziale Gerechtigkeit.

2 Generell, so führt Olsen (2002:163) aus, muss die Schaffung und das Aushandeln von Authentizität als kultureller Wert in gegenwärtigen sozialen und Macht-Prozessen untersucht werden.
3 Auf die Positionierung gegenüber – bzw. Abgrenzung von – der mit ‚dem Westen' gleichgesetzten Globalisierung gehe ich hier nicht ein.
4 Als *pusaka* werden heilige, mit magisch-mystischer Macht aufgeladene Erbstücke bezeichnet. Im Allgemeinen handelt es sich um Gegenstände, aber auch Ideellem kann durch die Bezeichnung als *pusaka* Würde, Unhinterfragbarkeit und Legitimation durch den Bezug zur glorreichen Vergangenheit verliehen werden.
5 „*Nasionalisme baru itu hanya bisa dicapai melalui dinamika budaya dalam wujud transformasi budaya.*"
6 Der Feldforschungsaufenthalt fand in Zusammenhang mit einem DFG-Projekt statt, dessen Thema lautet „Inszenierungen historischer Lebenswelten in Themen- und Kulturparks: Spiegelungen des ‚Eigenen' und des ‚Fremden' im europäisch-asiatischen Vergleich". Dieses Projekt ist Teil der Freiburger Forschergruppe „Historische Lebenswelten in populären Wissenskulturen der Gegenwart".
7 Es handelte sich um 26, später, nach der Annexion von Ost-Timor, um 27 Provinzen.
8 Erst 2001, unter Präsident Abdurrahman Wahid, wurde den indonesischen Chinesen gestattet, ihre Kultur öffentlich zu zelebrieren (z. B. zum chinesischen Neujahr).
9 Ein Eintrittsticket kostet 9.000 Rp. (ca. 65 Cent).
10 In der Schule, im Fernsehen, in der (Tourismus)Werbung wird ebenfalls sehr häufig auf traditionelle Häuser als *marker* ethnischer Gruppen rekurriert.
11 Alle Bürger müssen einer Religion angehören, wobei der indonesische Staat den Islam, Katholizismus, Protestantismus, Hinduismus, Buddhismus und, seit 2005, den Konfuzianismus als Religionen anerkennt.
12 *Kejawen* gilt nicht als eigentliche Religion, sondern als Weltanschauung, esoterisches Wissen und spirituelle Grundhaltung Javas, mit der bestimmte Meditationstechniken verbunden sind. Umso bezeichnender für die Java-Zentriertheit von Taman Mini ist es, dass diese Meditationshalle direkt neben den anderen Andachtsstätten steht.
13 Das die Religion weitgehend ausschließende Konzept von Kultur, welches dem klassifikatorischen System von *adat*-Gemeinschaften entspricht, lässt sich nicht zuletzt auch auf die Einflüsse der niederländischen Kolonialverwaltung sowie früher ethnologischer Arbeiten zurückführen (vgl. Antlöv 2005).
14 Traditionelle Häuser in Südostasien bzw. in der gesamten austronesisch-sprachigen Welt haben einen ausgeprägten Bezug zu sozialen Ordnungen, kosmischen Weltbildern und religiösen Praxen (Sparkes und Howell 2003, Fox 2006). Brigitta Hauser-Schäublin (1989) zeigt, dass sich dieser Einfluss bis nach Neuguinea erstreckt.
15 Mukhlis Paeni verwendet dafür das Bild einer Eisenbahn: Wenn, wie in Bali, die Lokomotive (die Religion, *agama,* in diesem Fall der balinesische Hinduismus) mit den Wagen des Zuges (der Kultur) konform gehe, sei das stimmig. Schwierig werde es, wenn in anderen Regionen Indonesiens die Lokomotive (ein fanatischer Islam) in eine andere Richtung ziehen wolle als die Wagen (Interview 17.9.2008).
16 Die Kosten tragen die Personen, die rituell gereinigt werden bzw. deren Familien.
17 In den Häusern in Taman Mini wird vor allem traditionelle Hochzeitskleidung ausgestellt, manchmal Kunsthandwerk, seltener Alltagsgegenstände und nur ganz vereinzelt wird lokale Geschichte dokumentiert.

18 Politiker und Regierungsbeamte bemühen sich auch andernorts darum, sich in lokalreligiösen Kontexten zu positionieren, wie Brigitta Hauser-Schäublin derzeit am Beispiel balinesischer Tempelzeremonien untersucht.

19 Das ‚Tri Dharma' bezieht sich auf eine Mischung aus Konfuzianismus, Taoismus und Buddhismus.

20 Auch Pläne für neue Parks können daran scheitern, dass die Finanzierung nicht mehr zentral vorgenommen wird. Das zeigt das Beispiel des Projekts ‚Rumah Adat Sigulanti' am Pusuk Buhit, dem Berg, an dem die Batak in Nord-Sumatra ihren Ursprung sehen. Bei der regionalen Planungsbehörde (*Bappeda, Badan Perencanaan Daerah*) in der Bezirkshauptstadt Pangururan wurde mir erklärt, dass Häuser für Toba-, Simalungun-, Karo-, PakPak- und Mandailing-Batak geplant waren. Das Toba-Haus wurde schon begonnen, aber dann wurde das Vorhaben gestoppt, weil die anderen Gruppen nicht zahlen wollten. Sie gehören zu anderen *Kabupaten* (Regierungsbezirken), das bereite Schwierigkeiten (Interview 4.12.2007). Andernorts und von Nicht-Toba-Batak hörte ich jedoch auch, dass hier das „Dominanzstreben der Toba" eine Rolle spiele, dem andere Batak-Gruppen entgegen wirken wollten. Warum sollten sie sich an einem Park beteiligen, der aufgrund seiner Lage und Gestaltung wieder in erster Linie den Toba zugute komme?

21 *„Prioritas pertama diberikan kepada institusi yang bisa mendatangkan untung daerah, karena daerah memerlukan uang untuk membiayai infrastrukturnya, dia membatasi mengeluarkan uang pada infrastruktur yang harus disubsidi, kebudayaan harus disubsidi menurut e [...] hitungan rupiah"* (Interview Bpk Mukhlis Paeni, 17.9.2008).

22 Die offizielle Bezeichnung lautet ‚Pusat Rekreasi dan Promosi Pembangunan Jawa Tengah' (‚Zentrum zur Erholung und Promotion der Entwicklung Zentraljavas').

23 Hitchcock stellt ethnographische Themen- und Kulturparks bzw. Freilichtmuseen (die Grenzen verschwimmen) in Taiwan unter dem Gesichtspunkt der Konstruktion primordialer Einheiten als Bestandteile der Nation in einen südostasiatischen Kontext; vgl. auch Hoffstaedter (2008) für Malaysia, Hendry (2000) für Asien mit einem Schwerpunkt auf Ostasien und der Inszenierung westlicher Kulturen in Themenparks, Lukas (2007) für einen weltweiten Überblick.

24 Croissant und Trinn (2009) führen aus, dass zahlreiche gewaltsame Konflikte in Indonesien (wie generell in Südostasien) Kultur zum Thema machen. Dabei geht es meist um Historizität und kulturelle Identität (einschließlich Sprachen und Religionen).

25 Ein eher kurioses Beispiel stellt in diesem Zusammenhang der Plan für ein Bayrisches Dorf (Desa Bavaria) auf Bali dar (http://www.desa-bavaria.de/).

26 Besonders augenfällig ist dies in Luxus-Wohnanlagen *(perumahan)* wie beispielsweise Cibubur in Jakarta, wo Imitate des Westens (die Wohnbereiche heißen ‚Salzburg', ‚Barcelona', ‚San Francisco', usw.) dominieren, kombiniert mit einem Ausflugsareal, das aus einem eigenen kleinen Themenpark besteht. Hier gibt es, im Gegensatz zu Taman Mini, neben einem Kampung Indonesia (indonesischen Dorf) auch ausländische Dörfer: Kampung Cina, Jepang, America (China, Japan, Amerika).

Literatur

Acciaioli, Greg (1985) Culture as Art: From Practice to Spectacle in Indonesia. *Canberra Anthropology* 8(1/2):148–172.

Agni Rahadyanti (2007) Ironi Harga Diri Kebudayaan Kita. *Kompas* vom 18.12.2007.

Anderson, Benedict (1990) Cartoons and Monuments: The Evolution of Political Communication under the New Order. In: Benedict Anderson (Hg.): *Language and power. Exploring political cultures in Indonesia,* S. 170–185. Ithaca: Cornell University Press.

Antlöv, Hans (2005) The Social Construction of Power and Authority in Java. In: Hans Antlöv und Jörgen Hellman (Hg.): *The Java that Never Was. Academic Theories and Political Practices;* S. 43–66. Münster: Lit.

Bachmann-Medick, Doris (2006) *Cultural turns: Neuorientierungen in den Kulturwissenschaften.* Reinbek: Rowohlt.

Bruner, Edward M. (2005) *Culture on Tour. Ethnographies of Travel.* Chicago und London: University of Chicago Press.

Choesin, Ezra M. (1990) *Kebudayaan Sanggar Tari: Kerangka Struktur Interaksi dalam Sanggar Tari Padepakan D. I. Yogyakarta di TMII.* Skripsi Sarjana Universitas Indonesia, Fakultas Ilmu Sosial dan Ilmu Politik (unveröffentlicht).

Croissant, Aurel und Christoph Trinn (2009) Culture, Identity and Conflict in Asia and Southeast Asia. *Asien: The German Journal of Contemporary Asia* 110:13–43.

Errington, Sherry (1997) The Cosmic Theme Park of the Javanese. *Rima* 31(1):7–36.

Fox, James J. (2006) Comparative Perspectives on Austronesian Houses: An Intoductory Essay. In: James Fox (Hg.): *Inside Austronesian Houses. Perspectives on Domestic Designs for Living;* S. 1–29. Canberra: ANU E Press.

Hauser-Schäublin, Brigitta (1989) *Kulthäuser in Nordneuguinea.* 2 Bände. Berlin: Akademie Verlag (Abhandlungen und Berichte des Staatlichen Museums für Völkerkunde Dresden 43).

Hauser-Schäublin, Brigitta (2003) Raum, Ritual und Gesellschaft. Religiöse Zentren und sozio-religiöse Verdichtungen im Ritual. In: Brigitta Hauser-Schäublin und Michael Dickhardt (Hg.): *Kulturelle Räume – räumliche Kultur. Zur Neubestimmung des Verhältnisses zweier fundamentaler Kategorien menschlicher Praxis,* S. 43–87. Münster: Lit.

Hauser-Schäublin, Brigitta (2007) Die Bombenattentate auf der „Insel der Götter". Hintergründe und Wirkungen der Anschläge auf Bali. *Georgia Augusta: Wissenschaftsmagazin der Georg-August-Universität* 5:24–30.

Hauser-Schäublin, Brigitta und Klaus Rieländer (Hg.) (2000) *Bali: Kultur – Tourismus – Umwelt: Die indonesische Ferieninsel im Schnittpunkt lokaler, nationaler und globaler Interessen.* Hamburg: Abera.

Hauser-Schäublin, Brigitta und Ulrich Braukämper (2002) Einleitung: Zu einer Ethnologie der weltweiten Verflechtungen. In: Brigitta Hauser-Schäublin und Ulrich Braukämper (Hg.): *Ethnologie der Globalisierung. Perspektiven kultureller Verflechtungen*, S. 9–14. Berlin: Reimer.

Hendry, Joy (2000) *The Orient Strikes Back: A Global View of Cultural Display*. Oxford: Berg.

Hitchcock, Michael (1997) Indonesia in Miniature. In: Michael Hitchcock und Victor T. King (Hg.): *Images of Malay-Indonesian Identity*, S. 227–235. Kuala Lumpur: Oxford University Press.

Hitchcock, Michael (2003) Taiwan's Ambigious South-East Asian Heritage. *Indonesia and the Malay World* 31(89):69–79.

Hoffstaedter, Gerhard (2008) Representing Culture in Malaysian Cultural Theme Parks: Tensions and Contradictions. *Anthropological Forum* 18(2):139–160.

Jaya Purnowijaya (Hg.) (2008) *tmii, pesona indonesia*. Jakarta: TMII.

Klinken, Gerry van (2007) Return of the Sultans. The Communitarian Turn in Local Politics. In: Jamie S. Davidson und David Henley (Hg.): *The Revival of Tradition in Indonesian Politics: The Deployment of adat from Colonialism to Indigenism*; S. 149–169. London: Routledge.

Knörr, Jacqueline (2009) ,Free the Dragon' versus ,Becoming Betawi': Chinese Identity in Contemporary Jakarta. *Asian Ethnicity* 10(1):71–90.

Lukas, Scott (2007) *The Themed Space. Locating Culture, Nation, and Self*. Lanham: Lexington Books.

Nugroho, Heru (2007) Hasil Transkrip „Brainstorming" Biennale Jogja IX–2007, Neo-Nation, 4.9.2007. In: Kuss Indarto (Hg.): *Katalog Biennale Yogyakarta, Taman Budaya Yogyakarta*; S. 8–15. Yogyakarta: Taman Budaya.

Olsen, Kjell (2002) Authenticity as a Concept in Tourism Research: The Social Organization of the Experience of Authenticity. *Tourist Studies* 2(2):159–182.

Pemberton, John (1994) *On the Subject of ,Java'*. Ithaca: Cornell University Press.

Rüland, Jürgen (2009) Auf dem beschwerlichen Weg zur Demokratie. *Badische Zeitung* vom 9.04.2009, S. 4.

Schefold, Reimar (1998) The Domestication of Culture. Nation-Building and Ethnic Diversity in Indonesia. *Bijdragen tot de Taal-, Land- en Volkenkunde* 154(2):259–280.

Schlehe, Judith (1998) *Ratu Kidul, die Meereskönigin des Südens. Geisterpolitik im javanischen Alltag.* Berlin: Reimer.

Schlehe, Judith (2004) Themenparks: Globale Kulturrepräsentation, nation building oder Freizeitvergnügen? In: Kurt Beck, Till Förster und Hans Peter Hahn (Hg.): *Blick nach vorn: Festgabe für Gerd Spittler,* S. 298–310. Köln: Rüdiger Koppe.

Schlehe, Judith und Michiko Uike-Bormann (im Ersch.) Staging the Past in Cultural Theme Parks: Representations of 'Self' and 'Other' in Asia and Europe. Manuscript zur Konferenz "Staging the Past: Themed Environments in Transcultural Perspectives", Freiburg, April 2009.

Schrauwers, Albert (1998) Returning to the ‚Origin'. Church and the State in the Ethnographies of the 'To Pamona'. In: Joel S. Kahn (Hg.): *Southeast Asian Identities. Culture and the Politics of Representations in Indonesia, Malaysia, Singapore, and Thailand,* S. 203–226. Singapore und London: Institute of Southeast Asian Studies.

Sparkes, Stephen und Signe Howell (Hg.) (2003) *The House in Southeast Asia: A Changing Social, Economic and Political Domain.* London: Routledge.

Religion, Possession, and the "Hysteresis Effect"

A Case Study from India

William S. Sax

The human body has been of central importance to the human and social sciences for decades. In German Anthropology, one of the most significant contributions to this field was the 2001 volume by Brigitta Hauser-Schäublin (together with Vera Kalitzkus, Imme Petersen and Iris Schröder) *Der geteilte Leib. Eine ethnologische Untersuchung zu Reproduktionsmedizin und Organtransplantation in Deutschland* (The Divided Body: An Ethnological Investigation of Reproductive Medicine and Organ Transplantation in Germany). Another very influential writer in this field is the sociologist Pierre Bourdieu. His pithy aphorisms like "There is an entire cosmology hidden in the phrase 'Sit up straight!'" or "Belief is a state of the body" point to a complex theory of the way in which what one might call "culture" (a term that Bourdieu avoids) is acquired and transmitted: not as a set of rules that can be formulated in language, but rather as a set of embodied practices that are mostly learned by mimesis and (what is of more importance for this article) associated with particular regions of social space. In matters of taste, for example, professors tend to lean towards jazz or classical music while members of the working class are more likely to listen to Country/Western in the USA or the beloved "Schlager" in Germany.

But what happens when a person moves from one part of social space to another, in which one's own embodied practices no longer fit; where they are perhaps thought to be inappropriate, vulgar, or snobbish? In this essay, I discuss this question in relation to religious possession. "Possession" is of course fascinating in its own right, largely because of the challenges it poses to our conventional ideas of embodiment. But beyond that, it is interesting to see what happens to the practice of "possession" in regions of social space where it is no longer acceptable.

The research on which this essay is based was undertaken in the north Indian state of Uttarakhand, which lies at the junction of India, Tibet, and Northwest Nepal and is culturally very diverse. Its numerous ethnic groups speak languages from three different language families; the population includes Hindus, Buddhists, Muslims, Sikhs, Animists, and Christians; most people in the state are farmers, some are transhumant, others are nomads, a few live in cities, and a very few are hunters and gatherers; and of course there are the various castes. Although Muslims make up slightly more than 10% of the population, the overwhelming majority of them are concentrated in the North Indian plains and in some of the larger towns in the hills, however they are nearly absent from the rural mountain areas that make up the majority of the state. The exception for these rural areas are many widely scattered, small hamlets consisting exclusively of Muslims. Virtually no research has been done on them. In Chamoli District these Muslims are of very low caste, at approximately the same level of the social hierarchy as the Harijans or Dalits, some of whom were formerly known as "Untouchables." Rural Muslims sometimes, but with decreasing frequency, marry persons from these low castes. Traditionally, their primary occupation was making and selling glass bangles, which is why they used to be called *culyor* or "banglers." Some people claim they are descended from soldiers of the Mughal Emperors who settled in the hills, but I have found no evidence of this.

In the 1980s and 90s the Muslims in Firozpur, a small hamlet near Rudraprayag that I regularly visited over a long period, did not emphasize their separate identity. The language and dress of both men and women were almost indistinguishable from their Hindu neighbours, and they participated in many of the Hindu festivals. As one Muslim woman from Firozpur said to me, "We are just like them, only we celebrate two sets of festivals instead of one." One senior male said,

> when there is a wedding, or a funeral ritual for someone's parent, they (the Hindus) call me. I think that's good, and I eat their food. But how can I reciprocate?[1] So I've made my own system, sitting here in my home: I call some Sarola Brahmans[2] to cook the food. It costs me a bit of money, but so what? [...] Of course the Hindus say they won't eat our food [...] but I always tell them they can eat at my home if they wish. And when on some occasions we cook meat, they are glad to eat it! In our major festivals I order a big goat, with at least 25–30 kilos of meat on it, but it's still never enough for us, because so many of them come to eat meat [...].

Of greater significance for my argument here is the fact that until recently at least, rural Muslims throughout the region were deeply involved in Hindu religious practices, including the worship of local *devtas* (gods and spirits). An elderly Muslim told me the following story:

> My grandfather had four daughters. He was a <u>Supervisor</u>[3] at that time. The local Brahmans respected him. They had invited him to a village <u>meeting</u>, and while it was going on they said to him, "Sahab, you don't have a son, so summon the goddess!" In those days, people's faith was firm – they had a lot of it! So he summoned the goddess, and she possessed someone, and right there during the <u>meeting</u> she promised him (that she would grant him a son)! She told him that he would have to give two *athwars*.[4] And he said, "Fine, but I want two sons!" Look at how much faith he had – and it came true! [...] He purchased the buffalo, and they sacrificed eight goats. And he did a second *athvar*, too. He didn't break his word. I don't know about the other families, but this at much is true of my own. There's an old Garhwali saying, *Jaham basna vaham ghasna* (Rub yourself with the soil of the place you live) – and that saying is true!

He went on to describe how local Muslims performed certain Hindu rituals to protect their livestock, and how many of them had ancestral Hindu *devta*s like Goril, Devi, and Narsingh. On the one hand, he said, they shouldn't worship these gods, because they were Muslims, but on the other hand they *had* to do so. They may have "tossed the gods out" here and there, but in the end they had to worship them. Beginning in early 2005 however, things began to change in Firozpur. Missionaries from the plains – referred to as "Mullahs" by local Muslims as well as Hindus – discovered the hamlet and began to visit it more often. They persuaded residents to perform the *namaz* more regularly, they sent a teacher to help them study the Koran, and they even convinced them to build a mosque. Men from the hamlet began growing their beards and coloring them with henna, and those few who could afford it kept their women indoors and away from the fields. In short, they began to assert their separate identity as Muslims, in a way that they never had before. Of course one of the most important – if not *the* most important – of the demands made by the "Mullahs" was that these village Muslims should stop worshiping local *devtas*. And for some local Muslims, this led to a *dharam sankat*, a "problem of religion." Here is how a local Hindu priest summarized what happened:

> Ghazi Miya lives in Firozpur, and his ancestral *devta* is Goril.[5] His father used to worship Goril quite a lot: the *devta* would possess him and he would give oracular consultations. But when the old man died, his surviving relatives decided that, because they were Muslims, they should give up this practice. But after they did so, Ghazi Miya's elder brother died, and then his mother died, too. He consulted a local oracle, who told him that he was being afflicted by Goril. So Ghazi Miya came to me and told me that he had a problem of religion *(dharam sankat)*. He told me that he wasn't supposed to worship Goril, but the *devta* would afflict him if he didn't; on the other hand if he did worship Goril, his fellow villagers would "become his enemies." They would accuse him of keeping the god secretly. So he was damned if he did and damned if he didn't (literally "Killed from one side and killed from the other side.")

Ritual, Habitus, and the Hysteresis-Effect

The Muslim peasant Ghazi Miya was afflicted by the Hindu *devta* Goril, and in order to get rid of the affliction, he had to honor Goril by sponsoring a *puja*[6] for him. If such a *puja* is successful, the *devta* manifests himself by "dancing" in the body of one of the participants. If the *devta* does not dance, it means that the ritual has failed, the god has not come, and the affliction will continue. So dancing (that is, "possession") is essential to remove the affliction, but could these Muslims still dance? They had deliberately and systematically decided to stop participating in local ritual practices, and had even "tossed out" or "buried" the external signs of their ancestral *devtas*. They were intentionally seeking to change their habitus, defined by Bourdieu as a

> system of durable, transposable dispositions, structured structures predisposed to function as structuring structures, that is, as principles which generate and organize practices and representations that can be objectively adapted to their outcomes without presupposing a conscious aiming at ends or an express mastery of the operations necessary in order to attain them. Objectively 'regulated' and 'regular' without being in any way the product of obedience to rules, they can be collectively orchestrated without being the product of the organizing action of a conductor. (1990:53)

These dispositions only become "visible" in relation to a "field," a more-or-less autonomous dimension of social existence; "economics" for example, or "kinship." In the present case, the relevant "field" is that of ritual. It is crucial to remember that habitus is not primarily a mental structure (as some theorists have mistakenly asserted), but rather a set of *embodied* dispositions. How one prepares for a ritual event (bathing, fasting, removing one's shoes, ensuring that there is nothing in one's mouth), speaks to a god (folding one's hands before one's chest, using particular forms of address, assuming a subordinate physical posture), or an oracle (to the preceding list one might add an attitude of skepticism and an insistence on having one's questions correctly answered), or a ghost (constantly assuring the ghost of one's concern and love, stroking and touching the person possessed by a ghost), becomes possessed (initial shaking and trembling followed by the forms of "dancing" or movement associated with the particular supernatural being, responding to the waving of incense or the hurling of rice grains, using particular linguistic forms), along with hundreds other details, are unreflectively internalized during the process of ritual socialization, resulting in a sense of "how things are done" in rituals; what Bell calls "ritual mastery" (1992:107–108).

In my previous research I had already seen what happened to those persons whose habitus had changed, who were no longer integrated into traditional society: educated professionals, emigrants to the city, military officers, NRIs (non-resident Indians) living overseas, students studying in urban universities, and the like. When confronted with the possession-rituals of the hills – which are very common indeed – such people reacted with amusement, disdain, or shocked disbelief. And few if any of them were able to "dance" – that is, to be possessed – like their rural cousins. They suffered from what Bourdieu calls the "hysteresis effect," when the practices associated with the old habitus

> incur negative sanctions when the environment with which they are actually confronted is too distant from that to which they are objectively fitted […] caus[ing] one group to experience as natural or reasonable practices or aspirations which another group finds unthinkable or scandalous, and vice versa. (1977:78)[7]

The question for me was, what would happen to these Muslim villagers, who were in the geographical center of the traditional culture with its possession rituals? Would they still be able to "dance" like their Hindu neighbors or would they lose this capability, like the city-dwellers and others mentioned above? My friend the priest continued:

> So finally they did a *puja* – this was twenty-five years or so after they had tossed the god out. I was the priest. They did the *puja* according to the rules. And the other people from the village must have also had *devta*s whom they had buried, just as Ghazi Miya had done. And they said to him, "If you want to do *puja*, then fine, just do *puja*. But don't do the <u>dancing program</u>.[8] If you do that, it will get wild. People will say, "What are those Muslims doing?" But Ghazi Miya replied, "No, this is my personal deity, and I'll worship him properly!"
> There were so many people who came to watch! It's only to be expected – Professor Sahab, if the god were to possess you and you were to dance, here in the Dak Bungalow, many people would come to see. They would want to know how it is that a foreigner can be possessed. Well, that's what happened in Firozpur. Of course the other villagers went, but so did those from outside the village. Even people who usually don't watch such things somehow took the time, because they were so curious to see what would happen.
> And do you know what? I've never seen as much energy *(shakti)* as I saw in that *devta* that day! […] [And] the most interesting thing was that many other people from the village were also possessed by their ancestral gods. Even those who never attend such rituals were possessed. I was the priest, so I had to [identify the "dancing" gods and] ask, "Who are you? Where have you come from?" And they all said, "I am so and so, and they imprisoned me for such a long time, they didn't even ask about me; but from now on I will take my *puja* regularly" […] There was also a second *puja* that night, in the same village, the same kind of *puja*. They did the whole program, with dancing etc., but the only ones to attend were people from that village, and not from anywhere else. Why not? Because they knew beforehand that if they let everyone know what was going on, there would be a big disturbance. So when the god came over the sponsor of the *puja*, I asked who it was, and he said, "I am the god of this village, I am its protector, and I will punish whoever tries to oppose me!" And he took me to his shrine. I didn't even know where it was: the god showed me. So we did *puja* there. […] the old shrine was covered up with earth, stones, etc. And we found some things there[9] when we excavated it. […]
> So I've done these two jobs there, and I have one more to do. That fellow with whom you spoke yesterday – last month I did a healing ritual for his son. I went and summoned the *devta*. They said that they had buried the god and wanted to worship it, and asked me to

give them a time to do so. I said, "You tell me the time when you want to do it," and so that *puja* is still left to do. It will be in November.

Of course the *devta* is afflicting them, after they worshiped him for ages and then stopped! Now Ghazi Miya's brother went on the Hajj, so you might say that he has become a hardcore Muslim, but after the god showed his anger, he, too, had to take part [in the rituals]. They are part of the same family, after all. And so they will all prepare themselves for the *puja* this November. Even though their sons, who have jobs elsewhere, are saying "I've never seen it, I don't believe it," etc, they say, "Look, you'll have to believe, you'll have to give the *puja* – it's our ancestral god *(paitrik devta)*!"

My friend the priest did not believe that the Muslims would be able to dance. As he said,

> they don't really know much, because they haven't seen it. Among us Hindus, if I have to do a *puja*, then three or four others will come. And we have seen such rituals since childhood. But they haven't seen them, and so we have to tell them what to do, and explain that first this will happen, and then that will happen, etc. Actually it's the same with us – sometimes there are people who don't know very much, and we have to tell them as well [...] and there is also a difference between old and young. The older ones have seen it and sometimes know quite a bit, but the younger ones have never seen it and one has to tell them everything.

Another priest ridiculed the Muslims' style of being possessed:

> You should see how they dance! When they make the gods dance, each of them dances separately, but when one Muslim gets possessed, then another one falls on top of him, and a third on top of the first two, and so on, until there is just a big pile of writhing, possessed people!

It was difficult for me to evaluate these statements without seeing the ritual myself. Local Hindus typically make rather exaggerated characterizations of Muslims, and this has increased in recent years with the rise of Hindu nationalism and Islamic extremism. Predictably, such statements often have to do with food restrictions; specifically with the consumption of beef or pork. For example, another local priest told me that in Mecca, there is a *shiva linga* (a symbol of the Hindu god Shiva) with a big pot of beef in front of it, which helps exclude Hindus from Mecca, since they won't eat it. Shiva is there in the form of an image, he says, but they throw stones at him and call him a ghost.[10] About ten or fifteen years ago, he added, some bearded Maulvis brought cow flesh to the hamlet in large van, and fed it to the residents of Firozpur. Given the fact that such implausible stories often circulated about Muslims and their activities, I knew that I had to see one of these rituals for myself before I could judge the type and degree of Muslim participation in them.

In March 2007 the priest told me that the *puja* would be held in November, and eight months later I was back to see it. At this point, the Muslim missionaries had been in the village for about two-and-a-half years, and the call to *namaz* was being sounded every morning at 4:30. They had collected 100 rupees from each household in Firozpur for their upkeep and costs, and stayed there, teaching the villagers how to be "better Muslims". There were three of them, clothed in very distinctive Muslim style, with long shirts, beards, and prayer caps such as one very rarely sees in the rural districts of the state. Largely because of their presence, there was much indecision and uncertainty about the forthcoming *puja,* and no one was sure if it would happen or not. Not only did the missionaries discourage the Firozpur Muslims from doing it, the Hindus teased them as well. I overheard one local shopkeeper calling out, "Muslims doing *puja*? They are supposed to worship only one god, and here they are worshiping local demons and doing *puja*! What kind of Muslims are you?" To which an old Muslim man replied, "Yes, we're doing *puja*. We live here, too! Who is to stop us doing *puja*?" And the priest, who had a professional interest in the whole affair, chimed in, "Call him Allah, call him Bhagwan, it's all the same."

Finally the *puja* took place, next to Ghazi Miya's cowshed, adjacent to his house. Two sets of priests were summoned – low-caste drummers and high-caste Brahmans. In comparison to dozens of other versions I had seen, this performance of the ritual seemed flat. The drummers were not honored as much as they were elsewhere, and the hosts did not even prepare a proper ritual seat *(dulainchi)* for them. A canopy *(chanoya)* had been erected, and a cotton rug was put on the ground, but not much else. They did not even light a fire *(dhuni)*, which struck me as particularly odd. But Ghazi Miya and his brother's style of possessed "dancing" did not, as far as I could tell, differ significantly from that of the Hindus in adjacent villages. During the performance there was some discussion about Goril as the family's *devta*: Ghazi Miya said that Goril would protect the family and make it prosper so long as it continued to have faith. Once the *puja* was over, the priests and Gazi Miya said that it was important to teach the next generation how to uphold the old traditions. Both statements were made loudly and publicly, so that all could hear.

The most unusual thing about the performance was that the two brothers danced the various roles alone. Clearly, their fellow-villagers had decided not to participate. Was this because of my presence? At one point, Ghazi Miya said, "They are all becoming Muslims now, they won't take part." Indeed, it seemed that from the entire village, only these two brothers were really committed to the cult of Goril. Be that as it may, the brothers and the priests told me that there would certainly be a big crowd the next day. And they were right: the crowd was much larger, and as I watched the *puja*, it seemed to me that it followed the usual forms. The brothers were rather ill-prepared – for example when Hanuman possessed his devotee and asked for fruit, they didn't have an apple or an orange ready – but this was probably because they had no help from their neighbors. The ritual culminated, as is normal, with a goat sacrifice, but this was done *halal* style, slitting the throat of the animal rather than decapitating it. The most impressive moment was at the end of the performance, when Kaluva (a Muslim *devta*, the companion of Goril) possessed his devotee. While in trance, he answered the villagers' questions about their various illnesses and difficulties (a standard conclusion to all such rituals). Perhaps a quarter of the village women came forward to consult the oracle, and it seemed to me that they treated him just as normal Hindus would, employing the same bodily posture, etc.

Many women from nearby Hindu villages came as well, and there were quite a few Hindu men in the audience. But despite this evidence of amity between the communities, commensal and other restrictions were strictly observed: the Brahmans did not eat or drink anything, while the low-caste Hindu musicians drank only black tea with sugar, refusing to accept any of the other sacrificial foods that were distributed, and left before the sacrificial meal (innards cooked in water) could be pressed on them. The anthropologist ate everything.

What does this event tell us about ritual, habitus, and the *hysteresis* effect? One might have expected that local Muslims, determined as they were to stop practicing Hindu rituals, would no longer be able to become possessed by local deities and effectively "dance." After all, many urbanized and educated people from the area had lost the ability to do so, without explicitly seeking to make any break with their own tradition. But the performance of Ghazi Miya and his brother showed that they were still able to take part in the local ritual system, along with its forms of possession, and the remarks of the priest suggested that this was – at least until recently – true of their neighbors as well. No doubt the dedication of the brothers to their ancestral cult, and the hostility of their neighbors to it, made the situation more complex, still it seems likely that until recently, village Muslims were quite capable of full, embodied participation in these practices. Those living in these mountain villages found it easier to dance than those living far from them, regardless of religious affiliation, and this relationship began only recently to break down, following the Muslims' collective decision to stop observing Hindu rituals. I conclude that here at least, ritual habitus is as much a matter of continual exposure to ritual practice, as it is of membership in a particular religious community.

Notes

1 "*un ka uttara kaisa ho sakta?*" He was referring to the fact that no Hindus in the area will eat food prepared by a Muslim.
2 *Sarola* Brahmans are the highest-ranked local Brahmans; therefore anyone can eat food from their hands (see Sanwal 1976).
3 Here and elsewhere, when an informant used an English term I have underlined it in the translation.
4 *Athwar* is a complex ritual in which eight *(ath)* animals are sacrificed.
5 Goril is the local name for Golu, a deified king of neighboring Kumaon whose cult is very widespread. It seemed to me that in the late 1990s and during the following decade, his cult was very popular amongst the lowest local castes.

6 *Puja*, a ritual in which offerings are made to a god or goddess in exchange for their blessings.
7 See Simpson (1997) for a particularly brilliant analysis of this situation.
8 In other words, „Don't let anyone get possessed by the *devta*s!" Possession is locally understood as the gods (or ghosts) „dancing" in a person's body.
9 Presumably the god's *nishan* or „signs", his tridents, firetongs, etc.
10 He used the word *pret*. This is perhaps based on the tradition of „stoning Satan" in Mecca during the Hajj.

References

Bell, Diane (1992) *Ritual Theory, Ritual Practice*. New York: Oxford University Press.

Bourdieu, Pierre (1977) *Outline of a Theory of Practice*. Cambridge: Cambridge University Press.

Bourdieu, Pierre (1990) *The Logic of Practice*. Cambridge: Polity Press.

Hauser-Schäublin, Brigitta, Vera Kalitzkus, Imme Petersen and Iris Schröder (eds) (2001) *Der geteilte Leib. Eine ethnologische Untersuchung zu Reproduktionsmedizin und Organtransplantation in Deutschland*. Frankfurt a.M.: Campus.

Sanwal, Rami (1976) *Social Stratification in Rural Kumaon*. Delhi: Oxford University Press.

Simpson, Bob (1997) Possession, Dispossession and the Social Distribution of Knowledge among Sri Lankan Ritual Specialists. *Journal of the Royal Anthropological Institute* 3(1):43–59.

A Sea of Environmental Refugees?
Oceania in an Age of Climate Change

Wolfgang Kempf

Introduction

Speaking on September 25 2008 during the 63rd session of the United Nations General Assembly, Anote Tong, President of the Republic of Kiribati, pointed out that climate change and rising sea levels constituted an existential hazard to his country, consisting as it chiefly did of low-lying coral atolls. Local measures designed to cope with the effects of climate change, President Tong stressed, would continue to be embraced and promoted wherever this was possible. Nevertheless, he regarded such measures as merely short-to-medium term solutions, since he had reached the conclusion that relocating the entire population was ultimately the only response. For that reason, he was recommending that a controlled process of work migration be initiated well in advance; only so could unplanned migration or flight by the inhabitants of his country be prevented in 50 or 60 years time.[1]

There can be no doubt that Pacific atoll states like Kiribati are especially exposed to the effects of climate change. The Fourth Assessment Report of the Intergovernmental Panel on Climate Change (IPCC) sets out the best scientific estimates currently available of likely risks posed by global warming to the islands of the Pacific Ocean (see Mimura et al. 2007). The report lists sea-level rise together with increased flooding, erosion and damage to infrastructure in the coastal zone; higher temperatures in surface waters, growing acidification of the sea, a bleaching or reduction of corals; a general increase in extreme weather events (like cyclones, storms, inundations and drought). There would be a drop in agricultural production and in fish stocks, impairment of water resources and, not least, a spike in vector- and water-borne diseases. Latest forecasts give every reason to fear that such grave inroads into the environmental and living conditions of low-lying islands in particular will have the long-range effect of rendering them uninhabitable for the majority of their inhabitants. Notwithstanding, voices are increasingly being heard which argue that resettlement should not be the only option canvassed; there can be no substitute, they say, for systematically investigating the entire gamut of adaptive strategies with regard to climate change.

The effects that climate change is predicted to unleash on Oceania and its peoples are of a spatial, ecological, social, political and economic nature. They should also be seen in the context of global connections, relations and inequalities. So my discussion of several of these possible transformations to Oceania takes its bearing from the complex terrain of research into spatiality and global entwinements – thematic fields to whose systematic clarification Brigitta Hauser-Schäublin's studies have made fundamental contributions (see Hauser-Schäublin and Braukämper 2002; Hauser-Schäublin and Dickhardt 2003).

In this essay, I shall ask how Epeli Hau'ofa's widely received model of a new Oceania stands up under the altered parameters of global warming and its predicted consequences for islands in the Pacific. Two opposed aspects are of importance here. In my view, Hau'ofa's critique of the diminishment and devaluation of the Pacific island world is as relevant as ever. Nor, however, should we be blind to the fact that smallness, in the context of debating likely strategies for coping with the regional effects of climate change, is one of the most important resources at the Pacific Islanders' disposal. In light of these considerations, I will offer a critical appraisal of the "environmental refugee" concept; then, in a final step, I will focus on the problem of privileging environmentally-induced migration or flight as the dominant form of adaptation to the anticipated consequences of climate change in the Pacific.

From "Our Sea of Islands" to Smallness as a Resource

Scenarios of forced migration, resettlement and diaspora as the inevitable outcome of climate change and rising sea levels have meanwhile gained entry into official as well as everyday discourses and practices of Pacific Islanders. The possibility of displacement and relocation is now an integral part of the future perspectives of a significant portion of the regional population. But what do these changed realities mean for the influential conceptualisation of a new Oceania put forward by Epeli Hau'ofa (1993a, 1993b, 1998) at the end of the twentieth century? Hau'ofa was himself critical of the hegemonic construction, advanced by westerners and indigenous elites alike, of the Pacific as a zone of

Meeting at the Oceania Centre for Arts and Culture, University of the South Pacific, Suva, Fiji (from left to right: Epeli Hauʻofa, Wolfgang Kempf, Brigitta Hauser-Schäublin, Ropate Qalo).
Photo: Elfriede Hermann, 2005.

fragmentation, isolation, resource paucity and dependency. The one-sidedness implicit in the perspective of "islands in a far sea", that is to say, scattered dots of *terra firma* in a huge ocean, represented, in his view, a systematic denigration and belittlement of the region, one that did no justice to the historical practice of entwinement and enlargement of Oceania effected by the Pacific Islanders. Hauʻofa opposed this with his own relational construct. He made the ocean an integral part of his counter-narrative, insisting that Oceania's peoples in the course of their long history of exploration and trade, of multiple ties, contacts and articulations – including the transnational migration flows of recent times – had moved to expand their oceanic world, and that they were still doing so. Thus he was able to stand up a new perspective, one with a positive twist, where the focus was not on scattered islands in a vast ocean but on Oceania as a relational structure, not on "islands in a far sea" but on "a sea of islands", not on restriction and smallness but on grandeur and enlargement (see especially Hauʻofa 1993a:7–8).

Academic debate of Epeli Hauʻofa's vision of a new Oceania includes three, often intersecting dimensions: acclaim, criticism and persistence. One need only look at the jubilee volume marking the 25th anniversary of the University of the South Pacific (see Waddell, Naidu and Hauʻofa 1993), in which the key text "Our Sea of Islands" (together with replies by his academic colleagues at Laucala Campus) first appeared, to see the admixture of recognition and critical rejection that greeted Hau'ofa's work. Hau'ofa's model attracted recognition because his attempts to meld poetics, imagination, optimism and utopia were seen in a positive light as heralding a positive sense of identification with Oceania. On the other side, this alternative vision of an enlarged Oceania was criticised by many commentators as being based on romanticising and idealising ideas, and as such could not be squared with the basic facts of dependency, exploitation, proletarianisation and marginalisation – the lot of many Pacific Islanders living in a context of global currents and power relationships at home and abroad (see e.g. Chandra 1993; Griffin 1993; Naidu 1993).

Another objection was that Hau'ofa's version of a regional identity constituted by the ocean was evidently oriented, in no small degree, to maritime realities in Polynesia and Micronesia (see Griffin 1993:59). It was pointed out, from many quarters, that in the self-perceptions of a large portion of the Pacific peoples the sea played not nearly as central a role as this identity model envisaged, an objection that was later taken up by Houston Wood (2003), who argued that "[...] Hauofa's insistence on the urgent need for a regional identity remains persuasive. It seems likely, though, that the sea can form but a part, and not the whole, of a vision that will bring the region closer together" (Wood 2003:349). The gist of much of the critical reception accorded Hau'ofa's vision of a new Oceania was that it was just that, a vision – no doubt very important for the region as a whole, yet, when measured against real-world exigencies, not implementable on the ground.

The growing interest in Hau'ofa's model, its popularity in academic discourse and its continuing ability to engage the critics, is nonetheless remarkable. Thus, ever since "Our Sea of Islands" was reprinted in 1994 in the pages of *The Contemporary Pacific,* there have probably not been many years when this international journal has not carried a detailed discussion of Hau'ofa's concept of an enlarged Oceania or at least mentioned it in passing. Inspection of the current annual volume 21 (no.1, 2009) reveals no fewer than three contributions that refer more or less comprehensively to Hau'ofa's work (see Lilomaiava-Doktor 2009; Higgins 2009; Hanlon 2009).[2] An important reason for this continuity can certainly be found in the fact that Hau'ofa's perspective corresponded to a general paradigm switch in the social and cultural sciences, in which movement, travel, migration, transnationalism and diaspora came to be seen as the constituting forces of place, culture and identity (see Clifford 1997:276–277). Dynamic conceptualisation of people identifying with specific places and/or territories frees up the analytic field of inquiry, allowing it to discern, not least, all those contacts, currents, relationships and embeddings that go well beyond the merely local. Hau'ofa also succeeded in encapsulating in memorable images, deploying a poetics all his own, "the end of insularity" (Nero 1997) and the transition to a relational way of conceiving Oceania.

Yet in the extremely numerous treatments of the last few years only rarely do we find an attempt being made to align Hau'ofa's concept of an enlarged Oceania with the new challenges that climate change means for the societies and nation states of the region, including their cultural legacies.[3] This is all the more striking for the fact that, since the beginning of the 1990s, political representatives from several Pacific island states have been publicly drawing attention, and in a rhetoric growing ever sharper and more radical, to the dramatic consequences of climate change and rising sea levels for the people, islands and nations of Oceania.[4] Thus, it is high time to take a closer look at the issues of Oceania, identity and climate change. One particularly promising line of inquiry is to focus on the metaphors of smallness characterising discourse about the effects of climate change on the Pacific Basin; for nowhere have small islands, small land masses, small-island states and microstates been talked of with such frequency, or with such a degree of self-evidency, than in this part of the world (see Barnett and Adger 2003; Dupont and Pearman 2006; Mimura et. al. 2007 inter al.). Moreover, smallness exists not simply as an attribution made from without; it exists also as a key element in the self-representations of Pacific Islanders. The tension between the view from without and the view from within calls for close study.

In an article on the disparity between western models of development and indigenous lifeways on the Pacific islands, Jon Barnett (2002) notes that precisely this call for measures to address climate change requires some basic rethinking. Citing Hau'ofa's alternative blueprint of an enlarged Oceanian world, Barnett urges that the specific skills, experiences and know-how of Pacific Islanders be recognised and co-opted, more than they have so far been, in projects developing the ability of local people to cope with climate change (cf. Sydee 2004). Heather Lazrus (2009) has argued along similar lines, citing her empirical work in Tuvalu in support of her own plea that the decision-making and coordination process in respect of both vulnerability to and adaption to climate change should not neglect local epistemologies and institutions (Lazrus 2009:245,247).

Another arena in which Oceania's belittlement is perpetuated involves the global media and the image propagated therein of how climate change will affect the region. Here the Pacific islands (or the Pacific island states) are usually assigned the role of confronting on a small scale what the world as a whole is soon going to confronting. Hence, *Tebua Tarawa* and *Abanuea* in Kiribati were described as having been among the first (uninhabited) islands to sink below the sea as a result of climate change; the people of the Carteret Islands (a remote chain of atolls in Papua New Guinea's Bougainville Province) as well as the resettled community of Lateu, a village on the island of Tegua (in Vanuatu) were arbitrarily portrayed as the (presumptive) first climate refugees of the twenty-first century; while the Pacific states of Tuvalu and Kiribati were tipped to become, by mid-century, the first nations in human history to vanish entirely from the map as a result of rising sea levels. The vignettes of climate change that are arranged and dramatized by the media obey a simple logic: harbingers, warning signs or tropes of climate change are taken as reflections – *in microcosm,* as it were – of the whole world.[5]

So, as I see it, it is both necessary and highly useful – on the one tack – to take on board Hau'ofa's critique of the belittlement and devaluation of Pacific islands, if only because it will hone our eye for reductionist constructions. On the other tack, I would caution that smallness need not always carry negative implications. Precisely in view of the fact that many islands are at acute risk from climate change and rising sea levels, smallness should be seen, I think, as constituting one of the most important argumentative resources in the political discourse of those contemporary Pacific societies that find themselves facing the prospect of forced migration and resettlement. That smallness need not only mean dependency and inferiority, but can also mean strength and the power to resist, was noted, as it happens, by some contributors to the original debate over Hauʻofa's "Our Sea of Islands" (see Ratuva 1993:96–97; Thaman 1993:41–42). Vilsoni Hereniko (2001) has, for his part, also argued in much the same way. He suggested that Pacific Islanders explicitly embrace smallness as a key dimension of their regional geography, history, culture and society; also, that they should deploy it strategically to develop the forms of protection and resistance that Oceania, as a region, would need in an age of globalisation and climate change (Hereniko 2001:167–168).

Often we find that indigenous concepts of smallness in Oceania stem from creative appropriations and reworkings of hegemonic western discourses. Thus, for instance, the resettled Banabans on Rabi Island in Fiji, who were driven from their home island of Banaba (now part of Kiribati) when much of its terrain was rendered uninhabitable by phosphate mining, have integrated the aspect of smallness into their politics of identity and made it part and parcel of their culture of resistance (see Kempf 2004:170). They attribute their agency to their ability to involve outsiders, especially visitors from the former colonial powers, in a relational terrain intended to invoke the morally unacceptable condition of inferiority and unfulfilled reciprocity, even as it evokes empathy, concern and commitment on their part (see Hermann 2004, n. d.).

Just how important smallness can be as an argumentative resource in public discourse is also reflected in statements made by Pacific leaders, political and religious alike, highlighting the grave risks to their countries caused by global warming and rising sea levels, risks that are growing by the day. Saufatu Sopoaga, a former prime minister of the island state of Tuvalu, said for example:

> [...] All I can say: please, help try and attend to this global phenomenon and contain it. Because we can do it. I mean, if the politicians of those industrialised countries have a will to help the minority populations of the globe, then let us do it! For the sake of us, small people – but also beautiful people.[6]

Representatives of the Pacific island states have, for many years now, wielded the political tool of asking the leading industrial countries, as the primary agents of the global green-house effect, to step up to the plate and shoulder their moral responsibilities. For – so the argument goes – despite the fact that the Pacific island states, due to their limited resources and economic structures, could never, not even by a long shot, generate enough green-house gases to harm the climate – and certainly not on the scale of the major industrial countries – it is those same island states who will be bearing the brunt of climate change, to the point where their very existence is imperilled (cf. Sydee 2004). In this environment of economic, social and political inequality, smallness for these disadvantaged island societies is a useful argumentative resource in the fight to secure great equity of burden-sharing. The existence of international organisations like the Alliance of Small Island States (AOSIS) and the Small Island Developing States (SIDS), which a considerable number of Pacific island states have joined, would seem to suggest that the discourse of smallness is being wielded to gain political weight.

Given that the overwhelming majority of Pacific Islanders are Christians, there can perhaps be heard, in these appeals by the "weak" to the humanity and decency of "the great", a distant echo of the Christian injunction to help the poor and downtrodden of the earth. Indeed, it is precisely the networks of Christian churches in the Pacific region and beyond that are playing an important role in highlighting how climate change will impact negatively on those living in the respective island states, and also in demanding a show of solidarity. At the heart of the lobby work done by the Christian churches is the ever-more-urgent issue of displacement and resettlement, especially in the case of those Pacific island states that will be most strongly exposed to climate change in the not-too-distant future.[7]

A Sea of Environmental Refugees?

> [...] there is a growing possibility that at least some of Tuvalu's population will become environmental refugees [...] (Connell 2004:271)

The atoll states of Tuvalu, Kiribati and the Marshall Islands, not to mention Tokelau and parts of Papua New Guinea, are threatened by the effects of climate change in a way that confronts many of those living in these Pacific regions with the vague prospect of displacement, resettlement and diaspora existence. Rising sea levels, in particular, might mean for a great deal of Pacific Islanders living in high-risk areas that they will one day be forced to exchange their homes for an uncertain future. Frequently we find that the issue of forced migration – the ultimate form of adjustment to climate-linked environmental changes – is linked in public discourse to talk of "environmental refugees" (or, more recently, of "climate refugees"). Although such talk may, on first inspection, seem unobjectionable enough, a little thought reveals it to be neither free of ambiguity nor uncontroversial.[8] When, for instance, the ecologist Norman Myers (2002; see also Myers and Kent 1995) estimated that the global inroads of climate change would, over the long haul, turn some 200 million people into environmental refugees, thus posing grave security risks for the civil order of many nation states, it was no surprise to find such forecasts being taken with a grain of salt due to their speculative character and apocalyptic undertones. Critics like Richard Black (2001) and Stephen Castles (2002) objected, above all else, to the idea that a changing environment, however important, could be the sole cause of a global increase in forced migration. Environmental factors were, they assured us, always closely interwoven with political, social and economic factors. Both authors concluded that the concept of an "environmental refugee" was altogether too murky to be able to do analytic justice to the complexity of such reciprocities. Stephen Castles added that the concept was politically questionable as well, since it did not feature in the legal provisions of existing international agreements (especially the Geneva Refugee Convention of 1951), meaning that no recognition of refugee status could be expected: "Nobody gets asylum just because of environmental degradation" (Castles 2002:8).

Debates between "alarmists" and "skeptics", as Olivia Dun and Francois Gemenne (2008:10) once aptly dubbed the two contending camps, have meanwhile posted significant benchmarks for development of a moderate, praxis-oriented approach, primarily addressing problems in the conceptualisation and the international recognition of environmental refugees (see Bogardi and Warner 2009; Renaud et.al. 2007; Oliver-Smith 2009). All definitional blurring of the lines aside, a consensus exists between advocates of this approach that the number of environmental migrants or environmental refugees (now put at some 24–30 million people world-wide) is significantly higher than the number of officially recognised political refugees (some 8.4 million people) (see Renaud et.al. 2007:16–17). For this reason, it would seem a matter of urgent necessity to accord those displaced by environmental change the same legal status as that accorded political refugees. For parity to be achieved – so it is argued – either existing international agreements (such as the Geneva refugee convention) will need to be amended or new ones will need to be stood up. Either of these legal remedies will require intense prior study as to how environmental factors impact on human migration movements. Once this is known, the next step will be to precisely define, in terms of specific categories, those who have been forced to migrate, or flee, as a result of environmental change. If we agree to provisionally divide them into three categories – environmentally motivated migrants, environmentally forced migrants, and environmental refugees – this will serve to put in place an institutionalised practice and politics of evaluation, planning and co-ordination of environmentally caused migration processes on the national as well as the international level – with the stated goal of avoiding, as far as possible, either uncontrolled migration or mass flight (Renaud et. al. 2007:29–32). A way to achieve this goal was suggested by the current president of Kiribati, Anote Tong: his people should be helped by educational programmes to acquire, well in advance, the professional qualifications they will need in the event of having to quit their island homes – otherwise the I-Kiribati would suffer the fate of being destitute in somebody else's country. With the right skills, they could lead comfortable lives in the diaspora.

If the categorisation seems problematic, it isn't only because it is not at all clear who counts as an "environmental refugee". Critics have also taken umbrage at the dominant view that the predicted effects of climate change would turn islanders across vast areas of the Pacific (including entire atoll states) into environmental or climate refugees.

View of Tarawa, the urban main atoll of the Pacific state of Kiribati.
Photo: Wolfgang Kempf, 2005.

A general discourse that presents environmentally caused migration as a primary instrument of adaption constitutes, these critics say, an unnecessary narrowing of perspective. Other possible adaptive strategies have, they allege, been neither considered nor systematically researched. Taking such a narrow view is not justified because – firstly – the way the links between climate change and migration in Oceania are currently being portrayed owes more to alarmist journalism, cliché-ridden doomsday scenarios and speculative future projections than it does to scientifically backed findings. Second, to focus one-sidedly on migration as the core adaptive strategy will, we are told, undercut efforts to devise, develop and fund alternative strategies, including those that would deal with *in situ* ecological, social and economic challenges by focusing, first and foremost, on containment, resilience, protection and sustainability (see Barnett and Adger 2003; Connell 2003; Farbotko 2005; Gemenne and Shen 2009; Mortreux and Barnett 2009).

Hence, recent studies of climate change and migration in Oceania strive to give a more differentiated picture, showing Pacific Islanders as rather more than victims and displaced persons (see Farbotko 2005). Studies of Tuvaluans living in New Zealand indicate that although environmental factors can significantly influence the decision to migrate, no causal correlation can be demonstrated between climate change and migration patterns (Gemenne and Shen 2009:15,27). In Tuvalu itself, other than what popular simplifications suggest, the bulk of those living on Funafuti, the largest atoll, have no intention at all of emigrating (see Gemenne and Shen 2009; Mortreux and Barnett 2009). This rejectionist stance can be put down to the deep bonds many Tuvaluans feel for their land, culture, society and way of life. Colette Mortreux and Jon Barnett (2009:111) argue, therefore, that the right Tuvaluans have to go on living on their islands in future puts the international community under an obligation to do all it possibly can to avoid a future mass displacement of this island people. The primary imperative, one second to none, is to drastically cut green-house gas emissions on a global scale; next comes the funding of considered measures in support of effective adaption on the local level (Mortreux and Barnett 2009:106,111; cf. Lazrus 2009:248). The jury is still out on how these demands will resonate internationally. In any case, these recent studies of spatial identification and love of home in Pacific Islanders remind us how one-dimensional the dominant discourse is, with its exclusive commitment to displacement, migration and also environmentally or climate-induced flight as the central issues.

Concluding Remarks

When Epeli Hau'ofa coined the poetic image of a "sea of islands", he was repudiating, by thus conceptually enlarging Oceania, the hegemonic discourse of belittlement and devaluation of the Pacific island world. Just how important his counter-narrative is today as a critical corrective can be gauged from the representations of climate change and its implications for the region, which consistently adhere to a reductionist regime. On the other hand, commentators of Hau'ofa's vision of a new Oceania, as well as a chorus of political and religious leaders from the Pacific island states, have long been pointing out that smallness can also be a valuable resource for Pacific Islanders. We will need both points of view if we are to achieve a general understanding of the indigenous discourses and practices that are shaping and changing Oceania today.

Contemporary migration flows of Pacific Islanders to metropolitan countries like New Zealand, Australia and the United States belong, in Hau'ofa's counter-narrative, to the constitutive features of the ongoing enlargement of Oceania. But when, against a backdrop of many Pacific islands and their inhabitants being threatened by climate change and rising sea levels, there is talk of environmental and/or climate refugees, this enlargement of Oceania in consequence of mobility and migration, such as was proclaimed by Hau'ofa, takes an unexpected turn. In this connection, it needs first and foremost to be pointed out that not only the categories themselves, but also what we currently know about environmentally caused migration and/or flight, is undifferentiated and quite often empirically suspect. But if Pacific Islanders were, in future, to become more strongly affected by the inroads of climate change and if displacement, forced migration and/or mass evacuation were to become realities, there is no reason why this should not also be seen as an enlargement of Oceania. The challenge is to preserve and further develop the positives in Hau'ofa's vision – one of which I take to be a specific form of empowerment in the face of coarsened depictions of inferiority, helplessness and smallness – without necessarily losing sight of the cultural, social, political and economic hardships and losses. At the same time, smallness is one of the Pacific Islanders' key resources in their political battles with the international community. It is a resource that, on the one hand, encourages development of adaptive strategies and the preservation of island worlds; on the other hand, it can be expected to significantly contribute to the ongoing enlargement of Oceania.

Acknowledgements

An earlier version of this paper was presented in February 2009 to the "Global Warming in the South Pacific" session organised by Paul Shankman at the ASAO-Conference in Santa Cruz, California. I particularly wish to thank Paul Shankman, Michael Burton, Michael Goldsmith, Michael Dickhardt, Karin Klenke and Elfriede Hermann for their helpful suggestions and comments.

Notes

1 See "Republic of Kiribati. Statement by His Excellency Anote Tong President of the Republic of Kiribati. The General Debate of the 63rd Session of the United Nations General Assembly, Thursday, 25 September 2008". See in this connection also an interview ("Climate Change...Nobody is Immune") with Anote Tong, President of Kiribati, in the July 2008 edition of the magazine *Islands Business*.
2 Sadly, Professor Epeli Hau'ofa passed away in Suva on 11 January 2009. His vision of "our sea of islands" will certainly continue to be honoured, and not least in the pages of this journal.
3 There are authors who, in the context of the present debate, have noted the threat facing the Pacific islands and their inhabitants, alluding to it, if only briefly, as a critical aspect of the powerful global influences operating in the region (see e.g. Naidu 1993:53; Subramani 2001:157; Hereniko 2001:167–168). Moreover, the journal *The Contemporary Pacific* occasionally carries pieces touching on this thematic complex in one way or another (see e.g. Chambers and Chambers 2007; Strokirch 2007).
4 See in this connection statements by the Pacific Islands Forum (PIF) from the years 1991, 1992 and 1997 concerning the threat posed to the Pacific region by global warming and rising sea levels (Shibuya 2004:106,110).
5 In the case of Tuvalu, John Connell (2003) has analysed very cogently the symbolic function attributed to this atoll state by the international media: "Tuvalu has become a synecdoche: a representation of all threatened islands and greenhouse disasters" (Connell 2003:104; cf. Lazrus 2009:248). Even proponents of advocacy anthropology fall back at times on such rhetorical devices, as, for example, can be seen in the following formulation: "Islands are home to unique forms of life. [...] These miniature worlds serve as our canary in the coal mine for climate change, warning of the destructive impacts well underway" (Barker 2008).
6 The quotation is taken from "Der Untergang von Tuvalu" ["The End of Tuvalu"], a documentary film made by Marianne Aschenbrenner and Bernd Niebrügge in 2003. Saufatu

Sopoaga was elected prime minister of this island state in August 2002, being finally toppled by a vote of no confidence in 2004 (see on this point also Taafaki 2007:278).

7   To gain an idea of the specific discourses, appeals and solidarity structures of Christian churches throughout the Pacific in respect of climate change, see for instance: Johnson, Natasha "Tuvalu seeks mass migration" on ABC broadcast, 7:30 Report, 16 July 2003, transcript at <http://www.abc.net.au/7.30/content/2003/s903787.htm> [12.09.2009]; Cain, Kim "Noah's rainbow worries some Tuvalu church leaders", 09 September 2008, Journey Online, Queensland Uniting Church, available at <http://www.journeyonline.com.au/showArticle.php?categoryId=2&articleId=1686> [12.09.2009]; "Statement from the 9th Assembly of the Pacific Conference of Churches on Climate Change", 08 September 2007, available at <http://www.emw-d.de/fix/files/final_statement_9th_PCC-Assembly07.pdf> [12.09.2009]; or "Pacific churches call for global solidarity on climate change", 27 November 2008, available at <http://www.ekklesia.co.uk/node/8077> [12.09.2009]; see also Loughry and McAdam (2008:52).

8   Etienne Piguet (2008:1) espouses the view that "climate refugee" is a somewhat more precise concept to work with here than "environmental refugee". Since, however, he does not say why this is so, one should be cautious about injecting the former into the current debate.

References

Aschenbrenner, Marianne and Bernd Niebrügge (2003) *Der Untergang von Tuvalu*. Documentary Film (41 Minutes).

Barker, Holly M. (2008) Vulnerable Island Nations at Mercy of World's Polluters. *Pacific Islands Report* November 2008:1–5. Electronic document: <http://archives.pireport.org/archive/2008/November/11-05-com.htm> [07.09.2009].

Barnett, Jon (2002) Rethinking Development in Response to Climate Change in Oceania. *Pacific Ecologist* 1:25–28.

Barnett, Jon and Neil Adger (2003) Climate Dangers and Atoll Countries. *Climatic Change* 61(3):321–337.

Black, Richard (2001) Environmental Refugees: Myth or Reality? *UNHCR Working Papers* 34:1–19.

Bogardi, Janos and Koko Warner (2009) Here Comes the Flood. *Nature Reports Climate Change* 3:9–11.

Castles, Stephen (2002) Environmental Change and Forced Migration: Making Sense of the Debate. *UNHCR Working Papers* 70:1–14.

Chambers, Anne and Keith S. Chambers (2007) Five Takes on Climate and Cultural Change in Tuvalu. *Contemporary Pacific* 19(1):294–306.

Chandra, Rajesh (1993) Where Do We Go From Here? In: Eric Waddell, Vijay Naidu and Epeli Hau'ofa (eds): *A New Oceania: Rediscovering Our Sea of Islands*, pp. 76–81. Suva: School of Social and Economic Development, USP.

Clifford, James (1997) *Routes: Travel and Translation in the Late 20th Century.* Cambridge, MA: Harvard University Press.

Connell, John (2003) Losing Ground? Tuvalu, the Greenhouse Effect and the Garbage Can. *Asia Pacific Viewpoint* 44(2):89–107.

Connell, John (2004) Environmental Change, Economic Development, and Emigration in Tuvalu. In: Victoria S. Lockwood (ed.): *Globalization and Culture Change in the Pacific Islands*, pp. 260–272. Upper Saddle River, New Jersey: Pearson, Prentice Hall.

Dun, Olivia and François Gemenne (2008) Defining 'Environmental Migration'. *Forced Migration Review* 31:10–11.

Dupont, Alan and Graeme Pearman (2006) Heating Up the Planet: Climate Change and Security. Double Bay, NSW: Lowy Institute for International Policy (Lowy Institute Paper 12).

Farbotko, Carol (2005) Tuvalu and Climate Change: Constructions of Environmental Displacement in the Sydney Morning Herald. *Geografiska Annaler (Series B)* 87(4):279–293.

Gemenne, François and Shawn Shen (2009) *Tuvalu and New Zealand: Case Study Report.* 32 pages. Environmental Change and Forced Migration Scenarios (EACH-FOR). Available at <http://www.each-for.eu/documents/CSR_Tuvalu_090215.pdf> [07.09.2009].

Hanlon, David (2009) The "Sea of Little Islands": Examining Micronesia's Place in "Our Sea of Islands". *Contemporary Pacific* 27(1):91–110.

Hau'ofa, Epeli (1993a) Our Sea of Islands. In: Eric Waddell, Vijay Naidu and Epeli Hau'ofa (eds): *A New Oceania: Rediscovering Our Sea of Islands*, pp. 2–16. Suva: School of Social and Economic Development, USP.

Hau'ofa, Epeli (1993b) A Beginning. In: Eric Waddell, Vijay Naidu and Epeli Hau'ofa (eds): *A New Oceania: Rediscovering Our Sea of Islands*, pp. 126–139. Suva: School of Social and Economic Development, USP.

Hau'ofa, Epeli (1994) Our Sea of Islands. *Contemporary Pacific* 6:148–161.

Hau'ofa, Epeli (1998) The Ocean in Us. *Contemporary Pacific* 10(2):391–410.

Hauser-Schäublin, Brigitta and Ulrich Braukämper (eds) (2002) *Ethnologie der Globalisierung: Perspektiven kultureller Verflechtungen.* Berlin: Reimer.

Hauser-Schäublin, Brigitta and Michael Dickhardt (eds) (2003) Kulturelle Räume – Räumliche Kultur. Zur Neubestimmung des Verhältnisses zweier fundamentaler Kategorien menschlicher Praxis. Münster et.al.: Lit.

Hermann, Elfriede (2004) Emotions, Agency and the Dis/placed Self of the Banabans in Fiji. In: Toon van Meijl and Jelle Miedema (eds): *Shifting Images of Identity in the Pacific*, pp. 191–217. Leiden: KITLV Press.

Hermann, Elfriede (n.d.) Empathy, Ethnicity, and the Self Among the Banabans in Fiji. In Douglas Hollan and C. Jason Throop (eds): *The Lives of Others: The Culture and Ethnopsychology of Empathy in the Pacific*.

Hereniko, Vilsoni (2001) David and Goliath: A Response to "The Oceanic Imaginary". *Contemporary Pacific* 13(1):163–168.

Higgins, Katherine (2009) The Red Wave Collective: The Process of Creating Art at the Oceania Centre for Arts and Culture. *Contemporary Pacific* 27(1):35–70.

Kempf, Wolfgang (2004) The Drama of Death as Narrative of Survival: Dance Theatre, Travelling and Thirdspace among the Banabans of Fiji. In: Toon van Meijl and Jelle Miedema (eds): *Shifting Images of Identity in the Pacific*, pp. 159–189. Leiden: KITLV Press.

Lazrus, Heather (2009) The Governance of Vulnerability: Climate Change and Agency in Tuvalu, South Pacific. In: Susan A. Crate and Mark Nuttall (eds): *Anthropology and Climate Change: From Encounters to Actions*, pp. 240–249. Walnut Creek: Left Coast Press.

Lilomaiava-Doktor, Saʻiliemanu (2009) Beyond "Migration": Samoan Population Movement *(Malaga)* and the Geography of Social Space *(Vā)*. *Contemporary Pacific* 21(1):1–32.

Loughry, Maryanne and Jane McAdam (2008) Kiribati – Relocation and Adaption. *Forced Migration Review* 31:51–52.

Mimura, Nobuo et. al. (2007) Small Islands. In: Martin Parry et. al. (eds) *Climate Change 2007: Impacts, Adaptation and Vulnerability. Contribution of Working Group II to the Fourth Assessment Report of the Intergovernmental Panel on Climate Change*, pp. 687–716. Cambridge: Cambridge University Press

Mortreux, Colette and Jon Barnett (2009) Climate Change, Migration and Adaptation in Funafuti, Tuvalu. *Global Environmental Change* 19(1):105–112.

Myers, Norman and Jennifer Kent (1995) *Environmental Exodus: An Emergent Crisis in the Global Arena*. Washington: The Climate Institute.

Myers, Norman (2002) Environmental Refugees: A Growing Phenomenon of the 21ˢᵗ Century. *Philosophical Transactions of the Royal Society B* 357:609–613.

Naidu, Vijay (1993) Whose Sea of Islands? In: Eric Waddell, Vijay Naidu and Epeli Hau'ofa (eds): *A New Oceania: Rediscovering Our Sea of Islands,* pp. 49–55. Suva: School of Social and Economic Development, USP.

Nero, Karen L. (1997) The End of Insularity. In: Donald Denoon (ed.): *The Cambridge History of Pacific Islanders,* pp. 439–467. Cambridge: Cambridge University Press.

Oliver-Smith, Anthony (2009) Climate Change and Population Displacement: Disasters and Diasporas in the Twenty-first Century In: Susan A. Crate and Mark Nuttall (eds): *Anthropology and Climate Change: From Encounters to Actions,* pp. 116–136. Walnut Creek: Left Coast Press.

Piguet, Etienne (2008) Climate Change and Forced Migration. *UNHCR Research Paper* 153.

Ratuva, Sitiveni (1993) David Vs Goliath. In: Eric Waddell, Vijay Naidu and Epeli Hau'ofa (eds): *A New Oceania: Rediscovering Our Sea of Islands,* pp. 94–97. Suva: School of Social and Economic Development, USP.

Renaud, Fabrice, Janos Bogardi, Olivia Dun and Koko Warner (2007) Control, Adapt or Flee: How to Face Environmental Migration? *InterSecTions* 5/2007. United Nations University: Institute for Environment and Human Security.

Shibuya, Eric (2004) The Problems and Potential of the Pacific Islands Forum. In Jim Rolfe (ed.) The Asia-Pacific: A Region in Transition, pp. 102–115. Honolulu: Asia-Pacific Center for Security Studies.

Strokirch, Karin von (2007) The Region in Review: International Issues and Events 2005–2006. *Contemporary Pacific* 19(2):551–557.

Subramani (2001) The Oceanic Imaginary. *Contemporary Pacific* 13(1):149–162.

Sydee, Jasmin (2004) How are the Pacific Island Countries Attempting to Fight Global Warming? Available at <http://www.uow.edu.au/arts/research/ejournal/archives/jun04/jsarticle.pdf> [26/02/2009].

Taafaki, Tauaasa (2007) Polynesia in Review: Issues and Events, 1 July 2005 to 30 June 2006. Tuvalu. *Contemporary Pacific* 19(1):276–286.

Wood, Houston (2003) Cultural Studies for Oceania. *Contemporary Pacific* 15(2):340–374.

Symbolic Violence and Ceremonial Peace

Paul Roscoe

Introduction

In her 1987 contribution, *Ritueller Wettstreit mit Feldfrüchten,* Brigitta Hauser-Schäublin sought to elucidate the long-yam complex practiced by the Abelam of Papua New Guinea. The Abelam describe these exchanges in competitive terms, claiming that whereas, in the days of war they fought with spears, nowadays they fight with long yams. In Hauser-Schäublin's view, however, the post-contact era has seen a shift in these festivals to a more ritual emphasis. Although they still contain an element of competition, the post-contact focus is more on symbolic action that binds together those who exchange yams. In Abelam cosmology, yams are the children of their human progenitors. Thus, when yam growers exchange long yams over a period of years, each is sacrificing a 'child' to the other, relating them in an act of communion.

As always, Hauser-Schäublin's interpretive treatment is insightful. In this case, though, it leaves unclear *why* the Abelam exchanged and continue to exchange long yams. Why should partners seek to bind themselves together through reciprocal sacrifice in the first place? Like the Central Abelam, the Yangoru Boiken to their east also mounted competitive food exchanges. Whereas Abelam exchange was focused on long yams with pigs as supplementary gifts, the Yangoru Boiken made the pig their principal commodity of exchange, with short yams a frequent supplement. This difference notwithstanding, the Yangoru complex was very similar to that of the Abelam, but exegesis painted a very different picture of its meaning. Rather than a reciprocal sacrifice of spiritual 'children,' the Yangoru Boiken explicitly viewed their exchange practices as substitutions of symbolic violence for actual lethal violence. Other New Guinea societies – including the Abelam – make similar claims, and I suggest that in this conceptual substitution lies the clue to *why* these small-scale societies practiced exchange.

The Yangoru Boiken

One of the several pleasures of contributing to this volume is the opportunity to express my gratitude to our honoree for the enormously valuable role she played in shaping my career. In 1979, it had been my intention to conduct fieldwork among the Abelam, but shortly before leaving for New Guinea I happened to contact Hauser-Schäublin. As she pointed out, a lot of ethnographers had already worked among the Abelam, and she suggested that I focus my fieldwork instead on a large linguistic group right next door, one that had yet to receive any anthropological attention. So it was that, in late 1979, I came to study the Boiken people of Yangoru. As speakers of the Ndu language family, the Yangoru Boiken are similar in many ways to the Abelam: a village-based people who depend on yam, taro, and sago for their subsistence, they have a patrilineal bias in their social organization, a leadership system based around big-men, and so on. Like the Abelam, moreover, they practice competitive exchange. Their social systems are divided into two moieties, and on reaching adulthood every Yangoru man inherits an exchange

Members of the Lebuging moiety enter to receive their pigs, Kworabre Village, 1979

partner of similar age in the opposite moiety to his own. From then on, for the rest of his active political life, he is expected every year or so to confer on this partner a pig, occasionally supplemented with other foods, in particular yams and soup.

These ceremonial prestations take two main forms. The most common is the relatively informal occasion known as a *polyawavi* ("pig and yam [gifts]"), when a man confers a pig on his exchange partner before a small audience of their relatives. In bygone days, somewhat more elaborate and prestigious versions of this exchange also sometimes occurred: the *polya pak* ("baked pig"), in which a man cooked the pig for his partner and feasted him and his relatives with vegetable foods; and the *polya chugweyi* ("pig soup"), in which he not only conferred a pig on his partner but also feasted the 20 to 30 members of his partner's moiety with a soup of pork and the first fruits from his garden. The other type of exchange was communal, the members of an entire moiety combining to confer pigs, soup, and/or other foods on members of the other moiety. These ceremonies occurred every two to five years or so, and they involved an entire village and drew audiences from allied and even enemy communities. The *nimba gur* ("beard cutting") ceremony was mounted to terminate the mortuary sequence: it "finished (i.e., honoured) the names" of those from the sponsoring moiety who had recently died, thereby releasing male mourners from their taboos against shaving. The *walahlia* ("call/song to the wala") could also be pressed into service as a terminal mourning ceremony, but its principal purpose was to rejuvenate the earth.

The *walahlia* was more elaborate than the *nimba gur,* beginning with an extended period during which each member of the sponsoring moiety in turn mounted an elaborate version of the *polya chugweyi* for the opposing moiety. Both ritual sequences, though, climaxed in a communal pig-lining that was followed by two nights of celebratory singing and dancing. The pig-lining festivals got underway around mid-morning. To the pounding of slit-gongs and "the song of the dogs," the *waranchangile,* the pigs were born into the festival hamlet trussed to poles and lined trotter-to-chine across its ceremonial piazza. The tally was formally counted off on the slit gongs, the donors celebrated the count with loud whooping, and the men of the receiving moiety followed by their wives then entered to receive the pigs.

In bygone days, several masked, befronded, and decorated figures representing the *wala* spirits of the donor clans would appear and start dancing in a courtly fashion around the line of pigs, but partly on account of missionary opposition, few *wala* have appeared in Yangoru since the late 1930s. The lined pigs were now conferred on their recipients by leaders of the donor clans, and each was whisked away until just one giant pig remained. Ideally, this pig would be the largest on display and so heavy that it had to be bound to a litter and carried by four men. After briefly withdrawing to arm themselves with spears and wooden war-swords, the receivers would return and, after a fury of insults back and forth, suddenly descend on the remaining pig, hoist it to their shoulders, and while members of the donor moiety dogged their steps with mock spear thrusts, try to rush it off the piazza without dropping it.

With this, the pig-lining was finished. The receivers retired to their hamlets leaving the donors to finish up various ritual obligations, and after a good night's sleep everyone again met for two or three nights of singing and dancing called the *lumohlia*. From dusk until dawn, a pair of male musicians armed with drone flutes and hand-drums and surrounded by a circle of male singers filled the night with lively rhythms as armatures of singing and dancing women and children swept in stately fashion around them.

Exchange and Symbolic War

Even to a naïve observer, the aggressive connotations of these pig-exchange ceremonies are unmistakable, and exegesis reveals in fact that the entire complex is an elaborate form of symbolic war. The Yangoru Boiken advance this symbolism explicitly and with specificity. The symbolism begins with the pig, which depending on the context stands as both a spear and a human being. As a *gift* – a commodity in the process of transaction – it is a symbolic spear. "Pigs are our spears!" one young man declared proudly to me as he surveyed the pigs being carried in to a *walahlia*. "A small pig, that is just a small spear," another man commented. "But if I give a big pig, then I have truly speared." Yet another man, whose pig had just been conferred on its recipient yelled in triumph to the crowd: "I have speared a man ... now he feels pain!" A celebrated ancestor of Hambeli village was said to have "a two-headed spear" because he gave pigs to partners in two different villages: "One way, he threw it at Sima; the other, he flung it at Kworabre." As spears, pigs are 'flung' at the exchange partner: the term for exchange partner, *gurli* (*urli* in southern Yangoru), is a cognate of the verb *gurlu* (or *urlu*), "to spear." Thus, *gurli*, the person to whom a pig is given, can be translated as, "One who is speared." A man who encounters difficulty persuading his relatives to help him reciprocate his partner's pig will complain to them: "This man's spear is in me!"

At the same time, pigs are symbolically cast as humans. Village members are referred to as "pigs without tails," or "village pigs" – a reference to the Yangoru practice of docking the tails of domestic piglets in the belief that this will prevent them from going wild. Conversely, people who do not belong to the village are "pigs with tails" or "wild pigs," that is creatures who dwell in the surrounding bush. Thus, if someone dreams of being chased and bitten by a pig, it is an omen that someone is plotting his death by spear or sorcery – an enemy if it has a tail, a real or classificatory consanguine if it has none. If a man dreams of his *gurli* receiving a pig, it means that likewise the *gurli* will soon die. This equivalence also features in *hwabu*, the little stories that are told around the evening fire for amusement or as bedtime tales to children. In *The Story of Why Men Exchange Pigs*, for example, it is said that long ago pigs used to truss men to poles and give them to their exchange partners. Forewarned of their impending fate by a *mogrumbwino* lizard, however, the men one day jumped up, grabbed the pigs, and bound them to poles – which is why nowadays men exchange pigs rather than pigs exchanging men. *The Story of the Women Who Were Pigs* tells of two pigs who could pass back and forth between the realm of the humans and that of the pigs by taking off their pig skins and becoming women.

Pig-exchange, Pig-hunting, and War

This dual symbolism – the pig as spear and the pig as human – mapped onto the symbolism of war in two ways, one indirect, the other direct. In the first, both pig-exchange and war were explicitly modeled as pig-hunts. In this imagery, the *hwapomia,* the hereditary leaders of the clans that were conferring the pigs in a *nimba gur* or *walahlia,* were cast as hunters of wild pigs and the members of their clans as their 'hunting dogs.' It will be recalled that wild pigs represented people from beyond the village – *par excellence,* members of enemy villages. Thus, in the days of war, warriors went to the battlefield with cries that they were "off to hunt some wild pigs." Each clan had its own 'wild pig' and 'dog' names, and on the battlefield itself they would taunt the enemy lines, shouting that they should beware, "Kurngri-njagri [their 'dog' name] may bite you!"; or, conversely, "Kilenjik [their 'wild pig' name] will snap at you!" When warriors had succeeded in infiltrating enemy territory and killing people in their gardens or on their paths, they would sing the strophic *waranchangile,* or "song of the hunting dogs," a melodic parody of dogs baying in triumph.

Warriors, in sum, were hunters of wild pigs, and enemies were the wild pigs they hunted. This symbolism echoed through pig-lining ceremonies. As they prepared for a ceremony, members of the donor moiety were said to scour the countryside for pigs to "spear" and "kill" – i.e., for pigs to purchase and bind to poles for the upcoming festival. Once the pigs had all been brought in and lined across the ceremonial piazza, the donors celebrated their triumph with the *waranchangile.* The announcement on the slit-gongs of the number of pigs lined was said to tally the number of pigs that had been 'speared.' After the pigs had been counted off, the donors sounded a loud whoop, referred to as, *Wara wozIku, wara su*: "The hunting dog wags its tail; the dog is happy."

The second – and dominant – manner in which pig-exchange mapped onto warfare was by direct equation: pig exchange was war, exchange partners were warriors, and pigs were spears (as they were given over) and fallen warriors (once they had been given). This imagery of war begins with the two moieties, which were named after the two great war confederacies – Lebuging ("white or light-coloured pig") and Samawung ("black or dark-coloured pig"). In this military context, pig-exchange was a "fight" against the "enemy." Time and again, I would ask the identity of a man's exchange partner, and receive the reply, "I fight with [so-and-so]." *"Wunera gurliwa, nana waliau mungera polyera,"* it was said: "My exchange partner and I, we fight with pigs and yams."

The kind of 'fighting' in which these partners engaged differed according to the contexts of their exchange. The individual, informal exchanges that occurred at a donor's hamlet were said to be "pretend ambushes," while the *nimba gur* and *walahlia* ceremonies were likened to "pretend open battles." The latter symbolism was especially apparent in the finale of a pig-lining. In the open battles of pre-contact days, the climactic moment came when a spear or spear-thrower dart brought down a warrior. The enemy line would immediately try to ensure its kill by launching a "heavy rain" of spears and darts to drive the victim's comrades back. Under cover of this fire, a death-squad would then try to reach the fallen warrior and kill him with a blow to the head from a palm-wood sword. For their part, warriors from the victim's ranks would dispatch a rescue squad to try and drag him back from the front to safety. It was this contest between death squad and rescue party that was enacted at the climax of a pig-lining around the large, litter bound pig that remained after all the others had been conferred. In this theatrical vignette, the pig-receivers tried to hustle the 'fallen' body of their 'comrade' off the 'field' while their 'enemy' chased after them, trying to make them drop him. "If they trip and drop the pig, we [the pig donors] laugh. We say, 'You're not up to it! You lose! You die!'"

This metaphor of battle was echoed in the songs of 'victory' with which pig-givers celebrated the success of their pig-lining:

> I flung my spear into you [my *gurli*],
> And you are laid low.
> I pluck it out, and you are made tall again!
> I speared a frightened man!
> I killed a frightened man!

That evening, the pig-givers would proclaim on their slit-gongs the number of pigs they had conferred on their exchange partners, just as they would in bygone days the number of enemies they had slaughtered in battle. The *lumohlia* festivals that celebrated 'victory' in a pig-lining were likewise those that, in the days of war, celebrated kills in battle. And woe betide any clan that had fallen short in its gifts of pigs: their exchange partners would ridicule them mercilessly in song or, as the Yangoru Boiken put it, *Gira tung gurluk*: "They [the singers] shoot [their *gurlis*] with spears."

Signaling and Sacrifice

The Yangoru Boiken readily acknowledge that lined pigs are the symbolic victims of war. What comes as an initial surprise, though, is the identity of these 'fallen warriors'. In so far as a pig prestation is a symbolic act in which a spear is thrown at an enemy, it would seem logical that the pig represents the corpse of the exchange partner. In the *act* of giving, this is indeed the case. Once the pig *has been given over*, however, quite another imagery comes into play: the fallen warrior is not the receiver but the giver! Thus, when members of the receiving moiety enter to receive their pigs, they shout: "My *gurli* has died". The lined pigs, it was explained to me, constitute the "spirits" (*kamba* or *mangung*) of the donors' (not the receivers') descent groups. Pig-receivers, it is said, take these symbols of the donors' groups and, by killing and eating them, "finish them off" – just as men are finished off on the battlefield.

There is, in sum, a reciprocity of death in Yangoru Boiken pig exchange that echoes Hauser-Schäublin's analysis of Abelam long-yam exchange. Among the Abelam, exchange partners take turns in sacrificing their 'spiritual' children to one another; in Yangoru, the act of giving a pig kills the receiver, yet, once given, the trussed pig represents the corpse of the giver. Like the Abelam, moreover, the Yangoru Boiken even conceptualize the pig as a 'child' – or at least, "like a child" – to those who rear it. For the Boiken, however, the salient point is not the pig's status as a child but rather the symbolic violence represented by its exchange. In this, they are no different to many other communities in New Guinea, where competitive exchange is referred to as a kind of "fighting with food." Ceremonial prestations are spoken of as "fighting," or as a "battle," in which givers "wound" or "strike" receivers with gifts identified as weapons or "blows" (e.g., Allen 1976:42; Brown 1979; Held 1957:165,226; MacDonald 1991:190; Oosterwal 1963:83; Strathern 1971:54,95,129; Young 1971). Indeed, as Hauser-Schäublin notes of the Abelam, they too equate long yams with spears. "Now we no longer fight our enemies with spears," they told Kaberry (1941/42:344) in reference to the effects of contact; "it is taboo; now we only fight with yams."

But why should exchange be equated with war? I have argued at some length elsewhere (Roscoe 2009) that among the organizational obstacles faced by small-scale societies is that of how to manage conflicts of interest. In these communities, people who might share some common interest in collective action, such as defense against attack, confront the problem that their other interests may not coincide. How, then, do people ensure that these conflicting interests do not result in the kind of lethal fighting that would destroy the collaborative action required to secure the interests they share? In politically centralized states, this conflict-of-interest problem is managed by the state's claim to monopolize physical violence and by its provision of centralized and (ideologically, at least) 'neutral' organs of detection, mediation, adjudication, and sanction.

Small-scale, politically uncentralized communities, though, lack such centralized organs of social control. What they institute instead, I have argued, are ceremonial displays that serve as reliable signals of military strength. The genius of this solution is that it allows individuals and sub-groups within a community to establish who would win a fight to the death over conflicts of interest without anyone or any sub-group actually having to risk an actual fight to the death that might destroy their capacity to pursue collective actions that are in everybody's interests. The competitive exchange of food and other material commodities was the most common medium for reliably communicating individual and sub-group military strength (the construction of gigantic spirit houses was another, and large, coordinated exhibitions of singing and dancing a third). The quantities of food, pigs, and other valuables mustered in these exchanges authentically signaled the size of the sponsoring group, the number of kin and allies willing to support its projects, the individual commitments and abilities of all these individuals, and their capacity to suppress their individual interests in order to work together and organize a large-scale action. Those who succeeded in consistently demonstrating superior military strength through such displays were those whose interests prevailed when internal conflicts threatened a community; those who fell short were those obliged to yield. As the Yangoru Boiken recognized with unusual clarity, ceremonial exchange substituted symbolic warfare for actual warfare within the community, and those who demonstrated the greatest 'strength' in exchange would be those who would prevail when interests were in conflict.

References

Allen, Bryant J. (1976) *Information Flow and Innovation Diffusion in the East Sepik District, Papua New Guinea*. Ph.D. Dissertation. Canberra: Australian National University.

Brown, D. J. J. (1979) The Structuring of Polopa Feasting and Warfare. *Man (N.S.)*. 14:712–733.

Hauser-Schäublin, Brigitta (1987) Ritueller Wettstreit mit Feldfrüchten: Yamsfeste im Sepik-Gebiet, Papua-Neuguinea. *Verhandlungen der Naturforschenden Gesellschaft in Basel* 97:87–102.

Held, Gerrit J. (1957) *The Papuas of Waropen*. The Hague: Nijhoff (Instituut voor Taal-, Land- en Volkenkunde Translation Series 2).

Kaberry, Phyllis M. (1941/42) Law and Political Organization in the Abelam Tribe, New Guinea. *Oceania* 12:79–95, 209–225, 331–363.

MacDonald, Mary N. (1991) *Mararoko: A Study in Melanesian Religion*. New York: Lang (American University Studies 11; Anthropology and Sociology 45).

Oosterwal, Gottfried (1963) *Die Papua: Von der Kultur eines Naturvolkes*. Stuttgart: Kohlhammer.

Roscoe, Paul (2009) Social signaling and the organization of small-scale society. *Journal of Archaeological Method and Theory* 16:69–116.

Strathern, Andrew (1971) *The Rope of Moka:* Big-Men and Ceremonial Exchange in Mount Hagen, New Guinea. Cambridge: Cambridge University Press (Cambridge Studies in Social Anthropology 4).

Young, Michael W. (1971) *Fighting With Food: Leadership, Values and Social Control in a Massim Society*. Cambridge: Cambridge University Press.

"Fish, Water, and Mosquitoes":
The Western Invention of Iatmul Culture

Ulrike Claas

Introduction

Since they first encountered European visitors in 1886, the people who live along the Middle Sepik River and have come to be known as the Iatmul have induced generations of travellers, administrators, and anthropologists to admire, describe and – to lesser extent and with greater difficulty – explain the size of their villages, the beauty of their houses, the splendour of their art and ritual, and the complexity of their economic and political life. These descriptive and analytical attempts have fallen short, however, because they deploy westernized categories such as river/hinterland that diverge from local conceptions, they erroneously presume ethnolinguistic continuity in extrapolating from one village to many, and – most problematic of all – they use ethnolinguistic categories such as "Iatmul" and "Sawos" as though these were agents that determine history.

In 1984, commenting on Gewertz's (1983) model of the area's past, Hauser-Schäublin (1990) was the first to point out anthropology's role in constructing the Iatmul and Sawos as ethnolinguistic units and to question the utility of these constructs in historiographic approaches to the Middle Sepik. By then, studies had already appeared in the German literature – and others would soon follow – that further undermined the prevailing picture of Middle Sepik historical processes. Using Hauser-Schäublin's insight as a starting point, this paper seeks to contribute to a reconsideration of Western ethnographic data and analytical categories in the light of Middle Sepik views of their pasts. It attempts to deconstruct "Iatmul" as a single agency and argues that it is, instead, merely an epiphenomenon of underlying processes generated out of artful adaptations to an environment characterized by periodic flooding, a natural abundance of fish, scarcity of all other exploitable natural resources, and homicidal threat.

First Encounters with the River-Dwellers of the Middle Sepik

On August 18th, 1886, Otto Schellong recorded in his diary what he had just been told by the first Europeans to visit what had until then been a *terra incognita* to the Western world: the Middle Sepik River in what was then the German colony of Kaiser-Wilhelmsland and is today the northern part of the independent state of Papua New Guinea. "Here, large villages were found, of supposedly 1000 inhabitants and more – something hitherto completely unheard of here. [...] The houses were described as spacious and grand, with deeply swaying roofs" (Schellong 1934:87, translated from the German by the author). Nearly 50 years later, Gregory Bateson, who had just returned from fieldwork in the area, wrote in similar vein about "the splendid design of the dancing ground and ceremonial houses", "[...] towering sixty foot gables" (Bateson 1932:258). Yet another fifty years had passed when Eric Silverman, who conducted fieldwork in Tambunum village, likewise observed that the river-dwellers "have come to dominate the middle Sepik," having amongst them "the most prolific Sepik artists" (Silverman 1988:5).

The people, who so deeply impressed these authors and many more, have come to be known as the "Iatmul". At contact, they lived in about 20 villages spread along the banks and oxbow lakes of the meandering river from Tambunum in the East to Japandai in the West. In the historiography of the area, five settlements were considered the centres of outward migration. Each had more than 400 inhabitants, but their offshoots were often smaller. Each village was organized in wards, each usually inhabited by cosmologically related sub-clans, and dominated by a men's house. Being inundated for many months in the year, the area is rich in riverine resources but does not allow much gardening or arboriculture. Therefore, the main staple, the starch of the sago palm, was traded in fish-for-sago markets with bush-dwelling neighbours to the north, who also supplied them with shell valuables that were used in every social transaction; with betelnut, a stimulant in daily life but also a prerequisite of every headhunt; and with magical paint, pottery, netbags, carvings and vegetables (Bateson 1932:passim; Hauser-Schäublin 1977:39,42; Kocher Schmid 2005:123; Silverman 1993:50f.). Intensive trade relationships were also sustained with the inhabitants of the Chambri and Aibom hills to the south, who supplied the river-dwellers with pottery, stone axe heads, and mosquito-proof sleeping bags (Gewertz 1983; Hauser-Schäublin 1977; Schindlbeck 1980; Schuster and Schuster 1972). Only the easternmost river-dwellers seemed to have been more independent of frequent sago and shell wealth supplies from the north (Haberland 1966:83; Mead 1976:370; Silverman 1993:50–51; 2001:100).

The Birth of an Ethnolinguistic Group: Gregory Bateson Introduces "the Iatmul"

By the end of the First World War, about 1000 foreigners had travelled up and down the Sepik River (Claas 2007:47–57; n.d.), yet of these only members of the Kaiserin Augusta-Fluß-Expedition 1912/13 had expanded their investigations into the bush on either side of the middle river (Behrmann 1924:l.2,l.3). Unfortunately, Roesicke, the expedition's ethnographer, died before he could publish any major work, his notes were destroyed in the 2nd World War (Damm 1953:92), and his diary will not be made available to researchers until it is published (Markus Schindlbeck, personal communication 1998).

Because they seemed to share many traits – for example, the layout and size of the villages, the language, economy, and art style of their inhabitants – the West considered these villages as parts of a single entity, a perception reinforced by a mistaken assumption that the main river was the principal travel route, with the bush at the sides merely a hinterland. Even before Bateson's arrival in 1929, the area was being recognized as a "style area" (Reche 1911), but it was his seminal research that gave the inhabitants the name by which they are now known among Papua New Guineans and Westerners alike, the "Iatmul".

Bateson, as it happens, was far from happy with the term he had chosen and his misgivings were well placed. He had visited less than half of the villages he was uniting under that term, leaving out the western group completely (Bateson 1932:245). His fieldsite Mindimbit had suffered badly under "pacification" and labour recruitment, and its ritual and political life had largely broken down, making it difficult to contextualize accounts of cosmology and the past (Bateson 1932:274–274; 1958:135,168–169). Furthermore, he had visited only one of the many neighbouring villages from which he was differentiating "the Iatmul"; he had witnessed hardly any of their interactions with the river-dwellers (Bateson 1932:450); and he knew almost nothing of their relations with them. In naming the "Iatmul," in other words, Bateson drew a boundary line that defined the extent of Western knowledge rather more than it did any actual "tribe".

Revisionism and Missed Chances

Bateson's misgivings about the term "Iatmul" were soon forgotten, and subsequent research did nothing to revise matters. In 1933, Reo Fortune and Margaret Mead arrived to conduct four months of fieldwork among the neighbouring Chambri. Mead, though, used the fruits of her Chambri work principally to sustain the argument about "Sex and Temperament" (1935). Fortune never published his results. Whatever the merits of their fieldwork, they missed a valuable opportunity to revise Bateson's "Iatmul" construction in the light of a neighbouring group's perspective. Later visitors – anthropologists and collectors – only reinforced the notion, presenting the cultures and art forms off the river as distorted and crude copies of "Iatmul" prototypes (e.g. Bühler 1960:8; Haberland 1965:43). This assumption of a prolific centre radiating culture into its hinterlands also carried overtones of temporality crucial to constructing "Iatmulness," for the radiating area had to be older than its "hinterland" receptors.

Gewertz, the Basel Expeditions, and the Unfortunate Coincidence of Language and Time

It was not until the late 1960's and early 1970's, that a major fieldwork wave was conducted in the Middle Sepik region. In the course of two expeditions from Basel, ethnographers were based in the river villages of Palimbei, Kandingei, Yentchan, and Kararau; in Aibom, a neighbouring village to the south; in Gaikorobi, a major settlement in the bush north of the river; and among the Kwoma in the Waskuk Hills to the northwest. At about the same time, several English speaking researchers also began work in the area – among the Kwoma, the Chambri, and the Avatip, a riverine people to the West. The first major publication of the Basel group appeared in 1963 (Schuster), followed by Kaufmann (1972), Hauser-Schäublin (1977), Schindlbeck (1980), Wassmann (1982, 1988), Stanek (1982, 1983), Schmid and Kocher Schmid (1992). In 1977, the first publications of the English-speaking ethnographers began to appear – Gewertz (1977) on the Chambri, followed by Harrison (1978) on the Manambu, and Bowden (1982) on the Kwoma. As most of this work was Ph.D.- related, its focus was geographically very narrow. Providing data on five river settlements and three bush settlements, though, the potential for a comparative evaluation of the area within a historiographic framework was in the offing. Unfortunately, the attempt at synthesis came too early: when Gewertz produced her "Sepik River Societies" in 1983, only four of the numerous publications that would provide detailed investigation of the region's past had appeared, all of them in German. Of these, Gewertz referenced only Schindlbeck (1980), and she failed to make use of his important data on past market arrangements. Given the difficulty, not to mention the expense, of getting three dissertations and an article – roughly 1200 pages of German text – translated into English, however, she can hardly be blamed for the omission.

Well aware that she was generalizing from a small body of data to a region that contained more than 50 settlements, Gewertz cautioned that "the deductions I base upon these data must be taken as approximate" (1983:15). These deductions pictured the "Iatmul" as an expanding centre, forcing small hinterland groups of hunters and gatherers to form sedentary communities, with whom barter markets could be established to provide sago in return for fish. In Gewertz's view, the sago producers were the submissive partners, bush women having to put more labour into providing their sago than did river women into procuring their fish. This hegemony the "Iatmul" were able to impose on their neighbours, supposedly, because with their larger villages they enjoyed a superior fighting force, which allowed them to deprive the bush-dwellers to the north and south of access to the desirable resources of the river. In addition, according to Gewertz, the sago suppliers furnished a convenient supply of heads for Iatmul warriors. As a result of this dominance, "Iatmul" culture had spread outwards, leaving minor mirror images of itself along its periphery (Gewertz 1983). Gewertz's book, although criticised in many details, was well received and is still frequently cited in studies on cultures of New Guinea.

Gewertz's framework defined the development and migrations of the Middle Sepik area by two major conditions: a) the existence of ethnolinguistic groups à la Bateson, with river-dwellers acting as a monolithic block to keep their neighbours as marginal vassals (see also Bowden 1991; Schindlbeck 1985); and b) the classification of all bush-dwellers and their relationships to the river-dwellers as essentially the same. With her book, Bateson's "Iatmul" became even more entrenched as an ethnic group dominating the Middle Sepik – at least in the English speaking literature.

Connecting Loose Ends: Hauser-Schäublin's "Fish, Water, and Mosquitoes"

In 1984, the Wenner Gren sponsored a conference in Basel on the Sepik (Lutkehaus et al. 1990) at which more than fifty papers were presented on different aspects of life in the two Sepik Provinces. Because the papers were all presented in English, they considerably advanced English-speakers' access to results of the Basel field-research. In her own paper at this conference, Hauser-Schäublin (1990:478) provided one of the first critical comments on Gewertz's book, which had only just appeared: Although Bateson's study was brilliant, she observed, it was she believed "Western-centric" to regard the "Iatmul" as "the group that dominated the Middle Sepik." Referring to the results of her own research on the area's architecture, she pointed out the fallacy of taking the more elaborate for the older: "It is true that Iatmul gaigo [ceremonial houses] were higher and larger, but this is no indication that they were the prototype for Sawos ceremonial houses" (Hauser-Schäublin 1990:478). And she went on to indicate a different and quite provocative starting point for research of Middle Sepik pasts:

> The abundance these people dispose of consists of fish, water, and mosquitoes. (Hauser-Schäublin 1990:478)

What she meant was this: if, initially, the Middle Sepik environment offered nothing but fish, water, and mosquitoes, then why did people settle there, and what had brought about their distinctive way of life?

A Middle Sepik View of Middle Sepik Pasts

Hauser-Schäublin's statement gained even more standing in 1988 when the archaeologist Pamela Swadling and her colleagues published evidence that 6000 years ago, part of the Sepik Basin had been a large inland sea that over the next 5000 years had gradually infilled the basin (Swadling et al. 1988). Clearly, "Iatmul culture" was a stage in the adaptation to an environment that had undergone considerable change. This view has long been advocated by Middle Sepik narrators themselves:

> The Sepik was just water and then ground started to form here, you know how the Sepik puts down its mud banks. The water becomes shallow and then it shows in low water and grass grows on it. Islands formed in the Sepik. We had worries about land. (Alingaui from Kanganaman, Bragge n.d.:139)[1]

This watery prehistory provides a baseline to an intriguing hypothesis of how Middle Sepik markets emerged. Let us assume that sago had originally grown close by the shores of the inland sea. As the waters of the sea began their retreat towards the modern coastline, the distance between sago groves and fishing waters gradually would have increased. Because the newly exposed sea bed in the Middle Sepik would have been flooded for several months each year (as it still is today), and because sago palms cannot tolerate extended inundation (Rhoads 1982), the groves of sago on which Middle Sepik people depended would not have followed the retreating shoreline. Once the fishing grounds moved beyond the typical range for logistical foraging, therefore, people would have to build overnight camps. In order to secure their access to the river against competitors, however, these camps would have to become larger and more permanent. Finally, as the distance between these river camps and the home village increased further, it would eventually make sense for people to institute markets at the erstwhile river camps, now grown into villages, exchanged their fish catches for the sago produced 'back home':

> The ancestor said they would split the line, half to remain and make sago and the others to go out to the Sepik to fish, the idea being to exchange sago for fish, so both lines could have both items. (Abandimi from Malingei, Bragge n.d.:148)

Each village on the river was a unique and constantly changing combination of sub-clans, each bringing with it a particular patrimony of cosmological and magical knowledge and a distinctive set of enemies and trading partners according to the particular contacts it had forged in the course of its migrations (Claas 2007:117–221; Silverman 1993:174; see also Harrison 1984:402). As a result, groups that had been forced to live together in villages for defensive purposes, nonetheless had divergent political interests (Behrmann 1924:53; Bragge n.d.:passim; Hauser-Schäublin 1990:473; Silverman 1993:1; Stanek 1983:50–52; see also Roscoe 1996): although they had joined to defend their settlement, they each had their own enemies to fight and their own allies within and outside the village with whom to trade and to unite forces. This tense field of cross-cutting interests could become as great a threat to the existence of a village as an enemy attack (Bateson 1958:96–97; see also Harrison 1993; Silverman 1993:81).

Countless ceremonies were created that united groups and united individuals across groups, thereby strengthening bonds within the village, but still fissions were unavoidable (Bateson 1958:108; Bragge n.d.). Members of descent groups, clan groups and men's-house groups were engaged in a constant struggle to gain more power by marrying well, increasing their numbers, attracting more followers, and gaining access to more ritual and cosmological knowledge (Stanek 1983; Wassmann 1982; see also Harrison 1990). Following Roscoe's (1995) analysis, I argue that this struggle, created by the necessity of preventing fission and of convincing oneself as well as the enemy of one's invincibility, created the splendour of art and ritual that Westerners conceptualized as the most impressive marker of "Iatmul culture" (see also Bateson 1932:262). Each village's fight against fission was unique, however, because it was descent groups and men's-house groups – not villages or ethnic groups – that migrated and made war. For the same reason, each village's contacts with its neighbours constituted a set of relationships without parallel in other villages.

By creating "Iatmul" and "Sawos" as the entities that possess agency, however, Gewertz obscured this particularity. To begin with, "Iatmul" river villages did not enjoy a military advantage over their "Sawos" sago partners on account of superior size. To be sure, as Gewertz points out, the average Iatmul village was larger than the average Sawos village, if one is looking at the Sawos language area *as a whole*. When the focus is limited to just those Sawos villages that actually exchanged or warred with the Iatmul, however, this numerical difference disappears (Claas 2007:68).

When Gewertz refers to a pattern of "Iatmul" aggression against their "Sawos" sago partners, what she fails to recognize is the specificity of these attacks. To be sure, river people attacked their bush neighbours, but never were their targets their own particular sago partners and often there were campaigns that enemies on the river mounted against *one another* via their sago partners. Contrary to Gewertz, individual river and bush exchange partners rather enjoyed relationships based on common ancestry and concomitant amity (Claas 2007:355–61).

It follows also that there was no "Iatmul" hegemony that set exchange rates in the sago-for-fish markets to the disadvantage of the "Sawos." Rather, these exchange rates were generally considered fair (Bowden 1991; Schindlbeck 1980:167–169). Moreover, if river women ever behaved towards their sago partners at these markets in a dominant manner, as Gewertz witnessed, then this must have been the exception, for many observers also commented on their characteristic lack of antagonism (Behrmann 1924:51; Bowden 1991:227; Bateson 1958:144; Hauser-Schäublin 1977:42).

To the extent that Middle Sepik people recognize entities that map onto anthropology's conceptions of "The Iatmul" or "The Sawos," it is a distinction between "river dwellers" and "bush people." For the people of the Middle Sepik, though, these latter are neither static nor are they ethnic categories of the kind envisioned in traditional Sepik anthropology. The "Sawos" and "Iatmul", in actuality, are a people who share a common ancestry and history, who have continually moved back and forth between river and bush (Bragge n.d.), and who are united in relationships that symbiotically exploit the resources of their environment (Claas 2007; Kocher Schmid 2005; Schindlbeck 1985) and are viewed as qualitatively distinct to all other relationships with their neighbours.

River Villages as Gateway Communities

The only natural resource worth exploiting on the Middle Sepik River was indeed fish. But by positioning their villages as they did, the people on the river created a cultural resource: the dependencies of their neighbours. Precisely because their neighbours differed from one another, river villages were able to position themselves as gateways of interregional trade. In response to environmental variation they controlled the movement of commodities while reducing the costs of their transportation (Hirth 1978:35–37), transportation that was costly not only because distances were long but because, in an area of enduring warfare, traffic was also dangerous. The social groups in river villages connected their trade friends into a largely peaceful trade circle, defending it against rivals within the village and enemies beyond. Although the component groups of river villages had shared a greater proportion of their past with neighbours in the bush than they had with one another and although they never acted as a "tribe," they were nevertheless expressing a feeling of unity when they claimed that their origins lay in the bush area north of the river (Wassmann 1982:19) but that their particular way of life originated outside it (Claas 2007:373–384; Kocher Schmid 2005; Silverman 1993:50–51; 2001:17,23).

> This ancestor bone dagger I am showing you has been carried by my ancestors since we were at Laming inside the Gaikorobi [northern bush] area. Two families went outside when it was still the dark times. (Councillor Guanduan from Kanganaman, Bragge n.d.:141)

But things always change. The term, "Iatmul", may once have been misplaced, but more recently, the fast traffic of outboard motors that now connects river villages, the administrative borders encircling them, the national and international art dealers who once again are defining style areas have begun to unite what was once divided by the lethal defence of fishing and trading rights. In Tambunum, according to Silverman, "Iatmul" has finally become a term of cultural identity grounded in "a sense of tradition and heritage, a different and previously unencountered type of self-awareness" (Silverman 1993:60). Notwithstanding the contours of the past, it is a sentiment that has likely now gained a far wider currency in the Middle Sepik.

Acknowledgements

I would like to thank Laurie Bragge, Assistant District Commissioner of Ambunti from 1970 to 1974, for access to the collection of oral traditions from the Sepik area, which he compiled in hundreds of interviews with indigenous experts, and Paul Roscoe for applying his command of the English language to an earlier version of this paper.

Notes

1   Statements from Middle Sepik narrators in the text exemplify many similar statements in Bragge (n.d.).

References

Bateson, Gregory (1932) Social Structure of the Iatmül People of the Sepik River. *Oceania* 2:245–291, 401–453.

Bateson, Gregory (1958) *Naven.* Stanford: Stanford University Press.

Behrmann, Walter (1924) Das Westliche Kaiser-Wilhelms-Land in Neu-Guinea. *Zeitschrift der Gesellschaft für Erdkunde zu Berlin* Ergänzungsheft 1. Berlin.

Bowden, Ross (1982) Lévi-Strauss in the Sepik: A Kwoma Myth of the Origin of Marriage. *Oceania* 52(4):294–302.

Bowden, Ross (1991) Historical Ethnography or Conjectural History? *Oceania* 61(3): 218–235.

Bragge, Lawrence (n.d. [1970–74]) *Interview Notes.* Koetong,VA: Bragge Archive.

Bühler, Alfred (1960) *Kunststile am Sepik: Führer durch das Museum für Völkerkunde und Schweiz. Museum für Volkskunde Basel;* Sonderausstellung vom 11. Juni bis 30. Nov. 1960. Basel: Museum für Völkerkunde und Schweizerisches Museum für Volkskunde.

Claas, Ulrike (2007) *Das Land entlang des Sepik.* Münster: Lit (Göttinger Studien zur Ethnologie 17).

Claas, Ulrike (n.d.) *German Headhunters on the Sepik?: Collecting Powerful Objects in German Colonial New Guinea* (Unpublished Manuscript).

Damm, Hans (1953) Eine "Totenfigur" aus dem Gebiet der Jatmül (Sepik, Neuguinea). *Jahrbuch des Museums für Völkerkunde zu Leipzig* 11(1952):91–99.

Gewertz, Deborah B. (1977) The Politics of Affinal Exchange: Chambri as a Client Market. *Ethnology* 16(3):285–298.

Gewertz, Deborah B. (1983) *Sepik River Societies: A Historical Ethnography of the Chambri and Their Neighbors.* New Haven and London: Yale University Press.

Haberland, Eike (1965) Ethnographica vom oberen Sepik aus dem Museum voor Land- en Volkenkunde in Rotterdam. *Baessler-Archiv N.F.* 13:41–57.

Haberland, Eike (1966) Sago und "Austronesier". *Paideuma* 12:81–101.

Harrison, Simon J. (1978) Autumn on the Sepik River: An Essay from the Field. *Canberra Anthropology* 1:1–5.

Harrison, Simon J. (1984) New Guinea Highland Social Structure in Lowland Totemic Mythology. *Man N.S.* 19:389–403.

Harrison, Simon J. (1990) *Stealing People's Names: History and Politics in a Sepik River Cosmology.* Cambridge: Cambridge University Press (Cambrige Studies in Social and Cultural Anthropology 71).

Harrison, Simon J. (1993) *The Mask of War: Violence, Ritual, and the Self in Melanesia.* Manchester and New York: Manchester University Press.

Hauser-Schäublin, Brigitta (1977) *Frauen in Kararau: Zur Rolle der Frau bei den Iatmul am Mittelsepik, Papua New Guinea.* Basel: Ethnologisches Seminar der Universität (Basler Beiträge zur Ethnologie 18).

Hauser-Schäublin, Brigitta (1990) In the Swamps and on the Hills: Traditional Settlement Patterns and House Structures in the Middle Sepik. In: Nancy Lutkehaus, Christian Kaufmann, William E. Mitchell, Douglas Newton, Lita Osmundsen and Meinhard Schuster (eds): *Sepik Heritage. Tradition and Change in Papua New Guinea,* pp. 470–479. Durham: Carolina Academic Press.

Hirth, Kenneth Gale (1978) Interregional Trade and the Formation of Prehistoric Gateway Communities. *American Antiquity* 43(1):35–45.

Kaufmann, Christian (1972) *Das Töpferhandwerk der Kwoma in Nord-Neuguinea. Beiträge zur Systematik primärer Töpfereiverfahren.* Basel: Pharos Verlag (Basler Beiträge zur Ethnologie 12).

Kocher Schmid, Christin (2005) Inside – Outside. Sawos – Iatmul Relations Reconsidered. *Journal de la Société des Océanistes* 61(1/2):113–127.

Lutkehaus, Nancy, Christian Kaufmann, William E. Mitchell, Douglas Newton, Lita Osmundsen and Meinhard Schuster (eds) (1990) *Sepik Heritage. Tradition and Change in Papua New Guinea.* Durham: Carolina Academic Press.

Mead, Margaret (1935) *Sex and Temperament in Three Primitive Societies.* New York: Morrow.

Mead, Margaret (1976) *Male and Female: A Study of the Sexes in a Changing World.* Harmondsworth: Penguin.

Reche, Otto (1911) Ethnographische Beobachtungen am Kaiserin-Augusta-Fluss. *Korrespondenzblatt der Deutschen Gesellschaft für Anthropologie, Ethnologie und Urgeschichte* 42:123–127.

Rhoads, James W. (1982) Sagopalm Management in Melanesia: An Alternative Perspective. *Archaeology in Oceania* 17:20–27.

Roscoe, Paul B. (1995) Of Power and Menace: Sepik Art as an Affecting Presence. *Journal of the Royal Anthropological Institute* 1(1):1–22.

Roscoe, Paul B. (1996) War and Society in Sepik New Guinea. *Journal of the Royal Anthropological Institute* 2(4):645–666.

Schellong, Otto (1934) *Alte Dokumente aus der Südsee: Zur Geschichte der Gründung einer Kolonie; Erlebtes und Eingeborenenstudien.* Königsberg: Gräfe und Unzer.

Schindlbeck, Markus (1980) *Sago bei den Sawos (Mittelsepik, Papua New Guinea): Untersuchungen über die Bedeutung von Sago in Wirtschaft, Sozialordnung und Religion.* Basel: Ethnologisches Seminar and Museum für Völkerkunde (Basler Beiträge zur Ethnologie 19).

Schindlbeck, Markus (1985) The Importance of Relationships in Middle Sepik History. *Reviews in Anthropology* 12:166–172.

Schmid, Jürg and Christin Kocher Schmid (1992) *Söhne des Krokodils: Männerhausrituale und Initiation in Yensan, Zentral-Iatmul, East Sepik Province, Papua New Guinea.* Basel: Ethnologisches Seminar der Universität and Museum für Völkerkunde (Basler Beiträge zur Ethnologie 36).

Schuster, Gisela and Meinhard Schuster (1972) *Aibom (Neuguinea, Mittlerer Sepik). Topfmarkt.* Begleitheft zum Film E 1370. Göttingen (Encyclopaedia Cinematographica).

Schuster, Meinhard (1963) *Yatmül (Aibom) (Neuguinea, Mittlerer Sepik). Verzieren eines Vorratstopfes.* Begleitheft zum Film E 1369. Göttingen (Encyclopaedia Cinematographica).

Silverman, Eric Kline (1988) *The Art of Papua New Guinea. Cultural Traditions of the Sepik River. Selections from the Marion and Samuel Spring Collection. October 2 – October 30, 1988. University Gallery, College of Fine Arts, University of Florida.* Gainesville: University Presses of Florida.

Silverman, Eric Kline (1993) *Tambunum.* 2 Volumes. Ph.D. Dissertation, University of Minnesota. Ann Arbor: University Microfilms International.

Silverman, Eric Kline (2001) *Masculinity, Motherhood, and Mockery: Psychoanalyzing Culture and the Iatmul Naven Rite in New Guinea.* Ann Arbor: University of Michigan Press.

Stanek, Milan (1982) *Geschichten der Kopfjäger: Mythos und Kultur der Iatmul auf Papua-Neuguinea.* Köln: Eugen Diederichs.

Stanek, Milan (1983) *Sozialordnung und Mythik in Palimbei: Bausteine zur ganzheitlichen Beschreibung einer Dorfgemeinschaft der Iatmul East Sepik Province, Papua New Guinea.* Basel: Ethnologisches Seminar der Universität and Museum für Völkerkunde. (Basler Beiträge zur Ethnologie 23).

Swadling, Pamela, Brigitta Hauser-Schäublin, Paul Gorecki and Frank Tiesler (1988) *The Sepik-Ramu: An Introduction.* Port Moresby: Gordon and Gotch.

Wassmann, Jürg (1982) *Der Gesang an den Fliegenden Hund. Untersuchungen zu den totemistischen Gesängen und geheimen Namen des Dorfes Kandingei am Mittelsepik (Papua New-Guinea) anhand der kirugu-Knotenschnüre.* Basel: Ethnologisches Seminar der Universität and Museum für Völkerkunde.

Wassmann, Jürg (1988) *Der Gesang an das Krokodil: Die rituellen Gesänge des Dorfes Kandingei an Land und Meer, Pflanzen und Tiere (Mittelsepik, Papua New Guinea).* Basel: Ethnologisches Seminar der Universität and Museum für Völkerkunde (Basler Beiträge zur Ethnologie 28).

Dualism – A Motif of Thought in Sepik Societies

Markus Schindlbeck

The principle of dualism is one of the most important characteristic elements of certain Sepik societies. The following analysis attempts to describe aspects of the phenomenon of dualism in the cultures of this area. It should not be understood as a general survey of all dualistic forms in this rather complex setting of cultures.[1] Nevertheless the thesis might be proposed that the central Iatmul and adjoining central Sawos groups have developed a very complex structure of dualism which determines several spheres of the society. This structure is rather unique compared with the neighbouring groups of the Sepik and underlines the extraordinary position of these villages similar to their art and mythology.

Dualism in Sepik Societies

Different authors have given comparisons of dualistic forms in Sepik societies (cf. Mead 1971, Bateson 1958, Tuzin 1976, Rubel and Rosman 1978, Koch 1940). Karl Koch tried to make a general survey of the occurrence of moieties ("Zweiklassen") and totemism in New Guinea. Probably the first detailed description of some elements of dual organization was presented by Richard Thurnwald for the society of Banaro. According to him, the cult house is divided longitudinally in two halves with two corresponding fireplaces. All clans are subdivided into two parts, a right and a left part. However, we find no mention of further dual principles in mythology or in social behaviour, other than that the moieties are interrelated through the marriage structure. Thurnwald explains the existence of these moieties as resulting from fissions of fusions of social groups. The *mundu*-institution, a partnership relation between moieties, is explained as the survival of a former endogamous clan organization (Thurnwald 1921:137).

In her work Margaret Mead did not analyse the details of dualistic forms among the Mountain Arapesh. She was puzzled by some discrepancies and apparent contradictions of the system. Yet, she did indeed observe two forms of dual organization, one related with feasting and the other with initiation rituals. Mead remarked that the concept of moieties was difficult to understand. Nevertheless, we can find several details about moieties in her description. The difficulties in grasping the actual functioning and the irregularities of the moiety system reminded me of very similar experiences that I had during my field work among the Sawos.[2]

Among the Mountain Arapesh there are two groups of "hawk" and "cockatoo" and another grouping of *iwhul* and *ginyau*, which are the moieties of exchange partners. A correlation exists between both moiety systems, as the *ginyau* are said to taboo the hawk and the *iwhul* to taboo the cockatoo. The *iwhul* and *ginyau* are important for feasting, whereas "in initiatory ceremonies the kumun and kwain groups are seated separately" (Mead 1971:25). As a general description, Mead states that, "the Arapesh have two moiety sets which function differently, but which they tend to equate loosely and confuse. Whether these two moieties were originally one, whether possibly they were imported at quite different periods, or whether one was imported and one developed within their own social system, it is impossible to say" (1971:25).

Of some importance for my following arguments are her remarks on symmetrical behaviour: "The need to repay a good or a bad deed, ultimately to balance out the women married into one group by repaying the same number of women, the requirement that there should be two moieties who can continually repay each other. This theme of exact recompense either of good or of evil permeates every aspect of Arapesh culture. It is a favourite folklore theme; it crops up continually in their interpretation of natural phenomena, the northwest monsoon returning the southeast monsoon; if one blew strong, the other will blow strong" (Mead 1971:70).

From these remarks we can deduce that the dual system in this case is more than just a grouping of clans and other social units. It is part of a way of explaining things like natural phenomena; it is a motif of thought determining concepts of marriage and the interpretation of nature. As we can deduct from my data about Sawos society, this dualistic way of thinking has attained a rather high degree of sophistication in the Middle Sepik region.

Among the Abelam, all male members are divided into two groups called *ara*: "A man of one *ara* has his ceremonial partner in the opposite *ara*, whom he addresses as *wuna tsambəra*.[3] This relationship is often handed down between lineages, and, hence, it has some affinity with the clan system. It is not possible, however, to obtain a consistent list of *tsambəra* in the terms of the latter. The general practice is for a man and his sons to be *tsambəra* to another man and his sons. The relationship is primarily an individual one" (Kaberry 1940/41:256). Hauser-Schäublin (1984, 1987), who has done an extended fieldwork in the same area forty years later, points out that besides clans the ceremonial moieties are of importance cross-cutting partially the clans. They are endogamous and not totemistic. The moieties are in a strong competitive opposition trying to outdo the other side by enormous quantities of yam tubers and large pigs.

The dual division of the Abelam is closely associated with the yam and Tamberan cults, i.e. with feasting and initiation, comparable to the moieties of the Mountain Arapesh. The moiety system is related to competition and male prestige. In ritual life it has its expression in the display of yam tubers and the chanting of clan songs. The Abelam dual division, which is not totemic and does not regulate the marriage system, has other similarities with comparable aspects in neighbour societies. Yet we do not detect any mention of a dualistic view of the world or that the dual system is reflected in mythology and concepts about nature.

Comparable to the Abelam moieties is the dual division among the Urat, who live in the area west of the Abelam: "The groups are ritually opposed in ceremonial exchanges and in initiations into the secret men's cult [...] The dual division deeply influences all aspects of village life, determining to a large extent relationships between people within the village, and links between villages" (Allen 1976:39). But as we have seen regarding Abelam moieties, there is no indication that this division is reflected in concepts about the world. The Kwanga, southern neighbours of the Urat people, have a very similar moiety system, which is interrelated with initiation and whose main function is the exchange of garden products and pigs. The moieties of the Kwanga, too, have no mythological or totemistic significance.

The most comprehensive analysis of dual structures in Sepik societies was made by Donald Tuzin among the Ilahita Arapesh. He differentiates between three levels of functions: 1. totemic moieties, 2. non-totemic sub-moieties, and 3. initiation partnerships. The totemic moieties are named after the hornbill and the black cockatoo: "In cult matters, and in quasi-ritual contexts such as funerals and yam competition, the moieties are aggressively rivalrous" (Tuzin 1976:218). Common to all three levels of these moieties is their complementary character, derived from the model of the "elder brother/younger brother" relationship, which is not on equal basis. Tuzin (1976:301) proposes "[...] the hypothesis, [...] that the dual organization is [...] an adaptive response to tensions in the fraternal bond". Tuzin maintains that the complex dual divisions of the Ilahita Arapesh represent a response to demographic and historical events. At the beginning of this evolution he assumes "that these Arapesh possessed some form of rudimentary dual organization, probably featuring the regular exchange of women between exogamous local groups" (1976:320).

There is little information about the societies of the Upper Sepik. Alfred Gell presents a description of a moiety system in his monograph on the Umeda. In the Waina-Sowanda area each ritual role and each dance have a duplicate. Gell describes this as a symmetrical dualism: "[I]t is through the moiety opposition that the unity of the village, which is only realized fully in performances of ritual, is given expression" (1975:33). Using the differentiation made by Gregory Bateson for Iatmul dualism (see below), Gell defines the dualism on the ritual level as symmetrical, while on the mythological level it is asymmetrical: "The myth posits a society based on the union of complementaries: nature and culture, insiders and outsiders, wife-receiver and wife-givers, agnatic continuity and matrilateral alliance" (Gell 1975:39). The mythological dualism is derived from the opposition of the coconut palm versus the Caryota palm, or male versus female.[4] But the moieties have no "corporate attributes" (Gell 1975:42) and are not the exogamous units. Only in ritual do they become active as groups. Comparable to the case made by Thurnwald and Tuzin, Gell also tries to explain the moiety system as a historical result of population movements. This interpretation is based upon the identification of one moiety with the coconut palm, representative for "village", continuous settlement and duration. Thus, we are led to recognize the dual division of the Waina-Sowanda area, the often described situation in which people make a difference between prior population and later immigration. As there will be inequality in rights to resources, such as land, this dual system tends to be rather asymmetrical.

For a large number of Sepik societies we have no data on the existence of a moiety system or dual divisions. Among these societies are the Heve, the Gnau, the Kwoma, the Yimar, and people around Amanab. I do not wish to explain the possible reasons of this distribution. Instead I would like to point out some aspects of dualism, which are not treated in detail by the authors mentioned above. When discussing moieties and dual divisions, emphasis is usually placed on the existence of social groups, their functioning and their relations to each other, to exchange systems and marriage rules. Thus, Tuzin states: "In contrast to the prevalence of dual *social* classification, a correspondingly throughgoing binomialism on the cosmological plane is generally absent in the Sepik" (1976:311). The only exceptions according to Tuzin are the following dichotomies: male/female, old/young; the right/left symbolism is not stressed. The following will demonstrate that this general statement by Tuzin does not correspond to the area of the Middle Sepik, where we have a very strong emphasis on binomialism that transcends the oppositions of male/female of elder/younger.

Dualism in the Middle Sepik

Gregory Bateson has tried to detect patterns or motifs of Iatmul thinking. For him Iatmul "culture as a whole appears as a complex fabric, in which the various conflicting eideological motifs are twisted and woven together" (Bateson 1958:235). He enumerates the more important motifs: pluralism, monism, direct dualism, diagonal dualism, seriation; both forms of dualism and seriation could be subsumed under one caption.

From my own discussions with informants in the Middle Sepik region, I got the impression that the conflict between pluralism and monism is of considerable weight to them. For them as for the inquisitive foreign researcher there always remained the question of the puzzling multitude of ancestral figures. Sometimes they seemed to be only variations of one central being. This confusion (or multiplicity) is part of the strategy of big men to hide secret knowledge during their discussions on mythology in the men's houses. On the contrary, dualism as a principle of thinking is never a source of discussion or skepticism. Dualism as a structural element is known by Middle Sepik big men and never questioned.

Bateson recognizes "two forms of dualistic thinking": direct or complementary dualism ("the relationship is seen as analogous to that which obtains between a pair of siblings of the same sex") and diagonal or asymmetrical dualism ("the relationship is seen as analogy to that between a pair of men who have married each other's sisters") (Bateson 1958:238). According to Bateson, direct or complementary dualism "leads to the formation of artificial relationships based upon brotherhood and to concepts such as that of the Iatmul that everything in the world can be grouped in pairs, such that in each pair one component is an elder sibling, while the other is a younger sibling of the same sex" (1958:239). Bateson claims that we have more difficulties in grasping the meaning of the other form of dualism (diagonal or symmetrical), because we do not recognize a dualistic principle in competition. "This diagonal way of thinking leads in Iatmul culture to the formation of artificial affinal relationships and to the idea that everything in the world has its equal and opposite counterpart. It is extended farther to the great dualistic constructs underlying the two moieties of Sun and Mother with their opposed totems Sky and Earth, Day and Night, and to the crosscutting dual divisions of the initiation system in which one half of one moiety initiates the diagonally opposite half of the opposed moiety" (Bateson 1958:239).

Certainly this is not the place to describe in detail all variations of Iatmul and Sawos dualistic thinking. The basic facts have been put forward by Bateson and others.[5] A detailed description of dualism and its implications for a Middle Sepik society was given by Schuster in 1970 for the village of Aibom which is not Iatmul but still has a strong cultural similarity. One of the recent research works in the area, done in the village of Tambunum by Silverman, does not focus on dualism: "patriclans are bifurcated into two categories. But this division is far-removed from daily life and even, for many people, entirely unknown. There are *no* totemic moieties." (2001:182). Nevertheless they have patrilineal initiation moieties named Miwat and Kiisiik, names which are also used for a dual ritual moiety in the Sawos village of Gaikorobi. Silverman (1996) also mentions that totemic disputes are common in the village of Tambunum, but he does not refer to the dualistic moieties in his discourse on debates. In this almost Lower Sepik village of the Iatmul dualism seems not to be dominant, at least not more at the end of the 20th century.

The Sawos Case of Dualism

Part of this dualistic thinking is the projection of oppositions on space and nature. Near the Sawos' village of Gaikorobi is located the forest area of Lami, which is one of the most sacred areas surrounding this village and which has been claimed by many other villages as the source of population movement. The tall trees give evidence that this forest is not used for gardening as other forests around the village. A small rivulet crosses the forest in an east-west direction, dividing the territory into a northern and southern section. The northern section of the forest is called 'Arasəlai' and is associated with the Mother moiety. The southern part is called 'Djigembit' and is linked to the Sun moiety. Now we can observe a correspondence between this local projection and the regional situation of the Middle Sepik people: the Sawos people living in the northern part, whereas the Iatmul populate the river banks of the Sepik to the south.

North	South
Arasəlai	Djigembit
Mother moiety	Sun moiety
Mother	Son or children
Sawos	Iatmul

The current of the small rivulet Lami flows from east to west. The upper part of the rivulet is called 'taknge' and is associated with the Sun moiety, the lower part with the Mother moiety. One could expect that the upper part should be linked with the Mother moiety. But Sawos informants explained that the source is not of importance for this kind of classification. On the contrary, the opposition above/below is decisive for this view. Of the two primeval brothers the one of the Sun moiety was the first to emerge, and "above" is always associated with light and, thus, with the Sun moiety. The lower part of the rivulet called 'kandənge', hence, is associated with the spread legs of women, with birth and with death.

The opposition of above and below not only relates to the classification of rivers, but also to concepts of space in general. Thus the pair of words "ambukambi" and "ngənikambi" (upper and lower part of any river) also expresses the location and orientation of men's houses in villages. Each men's house has a front *(ndama)* and a back *(ngumbu)* side. The front part should be oriented towards *ambu,* the back side towards *ngəni.* Not only the men's house but also the whole village ground plan has an inherent orientation. The village ground is thought of as being a crocodile with a head and a tail; the head of the crocodile directed towards the upper part of the river. Thus, we have the following correspondences:

	upper	lower
river	*ambukambi*	*ngənikambi*
men's house	*ndamangio*	*ngumbungio*
village	*ambuwe*	*ngəniwe*

The front side of a men's house is connected with the Sun moiety and the back side with the Mother moiety. This opposition can be compared with the aforementioned classification of upper and lower part of rivers.

The point that I would like to make here concerns the fact that in the Middle Sepik area these dualistic concepts are not only related to social organization, exchange, marriage system and initiation, as has been shown for other Sepik societies with dualistic divisions. Indeed, the dualism of Iatmul and Sawos embraces a much larger field of experiences. It is a way of thinking that classifies not only people, but also time and history, space and objects. The dual classification of the past is determined by myths about the origin of the world. In the beginning everything was shrouded in darkness. Therefore, it is called the period of the Mother moiety. Only later with the ascension of the sun and moon and with the origin of light and other important cultural innovations, did the Iatmul and Sawos recognize the existence of two moieties. When missionaries came and preached their versions of the Old and New Testament, people of the Middle Sepik readily accepted this dualism of the two books and integrated them into their own concepts. They compared it with their own classification of the past, with times of darkness and of light, or with the time period before and after the arrival of Europeans. Similarly, the two stages of Papua New Guinea independence (self government and independence) were understood along this dualistic line of thought.

The left/right opposition has its main expression on the mythological level. We can find this opposition in myths about the origin of earth. Two turtles create the earth and are transformed into small serpents, which are called right and left bullroarer. Another myth tells how the two male ancestors Malumban and Kuvumban were created. Kuvumban was created on the right side and Malumban on the left side. Therefore, Sawos informants compare the left arm or side of the body with the elder brother Malumban, the right arm with the younger brother Kuvumban. As often mentioned, today the right arm is the strong one, so that one can throw spears with it. The left arm belongs to the elder brother, who has retired from his work, which, again, is the period of the Mother moiety that belongs to the past. Thus, we can construct the following oppositions:

left	right
Malumban	Kuvumban
elder brother	younger brother
female	male

These oppositions are of consequence for social activities. We can observe this regarding the use of (female) dwelling houses and the ritual men's houses. And following the terminology of Bourdieu (1979) we also encounter hierarchical structures like the female encompassing the male:female opposition as all houses are thought to be female, or as both mythological moieties are enclosed in the mother moiety.[6]

Another myth about the creation of different animals shows us again the importance of left/right symbolism. The ancestral being Toatmeli was split into two halves. From the right side of his body emerged animals living on earth, from the left side of his body originated all animals that live in water. The opposition of earth to water or right to left is the main foundation for one of the dual divisions in the Sawos village of Gaikorobi. This dual division groups all clans into pairs with a preferential marriage relation. This dual division is also decisive for rituals like mortuary ceremonies or increase rites, and for economic and social activities. A third dual division crosscutting the above mentioned determines the composition of certain ritual groups.

The Iatmul and Sawos have a highly developed name system, which covers very different aspects of their life. As these names mostly appear in pairs, the dual system has attained further refinement through this name system. There is an enormous variety in paired names, due to the many possibilities of combinations. Some of the most common dual components that differentiate names are the following:

ngi (black)	*soa* (white)
ngu (water)	*kami* (fish)
nya (sun)	*mbabm* (moon)

These few oppositions show us again the two forms of dualism, which were described by Bateson: water and fish could be seen as complementary pairs, water and earth as symmetrical pairs.

In this article I have touched upon only a few aspects of dualism at the level of thought and concepts. Dualism has a very important role for political competition, and I certainly could not describe in detail the economic relevance of dual division. However, the facts should make evident that dualism is a guiding principle in the way of thinking in Middle Sepik societies.

Notes

1 A first version of this paper was presented at the Wenner-Gren Symposium No. 101 "Sepik Culture History: Variation and Synthesis" in Mijas, Spain, 1986.
2 My field work among the Sawos was carried out in 1972–1974 and during some months in 1979–1981, when my work was focused on the Kwanga.
3 ə: neutral vowel less open than a, and similar to final vowel in English brother.
4 For more details on symbolism of the coconut palm and village site cf. Schindlbeck (1983).
5 Since Bateson's research among the Iatmul several anthropologists have worked in different villages, among them also Hauser-Schäublin in the village of Kararau in 1972/73. But none of them has concentrated on the question of dual structures.
6 These thoughts using also concepts by Louis Dumont (1980) cannot be followed into detail at this point. Nevertheless I thank the editors of this volume for their comments and hints.

References

Allen, Bryan J. (1976) *Information Flow and Innovation Diffusion in the East Sepik District, Papua New Guinea.* Ph.D. thesis, Australian National University.

Bateson, Gregory (1958) *Naven.* Stanford: Stanford University Press.

Bourdieu, Pierre (1979) *Entwurf einer Theorie der Praxis.* Frankfurt a.M.: Suhrkamp.

Dumont, Louis (1980) *Homo Hierarchicus: The Caste System and Its Implications.* Chicago: University of Chicago Press.

Gell, Alfred (1975) *Metamorphosis of the Cassowaries. Umeda Society, Language and Ritual.* London: Athlone Press.

Hauser-Schäublin, Brigitta (1984) Schweinefleisch und Totenseele. Zur Bedeutung des Schweines in der Kultur der Abelam. Papua-Neuguinea. *Verhandlungen der Naturforschenden Gesellschaft Basel* 94:335–365.

Hauser-Schäublin, Brigitta (1987) Ritueller Wettstreit mit Feldfrüchten: Yamsfeste im Sepik-Gebiet, Papua-Neuguinea. *Verhandlungen der Naturforschenden Gesellschaft Basel* 97:86–102.

Kaberry, Phyllis M. (1940/41) The Abelam Tribe, Sepik District, New Guinea. A Preliminary Report. *Oceania* 11:233–258, 345–367.

Koch, Karl (1940) Totemismus und Zweiklassen in Neuguinea. *Zeitschrift für Ethnologie* 71:318–385.

Mead, Margaret (1971) *The Mountain Arapesh,* Volume 3. Garden City, N.Y.: Natural History Press.

Rubel, Paula G. and Abraham Rosman (1978) *Your Own Pigs You May Not Eat*. Chicago and London: University of Chicago Press.

Schindlbeck, Markus (1980) *Sago bei den Sawos*. Basel: Ethnologisches Seminar der Universität and Museum für Völkerkunde (Basler Beiträge zur Ethnologie 19).

Schindlbeck, Markus (1983) Kokospalme und Brotfruchtbaum: Siedlungs-Vorstellungen der Sawos und Kwanga, Sepik-Gebiet, Papua-Neuguinea. *Geographica Helvetica* 38:3–10.

Schuster, Meinhard (1970) *Aibom – Beispiel einer Dorfstruktur am Mittelsepik*. Seminarvortrag in Neuenburg am 14. Mai 1970 (Unpublished Paper).

Silverman, Eric Kline (1996) The Gender of Cosmos: Totemism, Society and Embodiment in the Sepik River. *Oceania* 67:30–49.

Silverman, Eric Kline (2001) *Masculinity, Motherhood, and Mockery. Psychoanalyzing Culture and the Iatmul Naven Rite in New Guinea*. Ann Arbor: University of Michigan Press.

Thurnwald, Richard (1921) *Die Gemeinde der Banaro*. Stuttgart: Verlag von Ferdinand Enke.

Tuzin, Donald (1976) *The Ilahita Arapesh. Dimensions of Unity*. Los Angeles: University of California Press.

Ständig in Bewegung:
Heiligenverehrung im Laufe der Zeit

Beate Engelbrecht

Ein Dorf in Mexiko, etwas abseits der großen Straßen gelegen, landesweit bekannt für seine Töpferei, aber nicht für seine mehr als 30 Heiligenfiguren. In den letzten 100 Jahren haben die Heiligenfiguren eine bewegte Zeit erlebt: Revolution, Isolation, gewalttätige Auseinandersetzungen zwischen Staat und Kirche, innerdörfliche Streitigkeiten, Revitalisierung und Migration. Oft haben sie unter den Geschehnissen der Zeit gelitten und zugleich den Menschen Halt gegeben. Sie alle haben ihre eigenen Feste, ihre eigenen Riten, die sie am Leben erhalten. Ihr Ansehen verändert sich, sie werden bedeutend, geraten fast in Vergessenheit, werden reaktiviert oder gar mitgenommen in die Migration. Doch wem gehören die Heiligenfiguren, wer achtet auf sie, wer kümmert sich um sie, wer reklamiert welche Rechte an ihnen, wer trägt welche Pflichten in einer Zeit großer Mobilität? Und wer verehrt sie, welche Bedeutung haben sie für das Dorf, das die nationalen Grenzen überschritten hat, das nicht mehr durch Lokalität alleine zu definieren ist? Inwieweit verweisen die laufenden Veränderungen der Heiligenfeste auf einen grundlegenden Wandel des Dorflebens und des Selbstverständnisses seiner Bewohner?

Entdeckung der Heiligenfiguren[1] in Patamban

Heiligenfiguren sind in Patamban[2] überall präsent, allzeit zugegen, alltäglich. Als ich 1980 eine Feldforschung über die Töpferei des Dorfes mit damals rund 700 Töpferfamilien durchführte,[3] hatte ich sie jedoch nicht wahrgenommen. Erst als ich wieder zu Hause war, beschlich mich das Gefühl, etwas übersehen zu haben. Die Untersuchung der Töpferei und der Handelsbeziehungen hatte dazu geführt, dass ich gerade bei größeren Festen nicht im Dorf war. In den folgenden Jahren legte ich meine Feldforschungsaufenthalte so, dass ich den festlichen Jahreszyklus einmal miterleben konnte. Ich hatte das Glück, bei einer Familie zu wohnen, die in mehrfacher Hinsicht in diesen Zyklus eingebunden war: Dolores Gil, der Familienchef, war Mitglied im (kirchlichen) Ältestenrat[4] *(cabildo)*. Jova Gil, seine ledige Tochter, war die Ankleiderin der Heiligenfigur Mariä Himmelfahrt und liebt es bis heute, bei allen möglichen Festen zu helfen. Ich durfte sie bei zahlreichen Gelegenheiten begleiten und die Organisation der Feste untersuchen. Domitila Gil, Jovas Schwester, engagierte sich insbesondere im Rahmen der Kirche.

Nachdem ich alle Feste einmal gesehen hatte, entschied ich mich für den Zeitraum von Mariä Lichtmess[5] bis Ostern, da in diesen Wochen ganz unterschiedliche Heiligenfeste gefeiert werden, die alle durch die Karwoche miteinander verbunden sind. 1989 dokumentierte ich die wesentlichen Feste filmisch.[6] Seither wurde ich immer wieder gebeten, Heiligenfeste mit Video aufzunehmen. Ich hatte dadurch freien Zugang zu den jeweils betroffenen Orten, oft privaten Häusern oder nicht frei zugänglichen Kirchengebäuden.

Die Heiligenfiguren in Geschichte und Politik

Patamban gab es schon in vorkolonialer Zeit[7] als Streusiedlung. Früh in der Kolonialzeit wurde am heutigen Ort eine Kirche errichtet, ein „Hospital" *(yurichen)*[8] erbaut und ein Dorf in typischer spanischer Weise angelegt.[9] Don Vasco de Quiroga, der erste Bischof von Michoácan,[10] versuchte, in der Region – der Utopie Thomas Morus folgend – eine ideale Gesellschaft zu schaffen, in deren Zentrum die Gemeinschaft, die Kirche und Hospitäler als soziale Einrichtungen standen. Patamban, eine *communidad indígena* mit eigenem Land und eigenem Rechtsstatus, stand in dieser Tradition. Noch heute hat das Dorf Gemeindeeigentum, einen Verwalter dieser Gemeindegüter und einen kirchlichen Ältestenrat *cabildo,* der zugleich für die Heiligenfiguren des Dorfes und die zugehörigen Feste verantwortlich ist. Die Schutzpatronin von Patamban war María de la Asunción (Mariä Aufnahme in den Himmel).

Die Geschichte Mexikos und damit auch die von Patamban war in der ersten Hälfte des 20. Jahrhunderts besonders turbulent. Der mexikanischen Revolution (1910–20) folgten 20 Jahre heftiger Kämpfe zwischen Kirche und Staat, zwischen *Cristeros* (katholischen Untergrundkämpfern) und *Agraristas* (regierungstreuen Truppen), die sich bis in die letzten Winkel des Landes auswirkten. Damals mussten die Dorfbewohner ihr Dorf immer wieder verlassen. Wiederholt kamen Truppen und brandschatzten das Dorf. In jener Zeit war es nicht möglich, öffentlich Messen zu lesen oder Heilige zu verehren. Die Kirche ging in den Untergrund, Priester wie Heiligenfiguren wurden versteckt.[11] Die politische Organisation, auf der *communidad indígena* und dem *cabildo* basierend, war außer Funktion. Nach der Wahl von Lazaro Cardenas zum Präsidenten von Mexiko 1936 beruhigte sich die politische Lage um 1940. Der Priester konnte wieder in sein Amt zurückkehren. Die Heiligenfiguren wurden aus ihren Verstecken herausgeholt und blieben einfach in den Häusern, in denen sie versteckt worden waren. Der *cabildo* wurde nicht mehr eingesetzt. 1980 standen die älteren Leute von Patamban immer noch unter dem Eindruck jener Zeiten.

Patamban behielt den Status einer *communidad indígena* und den Verwalter der Gemeindegüter. Dieser bleibt bis heute jeweils solange im Amt, bis er vom Dorf abgewählt wird. Er untersteht dem Bundesministerium für die Agrarreform. Auf Dorfebene wird er eigentlich durch den *cabildo* kontrolliert. Da es in den 40er Jahren keinen *cabildo* gab, konnte der Verwalter damals eigenmächtig agieren. Dies führte zur Unzufriedenheit im Dorf. Jova Gil erzählte mir, dass der Verwalter z. B. in den 50er Jahren die kommunale Maismühle verkaufen wollte. Die Frauen protestierten dagegen, hatten aber keine Chance. Sie gingen bis zum Bundesministerium. Dort wurde ihnen erklärt, dass nur der *cabildo* ihm Einhalt gebieten konnte. Also musste Patamban wieder einen *cabildo* haben. Engagierte junge Frauen bearbeiteten deshalb ihre Väter solange, bis die traditionellen Feste wieder abgehalten wurden und ihre Väter sich als Kirchenräte einsetzen ließen. Damit hatten sie sich das Organ geschaffen, das schließlich verhindern konnte, dass die Maismühle verkauft wurde. Dass es den Frauen gelang, die mit Männern besetzten *cabildos* einzusetzen, verweist auf die starke Rolle, die die Frauen in Patamban innehaben, wie sie über ihre Männer, Väter oder Brüder auf die Dorfpolitik Einfluss nehmen.

Die folgenden vier Geschichten zeigen, wie sich Heiligenfeste laufend verändern, wie diese Veränderungen die sozio-ökonomischen Entwicklungen im Dorf widerspiegeln und die Feste den Dorfbewohner wiederum eine Möglichkeit bieten, mit diesen Entwicklungen umzugehen.

Inszenierung im Wandel: Die Karwoche

1980 sah ich zum ersten Mal Teile der Karwoche *(Semana Santa)*, jedoch nur die öffentlichen Aspekte, also die Messen und Gottesdienste sowie die Prozessionen. Damals kehrten zur Karwoche viele Migranten nach Hause zurück. In den Familien, ja im ganzen Dorf ging es hektisch zu. Früher war das anders. Man erinnerte sich an die Ruhe früherer Zeiten, als die Radios in der Karwoche ausgeschaltet werden mussten und man kein Feuer machen, also nicht kochen durfte. Ich war fasziniert und versuchte in den folgenden Jahren zu verstehen, worin die Besonderheit der Karwoche in Patamban lag.[12] Von Palmsonntag bis Ostersonntag werden die wichtigsten Geschichten der Passion nachgespielt.[13] Das ganze Dorf ist hierbei involviert. Die wichtigsten Rollen werden dabei von Heiligenfiguren und von menschlichen Darstellern übernommen.

Die meisten Heiligenfiguren stehen in *cargo,* d.h. sie werden für ein Jahr einer Familie übergeben, die sie umsorgt und ihre Feste ausrichtet.[14] Danach werden sie an die nächste Familie weitergegeben. Die Eigentümer der Heiligenfiguren überwachen das Geschehen. Manche Heiligenfiguren gehören Privatpersonen, manche der Kirche oder sie sind einem Dorfteil zugeordnet. Für die Heiligen der Kirche und Dorfteile sind die Kirchenräte verantwortlich. Bei den menschlichen Darstellern der Karwoche gibt es mehrere Gruppen. Die *judíos,* die römischen Soldaten, gehören zum Heiligen Señor de las Tres Caídas[15] des oberen Dorfteils. Es handelt sich dabei um eine große Gruppe von Jugendlichen, die während der Karwoche für Ordnung und Ruhe im Dorf sorgen. Sie stehen unter der Regie von Anführern,[16] die wiederum zum *cargo* des Heiligen gehören. Die *encendedoras,* die Kerzenträgerinnen, und ihr Vorsteher, der *kene,* sind bei jedem kirchlichen Fest und bei jeder Messe dabei. Ihre Heiligenfigur ist Mariä Empfängnis, die Patronin des Hospitals. Dieser *cargo* wird von den Kirchenräten vergeben. Dann tritt eine Gruppe von Jungen auf,[17] die den verstorbenen Jesus vom Kreuz und die Reliquien in Empfang nehmen. Des Weiteren sind die Apostel zu sehen, die vom Pfarrer nach Beratschlagung mit den Kirchenräten selbst ausgewählt werden. An ihnen führt der Pfarrer am Gründonnerstag die Fußwaschung durch. Die Kirche selbst wird zur Bühne, wird ständig umgestaltet und neu geschmückt. Die *mayordomos*[18] arbeiten zu, versorgen die Kirchenräte mit Essen und übernehmen weitere Aufgaben.

Die *Semana Santa,* wie ich sie 1980 gesehen, mir 1985 näher betrachtet und schließlich 1989 filmisch dokumentiert habe,[19] war in den 1950er Jahren von drei Leuten neu inszeniert worden: 1980 schon verstorben war Camilo Candelario Ascensio, der berühmte Hersteller von Heiligenfiguren. Er hatte die meisten der in der Karwoche auftretenden Heiligenfiguren, die aus Maispaste bestehen, hergestellt und das Bühnenbild für die Kreuzigung gemalt. Avelino Gonzalez war und ist immer noch Anführer *(encabezado)* des Señor de las Tres Caídas des oberen Dorfteils und für dessen Auftritt bei der Karwoche und für die *judíos* verantwortlich. Antonio Clemente aber war der Regisseur des Ganzen, allerseits akzeptiert und als absolute Autorität anerkannt. Er hatte die *Semana Santa* noch vor der Revolution erlebt. Das war sein Referenzpunkt, seine Definition von Tradition. Er hatte als Kind für die Priester im Untergrund gearbeitet und sie als Sakristan in ihr Amt eingeführt. Er verstarb 1989. Für mehr als ein halbes Jahrhundert hatten diese drei Personen jede Einzelheit bestimmt. Ihre Vorstellungen waren auch nach ihrem Tod noch maßgeblich. Sie waren jedoch nie Kirchenräte, mischten sich nie in die Politik ein.

Die Rolle der Kirche bei der Inszenierung der *Semana Santa* war und ist zwiespältig. Die Pfarrer werden in der Regel alle sieben Jahre ausgewechselt. Als wir den

Film drehten, hatte der damalige Pfarrer ein gespaltenes Verhältnis zu den Traditionen und wollte die Kirche von allem „bereinigen", was die Gläubigen vom Gottesdienst ablenken könnte. Die Dorfbewohner versuchten die Filmaufnahmen zu nutzen, um ihre Vorstellungen durchzusetzen. Ein Jahr später stimmten sie dann den neuen Pfarrer mit den Videokopien des Ausgangsmaterials auf die *Semana Santa* ein. Dieser Pfarrer unterstützte sie darin sehr.

Die Nonnen der benachbarten katholischen Schule spielen in der Karwoche eine wichtige Rolle. Insbesondere Madre María, eine gebürtige Patambeña, war immer zugegen, kannte sich in den Abläufen bestens aus und übernahm gelegentlich die Regie. Bei den Prozessionen der Marienfiguren hatte sie eine führende Stellung.[20]

Die volle Bedeutung von Antonio Clemente für die Karwoche wurde nach seinem Tod 1989 deutlich. 1990 begann eine Diskussion darüber, wer denn seinen Platz einnehmen könnte. Da war Antonio Chavez, ein junger engagierter Mann, der ähnlich wie Antonio Clemente ständig in der Kirche war, immer präsent, immer mitdenkend. Er war wohl jedoch viel zu jung, um von einer Mehrheit akzeptiert zu werden. Da war Antonio Hernandez, Töpfer und Hersteller von Heiligenfiguren, der sich auch immer um die Ausstattung der *Semana Santa* kümmerte. Er war sehr kenntnisreich, aber an einer Übernahme dieser Aufgabe wenig interessiert. Dann gab es noch José Cuevas, den Neffen von Antonio Clemente. Bisher war er im kirchlichen Umfeld weniger in Erscheinung getreten, erhob jedoch den Anspruch, den Platz seines Onkels einzunehmen. Damit begann eine Phase der Re-Orientierung. Mehrere Leute mischten sich in die Inszenierung ein, jeder ging davon aus, dass das, was er in der Kindheit erlebt hatte, genau die Tradition war, die fortgeführt werden sollte. Erst 2007 kündigte sich eine neue Ära an. Der Pfarrer hatte das System der Kirchenräte reformiert: es gibt jetzt nur noch einen *cabildo* mit von ihm ausgesuchten jüngeren Männern, von denen jedoch wenige ein Wissen über die Traditionen mitbringen. Andererseits war Antonio Chavez inzwischen älter geworden. Er hatte sich über all die Jahre intensiv um die Heiligenfiguren der Karwoche gekümmert, alle Feste begleitet und bei keiner Karwoche gefehlt. Für ihn stellte sich die Frage, wie er in Zukunft den Balance-Akt zwischen Erhaltung der Tradition, Positionierung zur Kirche und Integration der Migranten, d. h. auch eine Erneuerung, bewerkstelligen sollte.

Bei der Karwoche zeigt sich, wie Tradition immer wieder neu definiert und inszeniert wird, wie Veränderungen von verschiedenen Parteien auch genutzt werden, um Machtpositionen neu zu bestimmen. Das folgende Fest mag einst ebenfalls Gegenstand von Machtspielen gewesen sein. Gewisse Elemente deuten darauf hin. Dennoch scheint der soziokulturelle Wandel seit den 1940er Jahren hier eher zu einer zunehmenden Bedeutungslosigkeit geführt zu haben.

Das Fest der „Mariä Aufnahme in den Himmel" im Niedergang

Mariä Aufnahme in den Himmel, María de la Asunción oder Virgen del Agosto genannt,[21] war bis Anfang des 20. Jahrhunderts die Patronin von Patamban gewesen. Heute ist dies San Francisco.[22] Interessanterweise hatte sich dieser Wechsel auf das Fest nicht ausgewirkt. Bis heute ist das Fest für San Francisco vollkommen unbedeutend, während für die Virgen noch lange ein großes Fest gemacht wurde. Es gibt für jeden Dorfteil eine Virgen del Agosto. Der *cargo* wird vom jeweiligen *cabildo* vergeben. Am 15. August fand früher das große Fest statt, es war das Dorffest.[23] Es kamen Blaskapellen *(bandas)*, Karussells und Händler aus anderen Dörfern, es gab Stierkämpfe, die Kerzenträgerinnen stifteten der Kirche neue Kerzen. Nach dem Fest wurde die Virgen del Agosto dem nächsten *carguero* übergeben.

Für das Hab und Gut der Virgen del Agosto ist eine unverheiratete Frau verantwortlich. Sie wechselt auch deren Kleider, wird doch je nach Jahreszeit etwas anderes getragen, auch heute noch. In den 1980er Jahren hat dies unter anderem Jova Gil aus meiner Gastfamilie gemacht. Ich hatte darum gebeten, mir immer Bescheid zu sagen, wenn etwas Wichtiges anstand, musste jedoch feststellen, dass wir nicht das Gleiche für wichtig hielten. So bemerkte ich 1981 eines Nachmittags, dass Jova nicht im Gehöft war. Man sagte mir, dass sie bei der Virgen del Agosto sei. Also ging ich los und sah dann, dass man gerade dabei war, die Kleider der Virgen del Agosto zusammenzupacken. Mehrere Frauen gingen mit allen Kleidern quer durchs Dorf zur Wasserstelle und wuschen sie dort. Am Festtag selbst fand eine Messe statt. Die Verwandten, Gevatter *(compadres)*[24], Nachbarn, Kirchenräte, Kerzenträgerinnen usw. kamen nach der Messe zum *carguero*. Sie brachten *kuijpen*[25] mit, um den *cargueros* zu helfen. Manch einer hat schon vorher einen Sack Mehl oder größere Mengen anderer Lebensmittel gespendet. *Carguero* eines großen Festes zu sein heißt, in der Lage zu sein, sein gesamtes soziales Netzwerk zu aktivieren. Er braucht Leute, die die Arbeiten erledigen und andere, die durch Spenden die finanzielle Last mit tragen helfen. Die Spender bekamen als Gegengabe Brot und Bananen, die Menge richtete sich nach der Höhe der Spende, und die wichtigen unter ihnen – die Gevatter, Kirchenräte und Kerzenträgerinnen – bekamen ein Mittagessen. Es kamen auch die neuen *cargueros* mit ihren Verwandten und Gevattern. Damit begann eigentlich schon die Übergabe. Am nächsten Tag saß man dann zusammen, die alten und neuen *cargueros,* der Schatzmeister des *cabildo*, die Verantwortliche für die Kleider. Das Hab und Gut der Virgen del Agosto wurde ausgebreitet und geprüft. Es wurde anhand einer alten Liste kontrolliert, ob noch alles da war. Zu- und Abgänge wurden vermerkt und eine neue Liste erstellt. Die Atmosphäre war gespannt, es wurde diskutiert, argumentiert, sich erinnert und auch vorausgeschaut. Schließlich wurde alles zusammengepackt. Der *cargo* endete mit der Prozession der Virgen del Agosto zum Haus des neuen *carguero*. Während des ganzen Festes spielte eine Blaskapelle aus einem benachbarten Dorf. Das Fest für die Virgen del Agosto war eines der großen Feste des Dorfes gewesen. 1981 war es immer noch recht groß, mit allen Messen wie auch Marktständen und Karussels. Als ich in den 90er Jahren Patamban wieder besuchte, musste ich feststellen, dass die Virgen del Agosto vollkommen unbedeutend geworden war. Mit Mühe und Not fand man jemanden, der bereit war, sich um sie zu kümmern, sie ordentlich aufzubewahren. Die „carguera" wurde von den meisten Pflichten entbunden. Die Virgen del Agosto war nicht mehr gefragt.

Über die Gründe des Untergangs des Festes kann ich zurzeit nur Vermutungen anstellen. Dazu gehört, dass nach der Revolution die traditionelle sozio-politische Struktur zwar noch vorhanden war, aber nicht mehr gelebt wurde. Es gab zwei Dorfteile. Jeder hatte eine Virgen del Agosto, jeder hatte auch einen *cabildo*, der den *cargo* vergab, und jeder Dorfteil machte ein großes Feuerwerk am Abend des Heiligenfestes. Aber diese Dorfteilung besteht real nicht mehr, d.h. sie ist für politische Entscheidungen des Dorfes unerheblich. Ein Wettstreit zwischen den beiden Dorfteilen in Form eines Feuerwerk-Duells hat keine Grundlage mehr. Die hohen Kosten eines solchen Festes waren möglicherweise nicht mehr tragbar. Bemerkenswert ist jedoch, dass zur gleichen Zeit ein anderes Fest laufend an Bedeutung gewonnen hat, das Fest für Jesus von Nazareth.

Das Fest für Jesus von Nazareth im Aufwind

Ganz anders stellt sich die Geschichte der *Fiesta* für die Heiligenfigur Jesús Nazareno dar.[26] Jesús Nazareno, eine Darstellung Jesus' von Nazareth, gibt es in Patamban erst seit dem 20. Jahrhundert.[27] 1969 scheinen zweimal Gläubige von außerhalb gekommen zu sein, um bei ihm zu beten. Sie haben verdeutlicht, wie besonders wundertätig der Jesús Nazareno von Patamban ist. Von da an nahm seine Beliebtheit ständig zu und wurde über die Dorfgrenzen hinaus bekannt.[28] Immer mehr Menschen besuchten ihn während des Jahres oder an seinem Fest, das am 3. Freitag der Fastenzeit stattfindet und das letzte Abendmahl repräsentiert. Der *cargo* gilt als besonders schwer, ist er doch mit vielen Messen und Prozessionen verbunden. In das eigentliche Fest ist das ganze Dorf involviert, sei es als HelferIn, sei es als einer der zahlreichen Besucher, die Geschenke bringen und dafür ein Essen erhalten. Dieses wird auf langen Tischen in rasender Geschwindigkeit serviert und ebenso schnell von den Besuchern abgeräumt. Alleine die Logistik ist bemerkenswert.

Viele Menschen besuchten Jesús Nazareno. Mit der Zeit wurden noch zwei weitere Skulpturen von ihm geschaffen, eine mittelgroße und eine kleine. Bei den Prozessionen treten alle drei gemeinsam auf. Ansonsten hat jede Heiligenfigur ihren eigenen *cargo*, ihre eigenen Verantwortlichen.[29] Den *cargo* für den großen Jesús zu bekommen ist schwierig, kann man doch durch ihn viel Prestige gewinnen, und die Warteliste ist entsprechend lang. Der Eigentümer lebt in den USA, kommt nur gelegentlich zum Fest und hat seine Aufgabe, über den *cargo* zu wachen und bei allen wichtigen Handlungen anwesend zu sein, an ein verwandtes Ehepaar im Dorf delegiert. Der *carguero* selbst übernimmt die Organisation aller Feierlichkeiten und die Kosten. Beides verlangt von ihm großes Geschick, viel Diplomatie und gute Beziehungen. Er steht ständig auf dem Prüfstein, da die Dorfbewohner alles beobachten, alles kontrollieren und (vermeintlich) alles wissen. Es wird Buch geführt, damit alle, die etwas geben, später etwas zurückbekommen. Keiner darf vergessen werden. Schlechtes Gerede wäre die Folge. Die *cargueros* von Jesús stehen andererseits schnell im Ruf, damit Geld zu verdienen und mit einem Plus aus dem Fest herauszukommen. Ohne die (finanzielle) Beteiligung der Migranten wäre das Fest in der heutigen Form aber nicht mehr durchzuführen. Sie sind in unterschiedlicher Form involviert: als *carguero*, als Verwandter oder Gevatter eines *carguero,* als Gläubige, als Dorfbewohner. Inzwischen hat ein Migrant eine Kopie von Jesús Nazareno herstellen lassen und sie in der Hoffnung, dass sich seine Kraft auch dort entfaltet, in die USA mitgenommen.

Im Gegensatz zur Virgen del Agosto, die ja eng mit der traditionellen Dorfstruktur verbunden war, repräsentiert Jesús Nazareno das Dorf als Ganzes nach außen. Schon früh wurde er auch bzw. gerade von Gläubigen von außerhalb verehrt. Es ist ein Wettstreit im Dorf darüber ausgebrochen, wer das größte Fest für ihn organisiert. Die Einbettung seiner Festlichkeiten in die Zeit vor und in der Karwoche verstärkt seine Stellung als wichtigster Heiliger des Dorfes. Jesus ist kein Heiliger, er gehört zur göttlichen Familie, zur Dreifaltigkeit, zur Repräsentation der Kirche. Insofern ist es nicht verwunderlich, dass eine weitere Darstellung von Jesus, Christus der König (Cristo Rey), in ganz Mexiko, so auch in Patamban, eine herausragende Stellung einnimmt.

Das Fest für Christus der König – ein Fest für die Allgemeinheit

Christus der König (Cristo Rey)[30] ist der Heilige der Cristeros, der katholischen Untergrundkämpfer. Ihm zu Ehren wurde hoch über Patamban eine Statue errichtet.[31] 1946 regte ein Priester an, am letzten Sonntag im Oktober eine Prozession zur Statue zu machen.[32] Die Dorfbewohner schmückten den Weg mit verzierten Bögen und Blumenteppichen. Mit der Zeit nahmen immer mehr Auswärtige an dieser Prozession teil. In den 1970er Jahren kam ein staatlich organisierter Töpfereiwettbewerb dazu, der in einem großen Töpfereimarkt resultierte. Immer mehr Essens- aber auch sonstige Verkaufsstände, insbesondere auswärtiger Händler, wurden aufgestellt, es kamen Karussells und Blaskapellen und schließlich wurde auch ein Tanzabend veranstaltet, ein großes Feuerwerk *(castillo)* durchgeführt und montags fand ein *rodeo* statt.

Als ich das Fest 1994 beobachtete, lag die Organisation in den Händen vieler. Vertreter der Kirche, der Dorfverwaltung oder der Töpfer übernahmen gewisse Aufgaben. Cristo Rey steht nicht in *cargo,* d. h. es gibt keine einzelne Familie, die nach ihm schaut und ihm zu Ehren ein Fest veranstaltet. Für das Fest von Cristo Rey sind das ganze Dorf und vor allem die Kirche verantwortlich. Die Organisation der verschiedenen Messen lag beim Pfarrer, der Schmuck der Kirche wurde von der *Fiesta* zu Ehren von San

Francisco (4. Oktober) übernommen. Das Schmücken der Straßen, die Herstellung der Girlanden, Bögen und Blumenteppiche lag in der Verantwortung der Anwohner. War jemand abwesend, so musste er einen Vertreter bestimmen. Die Anwohner gaben viele der Aufgaben an Familienangehörige bzw. Gevatter weiter. Die Blaskappellen und das Feuerwerk wurden von den Dorfhälften bzw. Dorfvierteln finanziert. Das Sammeln des Geldes wie auch die Organisation und Betreuung der Musiker bzw. Feuerwerksbauer lagen in den Händen von Bevollmächtigten *(comisionados)*, die von den Kirchenräten ernannt worden waren. Die Vergabe der Plätze für die Verkaufsstände und der Karussells lag in der Verantwortung des gewählten Ortsvorstehers, des *Jefe de Tenencia*, während die Vergabe der Plätze für die Töpferstände wie auch die Organisation des Töpferwettbewerbs die Vertreter der diversen Töpfer-Kooperativen übernahmen. Das *rodeo* wurde von Männern organisiert, die von sich aus diese Aufgabe übernahmen. Über die zahlreichen Gruppen, die das Fest organisierten, waren eigentlich alle Familien am Fest beteiligt. Zudem hatten sie ihre Töpferproduktion, den Verkauf der Tonwaren und die Bewirtung ihrer Gäste zu bewältigen. Für Wochen ist jeder im Dorf mit dem Fest beschäftigt.

Cristo Rey ist seit den 1960 Jahren zu der *Fiesta* des Dorfes geworden. Die *Fiesta* unterscheidet sich von allen anderen Heiligenfesten darin, dass sie keinen *cargo* beinhaltet. Das Fest trägt also nicht zum Prestige einer einzelnen Familie bei. Es ist der einzige Anlass, bei dem die verschiedensten Gruppen gemeinsam agieren, um das Dorf nach außen zu vertreten. Die Blumenteppiche, deretwegen jedes Jahr Tausende von Besuchern ins Dorf kommen, scheinen die Töpferei, für die Patamban landesweit bekannt war, als *cultural marker* abzulösen. Touristen berichten darüber auf Internetseiten,[33] einheimische wie externe Videoproduktionen[34] dokumentieren die *Fiesta* und verbreiten die Filme auf DVD unter den Migranten und zeigen sie im Internet. Die Blumenteppiche sind inzwischen auch auf Reisen gegangen und werden bei anderen regionalen und nationalen Festlichkeiten ausgelegt. Verbunden werden damit Repräsentationen des Dorfes, der Purhépecha Kultur und/oder des Bundesstaates Michoacán.[35] Die Dorfbewohner haben durch die *Fiesta* Cristo Rey einen neuen Stolz entwickelt. Mit dieser *Fiesta* richten sie sich bewusst an die Außenwelt, von der man sich nach der Revolution abschottete, und sie adressieren bewusst auch die Patambeños in der Migration.[36]

Heiligenverehrung transnational

Die Migration von Patambeños in die USA begann schon in der ersten Hälfte des 20. Jahrhunderts. In den letzten 20 Jahren ist sie zu einem wesentlichen Teil des Dorflebens geworden. Die meisten Migranten halten mittels Telefonanrufen, Videobotschaften und gelegentlichen Besuchen Kontakt mit ihren Familien.[37] Diese Besuche stehen fast immer in Verbindung mit einem Fest. Die beliebtesten Zeitpunkte für einen Besuch sind die *Semana Santa* und die *Fiesta* Cristo Rey. Hier feiert das ganze Dorf, in dieser

Zeit gibt es viel Unterhaltung, und man trifft andere Migranten. Nicht selten übernehmen die Migranten einen Teil der Kosten für die *cargos* ihrer Familien oder übernehmen selbst einen *cargo* und bitten ihre Familien in Patamban, die routinemäßigen Aufgaben während des Jahres zu erledigen. Für die *Fiesta* selbst kehren sie dann für einen längeren Zeitraum mit ihrer ganzen Familie nach Patamban zurück. Dies scheint vor allem für die Heiligen, deren *cargo* in Zusammenhang mit der *Semana Santa* wechselt, zuzutreffen. Immer häufiger wird jedoch Antonio Hernandez gebeten, ein Duplikat einer Heiligenfigur anzufertigen, damit man sie in die USA mitnehmen kann. Dort versuchen die Migranten, neue Feste zu installieren. Dennoch scheint dies nicht so einfach zu sein. Bei meinen diversen Aufenthalten in Florida konnte ich beobachten, dass sich die Besuche von Patambeños in der Migration meist auf das Wochenende und auf Familienfeste beschränkten. Hinsichtlich der Heiligenfeste verfolgen die Migranten der ersten Generation eher das Geschehen in Patamban.

Im Verlauf der fast 25 Jahre, in denen ich Patamban und „Klein-Patamban" in Florida immer wieder besucht habe, veränderten sich die meisten Feste. Viele sind unbedeutender geworden, einige dafür wesentlich wichtiger. Daran sind viele Akteure in Patamban beteiligt, die die Feste immer wieder neu interpretieren und inszenieren. Aber auch die Besucher wirken daran mit. Sie entscheiden letztlich darüber, wie bedeutend ein Fest wirklich ist. Während bis in die frühen 80er Jahre das Dorf selbst Adressat war und durch die Feste in seinem Binnenverhältnis bestätigt und gestärkt wurde, scheinen die Feste heute ein geeignetes Mittel zu sein, um sich als Dorf, als Purhépecha, als Michoacano mit den jeweiligen Beziehungen „nach außen" immer wieder neu zu definieren. Dabei ist insbesondere eine zunehmende Öffnung des Dorfes zu bemerken. Während man sich zu Zeiten der Revolution gegen außen verschloss und fremde Besucher mit Misstrauen betrachtete, sieht man sich heute doch wesentlich mehr als Teil einer transnationalen Gemeinschaft. Als ein Indiz dafür dürfte die Tatsache gewertet werden, dass Feste, die eher die Familien der *cargueros* und die Binnenstruktur des Dorfes stärken, an Bedeutung verlieren, während wesentlich mehr Geld und Zeit auf die Feste verwendet werden, die sich an die „Außenwelt" richten, an die Migranten, an die Auswärtigen, die Patamban als touristische Attraktion entdecken. Eine große *Fiesta* mit vielen Besuchern soll die Migranten mit Stolz auf ihre Herkunft erfüllen. Die *Fiestas* haben damit eine vollkommen neue Aufgabe bekommen. Zugleich erfüllen sie ihre ursprüngliche Funktion. Gewissen Traditionen verpflichtet, ermöglichen sie eine laufende Neuinterpretation der Dorfgemeinschaft.

Anmerkungen

1   Der Begriff Heiligenfiguren wird hier für alle Repräsentationen von Heiligen und Mitgliedern der göttlichen Familie verwendet.
2   Patamban liegt im Bundesstaat Michoacán (Mexiko) und versteht sich als Purhépecha-Dorf.

3 Die Töpferei wurde schon in vorspanischer Zeit betrieben. Bis ins 20. Jahrhundert war sie die Erwerbsquelle des Dorfes (vgl. Engelbrecht 1987).
4 Da es zwei Dorfteile gibt, den oberen und den unteren, gibt es auch zwei *cabildos* mit jeweils 12 Männern.
5 *La Candelaria*: Maria Lichtmess (Reinigung von Maria) am 2. Februar.
6 Es handelte sich dabei um die Feste La Candelaría, Karneval, Jesús Nazareno und die Karwoche (siehe Filmographie: Engelbrecht 1991, 1995, 2009; Engelbrecht und Krüger 1997).
7 Die Kolonialzeit dauerte von 1521 bis 1821.
8 Der *yurichen* war eine Einrichtung, die vor allem die Waisen, Kranken und Witwer/n versorgen sollte.
9 Alvarez Ruíz (1995:16–46), Engelbrecht (1987:26–32).
10 Er war von ca. 1537–1565 Bischof (vgl. Zavala 1965).
11 Vgl. Alvarez Ruíz (1992:3).
12 Vgl. Engelbrecht (1994).
13 Die Aufführung der Passionsgeschichte erinnert daran, dass im 16. Jahrhundert Theater zur Missionierung der Indianer eingesetzt wurde (vgl. Guerra 1996).
14 Die Familien, die einen *cargo* übernehmen, gewinnen dadurch Prestige. In früherer Zeit stiegen sie im sozialen Gefüge auf, die Männer übernahmen immer wichtigere Positionen in der Dorfpolitik.
15 Darstellung von Christus, der beim Kreuzweg drei Mal hinfällt.
16 Diese Anführer, *encabezados* genannte, behalten ihr Amt über Jahre und unterstehen dem Eigentümer des Señor de las Tres Caídas.
17 *Hombres valientes* (beherzte Männer), Jungen im Alter von ca. 4–20 Jahren.
18 Die Übernahme einer *mayordomía* ist auch ein *cargo*. Ein *mayordomo* ist ein Verwalter, d. h. die *mayordomos* übernehmen bestimmte Verwaltungsaufgaben im Ablauf der Karwoche.
19 Filmographie: Engelbrecht (1992).
20 Nach dem Tod ihrer Mutter Mitte der 1990er Jahre wurde sie jedoch an einen anderen Ort versetzt. Ihr Wissen ist dem Dorf endgültig verloren gegangen.
21 Patamban hat für jeden der zwei Dorfteile eine eigene Darstellung von Mariä Aufnahme in den Himmel (auch Mariä Himmelfahrt). Mariä Himmelfahrt ist ein Hochfest der römisch-katholischen Kirche, das am 15. August gefeiert wird. Deshalb wird sie in Patamban auch Virgen del Agosto genannt.
22 Im Dorf wird die Geschichte erzählt, dass einmal zur gleichen Zeit die Dorfheiligen von Patamban und von Tangancícuaro überarbeitet und bei der Auslieferung der Heiligenfiguren verwechselt wurden. Näheres ist nicht bekannt (vgl. Alvarez Ruíz 1995:28–29).
23 Alvarez Ruíz (1995:28,273–276).
24 *Compadres* sind die Paten von Kindern. Sie werden zu Miteltern und stärken das Beziehungsnetz der Eltern.
25 *Kujpen* sind Spenden in Form von etwas Mais, Reis, Salz und Geld. Die engeren Verwandten und *compadres* des *carguero* bringen wieder ihre Verwandten und *compadres* mit. So werden diverse soziale Netzwerke aktiviert.
26 1989 und 1998 konnte ich die *Fiesta* filmisch dokumentieren und somit das Geschehen besonders nah miterleben. 1998 war ich vom *carguero* gebeten worden, alles mit Video aufzunehmen, wodurch ich eine große Bewegungsfreiheit hatte und viele Hintergrundinformationen bekam.

27 Vgl. Moctezuma Yano and Ruíz Guadalajara (2003).
28 Vgl. Moctezuma Yano and Ruíz Guadalajara (2003:173–4).
29 Alle drei Heiligenfiguren wurden von Privatpersonen erworben oder in deren Auftrag hergestellt und sind somit Privateigentum (Alvarez Ruíz 1995:257; Moctezuma Yano and Ruíz Guadalajara 2003).
30 „Das Königtum Jesu wird von den Christen durch den Titel Kyrios ausgedrückt, der eigentlich dem Kaiser von Rom zustand. Der auferstandene Christus wird dem gottgleichen Kaiser gegenüber gestellt und als Pantokrator, d. h. als Weltenherr verehrt. Nicht zuletzt deswegen gerieten die Christen in Konflikt mit dem römischen Staat. Sie erkannten zwar die staatliche Macht an, verweigerten ihr aber kultische Verehrung. Das heutige Christkönigsfest wurde 1925 von Papst Pius XI eingeführt." (<http://www.kath.de/Kirchenjahr/christkoenig.php> [3.6.2009]).
31 Das Datum der Errichtung ist mir unbekannt.
32 Alvarez Ruíz (1995:278).
33 Vgl. <http://www.uvm.edu/~dstratto/mexico/patamban.html>.
34 Vgl. <http://www.videos.es/b/patamban/> [18.9.2009]; Video Grabaciones Pacífico (2006); Video Grabaciones RG Rodolfo & Griselda Patamban (2006).
35 Vgl. <http://www.lajornadamichoacan.com.mx/2006/11/12/16n2cul.html> [18.9.2009].
36 "Esta fiesta que ellos [los migrantes], y nosotros, y Usted también ya conoce, pues, es a nivel international. En ese tipo de fiesta nos encontramos con gentes de Japon, Francia, España, Inglaterra, y muchas personas que vienen de distintos países. Para Patamban y todos los habitantes es un orgullo ahora nosotros que hicimos, y todos aquellos que a miran de los Estados Unidos de mucho de la vida ... estamos con ellos y están con nosotros en este momento estando en esa gran fiesta, la fiesta de Cristo Rey." (Statement im Film "Cristo Rey 2006" Video Grabaciones Pacífico 2006).
37 In den letzten Jahren sind Besuche weitaus seltener geworden, da der illegale Grenzübertritt äußerst gefährlich geworden ist.

Literatur

Alvarez Ruíz, Serafín (1995) *Patamban de la Asunción. Lugar de Carrizos. Nacimiento. Costumbres. Tradiciones.* Chilchota, Mich.: Ediciones Patamban.

Alvarez Ruíz, Serafín (1992) *Dos Martires de nuestra región indígena.* Patamban: Ediciones Patamban.

Guerra, Eloy (1996) *El teatro religioso popular en Nuevo México: desarollo y categorías.* Texas Tech University (Dissertation). Abrufbar unter <http://etd.lib.ttu.edu/theses/available/etd-11252008-31295012024872/unrestricted/31295012024872.pdf> [30.5.2009]

Engelbrecht, Beate (1994) Brüche durch Wandel: Das Beispiel der *Semana Santa* in Patamban, Michoacán, Mexiko. In: Matthias S. Laubscher und Bertram Turner (Hg.): *Völkerkunde-Tagung 1991. Band 2: Regionale Völkerkunde,* S. 83–93. München: Akademischer Verlag.

Engelbrecht, Beate (1992) *Semana Santa:* Ein Film kehrt zurück. *IWF aktuell* 21:7–8.

Engelbrecht, Beate (1987) *Töpferinnen in Mexiko: Entwicklungsethnologische Untersuchungen zur Produktion und Vermarktung der Täpferei von Patamban und Tzintzuntzan, Michoacán, West-Mexiko.* Basel: Wepf (Basler Beiträge zur Ethnologie 26).

Moctezuma Yano, Patricia und Juan Carlos Ruíz Guadalajara (2003) Migración y Devoción: El culto "Al Jesús Nazareno" de Patamban, Michoacán. In: José Luis Seefoó Luján und Luis Ramírez Sevilla (Hg.): *Estudios michoacanos* XI, S. 146–214. Zamora, Mich.: Colegio de Michoacán, Gobierno del Estado de Michoacán (Estudios michoacanos 11).

Zavala, Silvio (1965) *Recuerdo de Vasco de Quiroga.* Mexico: Editorial Porrua, S. A.

Filme

Engelbrecht, Beate (2009) *Karneval in Patamban, Michoacán, Mexiko.* Göttingen: Institut für den Wissenschaftlichen Film.

Engelbrecht, Beate und Manfred Krüger (1997) *Töpferinnen in Patamban – Arbeitsalltag einer Großfamilie (Michoacán, Mexiko).* Göttingen: Institut für den Wissenschaftlichen Film (C 1967).

Engelbrecht, Beate (1995) *Mariä Lichtmeß in Patamban, Michoacán, Mexiko.* Göttingen: Institut für den Wissenschaftlichen Film (C 1895).

Engelbrecht, Beate (1992) *Purhépecha (Mexiko, Michoacán), Semana Santa - Die Heilige Woche in Patamban.* Göttingen: Institut für den Wissenschaftlichen Film (E 3135).

El Independiente en la linea (2008) *Fiesta de Cristo Rey en Patamban.* Production: El Independiente (periódico). Upload 29.10.2008. Abrufbar unter <http://www.youtube.com/watch?v=P2y2U0QO8RU&hl=de>.

Reportaje de televisión. (s.a.) Producción: Ruta 21. Upload 7.3.2007. Abrufbar unter <http://www.youtube.com/watch?v=-30FzlmRBwY&hl=de>.

Video Grabaciones Pacífico (2006) „Sin Titulo" DVD.

Video Grabaciones RG Rodolfo und Griselda Patamban (2006) „Sin Titulo" DVD.

Blanjong: An Ancient Port Site in Southern Bali, Indonesia

I Wayan Ardika

The archeology of Bali is not only a vast and interesting field, but also an area of recent fruitful interdisciplinary research between Brigitta Hauser-Schäublin and myself, which resulted in the book "Burials, Texts and Rituals. Ethnoarcheaological Investigations in Northern Bali, Indonesia" (Hauser-Schäublin and Ardika 2008). Our studies focused on the villages of Sembiran and Julah in northern Bali, which were harbour and trading centers for over 1000 years in transmarine trade between India and China. In this contribution I will concentrate on Blanjong, an archaeological port site in southern Bali, and its economic and political importance.

Inscriptional Evidence for Dating the Site

Blanjong is located in the tourist area of Sanur in southern Bali. Upon the discovery of a stone inscription at Blanjong, the area has attracted the attention of historians, and especially epigraphists from the 1930s onwards. The inscription is written in two types of scripts (biscript) and two languages (bilingual). One side (side A) of the inscription was written in the Nagari script with Old Balinese language and the other side (side B) was written in Kawi style script with Sanskrit language.

According to Stutterheim (1934), the appearance of a Nagari script and the Sanskrit language in the inscription of Blanjong suggests that North Indian cultures had already been influencing Bali in the 10th century AD. He assumes that Blanjong could be an ancient port site where Indian traders might have been active as early as the 10th century AD. A chronogram which was depicted on the Blanjong inscription was read by Sten Konow as "khecara wahnimurti ganite" which is equal to the year 839 (year AD 764) in the Balinese Saka calendar (cit. in Stutterheim 1934:128). Based on the similarities between the inscription of Blanjong and contemporary Indian inscriptions, Casparis (1975:37) believes that there was direct Indian influence on Bali.

Damais (1951) made a correction of Konow's interpretation of the chronogram of the Blanjong inscription, as he read the chronogram as *saka'bde sara wahnimurti ganite* which is equal to the *Saka* year 835 or AD 913. As of yet, the problem of the correct translation of the date has not been solved.

Material Evidence for Dating the Site

Based on the discovery of the Blanjong inscription and some fragments of a monument and statues found at the site, Ardika (1981:20) conducted a systematic archaeological survey at Blanjong in 1980. This survey produced significant archaeological data including potsherds and ceramics which tend to concentrate around 300 m southwest and northeast of the Blanjong inscription. Over the last three years, the Department of Archaeology, Faculty of Letters, of Udayana University in collaboration with the National Archaeological Research Center in Jakarta has conducted excavations at Blanjong. These programmes excavated nine trenches (Blanjong I-IX) and produced potsherds, Chinese ceramics and animal bones as well as human burial remains (Tim Jurusan Arkeologi 2006, 2007, 2008). The Chinese ceramics have been identified to include Tang, Sung and Yuan specimens dated from 7th–10th century AD (John Miksic, personal communication 2007; Tim Jurusan Arkeologi 2006, 2007, 2008).[1]

The inscriptional data, the discoveries of Chinese ceramics and the geographical setting of the site itself indicate that Blanjong could be a port site in southern Bali dating back to at least the early 10th century AD or that it is contemporary with the Blanjong inscription (AD 913). Bali's northeastern coast has at least one ancient port site – the already mentioned Julah including Pacung and Sembiran – which has been identified (Ardika 1991, 2008). This assumption is also based on inscriptional data of Julah and Sembiran and on the archaeological data, in particular some Indian potteries found at the site.

The Political Importance of Blanjong

The inscription of Blanjong mentions that Adhipatih (King) Kesari defeated his enemies at Gurun and Suwal in *Saka* 835 or AD 913 (Goris 1954:64–65)[2]. Similar inscriptions have also been discovered at the villages of Malat Gede and Panempahan around Tampaksiring in central Bali. The inscriptions of Malat Gede were edited in the *Saka* year of 835 during the month of *Phalguna*. The date of the inscription of Panempahan is illegible, thus the time of editing is unclear, yet the month *Phalguna* remains the same. These three inscriptions mention that King Kesari defeated his enemies probably around Tampaksiring in central Bali and around Blanjong in the coastal area of southeastern Bali. Sukarto (1967) believes that King Kesari could be the founding father of the Warmmadewa dynasty in Bali, since he was the first name of a king mentioned in the Balinese inscriptions.

The inscriptional data thus suggests that the site of Blanjong could be an important place for King Kesari Warmmadewa in defeating his enemies at Gurun and Suwal. The inscription of Blanjong itself was made of stone or tuff, which is not available around the coastal area of Blanjong/Sanur. This indicates that it must have been brought from another area or an inland site. Like the Malat Gede and Panempahan inscriptions, the Blanjong one was also a *jaya stambha* or a symbol of victory for Kesari Warmmadewa in defeating his enemies.

This paper will further discuss the role of King Kesari Warmmadewa, who was the first Balinese king mentioned in Balinese inscriptions and the founding father of the Warmmadewa dynasty which reigned Bali between the 9th and the 14th centuries AD.

King Kesari Warmmadewa

Prior to the inscriptions referring to King Kesari Warmmadewa at Blanjong, Malat Gede and Panempahan, seven other inscriptions had already been found in Bali. These inscriptions, which do not mention names of kings, include Sukawana AI (*Saka* 804 or 882 AD), Bebetin AI (*Saka* 818 or 896 AD), Trunyan AI (*Saka* 813 or 891 AD), Trunyan B (*Saka* 833 or 911 AD), Bangli Pura Kehen A (the date is illegible), Gobleg Pura Desa I (*Saka* 836 or 914 AD) and Angsari A (without dating) (Goris 1954:53–62). Most of these inscriptions were published or edited at the place called Panglapuan at Singhamandawa.

Side A of the Blanjong inscription in a Nagari script using the Old Balinese language mentions the chronogram *cake bde cara wahnimurtiganite* (*Saka* 835) in the month of *Phalguna* (the eight month of the *Saka* year) and the place's name, Singhadwala. The name of the king who defeated his enemies at Gurun and Suwal is Sri Kesari (Goris 1954:64–65). On side B of the Blanjong inscription, which was written in Kawi script using the Sanskrit language, the word *walidwipa* (probably meaning "the island of Bali") and "Adhipatih Sri Kesari Warmmadewa" is mentioned (Goris 1954:65; Bernet Kempers 1991:35–38, fig.24). Since most of the texts of the Blanjong inscription are illegible, our knowledge of the historical events which occurred in *Saka* 835 or 913 AD is still limited. On the basis of the Blanjong inscription, however, we can assume that Adhipatih (King) Sri Kesari Warmmadewa erected a stone or tuff pillar at Blanjong to commemorate his victory against his enemies at Gurun and Suwal in *Saka* 835 or 913 AD. We could also identify the name of places called Singhadwala (probably the palace of King Kesari) and Walidwipa (probably the island of Bali).

Many scholars have put forth differing arguments concerning the place of Gurun and Suwal. Stutterheim (1934:130) argued that Gurun might be Nusa Penida, a small island east of Bali. Goris however believed that Gurun was Lombok, and interpreted Suwal as Ketewel beach south of Sukawati in the Gianyar regency. Wherever Gurun and Suwal might have been located historically, Blanjong-Sanur seems to have been an important site in relation to the Kesari expansion.

It should be noted that the inscriptions of Blanjong, Malat Gede and Panempahan all commemorate the victories of King Kesari Warmmadewa against his enemies. Unlike the Blanjong inscription, neither the Malat Gede nor the Panempahan inscription indicates who Kesari's enemies were. However, the most important observation is that King Kesari Warmmadewa claimed to have defeated his enemies both inland and at coastal areas and possibly outside of Bali as well. He commemorated his victory by establishing these three stone pillars at Blanjong, Malat Gede and Panempahan between the 29th of January and the beginning of February, 914 AD. These events might have also reinforced his legitimacy as the founder of the Warmmadewa dynasty in Bali, for his successors also bore the title Warmmadewa after their name, as for instance Tabanendra Warmmadewa (955–967 AD), Jayasingha Warmmadewa (960 AD), Sri Janasadhu Warmmadewa (975 AD), and Udayana Warmmadewa (993–1011 AD) (Goris 1954:74–94; Ardika 1987:53). It should be noted, however, that Sang Ratu Ugrasena, who reigned from 915 to 936 AD, never used the title Warmmadewa, unlike his predecessor and his successor did. The question of whether Ugrasena was a true member of the Warmmadewa dynasty remains to be answered.

Early State Formation

Based on the inscriptions at Blanjong, Malat Gede and Panempahan, it seems that conflict or warfare occurred in Bali between King Kesari Warmmadewa and his enemies. Conflicts also occurred during the emergence of early states in other regions such as the empire of Sriwijaya (South Sumatra), Taruma Negara (West Java), and Mataram (Central Java).

The Kingdom of Sriwijaya

For instance, the Kedukan Bukit inscription which can be found near Palembang (Sumatra) and dates back to April 23rd, 682 AD, indicates that Dapunta Hyang carried out an expedition to Matayap, departing from Minanga Tamwan. This expedition consisted of two hundred sailors and two thousand troops. Dapunta Hyang arrived at Matayap, claimed victory and then built Sriwijaya after conquering other regions (Coedes 1968:82; Hall 1985:78–83).

Three other inscriptions which suggest similar situations, include those of Kota Kapur (Bangka) from 686 AD, Karang Birahi in Jambi Hulu, 686 AD, and Palas Pasemah in Southern Lampung, also from around the end of the 7th century AD (Bambang Sumadio 1977:54). Based on these inscriptions, it seems that Dapunta Hyang defeated his rivals around Jambi (Melayu), Palembang and South Lampung in Sumatra and on Bangka island in order to establish his legitimacy and hegemony as the ruler of the empire of Srivijaya.

The Kingdom of Taruma
Purnawarman's inscriptions in West Java tell us implicitly the same story. These include the inscriptions of Ciaruten, Pasir Koleangkak and Kebon Kopi. None of these are dated, but on the basis of paleography it has been argued that they derive from the 5th century AD (Coedes 1968:53). Adjacent to these inscriptions footprints were also found. The inscription of Ciaruten consists of four lines. It mentions that the footprints engraved on it belong to Purnawarman, the strong and brave king of Taruma. These footprints were associated with the footprints of Wisnu as a symbol of victory (Coedes 1968:53–54; Sumadio 1977:38–39; Hall 1985:105). The Pasir Kolaengkak inscription also states that its footprints are from Purnawarman, the king of Taruma, who always defeated his enemies. The inscription of Kebon Kopi records that the footprints on the inscription were those of the elephant of the king of Taruma, a connection similar to that between the elephant of Airawata and Indra as God of war.

The Kingdom of Mataram
The records concerning the emergence of the early state of Mataram in Central Java offer a similar picture. The inscription of Canggal dated to 732 AD was written in the Palawa script using the Sanskrit language. It commemorated the erection of a *lingga*[3] at a place called Kunjarakunja on the island of Java which was rich in rice and gold mines. The inscription states that the island of Java *(Jawadwipa)* was governed formerly by King Sanna. When he died, the kingdom suffered as the people had lost their protector. Sanna was succeeded by his nephew Sanjaya, a strong and brave king who conquered other regions and created prosperity for his people. It is interesting to note that a late text called *Ceritra Parahyangan* recorded that Sanjaya conquered many regions including Cambodia, Melayu (Sumatra), West Java, East Java, and Bali (Coedes 1968:87–89; Hall 1985:119). However, the significance of the *Cerita Parahyangan* in relation to the emergence of the early state in Bali in the 9th century AD is still unclear.

Conflicts and Status Rivalry

Warfare and conflicts during the formation of states were, as we have seen, common in the archipelago now known as Indonesia and were often motivated by economic interests. As noted above, conflicts or warfare also occurred in Bali during the reign of King Kesari Warmmadewa, and possibly also prior to that period. However, the warfare during King Kesari Warmmadewa's reign can best be understood as indicative of political pressure in terms of status rivalry rather than of economic pressure. King Kesari, who adopted aspects of Indian culture, had defeated his rivals in order to establish himself as the founder of the Warmmadewa dynasty in Bali. As mentioned in the inscription of Panempahan, after King Kesari defeated his enemies, he unified the island under his sovereignty (Sukarto 1976:156). In this case, warfare can be seen simply as a result rather than a cause of state formation in Bali. After he unified the island of Bali, Kesari Warmmadewa claimed himself as the founder of Warmmadewa dynasty in Bali. This dynasty reigned in Bali from the early 10th up to the mid 14th century AD. But warfare by itself cannot create states. The control and the coordination of warfare and defense and the capacity to settle disputes are the more essential core features. War helps to make states, states make war, and therefore states are in part, and must always be, war machines.

Conclusion

Based on inscriptional data and archaeological remains, Blanjong probably can be understood as an important port site in the southern part of Bali at least in the early tenth century AD. The Blanjong inscription is the only stone inscription so far found in southern Bali which commemorated the victory of Kesari Warmmadewa. It was also a place of significance for Kesari Warmmadewa who defeated his enemies in the southern coastal area of Bali and possibly outside of Bali. The interpretation of inscriptions and material remains clearly points "outwards" to the involvement of Balinese port sites in transmarine trade with its implication of cultural exchange, but also "inwards" to processes of state formation and conflicts over succession.

Notes

1. Pandit Shastri already suggests in his book "Sedjarah Bali Dwipa" (1963) that Blanjong could be an ancient port site and one of the gateways to Bali. He also mentioned that Tang ceramics had been found around the Blanjong site.
2. Transcriptions of the Blanjong inscription have been presented by Goris (1954:64–65), who is one of the best known Balinese epigraphists.
3. A *lingga* is a stone in the shape of a phallus.

References

Ardika, I Wayan (1981) *Desa Sanur ditinjau dari Arkeologi.* Laporan Penelitian. Denpasar: Universitas Udayana.

Ardika, I Wayan (1987) *Bronze Artifacts and the Rise of Complex Society in Bali.* Unpublished Thesis. Canberra: Australian National University.

Ardika, I Wayan (1991) *Archaeological Research in Northeastern Bali, Indonesia.* Dissertation. Canberra: Australian National University.

Ardika, I Wayan (2008) Archaeological Traces of the Early Harbour Town. In: Brigitta Hauser-Schäublin and I Wayan Ardika (eds): *Burials, Texts and Rituals. Ethnoarchaeological Investigations in North Bali, Indonesia.* Göttingen: Universitätsverlag Göttingen.

Bernet Kempers, August Johan (1991) *Monumental Bali. Introduction to Balinese Archaeology & Guide to the Monuments.* Berkeley: Periplus Edition.

Casparis, J.G. de (1975) *Indonesian Palaeography. A History of Writing in Indonesia from the Beginning to C.A.D. 1500.* Leiden and Köln: Brill.

Coedes, George (1968) *The Indianized States of Southeast Asia.* Honolulu: East-West Centre Press.

Damais, Louis-Charles (1951). Études Balinaises. La Colonnette de Sanur. *Le Bulletin de l'École Française d'Extrême-Orient* 44(1):121–140.

Goris, Roelof (1954) *Prasasti Bali 1–2.* Bandung: Masa Baru.

Hall, Kenneth R. (1985) *A History of Southeast Asia.* London: Macmillan St. Martin's Press.

Hauser-Schäublin, Brigitta and I Wayan Ardika (eds) (2008) *Burials, Texts and Rituals. Ethnoarchaeological Investigations in North Bali, Indonesia.* Göttingen: Universitätsverlag Göttingen.

Pandit Shastri, Narendra Dev (1963) *Sedjarah Bali Dwipa.* Denpasar: Bhuvana Saraswati.

Sukarto, K. Atmodjo. (1967) *Penyelidikan Empat Buah Prasasti Baru di Bali.* Denpasar: Fakultas Sastra Universitas Udayana.

Sukarto, K. Atmodjo (1976) *A Newly Discovered Pillar Inscription of Sri Kesariwarma (dewa) at Malat Gede.*

Stutterheim, Willem F. (1934) A Newly Discovered Pre-Nagari Inscription on Bali. *Acta Orientalia* 12:126–132.

Sumadio, Bambang (ed.) (1977) *Sejarah Nasional II. Zaman Kuno.* Jakarta: Balai Pustaka.

Tim Jurusan Arkeologi (2006) *Pelatihan Ekskavasi Arkeologi di Situs Blanjong-Sanur, Denpasar, Bali.* Laporan Penelitian. Denpasar: Fakultas Sastra Universitas Udayana.

Tim Jurusan Arkeologi (2007) *Training (Praktikum) Ekskavasi Arkeologi di Situs Blanjong-Sanur, Denpasar, Bali.* Laporan Penelitia. Denpasar: Fakultas Sastra Universitas Udayana.

Tim Jurusan Arkeologi (2008) *Training (Praktikum) Ekskavasi Arkeologi di Situs Blanjong-Sanur, Denpasar, Bali.* Laporan Penelitian. Denpasar: Fakultas Sastra Universitas Udayana.

Die sozialräumliche Organisation des makassarischen Hauses

Martin Rössler

Die folgende Darstellung bezieht sich auf das makassarische Haus im Hochland des südlichen Sulawesi, wobei hier soziale Aspekte der hausräumlichen Struktur im Mittelpunkt stehen sollen.[1] Von ‚dem' makassarischen Haus zu sprechen, ist im Grunde sehr problematisch. Dies gilt nicht nur angesichts der drastischen Veränderungen in Form und Organisation, die es in jüngster Zeit erfahren hat, sondern vor allem auch im Hinblick auf die Modifikationen, die in zurückliegenden Jahrzehnten vorgenommen wurden. Es wird heute davon ausgegangen, dass die Architektur Süd-Sulawesis viele Gemeinsamkeiten mit derjenigen Süd-Sumatras und mancher Regionen Borneos aufweist. Süd-Sulawesi stellt dabei auch für sich eine spezielle Problematik dar, weil sich hier – neben den in vielerlei Hinsicht identischen Hausformen der Bugis und Makassar – auch die spektakuläre und deutlich abweichende Architektur der Toraja findet, die jedoch anhand neuerer Evidenzen ebenfalls in ein mit der buginesischen und makassarischen Architektur gemeinsames historisches Kontinuum eingebracht werden kann (Pelras 2003:262–265; vgl. Hauser-Schäublin 1985). Die Häuser traditioneller Bauweise erfuhren bis ins 19. Jahrhundert hinein offensichtlich nur geringfügige Modifikationen, darunter das Ersetzen des Bambusfußbodens durch hölzerne Dielen, veränderte Bearbeitungstechniken der hölzernen Pfosten sowie die Einführung von Fenstern und Möbeln.[2]

Wohl in der zweiten Hälfte des 19. Jahrhunderts entstand die bis heute bei Holzhäusern geübte Praxis, die Pfosten nicht mehr in den Erdboden einzulassen, sondern auf großen Feldsteinen zu platzieren, was dem gesamten Haus Mobilität verleiht, da es unzerlegt (über ein System aus Bambusrollen) fortbewegt werden kann. Auch die ältere Pfostentechnik wird jedoch bis heute bei einigen makassarischen Gruppen, wie z. B. in Tana Toa, praktiziert (siehe Rössler 1990:319). Im Hinblick auf die jüngere Geschichte ist jedoch vor allem festzuhalten, dass die traditionellen Häuser größtenteils in den 1950er Jahren verschwanden: Aufgrund ihrer als feudalistisch identifizierten und die soziale Hierarchie spiegelnden architektonischen Symbolik wurden die meisten alten Häuser zu jener Zeit von den Rebellen der Darul-Islam-Bewegung niedergebrannt (siehe Pelras 2003:274; Rössler 1997a:278). Ersetzt wurden sie durch Häuser in einem neo-traditionellen Stil, der viele Elemente der alten Architektur aufgriff, aber auch schon eine Reihe von Neuerungen aufwies, die seit dem frühen 20. Jahrhundert zunächst von der niederländischen Kolonialverwaltung, später von der indonesischen Regierung propagiert worden waren. Gründe der Hygiene und der Sicherheit, vor allem eine bessere Resistenz gegenüber Feuer, wurden dafür vorgebracht. Darunter fiel insbesondere das Ersetzen der pflanzlichen Materialien für die Dachbedeckung durch Wellblech, das Verlagern von Feuerstellen und Toiletten in Anbauten, das Einbringen von mehreren Schlafkammern – statt traditionell nur einer – sowie das Verbot der Tierhaltung im offenen Raum unter dem Haus *(passiringang)*.[3]

Entscheidend ist jedoch, dass sich die Grundstruktur wie auch die räumliche Organisation des neo-traditionellen Hauses bis auf einige unwesentliche Aspekte nicht von denjenigen des ursprünglichen Hauses unterscheiden. Generell beziehen sich die folgenden Ausführungen auf das neo-traditionelle Haus aus den 1960er Jahren, das bis vor kurzem im Hochland das bei weitem verbreitetste Muster darstellte.[4] Entscheidende Veränderungen ergaben sich erst im Zuge der rezent drastisch angestiegenen Verbreitung von Ziegelhäusern, auf die ich abschließend eingehen werde. Es muss letztlich auch darauf hingewiesen werden, dass die soziale Schichtung der makassarischen Gesellschaft (siehe Chabot 1996; Röttger-Rössler 1989) architektonische Unterschiede zwischen Häusern des Adels und der Freien impliziert, unter anderem hinsichtlich der erwähnten hierarchiebezogenen Symbolik bestimmter Elemente des Hauses. Darüber hinaus gingen viele Neuerungen in der Hauskonstruktion vom Adel aus und fanden erst später unter den Freien Einzug.

Grundlagen

Das im Grundriss streng rechteckige makassarische Haus *(balla')* beruht auf einer H-Rahmen-Konstruktion (siehe Domenig 2003:493) mit vom Boden bis zum Dach durchgehenden Pfosten. Die Wände zwischen den tragenden Rahmenhölzern wurden ursprünglich mit Bambusflechtwerk, später mit Brettern ausgekleidet. Das Giebeldach weist einen geraden, durchgehenden First auf; nach 1960 wurde die ursprünglich konkav abfallende Form der beiden Dachflächen – die mit Wellblech nicht zu konstruieren ist – entweder durch gerade Flächen oder durch eine von den Bugis übernommene, stumpfwinklige Form ersetzt (vgl. Abbildung 4). Der Boden des Wohnraumes befindet sich in ca. 1,50 bis (in seltenen Fällen) 2,50 Metern Höhe, die Raumhöhe bewegt sich etwa zwischen 2,00 und 2,50 Metern. Die durchschnittliche Fläche des gesamten Hauses betrug innerhalb meiner Stichprobe von 1990 (N=50) ca. 63 m², jedoch mit teils erheblichen Abweichungen nach oben wie unten.[5] Vor der Eingangstür befindet sich auf Höhe des Wohnraumes gewöhnlich eine große, überdachte Veranda *(paladang)*, zu der eine hölzerne Treppe hinaufführt.[6]

Abbildung 1: Typisches Haus neo-traditioneller Bauart (ca. 1961), mit 34 m² von unterdurchschnittlicher Größe, jedoch mit sehr hohen Pfosten und großzügiger Veranda. Der nur einteilige Giebel weist auf niederen Deszendenzrang der Besitzer hin.

Foto: Martin Rössler 1984

Das Haus weist eine klare, dreigeteilte vertikale Struktur auf, gebildet aus dem offenen Raum unter dem Fußboden *(passiringang)*, dem Wohnraum *(kale balla')* und dem Dachspeicher *(pammuakkang)*, die dem vorislamischen Überzeugungssystem zufolge eine Entsprechung der dreigeteilten Struktur des Makrokosmos aus Himmel *(boting langi')*, Erdoberfläche *(lino)* und Unterwelt *(padatiri)* darstellt. Das Unterhaus (früher Raum für Rinder und landwirtschaftliche Geräte) wird dabei konzipiert als Produktionsraum, der Wohnraum als Reproduktions- und Konsumtionsraum und der Reisspeicher unter dem Dach als eine räumliche Vereinigung aus Produktion, Distribution und Konsumtion.[7]

Die Gestaltung des vorderen Dachgiebels richtet sich nach dem sozialen Rang der Hausbewohner. Im Unterschied zu anderen statusdifferenzierenden Details in der Architektur, die mittlerweile verschwunden sind, spielt die Struktur des Giebels nach wie vor eine wesentliche Rolle. Generell ist seine Unterteilung in vertikal geschichtete

Fächer normativ strikt geregelt: Häuser des Hochadels weisen fünf Fächer, solche des niederen Adels drei, Häuser der Freien zwei oder nur ein Fach auf (siehe Abbildungen 1 und 4).[8] Ein weiteres Element mit Bezug auf die soziale Schichtung ist mit dem Zugang zum Haus verbunden. Zu Häusern des Hochadels erfolgte er ursprünglich über eine Rampe aus Bambus *(sapana)* anstelle einer einfachen oder zweigeteilten Treppe, wie sie unter Freien respektive beim niederen Adel in Gebrauch ist. Allein solche Häuser von Nichtadligen, in denen die traditionellen Heiligtümer *(kalompoang)* aufbewahrt werden, verfügen ebenfalls über eine Rampe.

Die horizontale Struktur des Hauses wird primär in Fächern *(lontang* oder *lasa')* gerechnet, die sich aus Längs- und Querreihen der tragenden Pfosten ergeben. Je nach Größe des Hauses findet man meist 4 oder 5 Reihen zu je 4 oder 5 Pfosten, von denen z. B. bei einer 5x5-Struktur (die jeweils 4 *lontang* quer und längs ergibt) die zweite und vierte innere Reihe nur vom Erdboden bis zum Fußboden reichen.

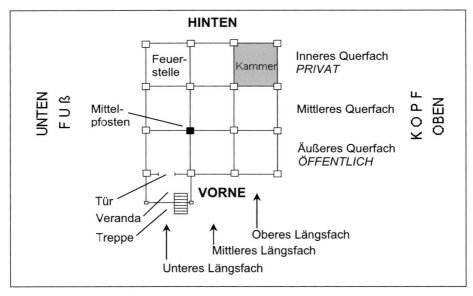

Abbildung 2: Horizontale Struktur des makassarischen Hauses.

Die schematisierte Abbildung 2 geht von einer 4x4-Struktur aus, die entsprechend eine Ordnung von jeweils drei Quer- und Längsfächern aufweist. Als Orientierungsrichtungen ergeben sich zunächst aus der Außensicht Vorne *(dallekang)*, Hinten *(bokoang)* und die Seiten *(sa'ri)*, sowie aus der Innensicht die Anordnung der Querfächer von Außen *(lontang ipantara')* über die Mitte *(lontang ritannga)* bis nach Innen *(lontang ilalang)*, so dass das Außen mit Vorne sowie das Hinten mit Innen korrespondiert. Eine andere wichtige Ordnung ergibt sich zwischen den Seiten, indem hier ein Übergang vom Fuß zum Kopf, respektive von Unten nach Oben konzeptionalisiert ist. Entsprechend werden die Längsfächer ebenfalls vom unteren bis zum oberen gerechnet. Von Bedeutung ist dies insofern, als hier ein Bezug zu grundlegenden, im malaiischen Archipel weit verbreiteten räumlichen Orientierungsmustern vorliegt (siehe Rössler 2003:188f., Hauser-Schäublin 2003:65f.), wobei die ideelle Achse Unten-Oben einerseits der Achse Seewärts-Bergwärts entspricht, andererseits aber auch eine hierarchische Dimension im sozialen Sinne impliziert.[9] Während die Stufung von Unten nach Oben also eine Rangordnung abbildet, ergibt sich in der Richtung von Vorne nach Hinten bzw. von Außen nach Innen ein Übergang vom öffentlichen zum privaten Raum. Im Hinblick auf die Anordnung der Räume ist hier insbesondere die Unterscheidung zwischen dem auch für Gäste offenen großen Wohnraum und der Schlafkammer von Bedeutung, die ebenso wie die Feuerstelle dem privaten Raum zugerechnet wird. Der Ort der Nahrungsaufnahme variiert, je nachdem wer am Essen beteiligt ist. Sind dies allein die Haushaltsmitglieder, so wird meist gleich neben der Feuerstelle gegessen. In Anwesenheit von Nachbarn und Verwandten bewegt sich der Ort der Mahlzeit räumlich geringfügig nach Vorne, bleibt aber dem Unten, dem Fuß des Hauses zugeordnet. Nur bei einem formellen Anlass, an dem Außenstehende und/oder hochrangige Gäste teilnehmen, wird die Mahlzeit in den öffentlichen Bereich des Hauses und gleichzeitig in Richtung Oben verlegt.

Meist am Schnittpunkt zwischen Fuß/Unten und Vorne/Oben befindet sich der Mittelpfosten *(benteng tannga)*.[10] Er bildet das Zentrum des häuslichen Mikrokosmos und als ‚Zentrum des Hauses' *(pocci' balla,* wörtl. ‚Nabel des Hauses') gleichzeitig eine Entsprechung des makrokosmischen Zentrums der Erde *(pocci' tana)*, des Sitzes der Götter. Im Kontext sämtlicher Riten, die innerhalb des Hauses durchgeführt werden, spielt dieser Pfosten eine entscheidende Rolle – ein in austronesischen Gesellschaften weit verbreitetes Phänomen (siehe Fox 1993:21).

Eine überlieferte Regel für die Ausrichtung der Frontseite des Hauses entweder nach Süden oder Osten entstand offensichtlich erst mit der Ankunft des Islam: Von der Tür aus gesehen, weisen die Füße im Schlaf traditionell nach rechts. Damit sie nicht in Richtung auf Mekka gerichtet sind, muss die Hausfront folglich entweder nach Süden (Füße nach Osten) oder nach Osten (Füße nach Norden) hin gelegen sein (siehe Mardanas et al. 1985:73f.). Da sich die weitaus meisten Siedlungen in den letzten Jahrzehnten auf Regierungsanordnung hin am Verlauf von Straßen orientieren mussten, folgt die Ausrichtung der Häuser jedoch heute überwiegend pragmatischen Gesichtspunkten.[11]

Soziale Differenzierung

Die makassarische Gesellschaft ist geschichtet in Hochadel, niederen Adel, Freie und (ehemalige) Sklaven, wobei die einzelnen Schichten auch in sich differenziert sind. Daneben spielen ebenfalls Unterschiede im Deszendenzrang innerhalb dyadischer

Beziehungen sowie Differenzierungen nach sozialem Ansehen, Prestige, Alter und – hier gesondert behandelt – Geschlecht eine wichtige Rolle.

Innerhalb des häuslichen Raumes spiegeln sich unterschiedliche Aspekte der genannten Hierarchien, so dass Räumlichkeit unmittelbar in deren öffentliche Vermittlung einbezogen wird. Es wurden bereits architektonische Elemente angesprochen, insbesondere die Giebelstruktur, die schichtenspezifische Symbole darstellen. Darüber hinaus ist das Haus als physische Materie jedoch nicht auf direkte Weise entlang hierarchischer Prinzipien strukturiert, so dass etwa seine baulichen Elemente in Entsprechung hierarchischer Ordnungen konzipiert wären. Das Haus besitzt aus der Perspektive sozialer Akteure vielmehr nur ein Potenzial zur räumlichen Umsetzung hierarchischer Prinzipien, das zum Beispiel Positionen innerhalb von Sitzordnungen vorgibt. Aus Gründen, die weiter unten zur Sprache kommen, beschränke ich mich zunächst auf die Positionierung männlicher Individuen im vorderen bzw. äußeren Querfach.

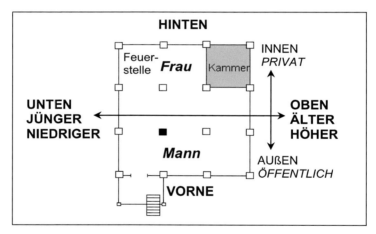

Abbildung 3: Hierarchische und geschlechterbezogene Dimensionen des makassarischen Hauses.

Für die Sitzordnung gilt die Abstufung entlang der Längsfächer bzw. der Ordnung von Unten *(irawa)* nach Oben *(irate)*, wobei die Haustür grundsätzlich ‚unten' positioniert ist. Je höher der individuelle Rang, desto weiter nach ‚oben' – desto weiter entfernt von der Tür – die Sitzposition. In der Praxis wird diese einfach anmutende Ordnung dadurch verkompliziert, dass Ränge nicht einfach ‚feststehen', sondern in vielen Fällen als ausgehandelt zu verstehen sind, und dass weiterhin Faktoren des Lebensalters und des sozialen Ansehens hinzutreten. Höheres Alter und Ansehen implizieren ebenfalls eine Sitzposition in Richtung nach Oben.

Eine zusätzliche Ordnung nach den Dimensionen Vorne/Hinten bzw. Außen/Innen wird im Zusammenhang mit der sozialen Differenzierung nicht vorgenommen; diese Dimensionen sind vielmehr im Kontext der Geschlechterbeziehungen von Relevanz. Neben der horizontalen Ebene ist stets auch die vertikale Dimension des Raumes bedeutsam, und zwar insbesondere in Bezug auf Körperbewegungen und -positionen innerhalb des Hauses: Höherer Rang und höheres Lebensalter erlauben aufrechtere Positionen bei Bewegungen im Haus, während umgekehrt niederer Rang und niederes Lebensalter eine gebeugtere Haltung vorschreiben. Früher – und in rituellen Kontexten bis heute – durften sich Freie in Anwesenheit von Mitgliedern des Hochadels nur auf Knien rutschend fortbewegen. In weniger drastischer Form gelten die Regeln der Körperhaltung nach wie vor unverändert; vor allem darf niemand an einem Sitzenden in aufrechter Haltung vorübergehen. Bei den heute durchweg vorhandenen Sitzmöbeln[12] ergeben sich dahingehend zusätzliche Akzente: Von jungen und/oder niederrangigen Männern wird erwartet, dass sie sich in Anwesenheit älterer und/oder Ranghöherer im ‚unteren' Teil des Raumes auf den Boden niederlassen, anstatt auf Stühlen oder in Sesseln Platz zu nehmen. Es gibt darüber hinaus sozial stark aufgeladene Situationen, etwa wenn ein Adliger im Haus eines Freien zu Besuch ist, in denen junge und niederrangige Männer das Haus überhaupt nicht betreten, sondern sich auf der Veranda oder gar im *passiringang* aufhalten. Wenn jemand das Haus in einer solchen Situation eigens verlässt, so gilt dies als vorbildliches, Bescheidenheit offenbarendes Verhalten.

In Bezug auf Materialien, Größe und funktionale Ausstattung des Hauses ist weiterhin die erwähnte Dimension individuellen Prestiges bzw. sozialen Ansehens zu berücksichtigen, die in diesem Kontext gegenüber dem Deszendenzrang sogar deutlich in den Vordergrund tritt. Während Prestige und hohes Ansehen nicht notwendigerweise mit dem Rang korreliert sind, ist ihr Zusammenhang mit ökonomischen Faktoren – insbesondere überdurchschnittlichem Wohlstand – häufig augenfällig. Dies äußert sich zum Beispiel in qualitativ besseren Baumaterialien oder teurer Möblierung, wobei das Spektrum der Möglichkeiten in jüngster Zeit deutlich erweitert wurde (siehe unten). Der häusliche Raum wird somit auch in das Aushandeln individuellen Prestiges innerhalb der sozialen Gruppe in direkter Weise einbezogen.

Familie und Haushalt

Hinsichtlich der Beziehung verwandtschaftlicher und familiärer Kriterien zum häuslichen Raum ist in erster Linie dessen Rolle als materieller und ideeller Rahmen des Haushaltes wichtig. Die Haushaltsmorphologie konstituiert sich vornehmlich anhand verwandtschaftlicher Prinzipien, wobei heute gemeinhin die Kernfamilie (bisweilen ergänzt durch weitere Individuen aus der engeren Verwandtschaft) mit dem Raum des von ihr bewohnten Hauses assoziiert wird. Für den Haushalt (*sibatu balla',* wörtlich „ein Stück Haus") gewinnt das Haus als materieller Raum eine direkte sozioökonomische Qualität, indem die Produktions-, Distributions- und Konsumtionseinheit jedes Haushaltes als geschlossenes System konzipiert ist (vgl. Wilk 1994), wobei dies die Kooperation oder den Austausch von Nahrungsmitteln zwischen Haushalten keineswegs ausschließt. Der Raum eines jeden Hauses ist dahingehend einerseits auf idealler Ebene als in sich abgegrenzt zu verstehen, andererseits jedoch auch hinsichtlich der materiellen Dimension der ‚eigenen vier Wände'. So gilt es als zumindest grob unhöflich, ein Haus ohne verbale Anmeldung in Form des lauten Rufes: „Ist der Hausbesitzer da?" zu betreten, es sei denn ein Haus der engsten Verwandtschaft. Erfährt ein männlicher Besucher auf diese Weise, dass nur Frauen im Haus sind, geht er weiter seiner Wege. Für Frauen gilt dies allerdings nicht, wie weiter unten erläutert wird.

Im Hinblick auf den Haushalt hat sich in den letzten Jahren freilich ein deutlicher Wandel gegenüber den Verhältnissen von vor noch etwa einem halben Jahrhundert vollzogen, da Haushalte früher ganz andere Strukturen aufwiesen: In den damals deutlich kleineren Häusern wohnten erweiterte Familien mit nicht selten 10–15 Personen zusammen (gegenüber einer mittleren Haushaltsgröße von knapp 5 Personen 1990 und 4,2 Personen 2005)[13], wobei die einzelnen Kernfamilien *(bija)* sich zwar gewöhnlich die Schlafkammer teilten, jedoch jeweils eigene Feuerstellen hatten und voneinander getrennte Konsumtionseinheiten bildeten (siehe Rössler 1997b:346f.). Von den früheren Verhältnissen, mit deutlich weniger Wohnraum pro Familie, wurde mir berichtet, dass gezielte Abgrenzungen zwischen den in einem Haus zusammen lebenden Kernfamilien die Regel waren und generell ein bedeutendes Konfliktpotenzial vor allem bezüglich der Zuweisung von Nahrungsmitteln bestand. Da hier ein Haus mehrere Familien und Feuerstellen umfasste, galten letztere ursprünglich als soziale Zentren der einzelnen Haushalte und gleichzeitig als Indizes ihrer Geschlossenheit (vgl. Carsten 1997, Sather 1993).

Geschlechterverhältnis und Lebenszyklus

In diesem Kontext kommt der geschlechterbezogene Aspekt hinzu. Zunächst ist es eine grundlegende Tatsache, dass sich Frauen auffällig freier in fremden Häusern wie auch generell in der Öffentlichkeit bewegen können als Männer (siehe Röttger-Rössler 1994). Der häusliche Raum ist prinzipiell aufgeteilt zwischen einem exklusiven (‚privaten') und einem inklusiven (‚öffentlichen') Bereich, wobei die Übergangszone kontextabhängig leicht verschiebbar ist, wie unter anderem in rituellen Kontexten, in denen allein die Menge der Anwesenden eine entsprechende Trennung häufig nicht erlaubt. In jedem Fall ist jedoch die Aufenthaltszone für Männer in fremden Häusern strikt auf den unzweifelhaft inklusiven Raum beschränkt, das heißt, auf das äußere/vordere Querfach (siehe Abbildung 3), innerhalb dessen dann die oben beschriebenen Regeln der Raumnutzung in den Dimensionen von Unten nach Oben gelten. Dass der Raum der Männer mit dem Außen und der Öffentlichkeit assoziiert ist, steht also in einem gewissen Widerspruch zu der Tatsache, dass Männer in ihren Raumbewegungen im Unterschied zu Frauen erheblichen Restriktionen unterlegen sind. Zwar ist der weibliche Bereich grundsätzlich mit dem inneren/hinteren Raum des Hauses assoziiert, doch steht Frauen – auch in anderen Häusern als ihren eigenen – grundsätzlich der gesamte Raum offen. Dahingehend ergibt sich eine deutliche Steigerung im Verlauf des Lebens: Während sich junge Mädchen und unverheiratete Frauen speziell im Falle männlicher Besucher in den privaten Bereich zurückziehen, verliert dieser ‚weibliche Raum' des Hauses für ältere bis alte Frauen seine Bedeutung als sozialräumlicher Fixpunkt in zunehmendem Maße.

Hierzu einige Erläuterungen: Im Schnittbereich zwischen den Quer- und Längsfächern des Innen/Hinten und Unten befindet sich die Feuerstelle, während in der gleichen inneren Querachse, nur am Kopfende (‚Oben') des Hauses traditionell die Schlafkammer liegt, der Raum der Reproduktion und der Rekreation. Dieser exklusive Bereich, bzw. die Räume der Nahrungszubereitung und der Reproduktion sind unmittelbar mit dem Weiblichen assoziiert. Obwohl heute meist zwei oder gar drei Schlafkammern üblich sind, hat sich ihre grundsätzliche Orientierung im Raum des Oben und des Inneren nicht geändert. Die auffallende Parallele von Innen/Privat/Weiblich ist im gesamten austronesischen Sprachraum zu finden (Fox 1993:16), im hier diskutierten Fall jedoch auch vor dem Hintergrund der ursprünglich rigiden Geschlechtertrennung der makassarischen Gesellschaft zu verstehen.[14] Der hintere und innere, intimste Bereich des Hauses soll und muss, wie man heute nach wie vor sagt, in erster Linie die Frauen schützen. Dies galt bis vor einiger Zeit vor allem für die unverheirateten Mädchen, die das Haus prinzipiell nicht ohne Aufsicht verließen und die sich bei Anwesenheit männlicher Gäste sofort in die privaten Bereiche zurückzogen. Obwohl dies heute längst nicht mehr so strikt gehandhabt wird, besteht das ideelle Kontinuum zwischen Frau/Innen/Hinten auf der einen Seite sowie Mann/Außen/Vorne auf der anderen unverändert fort. Auch wenn die bauliche Konstruktion des Innenraumes vom traditionellen Schema heute gewöhnlich abweicht, insbesondere in Gestalt mehrerer Kammern und größerer Küchenräume, so wird durch das Einziehen zusätzlicher Sperrholzwände die Grenze zwischen ‚Privat' und ‚Öffentlich' immer noch eindeutig markiert.

Auf einer allgemeineren Ebene wird die Beziehung zwischen dem häuslichen Raum und lokalen Geschlechterkonzeptionen überwiegend über geschlechtsspezifische Aktivitäten und Rollenzuweisungen hergestellt. Von Bedeutung sind hinsichtlich der Aktivitäten in erster Linie produktive, reproduktive sowie soziale Aktivitäten. Die produktiven und reproduktiven Aktivitäten der Frau sind generell mit dem Raum des Hauses im Allgemeinen bzw. mit der Feuerstelle und der Schlafkammer im Besonderen assoziiert. Dahingehend ist auch zu betonen, dass die Frau nicht nur Besitzerin des Hauses im rechtlichen Sinne ist – insofern als es ihr bei einer Ehescheidung zufällt –, sondern auch als eine Art Garant für den Fortbestand des Hauses und des Haushaltes in sozialer wie in ökonomischer Sicht aufgefasst wird (vgl. Waterson 1993:227). Der Übergang von Aktivitäten zu Rollenzuweisungen ist vor diesem Hintergrund fließend. Die weibliche Rolle wird konzeptionalisiert als auf das Innen, auf das Geschlossene, auf den exklusiven Raum bezogen. Allerdings verfügt die Frau, wie oben angedeutet, über die Möglichkeit, sich frei zwischen diesen exklusiven wie auch zwischen inklusiven

Räumen nicht nur im eigenen, sondern auch in fremden Häusern zu bewegen. Hingegen ist die Bewegung des Mannes von einem inklusiveren Raum in einen anderen (auch des Verwandten, des Nachbarn) deutlich formalisierter, während ihm die Nutzung fremder exklusiver Räume normativ absolut verschlossen ist.

In diesem Zusammenhang ist abermals der Aspekt der Sitzordnungen zu erwähnen. Prinzipiell besteht in dieser Hinsicht zwar die Tendenz, dass Frauen mit dem ‚Unten' bzw. mit der Übergangszone zwischen dem inklusiven und dem exklusiven Bereich (Abbildung 3) assoziiert sind. Diese Tendenz äußert sich jedoch in der Praxis oft nur undeutlich, da insbesondere der Faktor des sozialen Ranges hier schnell zu Verschiebungen führen kann. Eine adlige Frau wird in einem Raum gemeinsam mit Freien normativ im sozusagen ‚extremen' Schnittpunkt von Öffentlich/Oben/Vorne unter den Männern positioniert. Betrachtet man das normative Ideal der nach Geschlecht separierten Gruppen, so ist die Sitzordnung innerhalb der Frauen jedoch generell deutlich weniger strikt als innerhalb der Männer. Soziale Rangunterschiede, selbst zwischen adligen und nichtadligen Frauen, spielen im Hinblick auf Sitzpositionen kaum eine Rolle. Es ist sogar fast selbstverständlich, dass sich eine Adlige als Gast im Haus von Freien in die Küche begibt, um dort zu helfen. Die beschriebenen normativen Muster sozialer Positionierungen im geschlechtsspezifischen Sinne gelten im häuslichen Raum folglich nur für die öffentliche und äußere – und ‚männliche' – Querachse, während sie in der privaten und inneren – und ‚weiblichen' – eher neutralisiert werden.

Die Einbeziehung des menschlichen Lebenszyklus' vermittelt ergänzende Hinweise auf die Zusammenhänge zwischen häuslichem Raum und sozialen Faktoren. Das menschliche Leben beginnt an der Schnittstelle der Achsen des Privaten/Inneren und des Oben, wo Kinder geboren und auch den ersten Übergangsriten unterzogen werden. Insbesondere für die Mädchen blieb dieser Raum, wie gesehen, bis zur Heirat traditionell der häusliche Hauptorientierungspunkt. Die Heirat markiert eine Umorientierung vom Innen zum Außen: Im Verlauf der Hochzeitsriten wechseln Braut und Bräutigam mehrmals zwischen ihren Elternhäusern hin und her, was eine hochgradig öffentliche Raumbewegung darstellt. Hinzu kommt der Sachverhalt, dass die junge Ehefrau von nun an in die Lage versetzt ist, sich in den öffentlichen Räumen aller Häuser zu bewegen. Es findet also speziell für die Braut ein symbolischer Transfer aus der Abgeschiedenheit der Kammer hin zur diametral entgegengesetzten Tür des Hauses, zum Weg in die Öffentlichkeit außerhalb des Hauses statt.

Im Alter werden die Bewegungen und Aktivitäten wieder mehr und mehr ins Haus zurückverlagert. Ich habe in vielen Fällen erlebt, dass sich alte Leute regelrecht schämen, sich mit Hilfe der Kinder und Enkel mühsam vor das Haus zu begeben, um weiterhin am öffentlichen Leben teilzunehmen. Von alten Menschen werden leichtere Arbeiten im mittleren Querfach verrichtet, bis ihr Aufenthaltsort gegen Ende des Lebens schließlich wieder in die innere Querachse zurückgeführt wird, und zwar generell auf ein Lager in der Nähe der Feuerstelle, nicht in die Kammer, in der die Kinder und Enkel schlafen (vgl. ähnlich zu Minangkabau, Ng 1993:124–8). Auf diese Weise wird eine

Analogie zwischen dem physischen Prozess des Alterns und einer räumlichen Rückzugsbewegung innerhalb des Hauses vollzogen. Das Leben endet neben dem Ort, an dem es begonnen hatte: neben der Kammer, die für die Reproduktion und den Beginn neuen Lebens reserviert bleibt.

Rezenter Wandel

Um 1990 herum betrug der Anteil der neo-traditionellen Häuser, wie sie hier als Grundlage der Darstellung dienten, innerhalb der von mir untersuchten Gemeinschaft noch 76%. Im Jahre 2005 war er bereits auf 36% gefallen. Die meisten hölzernen Häuser waren durch Ziegelbauten ersetzt worden, die zum einen vom Material her heute wesentlich billiger als Holzhäuser zu errichten sind, zum anderen jedoch auch den geschätzten Aspekt der ‚Modernität' implizieren.[15] Es sollte in diesem Zusammenhang erwähnt werden, dass im Unterschied zu vielen Aspekten der Landschaft (siehe Rössler 2009:306f.) makassarische Häuser kaum in einem Zusammenhang mit historischen Erinnerungen stehen und nur in Ausnahmefällen eine Rolle als Fokus sozialer Beziehungen oder Ursprung von Deszendenzgruppen spielen, wie dies ansonsten in Indonesien häufig zu finden ist (Fox 1993:16f., Waterson 1990).[16] Der Abriss eines Hauses ist hier kein Akt, dem eine besondere Bedeutung beigemessen würde.

Abbildung 4: Ziegelhaus von 1987 (66 m²). Das gewinkelte Dach nach buginesischem Vorbild und der dreigestufte Giebel sind die einzigen Elemente, die von der früheren Architektur übernommen wurden. (Foto: Martin Rössler 1989)

Es offenbart sich heute gegenüber früher eine deutliche Heterogenität in Bauweise und Ausstattung der Häuser, die mit einer zunehmenden ökonomischen Polarisierung zwischen wohlhabenden und verarmten, landlosen Haushalten einhergeht.[17] Im hier diskutierten Kontext ist jedoch die veränderte Struktur und Organisation insbesondere der Ziegelbauten relevant. Im Unterschied zur Konzeption des neo-traditionellen Hauses, die wie erwähnt nur unwesentlich von derjenigen des traditionellen abwich, ergeben sich nun durch neue Bauprinzipien drastische Veränderungen, die zahlreiche Konsequenzen auch in Bezug auf das menschliche Verhalten nach sich ziehen (siehe auch Pelras 2003:276f.). Die ebenerdig errichteten Ziegelhäuser weisen in der vertikalen wie in der horizontalen Dimension keine kosmologischen Bezüge auf und entsprechen in der Regel nicht den Orientierungsmustern, wie sie für die meisten der hier angesprochenen Punkte grundlegend waren. Hierarchien, Prinzipien der geschlechts- und altersspezifischen Ordnung von Raumaufteilungen und -bewegungen können nicht mehr räumlich umgesetzt werden. Die wenigen ursprünglichen symbolischen Elemente, die übernommen wurden, sind aus dem kulturellen Kontext gerissen. Bei den Giebelfächern kommt hinzu, dass zunehmend mehr Nichtadlige ein ihrem Stand ‚unangemessenes' Rangsymbol verwenden – wie auch im Falle des Hauses in Abbildung 4 geschehen.

Hinsichtlich der sozioökonomischen Differenzierung ergeben sich seit kurzer Zeit durch die Verfügbarkeit von Fliesenfußböden, WC, Kücheneinrichtungen nach westlichem Vorbild und elektrischen Geräten neue Möglichkeiten zum Aushandeln von Prestige, wobei die Nachfragetrends in immer rascherer Folge von Fernsehgeräten über DVD-Spieler jüngst hin zu Kühlschränken verlaufen sind.[18] In vielen Fällen eröffnete sich dahingehend eine neue Dimension in der öffentlichen Präsentation sozialer Differenzierung.

Auch deutlich negative Aspekte sind zu bedenken. Die neue Architektur ist klimatisch nicht angepasst: Infolge der fehlenden Luftzirkulation heizen sich Ziegelhäuser in der Trockenzeit extrem auf, während in der Regenzeit feuchte Kälte und Schimmelbildung die Regel sind und die häufigen Überflutungen massive Bauschäden zur Folge haben. Schließlich ist es im Unterschied zur Holzbauweise auch nicht länger möglich, ein Haus entweder unzerlegt fortzubewegen, oder es zu zerlegen und an einem anderen Ort wieder zu errichten. Dieser Punkt hat insbesondere für das Erb- und Scheidungsrecht Konsequenzen: Ziegelhäuser bedeuten immer eine feste Bindung an eine Lokalität, die dem früheren Muster der Mobilität – samt Haus – im Erb- oder Scheidungsfalle widerspricht.

Die neue Architektur ist nicht mehr in der Lage, soziale Ordnungen räumlich auf die gleiche Weise wie in den traditionellen Häusern umzusetzen, und das komplexe Wissenssystem, wie es mit dem traditionellen Haus verbunden war, verblasst insbesondere bei den jüngeren Generationen äußerst rasch. Bemerkenswert ist allerdings, dass im Unterschied zu den neuen, als „modern" begriffenen Baumaterialien und zur Ausstattung der Häuser mit neuen Konsumtionsgütern, die bedeutende Investitionen erfordern und Statusindikatoren darstellen, die neue räumliche Struktur des Hauses von den Einheimischen in keiner Weise thematisiert wird. Die ältere Generation beklagt ebenso wenig verloren gegangene räumliche Ordnungen, etwa in Gestalt von Sitzpositionen, wie die Jüngeren in dieser Hinsicht neue Autonomiespielräume artikulieren. Die überlieferten, generations- wie rangspezifischen Normen und Verhaltensmuster spielen im Alltag nach wie vor eine große Rolle. Dass sie innerhalb des Hauses nicht mehr in direkter Weise räumlich umgesetzt werden, spiegelt folglich keine grundsätzlichen sozialen Veränderungen wider. Architektonischer und gesellschaftlicher Wandel stehen nur in insofern in einer Beziehung zueinander, als das Bild des modernen, nach westlichem Vorbild gestalteten Ziegelhauses in übergreifender Hinsicht populär geworden ist. Normen des alltäglichen sozialen Umgangs innerhalb der dörflichen Gemeinschaft sind dadurch nicht betroffen. Weder sind folglich die Modifikationen der Hauskonstruktion als Konsequenz sozialen Wandels auf der Mikroebene aufzufassen, noch wäre es zulässig, sie als einen unmittelbaren Ausgangspunkt für eine künftige Auflösung überlieferter gesellschaftlicher Ordnungen und Umgangsformen zu betrachten.

Anmerkungen

1 Die Darstellung basiert auf einer Reihe von Feldaufenthalten seit 1982. – Alle im Text kursiv gesetzten Begriffe entstammen dem Makassarischen.

2 Die Möblierung entstand wahrscheinlich um 1600 unter portugiesischem Einfluss; makassarische Begriffe wie *kadera* (Stuhl), *mejang* (Tisch), *lamari* (Schrank) oder *jandela* (Fenster) sind – ähnlich wie im Malaiischen – portugiesischen Ursprungs.

3 Das Verschwinden der Dachspeicher *(pammuakkang)*, wie es Pelras (2003:275) für die buginesischen Regionen beschreibt, wurde ebenfalls aus hygienischen Gründen forciert, um Ratten und Ungeziefer von den Häusern fernzuhalten. Es hängt aber dort ursächlich mit der Einführung neuer Reissorten zusammen, die nicht mehr in Bündeln auf dem Speicher gelagert werden können. Da die alten Sorten im makassarischen Hochland bis heute eine wichtige Rolle spielen, gibt es hier in den neo-traditionellen Holzhäusern und selbst in vielen Ziegelhäusern nach wie vor Dachspeicher (siehe Rössler 1997b).

4 Ich hatte in den 1980er Jahren noch die Gelegenheit, einige wenige Häuser aus der Vorkriegszeit zu dokumentieren, die jedoch kurze Zeit später abgerissen wurden (siehe Rössler 1997b: Abbildung 35). Ein auffälliges Element, das in den neo-traditionellen Häusern nicht übernommen wurde, war eine Art Flur *(sonrong)* von der Tür bis zur rückwärtigen Feuerstelle, der gegenüber dem Boden des Wohnraumes um ca. 30 cm abgesenkt war.

5 Aus Platzgründen gehe ich auf technische Aspekte und Baumaterialien nicht näher ein. Siehe hierzu Pelras 1975 und 2003 sowie Mardanas et al. 1985, wobei letztere auch die Toraja-Architektur detailliert darstellen.

6 Fehlt die Veranda, für die erhebliche Mengen an Baumaterial benötigt werden, so deutet dies auf ein schmales Haushaltsbudget hin. Generell erlaubt es die Konstruktion des Hauses aber, stets etwas zu erweitern oder anzubauen, so dass manche Exemplare sogar ihre ursprünglich rechteckige Grundstruktur völlig verloren haben.

7 Ebenso wie jede Ebene des Makrokosmos von bestimmten Göttern und Geistwesen beherrscht wird, so wird jede Schicht des Hauses mit bestimmten übernatürlichen Mächten

assoziiert. Auch auf diese Aspekte einschließlich ihrer rituellen Umsetzung kann ich hier nicht eingehen. – Nicht nur in stadtnahen Siedlungen ist man mehr und mehr dazu übergegangen, den *passiringang* mit Flechtwänden oder gar Ziegelmauern zu umgeben, um zusätzliche geschlossene Räume zu gewinnen, die durchaus auch als Wohnraum dienen können.

8 Letzteres in Abhängigkeit davon, ob es sich um das Substratum der *tu baji'* (aus privilegierten kognatischen Deszendenzgruppen) oder der *tu samara'* handelt. Die Einteilungen unterliegen regionalen Variationen.

9 Konzeptionen von Reinheit gegenüber Unreinheit, wie sie im hinduistischen Bali mit einer identischen Orientierungsachse verbunden werden (Hauser-Schäublin 2003:66,80), finden sich in Sulawesi nicht.

10 Im buginesischen Haus wird die Position des Mittelpfostens abweichend und offensichtlich präziser definiert (siehe Pelras 2003:257,270). Im makassarischen Hochland gibt es demgegenüber von Haus zu Haus oft erhebliche Abweichungen in Bezug auf die Positionierung des *benteng tannga*. Ob dies in früheren Zeiten anders war, konnte ich nicht ermitteln.

11 Ähnliches gilt auch für die Anordnung der recht luftigen (weil mit gesplittetem Bambus verkleideten) Küchen, die weniger nach ‚traditioneller Vorschrift' angelegt werden, sondern in der Regel auf der östlichen Seite, weil sie hier den stürmischen Regengüssen des Westmonsuns weniger Angriffsfläche bieten.

12 Hier muss angemerkt werden, dass Sitzmöbel in Häusern mit Heiligtümern fehlen und in allen Häusern bei rituellen Anlässen grundsätzlich fortgeräumt werden.

13 Die nach 1990 weiter gesunkene Haushaltsgröße ergab sich in jüngster Zeit hauptsächlich durch eine verstärkte Abwanderung jüngerer Leute.

14 Da sich diesbezüglich heute viele Änderungen ergeben haben, ist die Darstellung Chabots (1996) mit Daten aus den 1930er Jahren über die früheren Verhältnisse aufschlussreich.

15 Für ein Holzhaus neo-traditioneller Bauweise wird eine Haltbarkeitsdauer von etwa 50 Jahren angegeben, da selbst die Rahmenkonstruktion dann erhebliche Verfallserscheinungen aufweist. Dies steht in deutlichem Kontrast zu den alten Blockbauten der Sa'dan-Toraja, deren Lebensdauer – auch aufgrund der grundlegend anderen Konstruktionsweise – ein Vielfaches beträgt (Hauser-Schäublin 1985).

16 Entsprechendes gilt mit starken Einschränkungen allenfalls für das Haus der politischen Führung, in dem das Heiligtum aufbewahrt wird. Auch dieses wird jedoch nicht etwa in größeren Zeitabständen erneuert, wie die *tongkonan* der Toraja (Hauser-Schäublin 1985, Waterson 1993), sondern – wenn es nach Jahrzehnten nicht mehr bewohnbar ist – dem Verfall überlassen. Traditionell durfte es nicht abgerissen werden; auch dieser Regel wird aber heute nicht mehr entsprochen.

17 Es hat sich hier innerhalb weniger Jahre eine den javanischen Verhältnissen ähnliche Entwicklung ergeben, die um 1990 allenfalls in Ansätzen erkennbar war (siehe Rössler 1997b).

18 Im Hinblick auf diese Aspekte war die 1993 erfolgte Elektrifizierung der Region ein entscheidender Schritt.

Literatur

Carsten, Janet (1997) *The Heat of the Hearth. The Process of Kinship in a Malay Fishing Community*. Oxford: Oxford University Press.

Chabot, H. Th. (1996 [1950]) *Kinship, Status and Gender in South Celebes*. Leiden: KITLV Press.

Domenig, Gaudenz (2003) Glossary of Technical Terms. In: Reimar Schefold et al. (Hg.): *Indonesian Houses Vol 1: Tradition and Transformation in Vernacular Architecture*, S. 483–514. Leiden: KITLV Press.

Fox, James J. (1993) Comparative Perspectives on Austronesian Houses: An Introductory Essay. In: James J. Fox (Hg.): *Inside Austronesian Houses: Perspectives on Domestic Designs for Living*, S. 1–28. Canberra: ANU.

Hauser-Schäublin, Brigitta (1985) Blockbauten der Sa'dan Toraja. Materialien zur Geschichte der Toraja aufgrund von früheren Hausformen. In: Wolfgang Marschall (Hg.): *Der grosse Archipel. Schweizer ethnologische Forschungen in Indonesien*, S. 59–82. Bern: Schweizerische Ethnologische Gesellschaft.

Hauser-Schäublin, Brigitta (2003) Raum, Ritual und Gesellschaft. Religiöse Zentren und sozio-religiöse Verdichtungen im Ritual. In: Brigitta Hauser-Schäublin und Michael Dickhardt (Hg.): *Kulturelle Räume – räumliche Kultur. Zur Neubestimmung des Verhältnisses zweier fundamentaler Kategorien menschlicher Praxis*, S. 43–87. Münster: Lit.

Mardanas, Izarwisma et al. (1985) *Arsitektur tradisional daerah Sulawesi Selatan*. Ujung Pandang: Departemen Pendidikan dan Kebudayaan.

Ng, Cecilia (1993) Raising the House Post and Feeding the Husband-Givers: The Spatial Categories of Social Reproduction Among the Minangkabau. In: James J. Fox (Hg.): *Inside Austronesian Houses: Perspectives on Domestic Designs for Living*, S. 116–139. Canberra: ANU.

Pelras, Christian (1975) La maison Bugis: Formes, structures et fonctions. *Asie du Sud-Est et du Monde Insulindien* 6(2):61–100.

Pelras, Christian (2003) Bugis and Makassar Houses; Variation and Evolution. In: Reimar Schefold et al. (Hg.): *Indonesian Houses Vol 1; Tradition and Transformation in Vernacular Architecture*, S. 251–84. Leiden: KITLV Press.

Rössler, Martin (1990) Striving for Modesty: Fundamentals of the Religion and Social Organization among the Makassarese Patuntung. *Bijdragen tot de Taal-, Land- en Volkenkunde* 146(2–3):289–324.

Rössler, Martin (1997a) Islamization and the Reshaping of Identities in Rural South Sulawesi. In: Robert Hefner und Patricia Horvatich (Hg.): *Islam in an Era of Nation-States: Politics and Religious Renewal in Muslim Southeast Asia*, S. 275–306. Honolulu: University of Hawai'i Press.

Rössler, Martin (1997b) *Der Lohn der Mühe; Kulturelle Dimensionen von ‚Wert' und ‚Arbeit' im Kontext ökonomischer Transformation in Süd-Sulawesi, Indonesien.* Münster: Lit.

Rössler, Martin (2003) Landkonflikt und politische Räumlichkeit: Die Lokalisierung von Identität und Widerstand in der nationalen Krise Indonesiens. In: Brigitta Hauser-Schäublin und Michael Dickhardt (Hg.): *Kulturelle Räume – räumliche Kultur. Zur Neubestimmung des Verhältnisses zweier fundamentaler Kategorien menschlicher Praxis,* S. 171–220. Münster: Lit.

Rössler, Martin (2009) The Anthropological Study of Landscape. In: Michael Bollig und Olaf Bubenzer (Hg.): *African Landscapes: Interdisciplinary Approaches,* S. 297–325. New York: Springer.

Röttger-Rössler, Birgitt (1989) *Rang und Ansehen bei den Makassar von Gowa (Süd-Sulawesi/Indonesien).* Berlin: Reimer.

Röttger-Rössler, Birgitt (1994) „Frauen sind freier...". Geschlechterrollenwechsel in einer indonesischen Gesellschaft. *Kea* 7:87–108.

Sather, Clifford (1993) Posts, Hearths and Thresholds: The Iban Longhouse as a Ritual Structure. In: James J. Fox (Hg.): *Inside Austronesian Houses: Perspectives on Domestic Designs for Living,* S. 65–115. Canberra: ANU.

Waterson, Roxana (1990) *The Living House. An Anthropology of Architecture in South-East Asia.* Singapore: Oxford University Press.

Waterson, Roxana (1993) Houses and the Built Environment in Island South-East Asia: Tracing Some Shared Themes in the Use of Space. In: James J. Fox (Hg.): *Inside Austronesian Houses: Perspectives on Domestic Designs for Living,* S. 221–235. Canberra: ANU.

Wilk, Richard R. (1994) Inside the Economic Institution: Modelling Household Budget Structures. In: James M. Acheson (Hg.): *Anthropology and Institutional Economics,* S. 365–390. Lanham: University Press of America.

Differenz zwischen Macht und Form: Körper und Gender

Geschlechtliche Mehrdeutigkeit als ‚Raum der Möglichkeiten'

Transgenderism in zwei islamischen Gesellschaften Südostasiens

Birgitt Röttger-Rössler

Geschlechtliche Mehrdeutigkeit stellt ein prominentes Thema innerhalb der jüngeren ethnologischen Geschlechterforschung dar. Seit Beginn der 1990er Jahre konzentrieren sich zahlreiche Studien auf die empirische Untersuchung des so genannten *transgenderism*. Mit diesem schwer übersetzbaren Terminus werden heute mehrheitlich – auch im Deutschen – Phänomene bezeichnet, die in herkömmlichen medizinisch-psychologischen und sozialwissenschaftlichen Diskursen zumeist als Trans-, Homo- oder Bisexualität, als Geschlechtsrollenwechsel oder Transvestismus klassifiziert wurden. Kurz: Unter dem Begriff *transgenderism* werden verschiedene Formen von Überschreitungen der kulturell und sozial gezogenen Grenzen zwischen Männlichkeit und Weiblichkeit subsumiert.[1]

Betrachtet man die ethnologischen Transgender-Studien insgesamt, so zeigt sich, dass ein Großteil der in der ersten Hälfte der 90er Jahre entstandenen Arbeiten eine ethnografisch-partikularistische Ausrichtung aufweist: Die Formen des *transgenderism* der jeweils untersuchten Gruppe werden detailliert beschrieben, aber nur selten in weiterführende oder komparative Zusammenhänge gestellt. Ein anderer Teil der Studien dieser Zeit ist stark in terminologischen Debatten befangen, die um die Frage kreisen, mit welcher Begrifflichkeit sich die jeweiligen kulturspezifischen Formen des *transgenderism* am besten klassifizieren lassen. Meist wird in extenso erörtert, ob es sich jeweils eher um *gender blending* oder *gender bending,* Gender Liminalität oder Ambiguität, um alternative, intermediäre oder gar um additive dritte und vierte Geschlechterkategorien handelt. Beide Tendenzen waren jedoch gleichermaßen auf die Dekonstruktion der heterosexistischen Geschlechterordnung westlicher Gesellschaften fixiert. Ihre Intention lag primär darin aufzuzeigen, dass es Kulturen gibt, die mehr als zwei Geschlechtsidentitäten zulassen und in denen es Menschen möglich ist, nicht nur als „Mann" oder „Frau" zu existieren; wobei die fremdkulturellen Gegebenheiten häufig deutlich idealisiert wurden.

Diese implizite Fixierung auf das euro-amerikanische Gendersystem führte dazu, dass Transgenderphänomene zunächst aus einem sehr engen Blickwinkel betrachtet wurden. Geschlecht und Sexualität wurden als eine in sich geschlossene Domäne gesehen, innerhalb derer ausschließlich geschlechtliche Identitäten verhandelt wurden. Die Schnittpunkte zwischen Geschlecht und anderen gesellschaftlichen Teilbereichen, also den sozialen Hierarchie- und Machtverhältnissen, den ökonomischen und politischen Strukturen sowie den translokalen und transnationalen Verflechtungen, blieben in den ersten Transgender-Studien noch weitgehend ausgeblendet. Wenig berücksichtigt wurde auch, dass individuelle Geschlechtsidentitäten ebenso wie kulturelle Geschlechterkategorien keine stabilen, dauerhaften Entitäten darstellen, sondern sich im Spannungsfeld vielfältiger lokaler und globaler Prozesse ständig verändern. Die Transgender-Studien der frühen 90er standen damit in einem anachronistischen Verhältnis zu den übrigen Bereichen der Geschlechterforschung, die dieser Pluralität schon wesentlich längere Zeit gerecht zu werden versuchten (Hauser-Schäublin 1991, Hauser-Schäublin und Röttger-Rössler 1998). In der zweiten Hälfte der 90er Jahre mehrten sich dann jedoch ethnologische Studien, die Transgenderphänomene aus einer erweiterten Perspektive heraus in ihrer komplexen Verflechtung mit unterschiedlichen translokalen und transnationalen sozialen, ökonomischen, religiösen sowie politischen Prozessen zu analysieren suchten. Für den indopazifischen Raum wären hier zum Beispiel die Arbeiten von Alison Murray (z. B.1999), Tom Boellstorff (z. B. 2004, 2005a,b), Jeanette Mageo (z. B. 1998, 2005), Sharyn Graham (z. B. 2001, 2004a, 2004b, 2007) und Mark Johnson (z. B. 1998, 1997a,b, 1996, 1995a,b) sowie Niko Besnier (z. B. 1997, 2002) zu nennen.

Das Hauptanliegen meines Beitrages liegt darin, anhand von zwei Beispielen aus dem insulären Südostasien aufzuzeigen, wie die in den jeweiligen Gesellschaften historisch verankerten Formen genderambivalenten Verhaltens im Spannungsfeld lokaler, nationaler und globaler Prozesse ausgestaltet und zum Teil neu gedeutet werden.

Transgenderism im indonesischen Kontext

Mein erstes Beispiel führt in meine eigene Forschungsregion: in den Süden der indonesischen Insel Sulawesi. Die beiden dominanten ethnischen Gruppen dieser Region sind die Makassar (2,5 Millionen) und die Bugis (4 Millionen). Beide Gesellschaften wurden im frühen 17. Jahrhundert islamisiert. Sie kennzeichnen sich durch eine strikt hierarchische Organisation sowie durch eine rigide Geschlechtertrennung. Männliche und weibliche Lebenssphären berühren sich im Alltag kaum, den Geschlechtern kommen unterschiedliche, aber einander gleichwertige Aufgaben in diesen „geschlechtersymmetrischen" Gesellschaften zu.[2]

Im ländlichen Raum sowie den urbanen Zentren Südsulawesis sind – wie generell in Indonesien – „männliche Transgender" ein verbreitetes Phänomen. Es handelt sich hier um Personen mit einem (biologisch) männlichen Körper, die jedoch temporär oder auch permanent als weiblich klassifizierte Verhaltens- und Kleidungsweisen übernehmen, also den sozialen Maskulinitätsstereotypen nicht (oder teilweise nicht) entsprechen. In der makassarischen Sprache werden diese Personen als *kawe-kawe*, im Buginesischen als *calabai* und in der indonesischen Nationalsprache als *waria* bezeichnet. Der Terminus *waria* ist eine Neuschöpfung, die sich aus den beiden Wörtern *wanita* (Frau) und *pria* (Mann) zusammensetzt. Er wurde 1978 durch die indonesische Regierung in die Nationalsprache *(Bahasa Indonesia)* eingeführt und fungiert seitdem als offizielle Bezeichnung dieser Personengruppe, von der er auch – vor allem im städtischen Kontext – zunehmend als Eigenbezeichnung verwandt wird.[3]

Grundsätzlich sind „männliche Transgender" im gesamten südostasiatischen Raum wesentlich häufiger als weibliche, obwohl Letztere in einzelnen ethnischen Gruppen wie z. B. den Makassar und Bugis durchaus auftreten und sozial kategorisiert werden.[4] Meine folgenden Ausführungen beschränken sich jedoch ausschließlich auf *kawe-kawe* beziehungsweise *waria,* also auf Individuen mit einem männlichen Körper, die aus unterschiedlichen Gründen männliche Genderrollen nicht oder nur partiell übernehmen, sich aber auch nicht vollständig mit dem weiblichen Gender assoziieren wollen.

Im dörflichen Alltag lassen sich *kawe-kawe* oder *calabai* an ihrem geschlechtsambivalenten Äußeren erkennen. Sie kombinieren in der Regel weibliche und männliche Kleidungsattribute, tragen zum Beispiel Hosen oder karierte *sarongs* wie Männer, aber in Kombination mit Modeschmuck und Haarspangen, oder sie sind komplett wie eine Frau, mit Bluse und geblümtem *sarong* gekleidet, haben diesen dann aber auf männliche Weise geschlungen und nehmen eine männliche Sitzhaltung ein etc. Sie synchronisieren im Alltag auf subtile Art männliche und weibliche Erscheinungs- und Verhaltensweisen, wobei es keine Versuche gibt, den männlichen Körperbau in irgendeiner Form zu verdecken. Einen rein weiblichen Kleidungsstil wählen *kawe-kawe* in der Regel nur für offizielle und festliche Anlässe, bei Markt- und Behördengängen, Riten und Festen.

Bei dem wöchentlichen Gang in die Moschee zum Freitagsgebet wählt allerdings der größte Teil der dörflichen *kawe-kawe* sowie aber auch der städtischen *waria* ein männliches „Outfit" und geht gemeinsam mit den Männern der Nachbarschaft zum Gebet, einige entscheiden sich aber auch für die weibliche Variante. Ein geschlechtsambivalenter Kleidungsstil lässt sich hier nicht verzeichnen: in der Moschee gibt es eben nur

Männer- oder Frauenräume. Das gleiche gilt für die Pilgerreise nach Mekka, die jeder gläubige Moslem, der die entsprechenden Mittel besitzt, unternehmen sollte. Unter den zum Teil recht vermögenden städtischen *waria* in dem urbanen Zentrum Makassar trifft man etliche, die den Mekkapilgertitel im Namen tragen. Die Entscheidung, ob sich die einzelnen *waria* im Kontext der Pilgerreise dem weiblichen oder männlichen Gender zuordnen, hängt unter anderem davon ab, mit welchen sozialen Bezugspartnern (z. B. Familienangehörigen oder Mitgliedern der lokalen *waria*-Gruppe) sie die Pilgerreise antreten. Grundsätzlich steht der *waria*-Status nicht im Widerspruch zum indonesischen Islam.[5] Er gilt als Gott gegeben beziehungsweise als Wille Allahs. Auf die Frage, ob Allah sie eher als Mann oder Frau sieht, antworten *waria* in der Regel: „Er sieht uns als *waria*.".[6]

Aus dem bisher Gesagten wird bereits deutlich, dass *waria* einen flexiblen, ambivalenten Geschlechtsstatus einnehmen und nicht auf die vollständige Übernahme des weiblichen Genders abzielen. Auch gibt es in ihren Selbstdarstellungen keinerlei Narrative, die dem bei uns verbreiteten Topos von der „im falschen Körper gefangenen Seele" ähneln und innere und äußere Identität polarisieren. *Waria* geben an, eigentlich männlich – *asli laki-laki* – zu sein, aber eine eher weibliche Seele *(jiwa)* und ein eher weibliches Temperament *(sifat)* zu haben. Sie sehen jedoch ihren männlichen Körper nicht als Widerspruch zu ihrer weiblich(er)en Seele und streben auch nicht an, vollständig Frau zu werden. Sie setzen, wie Boellstorff (2004:168f.) formuliert, „being feminine" niemals mit „being female" gleich. Entsprechend fehlt auch das Interesse an geschlechtsumwandelnden Operationen, wie sie für „Transsexuelle" in unserem gesellschaftlichen Kontext kennzeichnend sind.[7] Grundsätzlich ist der *waria*-Status kein notwendigerweise lebenslänglicher, sondern wird oft nur während einer bestimmten Lebensphase, meist in der Jugend, eingenommen.

Der größte Teil der *waria* verkehrt sexuell mit Männern, wobei durchaus häufig stabile, langfristige Partnerschaften entstehen. Es gibt aber ebenso *waria*, die heiraten und Kinder zeugen, ohne damit notwendigerweise ihren *waria*-Status vollständig aufzugeben. Die Beziehungen zwischen *waria* und Männern werden nicht als Homosexualität gewertet. Hierbei ist hervorzuheben, dass „*homoseks*" eine neue Kategorie darstellt, die sich erst seit zweieinhalb Jahrzehnten in den urbanen Zentren Indonesiens auszubreiten beginnt. Es gibt keine historisch verankerte Differenzierung zwischen Homo- und Heterosexualität. Erotische Handlungen zwischen Personen des gleichen biologischen und sozialen Geschlechtes sind in indonesischen Gesellschaften bislang praktiziert worden, ohne kulturell markiert zu werden.[8]

Die Männer, die sexuell mit *waria* verkehren, definieren sich stets als „richtige Männer" *(laki-laki asli)* beziehungsweise „normale Männer" *(laki-laki biasa)*, also als Männer ohne homoerotische Interessen. Sie geben in der Regel zwei Gründe an, die *waria* für sie begehrenswert machen: zum einen wären *waria* verführerischer, koketter und sexuell provokanter als „normale" Frauen und zum anderen sei es reizvoll, sich von „Frauen" penetrieren zu lassen. Hier zeigt sich, dass in den lokalen Diskursen die

Penetrationsrolle nicht – wie zum Beispiel im mediterranen und arabischen Kontext – mit Maskulinität verknüpft und der Rezeptionspart entsprechend auch nicht als spezifisch weiblich markiert wird. Diese Formen des Sexualaktes sind ohne Relevanz für die Definition von Männlichkeit und Weiblichkeit. Vor diesem Hintergrund wird es auch verständlich, dass *gays* in Indonesien Probleme haben, sich einzig aufgrund ihres sexuellen Interesses an anderen Männern als eigenständige soziale Kategorie zu etablieren.[9] Sie erheben ihr erotisches Begehren zu einem distinkten Merkmal ihrer Geschlechtsidentität, was in breiten Kreisen der indonesischen Bevölkerung auf erstaunte Verwunderung stößt.[10] Die *waria* selbst grenzen sich stark von den *gays* ab, die sie als westliches „Importprodukt" zurückweisen, wodurch sie im Gegenzug ihre *waria*-Identität als originär *(asli)* indonesisch konstruieren. In den städtischen Zentren Südsulawesis erwirbt ein kleiner, aber wachsender Teil der *waria* seinen Lebensunterhalt auch durch Prostitution, was im ländlichen Kontext extrem selten vorkommt und keineswegs zu den herkömmlichen Tätigkeitsfeldern der *kawe-kawe* oder *calabai* gehört. Zu den Kunden dieser *waria* gehören zum einen Männer, die – wie bereits erwähnt – ein spezielles Interesse an der sexuellen Begegnung mit männlichen, die Weiblichkeit übersteigernden „männlichen Transgendern" haben, zum anderen aber auch mittellose Männer und Jugendliche, die *waria* als billigere Alternative zu weiblichen Prostituierten nutzen. *Gays* haben kein Interesse an *waria*, ebenso wie deren Kunden sexuell nicht mit *gays* verkehren.[11]

In der makassarischen sowie buginesischen Gesellschaft standen und stehen *kawe-kawe/calabai* (bzw. *waria*) – wie in den meisten lokalen indonesischen Kulturen – seit jeher bedeutende soziale Positionen im religiös-rituellen Bereich offen, die ihnen nicht nur eine sichere ökonomische Basis, sondern auch Ansehen und Einfluss bieten. Da wäre zunächst einmal auf die prä-islamischen Ritenspezialisten der Bugis, die sogenannten *bissu*, zu verweisen, die als bedeutsame Vermittler zwischen Menschen und Ahnen fungieren und bei allen Übergangsriten eine wichtige Rolle spielen. An den früheren buginesischen Fürstenhöfen waren die *bissu* für das Durchführen von Übergangsriten sowie das Hüten und die jährliche Purifikation der fürstlichen Regalien verantwortlich. Sie fungierten darüber hinaus als bedeutsame Vermittler zwischen Menschen und Ahnen, die im Verlauf von rituellen Séancen bevorzugt in die Körper von *bissu* einfuhren. Infolge zunehmenden Drucks seitens des orthodoxen Islam auf alle prä-islamischen Elemente hat sich die Zahl der *bissu* allerdings reduziert (Hamonic 1975, 1987, Pelras 1997, Graham 2007, 2003b).[12]

Ein weiteres zentrales rituelles Amt, das bei Bugis und Makassar nahezu ausschließlich von *kawe-kawe/calabai* bekleidet wird, bildet das der sogenannten Hochzeitsmutter (makassarisch: *anrongbunting,* buginesisch: *indo' bonting*). Eine Hochzeitsmutter fungiert als Spezialistin auf dem Gebiet der „Zusammenführung von Mann und Frau". Sie organisiert die aufwändigen, mehrtägigen Hochzeitsfeierlichkeiten, kleidet und schminkt das Brautpaar und führt die zahlreichen mit der Eheschließung verbundenen prä-islamischen Einzelriten aus, in die die islamische Eheschließung *(nikka)* eingebettet ist. Daneben gibt es aber auch *kawe-kawe,* die in keinem dieser spezifischen Aufgabenfelder tätig sind, sondern „normale" Berufe beispielsweise in Handel, Landwirtschaft oder Verwaltung ausüben. Im großstädtischen Kontext haben sich *waria* mittlerweile den Schönheitssektor und das professionelle Entertainment sowie Veranstaltungsmanagement als primäre Tätigkeitsfelder erschlossen. In der Millionenmetropole Makassar werden rund 90 Prozent der Schönheitssalons und Kosmetikstudios, deren Anzahl in den vergangenen zwei Jahrzehnten kontinuierlich anstieg, von *waria* betrieben. Des Weiteren fungieren sie als Organisatoren von Schönheitswettbewerben, von Tanz-, Musik-, Mode- und Talkshows und werden bei privaten sowie offiziellen Festakten zur Gestaltung des Entertainments gebucht. Sie propagieren in all diesen Kontexten einen modernen, aufgeschlossen Lebensstil, wobei ihre Imaginationen der Modernität *(kemajuaan)* im Wesentlichen an den Verhältnissen und Trends in Java, insbesondere der Hauptstadt Jakarta, orientiert sind. Sie synthetisieren im Mode-, Schmuck- und Kosmetikbereich Elemente verschiedener ethnischer Gruppen Indonesiens und kreieren so, unter Beimischung westlicher Komponenten, einen spezifisch indonesischen Stil. Sie durchsetzen die lokale makassarische oder buginesische Sprache bei ihren Auftritten mit zahlreichen Ausdrücken und Redewendungen aus der Nationalsprache *Bahasa Indonesia* und kreieren somit quasi eine Kreolsprache. Sie führen bei den beliebten Playback-Shows bevorzugt indonesische *dangdut*-Hits oder aber Songs aus indischen Bollywoodfilmen auf, westliche Songs bilden dagegen die Minderheit.[13] Doch *waria* vermitteln in ihren Shows keineswegs nur Modetrends und Fantasien des Femininen, sondern vor allem Imaginationen moderner indonesischer Staatsbürgerschaft. So kommentieren *waria*-Conférenciers in ihren Veranstaltungen – häufig auf kabarettistische Weise – politische Geschehnisse, die sich in Jakarta oder auch auf der globalen Bühne abspielen und übersetzen diese hiermit in lokale Bezugssysteme. Sie inszenieren sich in ihren Darbietungen stets als Mitglieder der nationalen Gesellschaft und überschreiten so ethnisch definierte Horizonte.[14] In anderen Worten: *Waria* stehen primär in einem Kommunikationsbezug mit der indonesischen Nation und weniger mit den lokalen Traditionen, dem *adat*. Dies mag auch damit zusammenhängen, dass die ersten formellen *waria*-Organisationen, die sich im Jakarta der frühen 1970er Jahre bildeten, von Anbeginn an politische Billigung und Unterstützung erfuhren. So wurde *Himpunan Wadam Jakarta,* die erste *waria*-Verbindung, die sich 1972 in Jakarta gründete, von Ali Sadikin, dem damaligen Bürgermeister der Hauptstadt Indonesiens, aktiv unterstützt. Ali Sadikin sah die *waria* nicht als „schützenswerte" Inhaber traditioneller, ethnisch geprägter Geschlechterrollen, sondern als wichtige moderne Staatsbürger. Er rechtfertigte also ihre Unterstützung seitens der Politik „in terms of national belonging" (Boellstorff 2004:177) und bezog sie somit in den Aufbau der modernen, pan-ethnischen indonesischen Nation ein.[15] *Waria* sind wichtige und sichtbare Akteure in der politischen Sphäre des heutigen Indonesiens. Sie organisieren Wahlkampfveranstaltungen, fördern bestimmte Kandidaten und werden ihrerseits von verschiedenen Parteien und/oder Lokalregierungen unterstützt. Als professionelle Veranstaltungs-Manager werden sie auch immer wieder eingesetzt, wenn es gilt, politische Programme oder Maßnahmen publik zu machen.[16] Kurz: *Waria* treten in all diesen Sektoren als *cultural broker* hervor, die zwischen Peripherie und Zentrum vermitteln, die lokale Formen und Traditionen aufbrechen und überschreiten.

Transgenderism im philippinischen Kontext

Mein zweites empirisches Beispiel führt in die südlichen Philippinen, genauer auf die Insel Sulu mit der Hauptstadt Jolo, eine Region, die verschiedentlich durch Geiselnahmen im Kontext des separatistischen Widerstandes der lokalen Moslems in den Schlagzeilen war. Die Bevölkerung auf Sulu und den umgebenden Inseln besteht hauptsächlich aus muslimischen Tausug, einem Händler- und Seefahrervolk, das sich ebenfalls durch eine hierarchische Sozialstruktur und rigide Geschlechtertrennung kennzeichnet. Die folgenden Ausführungen beziehen sich in erster Linie auf die Arbeiten des amerikanischen Ethnologen Mark Johnson (1995a, 1995b, 1996, 1997b), der zu Beginn der neunziger Jahre bei den Tausug forschte. Die hier im „ethnografischen Präsens" geschilderten Verhältnisse können also nur für diese Zeitspanne Gültigkeit beanspruchen.

In dem Jahrhunderte langen Kampf gegen die Hegemoniebestrebungen des christlichen Teils der Philippinen sind Religion und Ethnizität zu einer unlösbaren Einheit verschmolzen: Tausug-Sein bedeutet Moslem-Sein. Die Stadt Jolo, Zentrum der Tausug sowie auch des separatistischen Widerstandes, war früher Sitz des Sulu Sultanates, das sich rund dreihundert Jahre erfolgreich gegen die spanische Vorherrschaft auf den Philippinen zur Wehr setzte. Erst 1876 gelang es den Spaniern, Jolo zu okkupieren. Bereits 20 Jahre später wurden sie durch die Amerikaner ersetzt, die bis 1946 als Kolonialmacht auf den Philippinen herrschten. Im Gegensatz zu den Spaniern verzichteten die Amerikaner auf einen direkten Konfrontationskurs, sie betrieben eine Politik der scheinbaren „Nicht-Einmischung" und versuchten das Problem mit den rebellischen Tausug eher indirekt und langfristig zu lösen. Aus diesem Grund nehmen die Tausug auch eine insgesamt positive Haltung gegenüber der Welt der Amerikaner *(milikan)* ein.

Im heutigen sozialen Leben der Tausug spielen männliche Geschlechtsrollenüberschreiter, sogenannte *bantut,* eine zentrale Rolle. Sie ähneln den indonesischen *waria* in zahlreichen Aspekten. Auch hier handelt es sich um biologische Männer, die als weiblich geltende Verhaltens- und Kleidungsweisen übernehmen, jedoch nie vollständig in die weibliche Geschlechtsrolle schlüpfen. Wie etliche der *waria* verbringen viele Männer nur eine Phase ihres Lebens als *bantut,* meist in jüngeren Jahren, und kehren später in die männliche Geschlechtsrolle zurück, heiraten und zeugen Kinder.

Ebenso wie die „männlichen Transgender" in Indonesien haben auch *bantut* eine lange Tradition auf den Philippinen. Historischen Quellen zufolge fungierten sie in prä-kolonialen Zeiten als Priester bzw. rituelle Mittler zwischen Göttern, Ahnen und Menschen und genossen ein hohes soziales Ansehen (Nanda 2000:78ff, Johnson 1997a:12,25).

Im Kontext des kolonialen spanischen Katholizismus wurden die *bantut* jedoch zunehmend ausgegrenzt. Ihr Transgender-Verhalten wurde als Sodomie, als deviantes Teufelswerk markiert.[17] Bei den muslimischen Tausug erfolgte diese soziale Ausgrenzung allerdings niemals so massiv wie in den christlichen Philippinen, aber auch hier hat sich ein Abwertungsprozess vollzogen. Dies spiegelt sich unter anderem darin, dass der Begriff *bantut* von Anderen meist mit einer deutlich derogativen Konnotation im Sinne von „impotenter, weibischer Mann" gebraucht wird.

Ein weiterer Effekt kolonialer Einflüsse liegt in einer Sexualisierung der lokalen philippinischen Genderdiskurse. Dies zeigt sich darin, dass die Sexualität der *bantut,* die wie die indonesischen *waria* hauptsächlich mit Männern verkehren, feminisiert wird. In ihrem sexuellen Verlangen seien *bantut,* heißt es im lokalen Diskurs, wie Frauen darauf ausgerichtet, von Männern penetriert zu werden (Johnson 1998:696f.). Im Gegensatz zum indonesischen Kontext tritt hier eine geschlechtsspezifische Markierung des Sexualverhaltens hervor, die vermutlich im Kontext der Kolonialisierung übernommen worden ist. Denn den mediterranen sowie arabischen Geschlechterideologien zufolge manifestiert sich Maskulinität ganz wesentlich im Penetrationsakt. In Konsequenz dieser Vorstellungen gefährden auch Männer, die in sexuellen Beziehungen mit anderen Männern den aktiven Part einnehmen, in keiner Weise ihre Männlichkeit, also ihre Genderidentität als „richtige Männer"; als „unmännlich" und deviant werden nur die anderen markiert.[18]

In den vergangenen zwei Jahrzehnten sind *bantut* zunehmend dazu übergegangen, sich selbst als *gays* zu bezeichnen, ohne jedoch die diesem Terminus inhärente westliche Homosexualitätskonzeption zu übernehmen. Sie verwenden den Begriff *gay* hauptsächlich als Eigenbezeichnung, um sich von dem konventionellen lokalen Wertungsgefüge zu distanzieren und sich mit der von ihnen als positiv imaginierten Welt der *milikan,* der Amerikaner bzw. des Westens allgemein, zu assoziieren (Johnson 1997a, 1998,1995).[19]

Gegenüber dem sich in den Philippen ebenfalls ausbreitenden „*gay movement*" westlichen Zuschnitts nehmen die *bantut* eine ambivalente Haltung ein. Sie teilen mit den *gays* das sexuelle Interesse an „richtigen Männern", grenzen sich jedoch von ihnen ab, indem sie ihren Transgenderstatus, also ihre Femininität betonen. In diesem Zusammenhang rekurrieren sie – Johnson (1998:696f.) zufolge – auch auf den Topos von der „im falschen Körper gefangenen Seele", was sich als Übernahme westlicher Genderdiskurse sehen lässt. Sie rechtfertigen so ihr Interesse an „richtigen Männern" als eine quasi natürliche Konsequenz ihrer seelischen (inneren) Weiblichkeit. So entziehen sie auch ihre Sexualität der von dem „*gay movement*" propagierten Homosexualitätsdefinition, deren Hauptkennzeichen die „*same-sex-same-gender*"-Sexualität bildet. In den Philippinen haben sich im Kontext dieser sozialen Differenzierungsprozesse also zwei verschiedene „*gay*-Identitäten" herausgebildet: 1. Transgender-*gays* und 2. homosexuelle *gays*. Letztere sind allerdings bei den Tausug so gut wie nicht existent beziehungsweise nicht sichtbar (Johnson 1998). Sexueller Kontakt zwischen zwei sex-gender kongruenten Männern oder auch zwischen zwei *bantut* gilt als pervers. Männer, denen man unterstellt, sie wären daran interessiert sich von anderen penetrieren zu lassen, werden als *silahis* (doppelschneidige) abgewertet. In diesen lokalen Kategorisierungen verdeutlicht sich eine ausgeprägte Heterogendernormativität (Johnson 1998:697).[20]

Ein großer Teil der *bantut* ist – wie die indonesischen *waria* – im Schönheits- und Showgewerbe engagiert. Auch das Management der zahlreichen schulischen Wettbewerbe in Form von Wissens-, Sport- und Kostümaufführungen obliegt hauptsächlich *bantut*. Ähnlich den indonesischen *waria* treten auch die *bantut* in all diesen Sektoren als zentrale Mediatoren eines kulturellen Transformations- oder Kreolisierungsprozesses hervor. So haben sie den bei der urbanen Elite ungeheuer erfolgreichen so genannten „native modern style" kreiert: *Bantut*-Schneider haben traditionelle Kleidungs- und Stoffelemente mit neueren westlichen Schnittarten vermischt; *bantut*-Juweliere haben das konventionelle Goldschmuckdesign aufgebrochen und mit neuen Mustern und Materialien kombiniert; *bantut*-Tänzer durchsetzen traditionelle Tänze mit Rap-Elementen usw. (Johnson 1997a:73f., Johnson 1995a). Doch ihre mediativen Fähigkeiten beschränken sich keineswegs nur auf den materiellen Bereich. So propagieren zum Beispiel *bantut*-Conférenciers in den von ihnen veranstalteten diversen Schönheitswettbewerben auch Ideen, welche die lokalen Wert- und Normvorstellungen überschreiten. Sie orientieren sich allerdings an der Welt der *milikan* und nicht an den Trends im nationalen Zentrum der Philippinen. Die Ausrichtung auf die globale, vornehmlich amerikanische Welt wird besonders deutlich am Beispiel der Interviews, die einen wichtigen Bestandteil der Schönheitswettbewerbe bilden. Diese Interviews werden immer in Englisch durchgeführt. Den teilnehmenden *bantut* (oder Frauen) werden Fragen zum Allgemeinwissen, zu sozialen Aspekten und zu global-politischen Ereignissen gestellt, die den lokalen Kontext deutlich überschreiten.

Die Konzeption von Schönheit, die hier offenbar wird, geht weit über einen wohlgestalteten Körper und ein angenehmes Äußeres hinaus: Sie umfasst Bildung und gute Englischkenntnisse, staatsbürgerliches Verantwortungsgefühl, demokratische Orientierung und eine weltoffene Haltung. Aspekte, die in amerikanischen Schönheitswettbewerben ebenfalls eine Rolle spielen, hier jedoch eine ungleich stärkere Betonung zu finden scheinen (Johnson 1996, 1997a).

Bantut präsentieren sich in diesen Szenarien als gebildete Personen, was sie de facto auch sind. Der größte Teil der in den Salons arbeitenden *bantut* verfügt über höhere Schul- sowie teilweise auch Studienabschlüsse. Sie verkörpern hier säkulares Wissen *(ilmu milikan)*, das neben islamischem Wissen *(ilmu Islam)* einen bedeutenden sozialen Wert in der Welt der Tausug darstellt (Johnson 1997a:55).

All dies zeigt, dass die *bantut* zentrale Figuren sind in einem Prozess der Reformulierung und Einpassung globaler Formen in die Strukturen lokaler kultureller Gegebenheiten, kurz, in einem „process of glocalization". Dass die *bantut* diese Vermittlerrolle erfolgreich ausfüllen, zeigt sich nicht zuletzt in ihrem beträchtlichen ökonomischen Erfolg. Die in den zahlreichen Schönheitssalons Jolos arbeitenden *bantut* verdienen ebenso viel wie Lehrer und Angestellte im gehobeneren Verwaltungsdienst. Desgleichen machen die *bantut*-Schneider, -Raumausstatter und -Schmuckdesigner gute Umsätze. Aufgrund ihres ökonomischen Erfolges sind die *bantut* auch in wichtigen sozialen Organisationen wie zum Beispiel der „Junior Chamber of Commerce" (JCC) vertreten, die ebenso wie ihre eigenen Organisationen, der „Sulu Sisters Club" oder die „Pink Ladies Organisation", eine bedeutsame Rolle in der Lokalpolitik spielen (Johnson 1997a:53ff). Es stellt sich jedoch die Frage, warum ausgerechnet *bantut* diesen Transformationsprozess zu dominieren scheinen.

Mit ihrem ökonomischen Erfolg und politischen Einfluss lässt sich möglicherweise auch die deutliche Zunahme von *bantut* – oder vorsichtiger formuliert, ihre zunehmende Sichtbarwerdung – in den letzten Dekaden erklären. Schätzungen zufolge ist die Anzahl der in Jolo lebenden *bantut* in den vergangenen 30 Jahren von 0,5% auf 3,5% der männlichen Einwohner der Stadt angestiegen. Es gibt diesbezüglich allerdings keine wirklich verlässlichen statistischen Daten. Der Anstieg koinzidiert mit einer auffälligen Zunahme von Schönheitssalons. So hat es Anfang der 1970er Jahre in ganz Jolo insgesamt drei von Frauen betriebene Salons gegeben; 1990/91 sind, Johnson (1997a) zufolge, dagegen bereits über 50 ausschließlich von *bantut* betriebene „beauty parlours" verzeichnet.

Im lokalen Diskurs wird die Zunahme von *bantut* jedoch mit politischen Ereignissen korreliert. In den 1970er Jahren eskalierte, genauso wie in den letzten Jahren, der Kampf zwischen den islamischen Separatisten (der *Moro Islam Liberation Front*) und dem philippinischen Staat. Das philippinische Militär besetzte Jolo und die Region wurde unter Kriegsrecht gestellt. Viele junge Tausug-Männer verloren, so heißt es, angesichts der Gewalttätigkeiten und physischen Folterungen (zu denen auch Vergewaltigungen der jungen Männer durch philippinische Militärs zählten) ihren Mut und ihre Tapferkeit, zwei – nach lokaler Auffassung – entscheidende Determinanten der Männlichkeit. Sie verloren hiermit ihren Status als „richtige Männer".

Als Kristallisationspunkte der Weiblichkeit dagegen gelten die Weitergabe und Wahrung von Leben und Traditionen. Es obliegt primär den Frauen, die Tausug-Werte und -Überzeugungen zu erhalten und „richtige" Tausug und Moslems heranzuziehen. Durch diese Rolle sind sie den kulturellen Konventionen besonders verpflichtet. Ohne hier noch weiter ins Detail zu gehen, lässt sich feststellen, dass Maskulinität und Femininität im Kontext des separatistischen Widerstandes fest mit der ethnischen und religiösen Identität der Tausug verkoppelt worden sind, so dass beiden Geschlechtern wenig Raum bleibt, sich außerhalb der strikten, das alltägliche Leben dominierenden Dichotomie ‚muslimische Tausug versus christliche Philippinos' zu engagieren und sich mit anderen Diskursen zu identifizieren. Den *bantut* dagegen steht aufgrund ihres ambivalenten „nicht-Mann – nicht-Frau" Status die Möglichkeit offen, auch außerhalb dieser starren Polarisierung zu interagieren und sich mit globalen Diskursen – mit der Welt der *milikan* – auseinanderzusetzen. Ihre ambivalente Position eröffnet ihnen einen Freiraum, der es ihnen ermöglicht, kulturelle Klassifikationen und Grenzen zu überschreiten und somit als kulturelle Mediatoren zu fungieren.

Schlussbetrachtung

Mit diesem komparativen ethnografischen Blick auf Formen des *male transgenderism* in zwei islamischen Gesellschaften Südostasiens sollten hauptsächlich drei Aspekte angesprochen werden: So wollte ich erstens den „Translationsprozessen" im Bereich des *transgenderism* nachspüren und unter anderem aufzeigen, wie sich lokale Akteure in der Auseinandersetzung mit global zirkulierenden Genderideologien – in diesem Fall dem *„gay movement"* – wahrnehmen, verorten und artikulieren. Wir sahen, dass sich die *kawe-kawe* und *calabai* in Sulawesi zunehmend – vor allem im städtischen Umfeld – als indonesische Transgender entwerfen, was sich nicht zuletzt in der Übernahme des nationalsprachlichen Terminus *waria* als Eigenbezeichnung spiegelt. Sie überschreiten die lokalen Grenzen in Richtung auf die Nation und definieren sich als Teile einer modernen pan-indonesischen Transgendergemeinschaft. Sie konturieren dieses Selbstverständnis unter anderem durch ihre deutliche Abgrenzung von euro-amerikanischen *gay*-Diskursen. In diesem Kontext ließe sich folglich von Prozessen einer „Natio-Lokalisierung" sprechen.

Die philippinischen *bantut* versuchen dagegen, durch eine partielle Assoziation mit der euro-amerikanischen Kategorie „*gay*" (sowie durch die Namensübernahme) dem negativen Image ihres Status entgegenzuwirken. Sie übernehmen jedoch nicht, wie wir sahen, die Homosexualitätskonzeption, sondern grenzen sich von dieser wiederum durch Betonung ihrer Femininität und damit ihres Transgenderstatus ab. Eine interessante weiterführende Frage wäre, ob diese sozialen Abgrenzungsprozesse auf längere Sicht zu einer Verfestigung der an sich kontextuell sowie auch temporär sehr flexiblen lokalen Transgenderidentitäten führen.

Zweitens wollte ich an die in der Genderforschung geführten terminologischen Diskussionen anknüpfen und anhand des dargestellten Materials verdeutlichen, dass es irreführend ist, die Formen des indonesischen und philippinischen *male transgenderism* als additive Geschlechterkategorien zu definieren, wie dies zum Teil geschieht. *Waria* und *bantut* stellen kein „drittes Geschlecht" dar, das sich irgendwo jenseits von Mann und Frau konstituiert. Vielmehr handelt es sich hier um institutionalisierte, sozial anerkannte Varianten oder Subkategorien des männlichen Genders, innerhalb derer es den Einzelnen möglich ist, weibliche Genderattribute und -praktiken zu übernehmen und diese in äußerst flexibler Weise mit männlichen Komponenten zu verschmelzen. Auch sind diese Formen des *transgenderism* in keiner Weise mit einer Negation binärer Geschlechterordnungen verbunden, sondern bestätigen diese. Die südostasiatischen

Gesellschaften, in denen *male transgenderism* verankert ist, kennzeichnen sich alle durch heteronormative Geschlechterordnungen, innerhalb welcher männliche und weibliche Geschlechterrollen klar und rigide definiert sind. Es ist zu vermuten, dass derartigen genderüberschreitenden Positionen, gerade in Gesellschaften mit restriktiven dualen Geschlechterkonzeptionen, eine wichtige soziale Ventilfunktion zukommt.

Drittens wollte ich für eine Erweiterung des ethnografischen Blicks plädieren und die Aufmerksamkeit auf die modernen Tätigkeitsfelder lenken, die sich die männlichen Geschlechtsrollenüberschreiter in den beiden hier betrachteten kulturellen Kontexten erschlossen haben. Sie betätigen sich nicht nur im Schönheits- und Showgewerbe, sondern haben diese prosperierenden Wirtschaftszweige letztlich in ihren Gesellschaften etabliert, womit sie sich als äußerst erfolgreiche ökonomische Entrepreneurs ausweisen. Sie vermitteln, wie wir sahen, in diesen Sektoren Werte und Waren, die an translokale und transnationale Diskurse anknüpfen: Die *waria* in Sulawesi vermarkten sozusagen die indonesische Nation, das heißt, den nationalen Gedanken der „Einheit in der (ethnischen) Vielfalt", während die *bantut* im philippinischen Sulu-Archipel aus dem separatistischen, anti-nationalen Impetus ihres Volkes heraus die westliche, die euro-amerikanische Welt der *milikan,* vermitteln.

Es bleibt die Frage, warum gerade genderambivalente Personen wie die *bantut* und *waria* in diesen Bereichen dominieren. Diesbezüglich scheint die Annahme interessant, dass Grenzgänger zwischen den Geschlechtern in besonderer Weise designiert sind, die Grenze zwischen kulturell „Eigenem" und „Anderem" zu verwischen, beziehungsweise soziale und kulturelle Translationsprozesse zu lancieren. Sie verfügen über einen „Raum der Möglichkeiten" (Peacock 1968), der Männern und Frauen aufgrund ihrer festeren Einbindung in tradierte Strukturen und Verhaltenskodes nicht im selben Umfang offen steht. In diesem innovativen Potential liegt die gesellschaftliche Signifikanz derartiger intermediärer Positionen. Auf diesen generell an ambivalente und intermediäre Positionen geknüpften „Raum der Möglichkeiten" hat die jüngere Transgenderforschung hingewiesen und damit eine Frage in den Mittelpunkt gerückt, die weit über den Bereich der Geschlechterforschung hinausreicht.

Notes

1 Vgl. Whittle (2006:xi).
2 Mit dem Phänomen des *transgenderism* habe ich mich während mehrerer Feldaufenthalte in Sulawesi zwischen 1990 und 2007 auseinandergesetzt (siehe z. B. Röttger-Rössler 1989, 2000). Näheres zu den Geschlechterverhältnissen bei den Bugis siehe Millar (1983), Pelras (1996), Graham (2007).
3 Die von der Regierung 1978 vorgenommene Neuschöpfung *waria* ersetzte die seit den 60er Jahren zur Bezeichnung männlicher Transgender gebräuchliche Wortbildung *wadam*, die sich aus *wanita* (Frau) und *adam* (Mann) zusammensetzte und an der einige fundamentale Moslems Anstoß genommen hatten, da sie hierin eine Abwertung des Propheten sahen.

Wadam wird zumindest heute als Bezeichnung für Frau-zu-Mann-Transgender gebraucht. Suharto unterstützte und legitimierte diese Neuschöpfung (Boellstorff 2004:162).

4 Bei den Makassar werden Frauen, die sich Teilen des weiblichen Rollenspektrums verschließen und Attribute des männlichen Genders übernehmen, als *calabai* und bei den benachbarten Bugis als *calalai* bezeichnet. Sie werden ebenso wie die männlichen Transgender sozial akzeptiert, sind jedoch weitaus seltener. Näheres siehe Röttger-Rössler (1994, 1997), Pelras (1997) und Graham (2007, 2006, 2004a,b).

5 In der jüngeren Vergangenheit kam es auf Java zu Störaktionen seitens einiger fundamentalistisch orientierter männlicher Jugendgruppen bei *waria*-Schönheitswettbewerben in Surabaya und Jakarta. Doch diese waren in ihrer Zielsetzung in erster Linie anti-westlich und nicht anti-*waria*. Sie richteten sich primär gegen die während dieser *Beauty Contests* propagierten westlichen „Lifestyle"-Orientierungen. In den Medien wurden diese Aktionen strengstens verurteilt.

6 Vgl. Boellstorff (2004:167), der betont, dass es in Indonesien weder im islamischen noch im christlichen Kontext als „schändlich" oder „sündhaft" gewertet wird ein *waria* zu sein. Als „sündhaft" würden höchstens die Verhaltensweisen derjenigen *waria* gewertet, die sich prostituieren.

7 Im urbanen Kontext beginnen *waria* in jüngster Zeit damit, sich mittels Silikonspritzen Brüste modellieren zu lassen sowie durch Einnahme von Hormonen – meist in Form hochdosierter Antibabypillen – ihren Körper zu modifizieren. Weitergehende geschlechtsumwandelnde Maßnahmen weisen sie jedoch zurück. Die meisten reagieren entsetzt bis belustigt auf den Gedanken einer Geschlechtsoperation: „Wozu sollte ich mir meinen ‚Vogel' entfernen lassen? Ich brauche ihn doch!" lauten entsprechende prototypische Kommentare.

8 Vgl. in diesem Zusammenhang auch Schröter (2001:64f.), die zu recht kritisiert, dass die wissenschaftlichen Debatten um geschlechtliche Ambiguität zu sehr als erotischer Diskurs geführt werden, der sexuelles Begehren als den eigentlichen Motor für die Überschreitung der heterosexuellen Matrix ansieht. Sie verweist darauf, dass etliche Transgender-Rollen in außereuropäischen Gesellschaften „weder auf eine heterosexuelle, ontologische Zweigeschlechtlichkeit rekurrieren noch primär als erotische Leidenschaft erklärt werden können" (2001:66).

9 Vgl. Boellstorff (2004:173–76), Oetomo (1996, 2002).

10 Bisher ist das *gay movement* in Indonesien primär auf die westlich orientierte urbane Mittelschicht begrenzt. Die Gründer der ersten indonesischen *Gay*-Vereinigungen wie Dédé Oetomo, sind alle in westlichen Ländern ausgebildet worden und dort in Berührung mit verschiedenen Schwulenbewegungen gekommen.

11 Ein wichtiges Kriterium, mittels dessen im Kontext des Sexgewerbes zwischen *waria* und *gays* differenziert wird, ist, dass Erstere für ihre Dienste bezahlt werden, während Letztere ihrerseits Männer für sexuelle Dienste bezahlen. Strichjungen, die gegen Entgelt *gays* zur Verfügung stehen (und meist aus dem Straßenmilieu kommen) definieren sich ihrerseits nicht als *gays* (Oetomo 1996:265f., Boellstorff 2004:189, vgl. auch Boellstorff 2005a).

12 Zur aktuellen Situation von *bissu* in der buginesischen Gesellschaft siehe Graham (2007, 2003b).

13 *Dangdut* ist die Bezeichnung für eines der populärsten indonesischen Musikgenres, das in den 70er Jahren entstand und Elemente der indischen Filmmusik (vor allem der „Bollywoodfilme") mit arabischen, malayischen und westlichen Komponenten verschmilzt. Musikalisch zeichnet sich der *dangdut* durch einen besondern Rhythmus aus, bei dem der erste Schlag eines 4/4-Taktes leicht und der vierte Schlag stark betont werden. Ein *dangdut*-Ensemble umfasst meist elektronische Instrumente wie eine E-Gitarre, Keyboard etc. sowie

die indische Trommel Tabla und die indonesische Bambusflöte Suling. Dieses meist vier bis acht Instrumentalisten umfassende Ensemble begleitet stets einen Sänger oder eine Sängerin. Der Begriff *dangdut* stellt eine lautmalerische Umschreibung des typischen Tabla-Rhythmus „dang-dang-dut" dar und wurde von Rhoma Irama, dem „Vater" dieses Genres geprägt.

14 Hier sollte noch angemerkt werden, dass diese Shows eine enorme Reichweite haben und von Personen aller Schichten und Altersgruppen besucht werden. Sie stellen also in keiner Hinsicht „Szene-Events" dar, die nur ein sehr spezifisches Klientel anziehen wie etwa die Travestie-Shows bei uns. Graham (2003a) erwähnt auch die gezielte Einbeziehung von *waria* in die Aidsaufklärung seitens der Regierung in der Stadt Makassar aufgrund der Beliebtheit von *waria*-Shows bei der Bevölkerung.

15 Vgl. Abeyasekere (1987:231).

16 So arbeiten zum Beispiel in den städtischen Zentren Südsulawesis die Lokalregierungen im Kontext der Aidsaufklärung eng mit den lokalen *waria*-Verbänden zusammen (siehe auch Graham 2003a).

17 Siehe z. B. die Berichte des Jesuitenpaters Domingo Pérez von 1680, wiedergegeben und übersetzt von Blair und Robertson (1910) in ihrem 54-bändigen historiografischen Kompendium „The Philippine Islands, 1443–1803" (vgl. Murray 1992).

18 Zu Sexualität und Männlichkeitskonzepten in christlich-mediterranen Kontexten siehe Haller (1997:173–76), in arabischen und islamischen Kontexten siehe Wikan (1977, 1978) und Schmitt (1985), in lateinamerikanischen Kontexten siehe Kulick (1997).

19 Johnson (1998:696) betont, dass *milikan* als imaginiertes „kulturell Anderes" keineswegs nur für Amerika, sondern für den Westen allgemein steht. So werden auch alle Weißen von den Tausug als *milikan* bezeichnet.

20 Siehe auch Hart (1992) und Whitam (1992) zu Homosexualität und Transvestismus in den christlichen Philippinen.

Literatur

Abeyasekere, Susan (1987) *Jakarta: A History*. Singapur: Oxford University Press.

Besnier, Niko (1997) Sluts and Superwomen: The Politics of Gender Liminality in Urban Tonga. *Ethnos* 62:5–31.

Besnier, Niko (2002) Transgenderism, Locality, and the Miss Galaxy Beauty Pageant in Tonga. *American Ethnologist* 29(3):534–566.

Blair, Emma H. und James A. Robertson (1910) The Philippine Islands 1443–1803. Cleveland: Arthur H. Clark (54 Bände).

Boellstorff, Tom (2004) Playing Back the Nation: Waria, Indonesian Transvestites. *Cultural Anthropology* 19(2):159–195.

Boellstorff, Tom (2005a) *The Gay Archipelago: Sexuality and Nation in Indonesia*. Princeton: Princeton University Press.

Boellstorff, Tom (2005b) Between Religion and Desire: Being Muslim and Gay in Indonesia. *American Anthropologist* 107(4):575–85.

Graham, Sharyn (2001) Negotiating Gender: *Calalai'* in Bugis Society. *Intersections: Gender, History, and Culture in the Asian Context* 6:1–14. Abrufbar unter <http://intersections.anu.edu.au/issue6/graham.html> [04.09.2009].

Graham, Sharyn (2003a) AIDS Education from an Unexpected Corner: Government Officials and Waria in South Sulawesi'. *Inside Indonesia* 75:17–19. Abrufbar unter <http://insideindonesia.org/content/view/300/29/> [04.09.2009].

Graham, Sharyn (2003b) Bissu Shamans Still Letting the Spirits Move Them. *The Jakarta Post,* Sonntag, 21. September 2003, S. 8.

Graham. Sharyn (2004) It's Like One of Those Puzzles: Conceptualising Gender Among Bugis'. *Journal of Gender Studies* 13(2):107–116.

Graham, Sharyn (2006) Thinking of Gender in a Holistic Sense: Understandings of Gender in Sulawesi, Indonesia. In: Vasilikie P. Demos und Marcia Texler Segal (Hg.): *Gender and the Local-Global Nexus: Theory, Research, and Action,* S. 1–24. Oxford: Elsevier (Advances in Gender Research 10).

Graham, Sharyn (2007) *Challenging Gender Norms: Five Genders among Bugis in Indonesia.* Belmont, CA: Thomson Wadsworth (Case Studies in Cultural Anthropology).

Haller, Dieter (1997) Transvestismus und Bisexualität im Mittelmeerraum: Männliche Homosexualität in einer machistischen Gesellschaft. In: Gisela Völger (Hg.): *Sie und Er. Frauenmacht und Männerherrschaft im Kulturvergleich,* Band 2, S. 173–76. Köln: Rautenstrauch-Joest-Museum (Ethnologica N.F. 22).

Hamonic, Gilbert (1975) Transvestissement et bisexualité chez les bissu du pays Bugis. *Archipel* 10:121–134.

Hamonic, Gilbert (1987) *Le langages des dieux. Cultes et pouvoirs pré-islamique en pays bugis Célèbes-sud, Indonésie.* Paris: Centre National de la Recherche Scientifique.

Hart, Donn V. (1992) The Cebuano Bayot and Lakin-on. In: Stephen O. Murray (Hg.): *Oceanic Homosexualities,* S. 193–230. New York: Garland Publishing (Garland Gay and Lesbian Studies 7, Garland Reference Library of Social Science 686).

Hauser-Schäublin, Brigitta (1991) Das Werden einer geschlechtsspezifischen Ethnologie (im deutschsprachigen Raum). In: Brigitta Hauser-Schäublin (Hg.): *Ethnologische Frauenforschung: Ansätze, Methoden, Resultate,* S. 9–37. Berlin: Reimer (Ethnologische Paperbacks).

Hauser-Schäublin, Brigitta und Birgitt Röttger-Rössler (1998) Differenz und Geschlecht – Eine Einleitung. In: Brigitta Hauser-Schäublin und Birgitt Röttger-Rössler (Hg.): *Differenz und Geschlecht. Neue Ansätze in der ethnologischen Forschung,* S. 7–22. Berlin: Reimer (Ethnologische Paperbacks).

Johnson, Mark (1995a) Remembrances, Identity, Cultural Transformation and Transgender Men in the Southern Philippines. *International Journal of Comparative Race and Ethnic Studies* 2:116–132.

Johnson, Mark (1995b) Transgender Men and Homosexuality in the Southern Philippines: Ethnicity, Political Violence and the Protocols of Engendered Sexualities amongst the Muslim Tausug and Sama. *South East Asia Research* 3(1):44–62.

Johnson, Mark (1996) Negotiating Style and Mediating Beauty: Transvestite Beauty Queens in the Southern Philippines. In: Colleen B. Cohen, Richard Wilk und Beverly J. Stoeltje (Hg.): *Beauty Queens on the Global Stage: Gender, Contests and Power,* S. 89–104. New York: Routledge.

Johnson, Mark (1997a) *Beauty and Power: Transgendering and Cultural Transformation in the Southern Philippines.* Oxford: Berg.

Johnson, Mark (1997b) At Home and Abroad: Inalienable Wealth, Personal Consumption and the Reformulation of Femininity in the Southern Philippines. In: Daniel Miller (Hg.): *Material Cultures: Why Some Things Matter.* Chicago: University of Chicago Press.

Johnson, Mark (1998) Global Desirings and Translocal Loves: Transgendering and Same Sex Sexuality in the Southern Philippines. *American Ethnologist* 25(4):695–711.

Kulick, Don (1997) The Gender of Brazilian Transgendered Prostitutes. *American Anthropologist* 99(3):574–585.

Mageo, Jeanette Marie (1998) *Theorizing Self in Samoa: Emotions, Genders and Sexualities.* Ann Arbor: University of Michigan Press.

Mageo, Jeanette Marie (2005) Male Gender Instability and War. *Peace Review* 17(1):73–80.

Millar, Susan B. (1983) On Interpreting Gender in Bugis Society. *American Ethnologist* 10(3):477–493.

Murray, Alison J. (1999) Let them take Ecstasy: Class and Jakarta Lesbians. In: Evelyn Blackwood und Saskia E. Wieringa (Hg.): *Female Desires: Same-Sex Relations and Practices across Cultures,* S. 139–156. New York: Columbia University Press.

Murray, Stephen O. (1992) Early Reports of Cebuano, Tinguian, and Sambal "Berdache". In: Stephen O. Murray (Hg.): *Oceanic Homosexualities,* S. 185–192. New York: Garland Publishing (Garland Gay and Lesbian Studies 7, Garland Reference Library of Social Science 686).

Nanda, Serena (2000) *Gender Diversity. Cross-cultural Variations.* Prospect Heights: Waveland Press.

Oetomo, Dédé (1996) Gender and Sexual Orientation in Indonesia. In: Laurie J. Sears (Hg.) *Fantasizing the Feminine in Indonesia,* S. 259–269. Durham und London: Duke University Press.

Oetomo, Dédé (2002) Now You See It, Now You Don't: Homosexual Culture in Indonesia. *IIAS Newsletter* 29:9.

Peacock, James (1968) *Rites of Modernization. Symbols and Social Aspects of Indonesian Proletarian Drama.* London und Chicago: University of Chicago Press.

Pelras, Christian (1996) *The Bugis.* Oxford: Blackwell.

Pelras, Christian (1997) Geschlechterrollen und Transvestiten bei den Buginesen in Südsulawesi, Indonesien. In: Gisela Völger (Hg.): *Sie und Er. Frauenmacht und Männerherrschaft im Kulturvergleich,* S. 109–120. Köln: Rautenstrauch-Joest-Museum (Ethnologica N.F. 22).

Röttger-Rössler, Birgitt (1989) Rang und Ansehen bei den Makassar von Gowa (Südsulawesi, Indonesien). Berlin: Reimer (Kölner Ethnologische Studien 15).

Röttger-Rössler, Birgitt (1994) „Frauen sind freier...". Geschlechterrollenwechsel in einer indonesischen Gesellschaft. *Kea* 7:87–108.

Röttger-Rössler, Birgitt (1997) Männer, Frauen und andere Geschlechter: Zur Relativierung der Zweigeschlechtlichkeit in außereuropäischen Kulturen. In: Gisela Völger (Hg.): *Sie und Er. Frauenmacht und Männerherrschaft im Kulturvergleich,* S. 101–109. Köln: Rautenstrauch-Joest-Museum (Ethnologica N.F. 22).

Röttger-Rössler, Birgitt (2000) Shared Responsibility: Some Aspects of Gender and Authority in Makasar Society. In: Roger Tol, Kees van Dijk und Greg Acciaioli (Hg.): *Authority and Enterprise. Transactions, Traditions, and Texts among the Bugis, Makasarese, and Selayarese,* S. 143–160. Leiden: KITLV Press.

Schmitt, Arno (1985) Vorlesung zu mann-männlicher Sexualität. Erotik in der islamischen Gesellschaft. In: Gianni de Martino und Arno Schmitt (Hg.): *Kleine Schriften zu zwischenmännlicher Sexualität und Erotik in der muslimischen Gesellschaft,* S. 54–58. Berlin.

Schröter, Susanne (2001) Travestie und Transsexualität. Der ethnologische Beitrag zu einer interdisziplinären Debatte. *Paideuma* 47:61–82.

Whitam, Frederick L. (1992) Bayot and Callboy: Homosexual-Heterosexual Relations in the Philippines. In: Stephen O. Murray (Hg.): *Oceanic Homosexualities,* S. 231–

248. New York: Garland Publishing (Garland Gay and Lesbian Studies 7, Garland Reference Library of Social Science 686).

Whittle, Stephen (2006) Foreword. In: Susan Stryker and Stephen Whittle (Hg.): *The Transgender Studies Reader,* S. xi-xvi. New York: Routledge.

Wikan, Unni (1977) Man becomes Woman. Transsexualism in Oman as Key to Gender Roles. *Man* 12(3):305–319.

Wikan, Unni (1978) The Oman Xanith – A Third Gender Role? *Man* 13(3):473–475.

Geschenk – Spende – Ware:
Diskursive Deutungen in der öffentlichen Debatte um Organtransplantation

Imme Petersen

Der Aufruf, einen Organspendeausweis auszufüllen, ist in der deutschen Öffentlichkeit nahezu omnipräsent. Plakate, Broschüren, Autoaufkleber, Fernsehdokumentationen, Radiosendungen und Events transportieren die Botschaft, dass die Organspende eine Gemeinschaftsaufgabe sei, mit der sich jede und jeder auseinandersetzen müsse. Die Bundeszentrale für gesundheitliche Aufklärung hat allein im Jahr 2008 über eine Million Organspendeausweise verteilt, zumeist an Multiplikatoren wie Arztpraxen, Krankenhäuser, Apotheken, Krankenkassen, Beratungsstellen, Bildungseinrichtungen und Selbsthilfegruppen.[1] Die Werbung für Organspende wird dabei als Aufklärung deklariert, die die Einstellung für oder gegen die Organspende zu einem Wissensproblem macht: Nur der Unwissende könne sich gegen die Organspende entscheiden, so die Suggestion der Werbetexte.

Die mediale Berichterstattung, in der vornehmlich Transplantationsmediziner[2] zu Wort kommen, setzt eine geringe Spendebereitschaft in der Bevölkerung in direkte Relation zum Bedarf potentieller Empfänger. Zitiert werden stets die Jahresbilanzen der Deutschen Stiftung für Organtransplantation, die die Anzahl der Organspender, der entnommenen Organe und registrierten Patienten auf den Wartelisten für bestimmte Organe erfassen.[3] Der „Tod auf der Warteliste" ist dabei ein zentraler Begriff (Feyerabend 2007:9), der suggeriert, dass Patienten sterben, weil kein Organ für sie gespendet wurde; sie hätten, so die Logik, durch eine Organtransplantation gerettet werden können.

Mit hohem medialen und finanziellen Aufwand wird der Öffentlichkeit damit das systeminhärente Problem der Transplantationsmedizin aufgezeigt: Die Transplantationspraxis ist zwingend auf gespendete Organe angewiesen, um existieren und arbeiten zu können. Um dieses Problem zu bewältigen, müssen die am Transplantationssystem beteiligten Gruppen in eine gesellschaftlich akzeptierte Beziehung zueinander gesetzt werden. Aus diesem Grund konzentriere ich mich im Folgenden auf die *öffentlich* geführte Debatte zur Organtransplantation. Im Rahmen des von der Deutschen Forschungsgemeinschaft geförderten Forschungsprojekts „Humantechnologie und Verwandtschaft in Deutschland", das Prof. Brigitta Hauser-Schäublin von 1996 bis 2001 am Göttinger Institut für Ethnologie leitete, habe ich mich bereits mit der öffentlichen Debatte auseinandergesetzt (Petersen 2002). Dabei konzentrierte ich mich auf den parlamentarischen Diskurs, der während des Gesetzgebungsverfahrens zum Transplantationsgesetz im Deutschen Bundestag geführt wurde. In unserer Projektpublikation „Der geteilte Leib. Die kulturelle Dimension von Organtransplantation und Reproduktionsmedizin in Deutschland" haben wir aufzeigen können, dass im (gesellschafts-)politischen Diskurs stets um Kompromisse gerungen wird, um neue Technologien wie die Organtransplantation möglichst konfliktfrei kulturell einzupassen.[4] Vor diesem Hintergrund werde ich im Folgenden zunächst die diskursive Formation[5] der bestehenden Beziehung zwischen Organgebern und Organempfängern in der öffentlichen Debatte analysieren. Hier wird sich zeigen, dass die Organgeber und die Organempfänger in zwei unterschiedliche, voneinander getrennte Diskurse eingebunden sind. Der altruistische Diskurs schafft Identifikationen für zukünftige Organspender und der ökonomische Diskurs artikuliert den so genannten Organbedarf der Transplantierwilligen. Im Anschluss an die Analyse der öffentlichen Debatte werde ich darstellen, wie die Transplantationsmedizin die öffentlichen Diskurse strategisch nutzt, um Organverpflanzungen durchführen zu können. Da von Seiten der Transplantationsmedizin häufig Kritik an der Spendebereitschaft in der Bevölkerung geäußert wird, diskutiere ich abschließend diskursive Tendenzen, die eine Ablösung des Spende-Diskurses durch neue Diskurse fordern. In der öffentlichen Debatte wird zum Teil sehr kontrovers diskutiert, ob neue Praktiken der Verpflichtung oder alternativ der Begünstigung eingeführt werden sollen, um das Organaufkommen – gemäß der Forderung des ökonomischen Diskurses – zu erhöhen.

Der altruistische und der ökonomische Diskurs in der Öffentlichkeit

In der deutschen Öffentlichkeit bestimmen zwei Diskurse die Deutung des Feldes der Organtransplantation. Der altruistische Diskurs thematisiert den Akt der Organspende; der ökonomische Diskurs verweist auf den medizinischen Bedarf an Organen und thematisiert damit die Interessen der potentiellen Empfänger.

Der altruistische Diskurs manifestiert sich am deutlichsten in den Aufrufen zur Organspende. Der Diskursbegriff der Spende impliziert, dass Organspender altruistisch handeln, was weitere Assoziationen weckt: solidarisches Handeln, ethische Verantwortung, Barmherzigkeit. Gerade die religiöse Fundierung und die befürwortende Haltung der katholischen und evangelischen Kirchen zur Organspende fehlt in keiner Aufklärungsbroschüre (Bergmann 2008:89f.). Der Charakter der Organspende als Akt des freiwilligen Gebens betont somit die Mitmenschlichkeit und Nächstenliebe der Organspender. Sie geben wohltätig an Notleidende und erwarten dafür keine Gegengabe, da mit einer Spende der Gebende keine dauerhafte Verpflichtung zu dem Empfangenden eingeht. Die Spende ist, nach herkömmlicher kultureller Deutung, ein zumeist einmaliges Geben für einen wohltätigen, allgemeinnützigen Zweck. Sie wird in der Regel durch Dritte vermittelt, da sich die Parteien untereinander nicht kennen.

Gleichzeitig wird in öffentlichen Kampagnen die Organspende immer wieder als „geschenktes Leben" bezeichnet. Organspender werden aufgefordert, ein sehr persönliches Geschenk an einen ihnen Unbekannten zu machen. Das Organ als Geschenk schafft eine größere Identifikation mit dem potentiellen Organempfänger und in Folge eine Emotionalisierung des potentiellen Spenders, indem dessen Schicksal direkt in Beziehung zu einem Schwerstkranken gesetzt wird (Petersen 2007:15). Dieses Deutungsmuster, das in der öffentlichen Debatte parallel zum Diskursbegriff der Spende auftaucht, ist jedoch irreführend, da Geschenke nur in persönlichen Beziehungen gegeben werden. Wie die Gaben im Gabentausch festigen Geschenke eine persönliche Beziehung zwischen Gebendem und Nehmendem (Mauss 1994). Auch das Prinzip der Gegengabe ist im Geschenk enthalten: Moralisch besteht die Verpflichtung zum Gegengeschenk, auch wenn diese Verpflichtung beim Akt des Schenkens ausgeblendet wird und die Einseitigkeit des Gebens in den Vordergrund rückt (Hauser-Schäublin et al. 2008:128).

Im Sinne einer Gabe wird die Organspende also auf die persönliche Beziehungsebene verlegt, ohne aber persönliche Beziehungen zu festigen oder entstehen zu lassen. Faktisch ist deshalb das öffentlich skizzierte Bild der Organspende als Geschenk ein Paradox, da sie weder personalisiert ist noch auf Gegenseitigkeit beruht. Organspenden bleiben in ihrem Charakter Spenden, da sie für das Wohl von Bedürftigen gegeben werden, die der Spender nicht persönlich kennt. Die Idealisierung der Organspende zum Geschenk evoziert jedoch, abweichend zum geläufigen Deutungsmuster der Spende, eine Erwartung von Reziprozität. Durch die fiktive Personalisierung wird der Schwerkranke zu einem Gegenüber, der den potentiellen Organspender zum Handeln verpflichtet. Auch wenn in Aufklärungskampagnen stets betont wird, dass niemand das Recht habe, die persönliche Entscheidung für oder gegen die Organspendebereitschaft zu kritisieren,[6] geraten so diejenigen, die sich gegen eine Organspende entscheiden, in Erklärungspflicht, warum sie dem unbekannten, aber imaginären Schwerkranken die lebensrettende Hilfe verweigern wollen. Entzieht sich der Spender, indem er sich zu Lebzeiten nicht entscheidet, wird ihm persönlich die Verantwortung und Schuld für den eventuellen Tod eines anderen übertragen. Durch die Verwobenheit der Deutungsmuster von Spende und Geschenk postuliert der altruistische Diskurs letztlich eine moralische Bringschuld an die Gesellschaft, der jeden zur Organfreigabe verpflichtet.

Der skizzierte altruistische Diskurs schließt dagegen bewusst Deutungsmuster aus, die Fragen nach Organaufkommen und tatsächlichem Organbedarf aufwerfen. Diese stehen wiederum im Mittelpunkt des ökonomischen Diskurses zur Organtransplantation, der parallel zum altruistischen Diskurs in der Öffentlichkeit etabliert wurde und die Bedürfnisse der Organempfänger in den Vordergrund stellt. Indem die Anzahl der gespendeten Organe direkt auf die Anmeldungen für die Wartelisten bezogen werden, werden in diesem Diskurs die Gebenden und die Nehmenden mit dem Marktmechanismus von Angebot und Nachfrage in Beziehung gesetzt.

Durch medizinische Fortschritte in der Organübertragung und Immunsupression, den Ausbau der klinischen Kapazitäten für Transplantationsmedizin und die Ausweitung der Altersgrenze für potentielle Organempfänger wird die Indikation für eine Organtransplantation immer häufiger gestellt. In Folge werden immer mehr und immer ältere Patienten für eine Transplantation registriert. Ihre Ansprüche auf ein fremdes Organ werden nicht in Frage gestellt, da sie durch medizinische Indikation gerechtfertigt werden.[7]

Für die Bedürftigen hat die Bundesärztekammer jedoch verbindliche Richtlinien für die Aufnahme in die Warteliste sowie für die Organverteilung aufgestellt.[8] Gründe, warum ein Patient nicht in die Warteliste aufgenommen wird, sind als Kontraindikationen gelistet, die einen Transplantationserfolg kurz- oder längerfristig gefährden können. Auch die Vermittlungskriterien bei der Organverteilung orientieren sich neben Verträglichkeit und Dringlichkeit an der Erfolgsaussicht der Transplantation. Damit wird zum einen eine möglichst gerechte und auf medizinische Kriterien basierende Zuteilung unter den Transplantierwilligen angestrebt; zum anderen wird eine möglichst erfolgreiche – und damit effiziente – Nutzung der zur Verfügung stehenden Organe erreicht. Kommuniziert werden diese Bemühungen im öffentlichen Diskurs durch die Porträts von erfolgreich Transplantierten, die dank der Transplantation ein aktives Leben fortsetzen können. Sie haben damit eine zweite Lebenschance bekommen und nutzen diese auch entsprechend.

Trotz dieser Bemühungen kann die steigende Nachfrage nach transplantierbaren Organen aber nicht befriedigt werden. Durch den wachsenden medizinischen Bedarf sind Organe als knappe Ressource begehrt, aufgrund dessen ihnen im ökonomischen Diskurs ein (Nachfrage-)Wert zugeschrieben wird. Wie beim Warentausch reguliert sich der Wert eines Organs zwar über Angebot und Nachfrage, dieser ist aber in unserem bestehenden Organverteilungssystem nicht als monetärer Preis ermittelbar. Organe lassen sich deshalb als kommodifizierte Güter, nicht aber als Waren beschreiben. Gerade bei menschlichen Substanzen, die als personifiziert wahrgenommen werden, gibt es Vorbehalte, diese zu kommerzialisieren. Am Beispiel der Blutspende lässt sich dies verdeutlichen: Blut wird – wie jede andere vom herkömmlichen Körper getrennte Substanz – nach der Entnahme objektiviert (Appadurai 1996, Strathern 1997). Bei der Blutabgabe für den therapeutischen Zweck der Bluttransfusion wird die Objektivierung als unproblematisch bewertet, so dass Blut in diesem Kontext auch kommerzialisiert werden kann (Waldby et al. 2004). Bei der Blutabgabe für die genetische Forschung ist das Blut hingegen aufgrund der geplanten DNA-Analyse personifiziert, also eng mit der Identität des Blutspenders verbunden. In diesem Fall rücken wieder, wie eine empirische Studie über eine schwedische Biobank illustriert, altruistische Deutungsmuster für die Blutspende in den Vordergrund (Hoeyer 2005:55ff).

Diskursive Deutungen innerhalb des Transplantationssystems

In der Öffentlichkeit vertreten Transplantationsmediziner vornehmlich den ökonomischen Diskurs, indem sie das Organaufkommen in Bezug zum Bedarf von jenen setzen, die auf ein Organ warten. Für die Transplantationspraxis nutzt die Transplantationsmedizin hingegen den ökonomischen und den altruistischen Diskurs, um die Beziehung zwischen den Gebenden und Nehmenden zu institutionalisieren. In ihrem Diskursregime wird das Deutungsmuster der Spende ausschließlich auf die gebende, das Deutungsmuster des kommodifizierten Gutes auf die nehmende Seite angewandt.

Die ausschließliche Zuordnung des Spenders einerseits und des Nehmers andererseits zu dem entsprechenden öffentlichen Diskurs ist nur möglich, indem die beteiligten Gruppen innerhalb des Transplantationssystems systematisch voneinander getrennt werden. Das entnommene Organ wird nach Entnahme anonymisiert, so dass weder Empfänger noch Spender Kontakt zur jeweils anderen Partei aufnehmen kann.[9] Diese Trennung vermittelt den Organspendern, dass ihre Intention der Spende auch nach der Organentnahme gewahrt bleibt. Demgemäß garantieren der bestehende Diskurs und die damit verbundenen Praktiken, dass die Organspende an Schwerkranke auf Grundlage von medizinischen Kriterien weitervermittelt wird. Durch die Anonymisierung der Empfänger und die Vermittlung durch Dritte steht die Intention der altruistischen Spende, das freiwillige Geben, im Vordergrund. Die Anonymisierung der Spender sowie die Loslösung der Organe aus dem herkömmlichen Körper vermittelt den Transplantierten hingegen, dass Organe verfügbare Ressourcen sind. Die Allokation nach medizinisch induzierten Kriterien legt ihnen zusätzlich nahe, dass sie als Schwerkranke einen Anspruch auf ein fremdes Organ haben.

Auch wenn die Trennung von Spendern und Empfängern sowie ihre Identifikation mit dem jeweiligen öffentlichen Diskurs eine routinierte Transplantationspraxis in Deutschland ermöglichen, zeigen sich Brüche mit den Diskursen in der Wahrnehmung der beteiligten Gruppen. So versuchen Transplantierte – analog zum ökonomischen Diskurs – das eingepflanzte Organ zu objektivieren, indem sie es vom originären Körper und dessen Identität trennen. Die Inkorporierung des loszulösenden Transplantats ist jedoch häufig nicht problemlos. Auch wenn die Empfänger die Funktion des Spenderherzens oder der Spenderniere betonen, indem sie das Herz als Pumpe oder die Niere als Ersatzteil bezeichnen, muss die Transplantation psychisch verarbeitet werden (Kalitzkus 2003:203–217). Die Auseinandersetzungen kreisen um die Herkunft des fremden Organs. Sie konzentrieren sich auf den Tod des Spenders, von dem die Empfänger ihr Leben abhängig wissen, und auf die eigene Identität, die durch das fremde Organ bedroht werden kann. Transplantierte berichten von Ängsten und Gefühlen der Besessenheit oder einer inneren Verbindung zum unbekannten Spender, die sie sich nur so erklären können, dass dem Organ psychische Eigenschaften des Spenders anhaften (Bergmann 2008:88). Diese psychische Auseinandersetzung mit dem Spender, die trotz der Anonymisierung auftreten kann und bei der Verarbeitung der Transplantation bewältigt werden muss, steht einer Kommerzialisierung, nicht aber einer Kommodifizierung des Organs auf Seiten der Empfänger entgegen.

Organspender wehren sich hingegen sowohl gegen eine Kommodifizierung als auch Kommerzialisierung von Organen. Wie Blutspender bei Biobanken möchten sie ihr Deutungsmuster, etwas Gutes tun zu wollen, im Vordergrund der Transaktion sehen. So zeigen Angehörige von Organspendern häufig Interesse am Schicksal der Empfänger und erfragen über ihr zuständiges Transplantationszentrum Informationen über den Verlauf der Transplantationen (Kalitzkus 2008:244).[10] Die persönliche Anteilnahme am Schicksal der Schwerkranken, die durch den altruistischen Diskurs gestützt ist, reicht jedoch nicht, um dem Transplantationssystem eine ausreichende Anzahl an Organen zur Verfügung zu stellen. Alle Anstrengungen, die Bereitschaft zur Organspende zu erhöhen, waren bislang nur wenig erfolgreich. Befürworter der Organtransplantation hatten sich erhofft, dass das 1997 verabschiedete Transplantationsgesetz etwaige Rechtsunsicherheiten beseitige, insbesondere im Hinblick auf den Hirntod als legitime Todesdefinition, die erweiterte Zustimmungsregelung[11] und die Durchsetzung des Organhandelverbots. Die erhoffte Zunahme an verfügbaren Transplantaten ist jedoch ausgeblieben.[12] Kritiker des Transplantationsgesetzes, denen insbesondere die erweiterte Zustimmungslösung nicht weit reichend genug ist, stellen deshalb zunehmend die bestehende Diskursformation in Frage und diskutieren neue Praktiken für die Spender-Seite.

Diskursive Umdeutungen für die Organspende

In der öffentlichen Debatte werden sowohl neue Pflichten als auch neue Anreize für die organgebende Seite diskutiert. Die aktuellen Explantationszahlen bilden nicht die tatsächliche Spendebereitschaft in der Bevölkerung ab, betonen Befürworter der Organtransplantation und verweisen auf Umfragen, nach denen rund zwei Drittel der Deutschen einer Organentnahme nach ihrem Tod zustimmen würden.[13] Da jedoch nur etwa jeder Fünfte einen Organspendeausweis ausfüllt, entscheiden in der Mehrzahl der Fälle die Angehörigen über die Organentnahme. Wie die Ablehnungsrate von rund einem Drittel potentieller Organspender offenbart, lehnen Angehörige häufiger ab, wenn sie die Entscheidung für einen anderen treffen. Sie vermuten, dass der Betroffene aufgrund der fehlenden Erklärung zu Lebzeiten die Organentnahme nicht gewollt habe.

Um Klarheit über den Willen des Betroffenen zu gewinnen, der – so wird vorausgesetzt – mehr Organentnahmen zulassen würde, wird öffentlich diskutiert, ob jedem Einzelnen eine Entscheidung zu Lebzeiten abverlangt werden könne. Konkrete Vorschläge reichen von einer Erklärungspflicht bei Ausgabe von Führerschein oder Lohnsteuerkarte bis zur Speicherung der Absichtserklärung auf der elektronischen Gesundheitskarte – ein Vorschlag, den die bayerische Sozialministerin Christa Stewens jüngst in ihr Kabinett einbrachte.[14] Neben einem Für oder Wider Organspende soll auch ein „Ich will mich nicht erklären" optional sein. In diesem Fall, so die Ministerin, sollen die Angehörigen in die Entscheidung einbezogen werden.

Inwieweit Angehörige den Entscheidungsprozess über die Organentnahme begleiten sollen und können, bleibt auch Thema bei der so genannten Widerspruchslösung, die in vielen europäischen Ländern praktiziert wird.[15] Sie bürdet demjenigen die Last einer eindeutigen Erklärung auf, der nicht Organe spenden möchte. Der Nationale Ethikrat (2007) schlägt in seiner aktuellen Stellungnahme vor, die Bürger in einem geregelten Verfahren zu einer persönlichen Erklärung zur Spendebereitschaft aufzufordern. Die Organentnahme soll daraufhin nur ausgeschlossen werden, wenn ein Widerspruch des Betroffenen oder seiner Angehörigen vorliegt.

Die diskutierten Verpflichtungen kollidieren mit dem Deutungsmuster Spende. Denn sie geben die Freiwilligkeit der Spende Preis, die das altruistische Handeln der Spender kennzeichnet. Vom Einzelnen wird sowohl bei der Pflicht zur Erklärung als auch zum Widerspruch eine Entscheidung eingefordert, was mit dem Körper und seinen Organen im Fall eines diagnostizierten Hirntodes geschehen soll. Es bürdet somit auch die Pflicht auf, sich mit dem eigenen Tod zu Lebzeiten auseinander zu setzen und verlangt Antworten auf transzendente Fragen nach dem persönlichen Erleben des Sterbeprozesses, der Manifestation der Identität im Körper oder der Weiterexistenz über den Tod hinaus. Viele scheuen sich, diese Fragen zu stellen, auf die es keine gesicherten Antworten geben kann. Sie schieben eine bewusste Entscheidung auf, sich für oder gegen eine Organspende zu erklären. Sich nicht mit einer Sache befassen zu wollen, ist Teil der Selbstbestimmung des Einzelnen (Baureithel 2007:8) und unterstreicht die Freiwilligkeit der Spende. Eine Pflicht zur Erklärung wird deshalb sowohl dem Deutungsmuster der Selbstbestimmung als auch der Spende nicht gerecht.

In der Öffentlichkeit melden sich auch Stimmen zu Wort, die statt neuer Pflichten neue Anreize für eine Organfreigabe in Aussicht stellen wollen, um das Organangebot zu erhöhen. Beim so genannten Clubmodell sollen Bedürftige mit ausgefülltem Organspendeausweis Vorteile bei der Organverteilung erhalten (Kliemt 1993). Auch bei einer monetären Vergütung wird antizipiert, dass der zu erwartende Eigennutz die Bereitschaft zur Organabgabe erhöht.[16] Befürworter argumentieren, dass die Autonomie und Selbstbestimmung des Organgebers den Besitz am eigenen Körper und die Selbstverfügung über einzelne Körperteile einschließe und der Organverkauf deshalb legitim sei. Aber auch hier bleibt die Freiwilligkeit des Handelns fragwürdig. Empirische Studien zum globalen Organhandel belegen, dass Organgeber in der Regel aufgrund einer ökonomischen Notsituation handeln (Goyal et al. 2002, Cohen 1999) und neue Formen von sozialen Abhängigkeiten entstehen (Scheper-Hughes 2005). Der antizipierte Eigennutz bricht jedoch nicht nur mit der Freiwilligkeit, sondern auch mit der Selbstlosigkeit der Spende. Initiiert durch Begünstigungen, wird das Deutungsmuster der Spende vollständig durch ein neues ersetzt, das nach einem Kommodifizierungsprozess auf Seiten der Organgeber verlangt.

Der altruistische Diskurs in der Krise?

Die bisherige Diskursformation, die die gebende und die nehmende Seite voneinander trennte und supplementär im Rahmen des Transplantationssystems in Beziehung setzte, konnte den Bedarf an Organen nicht befriedigen. Ob Erklärungspflicht, Widerspruchslösung, Clubmodell oder finanzielle Vergütung – alle Vorschläge verfolgen deshalb das Ziel, das Organangebot für die Transplantationsmedizin zu erhöhen. Fortan soll jede und jeder in das Transplantationssystem eingebunden werden. Wird jedoch die Freiwilligkeit der Spende – das zentrale Element des altruistischen Diskurses – durch neue Praktiken aufgehoben, gerät dieser öffentliche Diskurs in die Krise.

Dies hat weit reichende gesellschaftliche Implikationen, da das bestehende Verhältnis vom Individuum mit seinen Rechten und Pflichten zur Gesellschaft in Frage gestellt wird. Das Deutungsmuster der Pflicht, das korrespondierend zu den Praktiken von Erklärung und Widerspruch formuliert wird, legt dem Einzelnen eine neue Form ethischer Verantwortung gegenüber einem anderen auf: Konnte er sich im altruistischen Diskurs dieser Verantwortung noch entziehen, wird ihm nun die Entscheidung auferlegt, über das Leben und den Tod eines Dritten mitzubestimmen. Das Deutungsmuster der Gunst, das in der Diskussion zu den Praktiken von Clubmodell und Vergütung auftaucht, verlagert das Solidaritätsprinzip auf die gesellschaftliche Ebene: Durch die Veräußerbarkeit von Körpern und Körperteilen werden Organe als austauschbare medizinische Ressourcen wahrgenommen, die es gesellschaftlich zu verwerten und nutzen gilt.

In den zur Diskussion stehenden Vorschlägen wird also letztlich das Deutungsmuster der Spende in Bezug auf die gebende Seite aufgegeben und durch die neuen Deutungsmuster von Pflicht und Gunst ersetzt. Ob diese weit reichenden diskursiven Umdeutungen realisierbar sind, entscheiden letztlich die potentiellen Organgeber. Es bleibt deshalb abzuwarten, ob die Betroffenen unter veränderten und konfligierenden Diskurs-Voraussetzungen noch gewillt sind, das Transplantationssystem mitzutragen.

Anmerkungen

1 Information der Pressestelle, persönliche Kommunikation vom 6.3.2009.
2 Aus Gründen der Lesbarkeit verzichte ich auf die jeweilige Nennung der weiblichen und männlichen Form, ohne das nicht genannte Geschlecht ausklammern zu wollen.
3 Im Jahr 2008 (vorläufige Zahlen) wurden 1198 Menschen, die als hirntot diagnostiziert wurden, insgesamt 3954 Organe (Niere, Herz, Leber, Lunge, Pankreas, Dünndarm) entnommen. 4050 Transplantate (ohne Lebendspenden) wurden verpflanzt, die fehlenden zusätzlichen Organe wurden über Eurotransplant aus anderen Mitgliedsländern vermittelt. Rund 12.000 Patienten, vor allem dialysepflichtige Kranke, sind für Organtransplantationen registriert; etwa 1000 Personen sterben pro Jahr, während sie auf einer Warteliste stehen. Diese und alle folgenden Zahlenangaben stammen von der Deutschen Stiftung für Organspende, <http://www.dso.de/> [4.3.2009].
4 Die Projektpublikation, die 2001 im Campus Verlag erschien, haben Brigitta Hauser-Schäublin, Vera Kalitzkus und ich im Jahr 2005 intensiv überarbeitet und 2008 nochmals angesichts neuer gesellschaftlicher Entwicklungen ergänzt. Diese überarbeitete Version ist im Internet abrufbar (Hauser-Schäublin, Kalitzkus und Petersen 2008).
5 Die diskursive Perspektive und Terminologie sind angelehnt an Keller (2008). Einen *Diskurs* definiere ich Keller folgend als „Prozesse der sozialen Konstruktion von Sinn-, d.h. Deutungs- und Handlungsstrukturen auf der Ebene von Institutionen, Organisationen bzw. sozialen (kollektiven) Akteuren" (2008:233). Ein *öffentlicher Diskurs* zeichnet sich durch seine Publikumsorientierung, insbesondere an die massenmedial vermittelte Öffentlichkeit, aus. Der abgrenzbare Zusammenhang von Diskursen, Akteuren und Praktiken beschreibt die *Diskursformation*; das *Diskursregime* ist in diesem Kontext definiert als die Beziehung zwischen Diskursen. Das *Diskursfeld* stellt hingegen die Arena dar, in der verschiedene Diskurse um die Definition eines Phänomens (wie der Organtransplantation) konkurrieren (Keller 2008:234f.).
6 Siehe zum Beispiel die Broschüre der Bundeszentrale für gesundheitliche Aufklärung „Antworten auf wichtige Fragen", abrufbar unter <http://www.organspende-info.de/static/common/files-material/3/0%20Antworten%20auf%20wichtige%20Fragen%20-%20neu.pdf> [4.3.2009]
7 Auf die Hintergründe dieser Entwicklung kann in diesem Beitrag nicht weiter eingegangen werden.
8 Siehe Richtlinien zur Organtransplantation gemäß §16 TPG, zuletzt geändert durch Beschluss des Vorstands der Bundesärztekammer vom 25.04.2008, <http://www.baek.de/page.asp?his=0.7.45.3263.3264> [7.3.2009]
9 Die Deutsche Stiftung für Organspende (DSO) als bundesweite Koordinierungsstelle verschlüsselt gemäß § 13 TPG die personenbezogenen Daten des Organspenders mit einer Kenn-Nummer. Gleichzeitig ist sie verpflichtet, personenbezogene Daten ausschließlich an das Transplantationszentrum weiterzugeben, in dem Organe des Spenders übertragen worden sind, und zwar nur, wenn dies aufgrund einer gesundheitlichen Gefährdung der Organempfänger erforderlich ist (§ 13 Abs.2 TPG).
10 Diese Information wird ihnen trotz der Anonymisierung gewährt.
11 Liegt keine Erklärung des diagnostizierten Hirntoten vor, kann die Organentnahme auch aufgrund der Zustimmung der Angehörigen erfolgen.
12 Im Jahr 2008 wurden fast neun Prozent weniger Organe gespendet als im Jahr zuvor. Neben der Spendebereitschaft in der Bevölkerung werden zunehmend auch die Kliniken in die Verantwortung für das Organaufkommen genommen. Ihnen wird vorgeworfen, dass sie das

Potential an möglichen Organspenden nicht ausschöpften (siehe Pressemitteilung „DSO schlägt Alarm: Deutlich weniger Organspenden in 2008", abrufbar unter <http://www.dso.de/infomaterial/presseservice/2009/09-01-14_idx.html> [18.9.2009]).

13 Siehe beispielsweise die IPSOS-Umfrage 2008, veröffentlicht von der Deutschen Stiftung Organtransplantation <http://www.dso.de/pdf/ipsos2008.pdf> [18.9.2009].

14 Siehe Pressemitteilung „Bericht aus der Kabinettssitzung" vom 27.11.2007, <www.bayern.de/Pressemitteilungen-.1857.19947/index.htm> [9.3.2009].

15 In Italien, Luxemburg, Portugal, Slowenien, Tschechien und Ungarn gilt ausschließlich der Widerspruch des Betroffenen, in Belgien, Finnland, Norwegen, Österreich, Spanien und einigen Kantonen der Schweiz können auch die Angehörigen nach diagnostiziertem Hirntod Widerspruch einlegen (Nationaler Ethikrat 2007:27).

16 Dabei muss eine solche Lösung keineswegs auf einen freien Organhandel hinauslaufen, sondern in der Diskussion sind von Krankenkassen festgelegte Beträge für die jeweiligen Organe oder die Übernahme von Beerdigungskosten im Falle einer postmortalen Organabgabe (Barnett et al. 1992).

Literatur

Appadurai, Arjun (1996) *The Social Life of Things: Commodities in Cultural Perspective.* Cambridge: University Press.

Barnett, Andrew H., Roger D. Blair und David L. Kaserman (1992) Improving Organ Donation: Compensation versus Markets. *Inquiry* 29:372–378.

Baureithel, Ulrike (2007) Eine Frage der Selbstbestimmung? Bio-politische Konjunkturen eines entleerten Begriffs. *Gen-ethischer Informationsdienst* 182:5–8.

Bergmann, Anna (2008) „Organspende" zwischen ethischer Pflicht und Tabuverletzung. *Archiv für Wissenschaft & Praxis der sozialen Arbeit* 39(2):78–92.

Cohen, Lawrence (1999) Where it Hurts: Indian Material for an Ethics of Organ Transplantation. *Daedalus* 128:135–165.

Feyerabend, Erika (2007) Der Tod auf der Warteliste. Der sprachpolitische Raum um den warenförmigen Körper. *Gen-ethischer Informationsdienst* 182:9–11.

Goyal, Madhav, Ravindra L. Metha, Lawrence J. Schneiderman und Ashwini R. Sehgal (2002) Economic and Health Consequences of Selling a Kidney in India. *Jama* 288:1589–1593.

Hauser-Schäublin, Brigitta, Vera Kalitzkus, Imme Petersen und Iris Schröder (2001) *Der geteilte Leib. Die kulturelle Dimension von Organtransplantation und Reproduktionsmedizin in Deutschland.* Frankfurt a.M.: Campus.

Hauser-Schäublin, Brigitta, Kalitzkus, Vera und Imme Petersen (2008) *Der geteilte Leib: die kulturelle Dimension von Organtransplantation und Reproduktions-*

medizin in Deutschland. Überarbeitete Version (2005) und Ergänzung (2008) des gleichnamigen Buches von 2001. Abrufbar unter <http://webdoc.sub.gwdg.de/pub/mon/2008/hauser-schaeublin.pdf> [10.9.2009].

Hoeyer, Klaus (2005) The Role of Ethics in Commercial Genetic Research: Notes on the Notion of Commodification. *Medical Anthropology* 24(1):45–70.

Kalitzkus, Vera (2003) *Leben durch den Tod: Die zwei Seiten der Organtransplantation; eine medizinethnologische Studie.* Frankfurt a.M.: Campus.

Kalitzkus, Vera (2008) „Intime Fremde": „Organspende" und -transplantation im Spannungsfeld von Körper und Leib. *Bricolage. Innsbrucker Zeitschrift für Europäische Ethnologie* 5:238–249.

Keller, Reiner (2008) *Wissenssoziologische Diskursanalyse: Grundlegung eines Forschungsprogramms.* Wiesbaden: VS Verlag für Sozialwissenschaften.

Kliemt, Hartmut (1993) Gerechtigkeitskriterien in der Transplantationsmedizin. Eine ordoliberale Perspektive. In: Eckhard Nagel und Christoph Fuchs (Hg.): *Soziale Gerechtigkeit im Gesundheitswesen,* S. 262–283. Berlin: Springer.

Mauss, Marcel (1994) *Die Gabe: Form und Funktion des Austauschs in archaischen Gesellschaften.* Frankfurt a.M.: Suhrkamp.

Nationaler Ethikrat (2007) *Die Zahl der Organspenden erhöhen – Zu einem drängenden Problem der Transplantationsmedizin in Deutschland. Stellungnahme.* Abrufbar unter <http://www.ethikrat.org/stellungnahmen/pdf/Stellungnahme_Organmangel.pdf> [14.3.2009].

Petersen, Imme (2002) *Grenzkonflikte um Person und Leben. Kulturelle Wissensstrukturen in den Parlamentsdebatten zum Embryonenschutzgesetz und Transplantationsgesetz.* Abrufbar unter <http://webdoc.sub.gwdg.de/diss/2002/petersen/petersen.pdf> [22.04.2009].

Petersen, Imme (2007) Schenk mir Dein Herz! Eine kulturwissenschaftliche Analyse der Spende in der Medizin. *Gen-ethischer Informationsdienst* 182:13–16.

Scheper-Hughes, Nancy (2005) The Last Commodity: Post-Human Ethics and the Global Traffic in „Fresh" Organs. In: Aihwa Ong und Stephen J. Collier (Hg.): *Global Assemblages: Technology, Politics, and Ethics as Anthropological Problems,* S. 145–167. Maldern: Blackwell Publishing.

Strathern, Marylin (1997) Partners and Consumers: Making Relations Visible. In: Alan D. Schrift (Hg.): *The Logic of the Gift: Toward an Ethic of Generosity,* S. 292–311. New York: Routledge.

Waldby, Catherine, Marsha Rosengarten, Carla Treloar und Suzanne Fraser (2004) Blood and Bioidentity: Ideas about Self, Boundaries and Risk among Blood Donors and People Living with Hepatitis C. *Social Science & Medicine* 59:1461–71.

Gender-Aspekte der Trauer im christlichen Hochland Äthiopiens

Brigitta Benzing

Einleitung

Im zentralen Hochland Äthiopiens leben die Menschen in der Omnipräsenz des Todes, bedingt durch geringe Lebenserwartung, epidemische und andere Krankheiten mit unzureichender medizinische Versorgung, Kriege und Kriegsfolgen.

Für verstorbene Männer und Frauen gibt es, ohne Ansehen des Geschlechts, aber abhängig von deren gesellschaftlichem Status, ausgedehnte Trauerzeremonien. Ist die erwartete Art des Trauerns Gender-spezifisch ausgeprägt? Vor und nach der Beisetzung und im Zusammenhang mit langen „Trauersitzungen" und Totengedenkfeiern tragen die Frauen die Hauptlast der körperlichen und emotionalen „Trauerarbeit", während die Männer die Autorität über den Trauerablauf für sich reklamieren. Im Folgenden wird versucht, die unterschiedliche Gender-Beteiligung an Tod und Trauer zu beschreiben und Ansätze des Wandels aufzuzeigen.

Am Beginn meines Interesses an diesem Thema standen persönliche Erfahrungen. Während meiner mehrfachen Aufenthalte in Äthiopien in den 1980er und 90er Jahren war ich dort viel stärker mit Tod und Trauerriten konfrontiert als jemals zuvor im westlichen Nachkriegseuropa. Auch die Erfahrungen im Umgang mit dem Tod waren sehr verschieden: Während ich in meiner europäischen Umgebung emotionale Zurückhaltung, gezügeltes Zurschautragen der Trauer und gepflegtes Äußeres als Würdigung der verstorbenen Person erlebt hatte, galt in Äthiopien geradezu das Gegenteil: unkontrollierte emotionale Trauerbekundung, lautes Weinen und Schreien, Ohnmachtsanfälle, Vernachlässigung der Körperpflege als Zeichen der Trauer bis hin zu Selbstverletzungen als Ausdruck der Nähe zur toten Person oder zum Tod im Allgemeinen.

Meine Reaktionen auf solche Trauerbekundungen bewegten sich zwischen Verwunderung und Ablehnung. Dann bemühte ich mich, Verständnis aufzubringen für eine Gesellschaft, für die der Tod eine große Rolle im Leben spielt. Fortan war die äthiopische Gesellschaft meiner christlichen Hochland-Umgebung für mich eine „Trauergesellschaft", im speziellen Sinn von Woche zu Woche stattfindenden Trauerzeremonien, als auch, in einem weiteren Sinn, für die kulturelle Gesamtstimmung einer Gesellschaft, die größeren Respekt vor dem Tod als vor dem Leben hat und die sich durch eine Grundhaltung der Strenge, der Härte, des Ernstes, des Fatalismus und des Pessimismus auszeichnet *(„austérité")*.

Was bedeutet Tod als „omnipräsente Realität"? In Äthiopien erfährt jeder heranwachsende Mensch die Nähe des Todes: Kriege, Dürre und Hunger, Elend und epidemische Krankheiten von Eltern, Verwandten und Geschwistern sind Erfahrungen, die ein Kind von klein auf begleiten.

Die Lebenserwartung ist niedrig, die mütterliche und kleinkindliche Sterberate hoch. Auch wenn die so genannte Fertilitätsrate der Frauen relativ hoch ist, ist sie sowohl Ursache als auch Folge der hohen Kindersterblichkeit. Tradierte schädliche Praktiken (THP = Traditional Harmful Practices), wie die Beschneidung von Mädchen und deren Verheiratung im Kindesalter, aber auch andere Verstümmelungsarten an Männern und Frauen können zum frühzeitigen Tode beitragen.

Neben der Omnipräsenz des Todes gibt es eine Omnipräsenz der Ahnen. Eine offizielle Schrift der Äthiopisch-Orthodoxen Kirche betont die enge Verbindung von Toten und Lebenden. So wie die Toten ständig anwesend sind, leben die Menschen im ständigen Bewusstsein des Todes:

> Spiritually, there is an invisible mysterious communication between the departed and the living, there being a mutual feeling of the presence of both. The oneness and continuous fellowship of the two is not a myth but a reality supported by scriptures. (Wondmagegnehu und Motovu 1970:49)

Im Folgenden soll versucht werden, das „Leben mit dem Tod" in seiner Bedeutung für Frauen und Männer zu beschreiben. Dabei möchte ich Brigitta Hauser-Schäublin und Birgitt Röttger-Rössler dahingehend folgen, dass die scheinbare Polarisierung von Frauen und Männern, auch in der Omnipräsenz des Todes, eine differenzierte Befassung verlangt:

> Das, was bislang in manchen Gesellschaften als eindeutig formuliertes hierarchisches Verhältnis zwischen (nahezu monolithisch geschilderten) Geschlechtergruppen charakteri-

siert wurde, entpuppt sich bei näherer Betrachtung als ein Bündel vielfältiger und vielfach gebrochener Relationen. (Hauser-Schäublin und Röttger-Rössler 1989:9)

Die Trauergemeinschaft

Welcher Personenkreis ist jeweils involviert in eine „Trauergemeinschaft"? Durch die kognatisch-extensiven Familienbande und andere soziale Bindungen (Klan, ritualisierte Freundschaftsbeziehungen, religiöse Gruppierungen etc.) werden hunderte von Menschen in Trauerzeremonien einbezogen, die an jedem Tag stattfinden können. Am frühen Morgen gehen Ausrufer der schlechten Nachricht durch die Straßen und verkünden mit einem Horn die Todesnachricht. Wer sich aufgerufen fühlt, bleibt seiner Arbeit fern und begibt sich zum Trauersitzen in ein eilig aufgeschlagenes Trauerzelt vor dem Wohnhaus des oder der Verstorbenen.

Wir können uns die familiäre und nachbarschaftliche Beteiligung an der Trauer, bezogen auf Intensität und Dauer schematisch so vorstellen: Im Zentrum steht die Kernfamilie: Witwe/Witwer, Kinder (auch Kinder aus früheren Ehen von Frau oder Mann), ferner auch Brüder/Schwestern des/der Verstorbenen, Mutter/Vater, Großmutter/Großvater. Hinzu kommen: Verwandte in der erweiterten Familie (Kognaten) mütterlicherseits, väterlicherseits und zur Verwandtschaft erklärte, langjährige mit der Familie verbundenen Personen männlichen und weiblichen Geschlechts.

Zum Kreis der potentiellen Trauernden gehört zudem weitere Verwandtschaft des/der Verstorbenen, bei der es sich um Nachkommen einer bestimmten Person bis in die siebte Generation handeln kann. Meist ist dieser Personenkreis regional so weit verstreut, dass viele Kontakte verloren gegangen sind, aber mit Einzelnen wurde der Kontakt aufrecht erhalten, und somit erhalten diese bei der Ankunft zur Trauerzeremonie einen Ehrenplatz.

„Idir" ist eine Gemeinschaft von Verwandten und Nachbarn, die lebenslang ab der Heirat eines männlichen Mitglieds in einen Sterbefonds einzahlen, damit den Mitgliedern bei ihrem eigenen Ableben die Kooperation ihrer Vereinigung mit ihren Nachkommen sicher ist. Auch Nachbarn und Freunde/Freundinnen gehören zur Trauergesellschaft, wie auch Arbeitskollegen und Arbeitskolleginnen. Eine besondere Kategorie bilden Freunde von Freunden, Verschwägerte von Schwägern, Nachbarn von Nachbarn. Diese müssen den Verstorbenen nicht gekannt haben. Sie nehmen teil zu Ehren ihres Bekannten (Freund/-in, Schwager/Schwägerin, Nachbar/-in), der/die den Toten kannte.

Die Trauersitzungen nehmen eine beachtliche Zeit des erwachsenen Lebens ein – Kinder müssen nicht an den Trauerzeremonien teilnehmen und werden anderweitig betreut. Sie werden indirekt in die „Trauergesellschaft" enkulturiert, weil sie wahrnehmen, welche große Bedeutung das Trauern der Erwachsenen hat.

Rechtlicher Aspekt

Es gab Zeiten, während derer die Häufigkeit von Trauerverpflichtungen und „Trauersitzungen" im Zusammenhang mit Sterbefällen fast die Hälfte der Arbeitswoche mit ihren 48-Stunden erreicht hatte. Die Trauernden wollten sich keinesfalls vor der Arbeit drücken, sondern fühlten eine Verpflichtung gegenüber der Familie und standen unter dem Druck der traditionellen Bräuche, denen sich keiner entziehen konnte.

Das 1975 verkündete Arbeitsrecht sah allerdings eine Restriktion der exzessiven Trauer für die Arbeiterschaft vor: „Every worker is entitled to payed mourning leave, which cannot exceed 7 days per year", um dem häufigen Fernbleiben mit der traditionellen Begründung der Teilnahme an Trauerfeiern entgegenzuwirken (Proclamation no. 64 of 06.12.1975, § 42,1 Labour Law, siehe auch: Benzing und Wolde-Giorgis 1980:90). Darüber hinaus gehende Trauertage sind erlaubt, aber ohne Lohnausgleich. Auch danach ist die Teilnahme an einer Trauerfeier und den „Trauersitzungen" der allseits akzeptierte Hauptgrund für das Fehlen am Arbeitsplatz. Trauer ist nicht nur eine Verpflichtung, sondern ein Recht. Der/die Trauernde erwirbt sich soziale Anerkennung durch Präsenz an der Trauerfeier und ist, außerdem, von seiner/ihrer täglichen Arbeit als Hausagestellte und von der Büroarbeit entbunden.

Gender-Rollen bei der Trauer

Fragen wir nun nach den äußeren Umständen einer Arbeitsteilung von Männern und Frauen – sowohl der „Gastgeber" als auch der „Gäste" bei der Trauerfeier. Diejenigen, die zur frühen Morgenstunde die Todesnachricht überbringen, sind Männer. Die Männer schlagen das Trauerzelt auf und besorgen Bänke und Stühle, die im Eigentum ihres „Idir" sind.

Männer dürfen weinen, jammern und sich selbst kasteien. Von Frauen wird solches Verhalten erwartet. Frauen reißen sich Haarbüschel aus oder lassen sich zum Zeichen der Trauer den Kopf kahl rasieren. Frauen sollen an den Trauersitzungen länger teilnehmen als Männer, die nach 3 Tagen intensiven Trauerns gehen und kommen können. Von der Witwe wurde traditionell eine Seklusion von einem Jahr erwartet, nicht vom Witwer. Frauen verwenden viel mehr ihrer Zeit darauf, die Trauergesellschaft zu verpflegen, als Männer. Pleureusen, die laut wehklagen, um die Anwesenden zu Trauerbekundungen zu motivieren, sind, wie immer noch in ländlichen Regionen Europas, weiblichen Geschlechts. Religiöse Unterstützung wird öffentlich durch männliche Priester geleistet, während Nonnen im häuslichen Bereich psychologische und gegebenenfalls medizinische Hilfe leisten. Die Frauen schlafen während der Trauer auf Matratzen, die im Haus ausgelegt werden, während die Männer in dem vor dem Haus aufgebauten Zelt schlafen. Sollten die Frauen aus Platzmangel im Zelt schlafen müssen, sind die Männer gezwungen, im Freien zu nächtigen.

Fallbeispiele zu den Trauersitzungen

Die hier exemplarisch aufgeführten Fälle benennen zahlreiche Aspekte der Trauersitzungen, die die Situation von 1980/90 widerspiegeln und die weiter unten mit eingetretenem Wandel von Einstellungen und Verhaltensmustern bei Trauersitzungen kontrastiert werden.

Fallbeispiel I

A. (weiblich, 22 Jahre alt) erhält gegen 5 Uhr morgens einen Anruf. In Äthiopien schrickt jeder auf, bei dem zu solcher Stunde das Telefon klingelt und hofft auf einen Anruf von ausgewanderten Verwandten, die mit der Zeitverschiebung nicht zurecht kommen. Meist handelt es sich jedoch um eine Todesnachricht. In früherer Zeit wurde zu früher Morgenstunde ein Horn geblasen und eine Gruppe von Männern ging von Haus zu Haus zu den Verwandten und Bekannten, um die Todesnachricht zu überbringen.

    A. erfährt, dass eine entfernte Kusine (30 Jahre alt) am Abend gestorben ist. Diese Kusine hatte vor 13 Tagen ein gesundes Kind geboren; sie hatte das Jahr zuvor Zwillinge geboren, die kurz nach der Geburt gestorben waren. A. fragt nach der Todesursache. Ihr wird nur mitgeteilt, dass die Kusine ein Schmerzmittel eingenommen habe, woran sie verstorben sei. A. versucht, schwarze oder zumindest dunkle Kleidung anzuziehen – eine Sitte, die erst in der Zeit der italienischen Besatzung 1936–1942 eingeführt wurde – nimmt ihr restliches Bargeld als Spende für das Trauerhaus mit, bleibt ihrer Arbeit fern und geht zum Haus einer anderen Verwandten, die sie zum Trauerhaus mitnimmt. Dort verbringt sie den ganzen Tag und geht auch nicht zu ihrer Abendschule – der reguläre Schulunterricht findet in drei täglichen Schichten statt. Am folgenden Tag geht sie halbtags zur Arbeit, dann wieder zum Trauerhaus, wo sie auch die Nacht zwischen anderen Frauen auf dem Boden sitzend und liegend verbringt. Von den älteren trauernden Frauen wird A. gelobt, weil sie versucht, über Nacht wach zu bleiben, und sie ausgiebig Tränen vergießen kann.

Fallbeispiel II

B. (weiblich, 34 Jahre alt) ist Hausangestellte. Sie erfährt, dass ein enger Freund der Schwester des Arbeitsgebers gestorben ist. Der Verstorbene war ein hochrangiger Politiker. B. hat ihn nur selten gesehen und nie persönlich gesprochen. Sie geht zur Beerdigung und zu den Trauersitzungen, weil die Familie ihres Arbeitgebers trauert und sie ihre Solidarität mit ihr bekundet und sie ihren Status dadurch erhöht, dass sie als Trauernde einer hochgestellten Persönlichkeit gesehen wird und sie von ihren Arbeitsverpflichtungen befreit ist.

    Das Recht B.s, an der Trauer teilzunehmen, wurde nicht in Frage gestellt, aber hinter ihrem Rücken wurde sie von Bediensteten in Haushalten ihrer Nachbarschaft als „Möchtegern-Betroffene" belächelt.

Fallbeispiel III

C., D., E. (männlich, Brüder mittleren Alters) schlagen sich, um ihre Trauer zu bekunden, mit Steinen auf die Brust, bis Schwellungen und Blutergüsse sichtbar werden.

F., die Mutter des Verstorbenen, trägt tagelang ein schweres Metallstück auf der Schulter, bis die Schulter zu bluten beginnt. Sie zerkratzt auch ihr Gesicht. Sie und andere Teilnehmerinnen reißen sich Haarbüschel aus und schlagen sich auf die Brust.

Fallbeispiel IV – Die „Pleureuse"

G. ist eine für die Trauersitzungen bezahlte weibliche Person, die die Trauergäste zu lautem Wehklagen und stillem Weinen animieren soll. Ihr melancholischer Gesang stimmt traurig. G. singt abwechselnd für die Gruppe der Männer und der Frauen. Sie appelliert dabei auch an Emotionen, die nicht direkt mit dem Todesfall zu tun haben müssen. G. animiert Gruppen von Anwesenden zum Weinen mit Aufrufen wie: „Alle, die Witwe sind!" und „Alle, die ein Kind verloren haben!".

Chronologie von Krankheit, Tod und Trauer

Bei der Hochzeit tritt das junge Paar in eine Vereinigung, „Idir" (auch „Edir" in Umschrift geschrieben) ein, die als Selbsthilfegruppe lebenslang bescheidene Gelder ihrer Mitglieder sammelt und im Fall des Todes eines Mitglieds Hilfe in materieller und organisatorischer Hinsicht leistet.

> Traditionally [...] edirs have concentrated on easing the material and psychological discomfiture suffered by members upon the death of a close relative. (Koehn und Koehn 1973:402)

Neben dieser Form eines nachbarschaftlichen Sparkollektivs mit der eindeutigen Zielrichtung einer Unterstützung im Todesfall besteht traditionell noch eine andere Form der Spargemeinschaft, „Equb" genannt, die als rotierender Fonds nach rein ökonomischen Gesichtspunkten funktioniert.

Es wurde versucht, den Idir-Gemeinschaften, neben der Begleitung im Todesfall, noch andere gesellschaftliche Aufgaben in der jeweils lokalen Gemeinde zuzuweisen. Dieser Versuch ist aber gescheitert (siehe Koehn und Koehn 1973).

Die Frau kann nur über ihren Mann einer „Idir"-Vereinigung beitreten; der ursprüngliche Gedanke dabei ist die Virilokalität der Ehe, die heute zwar noch in Hochzeitsbräuchen „gespielt wird", aber nicht mehr generell in der Lebensrealität existiert. In den Hochzeitbräuchen gehört es immer noch zum Ritus, auch wenn das neu vermählte Paar neolokal wohnt oder ins Haus der Frau einzieht, dass die Frau von irgendwo in der Verwandtschaft „abgeholt" und „transferiert" wird.

Im Falle einer Krankheit gibt es verschiedene konsekutive Möglichkeiten des Umgangs mit dieser: Nicht-Beachtung, Selbst-Medikation, Aufsuchen eines Heilers/

einer Heilerin, Hinzuziehen eines Arztes/einer Ärztin, Einweisung in eine Krankenstation oder eine Klinik. Wenn möglich, wird der letzte Wille eines Todkranken vor Zeugen erfragt und zu Papier gebracht.

Bei der Feststellung des Todes ist nicht immer ist ein Arzt zugegen. Der Leichnam wird in einen Sarg gebettet und, falls der Tod nicht zu Hause eingetreten ist, so schnell wie möglich nach Hause gebracht. Beim Tod im Ausland wird die Rückführung in die „Erde der Väter" erwartet. Diese Form der langen Trauer wird „hazen" genannt.

Am frühen Morgen des nächsten Tages geben die Botschafter des Todes die traurige Nachricht bekannt. Bis dahin haben die „Idir"-Mitglieder alles zum Empfang der Trauergäste vorbereitet: Das Trauerzelt steht vor dem Haus. Wenn der Platz dort nicht ausreicht, darf es für drei Tage auf der Straße aufgebaut werden; der normale Straßenverkehr muss dann umgeleitet werden. Von der Bekanntgabe des Todes bis zur Beerdigung verweigern die Trauernden jede Nahrung. Von den Trauersitzungen an, „lekso" genannt, wird auch das Wachbleiben über Nacht verlangt.

Die Beerdigung erfolgt so schnell wie möglich. Die Trauergesellschaft bewegt sich hinter den Sargträgern zum Grab, Gebete von Geistlichen und Wehklagen von Anwesenden begleiten den Zug, Portraits des/der Verstorbenen werden hochgehalten und schließlich werden die Spender namentlich genannt, die zum „Gelingen" des Trauerfestes materiell beigetragen haben

Die offizielle Doktrin der äthiopisch-orthodoxen Kirche lehrt:

> The Ethiopian Church teaches that the soul, when it has been separated from the body, may need help from its friends who remain on earth. It is the wish of the church that whenever it is possible, her children should be buried with a Mass, which is the most efficacious way for their soul's salvation. (Wondmagegnehu und Motovu 1970:48)

Von den sieben Sakramenten der äthiopischen Kirche ist eines die Salbung des Kranken. Dabei sollten sieben oder fünf Priester anwesend sein, aber auch die Anwesenheit eines einzigen Priesters kann ausreichen (Wondmagegnehu und Motovu 1970:36). Nach der Beisetzung werden die Requiem-Messen vorbereitet, die 40 Tage lang abgehalten werden, wenn der Verstorbene ein reicher Mensch war. Sollte die Familie arm sein, reichen fünf Messen, jeweils am dritten, siebten, zwölften, dreißigsten und vierzigsten Tag nach dem Tode. Zum Jahrestag des Todes wird ebenfalls eine Messe zelebriert (Wondmagegnehu und Motovu 1970:49).

Das Trauersitzen geht auch nach der Beerdigungsmesse weiter. Nun werden Speisen und Getränke verabreicht, zu denen alle Verwandten und Bekannten beitragen. Nach Vorschrift der Kirche wird am dritten Trauertag das Grab besucht und eine besonders intensive Trauersitzung abgehalten. Viel später wird das Grab mit Steinen, Zement oder Marmor versiegelt. Auch dies ist Anlass für eine größere Trauersitzung. Danach wird das Grab nur noch selten besucht.

In manchen Fällen gibt es für die Familien, die es sich leisten können, eine zweite Bestattung; der Leichnam wird in das Grabhaus einer Kirche oder in eine Höhle nahe eines Klosters umgebettet. Der Zeitpunkt der Umbettung richtet sich hauptsächlich nach den finanziellen Möglichkeiten der Nachtrauernden und dem Zeitplan der Kirche oder des Klosters.

Die Bedeutung des Status des/der Verstorbenen für die Trauergemeinschaft

Das Trauer-„Engagement" hängt unter anderem vom Status des oder der Verstorbenen ab oder vom gesellschaftlichen Ansehen seiner/ihrer Familie. Fulton und Fulton (1971:91ff) differenzieren zwischen Todesfällen mit hohem und niedrigem „Trauer-Potential" („grief-potential"). Kamerman (1988:69) unterscheidet Todesfälle mit hoher und niedriger „Kummer-Erwartung" („grief expectation").

In der Tat hängt das Trauerpotential im christlichen Hochland Äthiopiens vom Status des/der Verstorbenen ab. In diesem Zusammenhang kann der „Differenz-Ansatz" von Hauser-Schäublin und Röttger-Rössler (1998) hilfreich sein: Wir haben in diesem äthiopischen, christlichen Hochlandkontext eine Situation, in der Männer und Frauen je nach ihrem gesellschaftlichen Status nach dem Tode in gleicher Weise geehrt werden, aber die Ausgestaltung der Trauerbräuche eine deutliche Trennung und Gewichtung der männlichen und weiblichen Sphäre impliziert.

Zaghafter Wandel der Trauerbräuche

Meine Beobachtungen, im Wesentlichen von 1987 bis 1996, ließen mich einen zaghaften Wandel der Trauerbräuche feststellen, die ich zunächst nur beschreibe, um danach zu der Frage überzuleiten, inwieweit die beobachteten Phänomene nur oberflächlichen Natur sind oder einen tief greifenden Wandel der Einstellung zu Tode und der damit verbundenen Emotionen eingeleitet haben.

Die Trauerkleidung, besonders für Frauen, ist von Weiß als Farbe der Trauer bereits vor dem oben genannten Zeitraum zu Dunkel bzw. Schwarz geändert worden. Der Aufruf erfolgt zunehmend über das Mobiltelefon. Das Todeshorn am frühen Morgen ist zur Ausnahme geworden. Die Zeit der Trauersitzungen wurde insgesamt reduziert (genaue Erhebungen liegen nicht vor). Beerdigungen werden heute zu berufskompatiblen Zeiten angesetzt.

Selbstkasteiungen als Trauerbekundungen kommen in der äthiopischen Hauptstadt kaum noch vor. Die Stadtfrauen halten keine einjährige Seklusion im Haus mehr ein. In den meisten Fällen geht das nicht mehr aus beruflichen Gründen. Auch die Frauen „erlauben sich" heute, einer Trauergemeinschaft vorzusitzen, wie es in früheren Zeiten nur männlichen Nachkommen des/der Verstorbenen erlaubt war.

Die Grabeskultur, im Sinne der Ausschmückung von Grabstätten, nimmt zu. Hier lässt sich eine Einflussnahme aus den südlichen Landesregionen in Richtung Hauptstadt vermuten. Allerdings bestehen in der Hauptstadt Addis Abeba bereits Probleme sowohl durch knapp werdende Friedhofsflächen als auch durch Plünderungen von Grabstätten. Käfigartige Eisengestänge über den marmorbesiegelten Gräbern sollen die Niederlassungen vom Obdachlosen auf Grabstätten verhindern.

Wandel oder Bewahrung der Tradition?

Bei den im vorigen Abschnitt aufgelisteten Veränderungen in den Todesbräuchen kann bei einer oberflächlichen Beobachtung von Wandlungsprozessen ausgegangen werden. Die Frage, die sich stellt, ist die, ob eine grundsätzliche Einstellungs- und Emotionsveränderung zu Tod, Leben und Ausdruck der Trauer stattgefunden hat oder ob die Bewahrung der Tradition in diesem Kontext stärker ist als jeder Wandel – auch in Bezug auf die Rollenverteilung in der Ausrichtung der Trauerzeremonien.

„Culture changes result from choices made between available alternatives. Some alternatives are more quickly accepted than others. Changes in funeral rites are usually among the more strongly resisted ones, for they are bound up with peoples views of life and of the universe" – so schrieb der ghanaische Religionswissenschaftler Kofi Abrefa Busia vor 47 Jahren (1962:32). Man könnte die Aufgaben von Männern und Frauen anlässlich der Trauerfeiern im äthiopischen Hochland als pragmatische Arbeitsteilung auffassen, die zwar durch traditionelle Gender-Vorstellungen geprägt war, nun aber im Wandel begriffen ist. Doch „im Kern" ist etwas in der Verwobenheit von Tod und Leben unverändert geblieben: die emotionale Trauerbelastung der Frauen. Somit stellt sich die Frage nach der „kulturellen Modellierung des Gefühls" (Röttger-Rössler 2004:350). Medick und Sabean gehen von einer in der Literatur üblichen Zuweisung von materiellen Interessen zur männlichen und Emotionen zur weiblichen Sphäre aus (1984:19). Eines der „bemerkenswertesten Erkenntnishindernisse" für die Analyse emotionaler Ausdrucksweisen sei in der Tendenz zu erblicken, „auf der einen Seite Handlungen und Motivationen zu sehen, die von materiellen Interessen bestimmt werden, auf der anderen Seite solche, die von Emotionen und Werten geprägt sind."(Medick und Sabean 1984:19).

> Eine (allzu) grobe Trennung zwischen männlichen und weiblichen Eigenschaften anhand der angenommenen Trennungslinie von Emotionen und materiellen Interessen stellt einen häufigen Bestandteil ideologisch geprägter Denkannahmen in den Sozialwissenschaften dar. (Medick und Sabean 1984:17)

Dies würde bedeuten, dass wir die stärkere emotionale Belastung der Frauen im Zusammenhang mit der Trauer im christlichen Äthiopien zunächst einmal als „wissenschaftlichen Blick von Außen" auffassen müssten, gegebenenfalls als Fehlinterpretation.

Andererseits können wir davon ausgehen, dass dies im christlichen Kontext auf dem Hochland Äthiopiens bedeutet, dass „männliche" Verhaltensweisen bei den Trauerriten und „weibliche" emotionale Ausdrucksformen kulturell „erlernt" sein können. Es handelt sich um Zuweisungen, die zwar besonders resistent gegen Wandel sind (nach Busia), aber auch offen für individuelle und kontextuelle Veränderungen.

> Der Differenz-Ansatz legt [...] nahe, ‚Geschlechtsidentität' nicht als stabile Entität, sondern als in erster Linie prozessuales Moment zu begreifen. Geschlechtsidentität bildet kein unveränderliches Kennzeichen, das ein Mensch zeitlebens mit sich führt, vielmehr manifestiert sie sich in einem Individuum in Relation zu seinen anderen Identitäten und in Abhängigkeit von den unterschiedlichen sozialen Kontexten immer wieder anders und neu. (Hauser-Schäublin und Röttger-Rössler 1998:18).

Leider sind Gender-Zuweisungen im Zusammenhang mit Trauerbräuchen in Äthiopien noch wenig untersucht, insbesondere unter Fragestellungen der Emotionsforschung.

Schlussbemerkung

Auch wenn es nicht mehr Dürre und Hunger, Kriege und Jahrzehnte währende Kriegsfolgen sind, die das Bild der äthiopischen Trauergesellschaft prägen, so ist es die Volksseuche AIDS, der viele junge Menschen zum Opfer fallen – viele junge Frauen sind betroffen. Die Dunkelziffer ist hoch. Es scheint, dass die Angehörigen nicht wissen wollen, was wirklich vor sich geht, und, wenn sie es wissen, es nicht nach außen tragen wollen. So werden heute Begräbnisse rasch und bescheiden veranstaltet, die vor Jahrzehnten noch mit viel Aufwand zelebriert worden wären.

An der Bereitschaft zur Trauerstimmung mit der großen emotionalen Bürde der Frauen auf dem christlichen Hochland Äthiopiens hat sich aber wenig geändert: Sie konnte bisher weder für Männer noch für Frauen in Lebensbejahung umschlagen.

Literatur

Benzing, Brigitta und Kahsai Wolde-Giorgis (1980) Das neue Arbeitsrecht. In: Brigitta Benzing und Kahsai Wolde-Giorgis (Hg.): *Äthiopien. Vom Kaiserreich zur Revolution.* Köln: Pahl-Rugenstein.

Busia, Kofi Abrefa (1962) *The challenge of Africa.* New York: Praeger.

Wondmagegnehu, Aymro und Joachim Motavu (1970) *The Ethiopian Orthodox Church.* Addis Abeba: The Ethiopian Orthodox Mission with the Approval of the Dean of the Holy Trinity Cathedral.

Fulton, R. and J. Fulton. (1971) A psychological aspect of terminal care: Anticipatory grief. *Omega* 2:91–99.

Hauser Schäublin, Brigitta und Birgitt Röttger-Rössler (1998) Differenz und Geschlecht – Eine Einleitung. In: Brigitta Hauser Schäublin und Birgitt Röttger-Rössler (Hg.): *Differenz und Geschlecht. Neue Ansätze in der ethnologischen Forschung,* S. 7–22. Berlin: Reimer.

Medick, Hans und David Sabean (Hg.) (1984) *Emotionen und materielle Interessen. Sozialanthropologische und historische Beiträge zur Familienforschung.* Göttingen: Vandenhoeck und Ruprecht.

Kamerman, Jack B. (1988) *Death in the Midst of Life: Social and Cultural Influences of Death, Grief and Mourning.* Englewood Cliffs, N.J.: Prentice Hall.

Koehn, Eftychia und Peter Koehn (1973) Edir as a Vehicle for Urban Development in Addis Abeba. In: Harold Marcus (Hg.): *Proceedings of the First United States Conference on Ethiopian Studies,* S. 399–426. Michigan: Michigan State University.

Röttger-Rössler, Birgitt (2004) *Die kulturelle Modellierung des Gefühls. Ein Beitrag zur Theorie und Methodik ethnologischer Emotionsforschung anhand indonesischer Fallstudien.* Münster: Lit.

Zum Widerstreit symbolistischer und kulturmaterialistischer Ansätze in der Deutung von Nahrungstabus

Ulrich Braukämper

Vorbemerkungen

Die Bedeutung von Nahrung kann wohl kaum prägnanter zusammengefasst werden als in dem folgenden Satz von Carole Counihan: „Food is a many-splendored thing, central to biological and social life" (1999:6). Über ihre unmittelbare physiologische Bedeutung als *„primary need"* hinaus übt sie tief greifende Einflüsse auf Konzepte von Körperlichkeit und Ästhetik, Gender, gesellschaftlich-politische Statuspositionen und weltanschaulich-religiöse Orientierungen aus. Die „Ethnologie der Ernährung" *(nutritional anthropology)* ist bestrebt, den überall auf der Welt kulturspezifischen Umgang mit Nahrungsmitteln in einer sowohl analytischen als auch komparatistischen und verstehenden Perspektive zu untersuchen. In diesem Forschungsbereich hat Brigitta Hauser-Schäublin (1986) einen Beitrag geleistet, der ihr Leben „im Feld" veranschaulicht[1] und gleichzeitig auch das facettenreiche Mit- und Gegeneinander von Natur und Kultur anspricht, ein Themenbereich, den sie in späteren Arbeiten (z. B. 2001) immer wieder in den Mittelpunkt ihres wissenschaftlichen Interesses stellte.

In diesen Ausführungen sollen Wertvorstellungen und Handlungen, die mit Nahrungsmitteln assoziiert sind, und davon wiederum Meidungen bzw. Tabus, im Blickfeld stehen. Den Ethnografen[2] eröffnen auf Feldforschungen die Verhaltensweisen bei Mahlzeiten, die „Tischsitten", häufig die ersten Einblicke in die Interaktionsmuster und die Hierarchie einer Gesellschaft. Während Vorlieben für bestimmte Nahrungsmittel unschwer zu erkennen sind und mitunter plakativ bis hin zur Spitznamengebung herausgestellt werden, erschließen sich negative Einstellungen und Tabus im Bereich des Essens durchweg erst nach intensiverer Vertrautheit mit fremden Kulturen. Mehr noch als die den Regional- und Nationalküchen entgegengebrachten Präferenzen sind sie mit Maßstäben westlicher Rationalität oft schwer zu begreifen.[3] Beispielsweise konnte ich Anfang der 1990er Jahre in dem gemeinsam von Shuwa-Arabern und Kanuri bewohnten Dorf Kamzamo in Nordost-Nigeria beobachten, dass Erstere die Blätter des Baobab-Baumes *(Adansonia Digitata L.)* verschmähten und Letztere für den Verzehr schätzten. Generell ist die Nahrung der wichtigste Bereich des Konsums und gleichzeitig ein Teil der Kultur, in dem das Individuum „soziale Nachrichten" senden und empfangen kann (Appadurai 1986:31).

Da der Geschmackssinn bei der Gattung *Homo sapiens* als im Wesentlichen gleichartig ausgeprägt gilt, ist im Prinzip davon auszugehen, dass kulturelle Kriterien über Wohlgeschmack und Widerwillen im Hinblick auf Nahrungsmittel entscheiden. Allerdings dürfen naturgegebene Faktoren wie die genetisch bedingte Unverträglichkeit von Milchzucker (Laktose) bei einem beträchtlichen Teil der Weltbevölkerung nicht unberücksichtigt bleiben. Untersuchungen darüber liegen beispielsweise für Populationen im Gebiet der großen Seen Ostafrikas vor (Cook 1969). Somit müssen Forschungen in der Ernährungsethnologie neben den für sie zentralen kulturwissenschaftlichen auch naturwissenschaftliche Erkenntnisse berücksichtigen und gewichten.

Die Charakteristika im Hinblick auf Meidungen von Nahrungsmitteln sind vielfältig: Alter, Geschlecht, gesellschaftlicher Status, religiöse und ethnische Zugehörigkeit des Menschen, zeitlicher und zeremonieller Anlass der Meidung sowie Art der tabuisierten Nahrungsmittel. Sie können zudem auch in den verschiedensten Kombinationen miteinander verknüpft sein. Auffallend ist die Häufung von Speiseverboten in den als krisenhaft geltenden Stadien des Lebenszyklus, wie z. B. Pubertät und Schwangerschaft. Die weit verbreitete Einteilung in „kalte" und „heiße" Nahrungsmittel, die in bestimmten Situationen, körperlichen oder seelischen Zuständen entweder vorzuziehen oder zu meiden sind (siehe z. B. Eichinger Ferro-Luzzi 1980:98f., Ladermann 1981:475f.), ist zwar eine im Grundsatz symbolische Klassifikation, die jedoch in Einzelbereichen durchaus aus Erfahrungen resultieren kann, da manche Substanzen, wie etwa Fisch, in bestimmten körperlichen Zuständen (z. B. Schwangerschaft) toxisch wirken können.

Da der Akzent auf Meidungen von Nahrungsmitteln liegen soll, ist ein definitorisches Problem anzusprechen: nicht alle Meidungen sind Tabus. Eine Meidung, wie z. B. die von Pferdefleisch im heutigen Nordeuropa, kann über individuelle Abneigungen hinaus auch kollektiv ausgeprägt sein, ohne dass ein normativer Zwang vorliegen müsste. Im Unterschied dazu setzt das seit Ende des 18. Jahrhunderts aus Polynesien in die abendländische Kulturwissenschaft übertragene Konzept des Tabus die Überzeugung voraus, dass die Meidungsgebote von übernatürlichen Mächten sanktioniert wurden und jede Missachtung für das Individuum und seine Gruppe gefährlich ist (Steiner 1956:21). In diesem Sinne muss ein nicht unbeträchtlicher Teil der Nahrungsverbote sowohl in Gesellschaften mit unkodifizierten Volksreligionen als auch in Gesellschaften mit Schrift besitzenden Weltreligionen als „echte" Tabus gelten. Mit einem Tabu werden in der Regel nur solche Speisen belegt, die integrierter Bestandteil eines kulturellen Systems sind. Unbekannte Nahrungsmittel werden zumeist spontan, oft mit Abscheu und Ekel, abgelehnt, ohne dass kulturelle Regulative dafür aufgeboten werden müssten. Mitunter ist jedoch ein Corpus von Vorschriften kodifiziert worden, wie etwa im Islam, der explizit zwischen ḥarām im Sinne eines religiös sanktionierten Tabus und ḥalāl, den erlaubten Speisen und Praktiken, unterscheidet.

Für die Deutung der Nahrungsverbote kommt der Ethnologie insofern eine Schlüsselrolle zu, als ihre Materialgrundlagen eine offenkundig größere phänomenologische Vielfalt und Mannigfaltigkeit aufzeigen als die der so genannten Hochkulturen. Einen bedeutenden Impuls für die Diskussion der Tabus gab die „Entdeckung" des Totemismus vor allem bei Ureinwohnern Nordamerikas und Australiens. Die weltweit verbreitete Vorstellung, dass menschliche Gruppen ihren Ursprung auf ein Tier, eine Pflanze oder ein Naturphänomen zurückführen, ist als Faktum unbestreitbar, auch wenn Claude Lévi-Strauss (1968) berechtigte Zweifel an der überkommenen Interpretation des Totemismus-Komplexes anmeldete. Ein zentrales Element wurde einerseits darin gesehen, dass die Totem-Spezies von den mit ihr assoziierten Menschen nicht getötet werden durfte; andererseits war mitunter jedoch gerade ihr Verzehr in Form einer ritualisierten „Kommunion" erstrebenswert.[4]

Der Beginn einer verstärkten wissenschaftlichen Debatte um die Deutung von Nahrungstabus in der Ethnologie, Soziologie und Religionswissenschaft lässt sich in die 1960er Jahre datieren. Eine Besonderheit in dieser Kontroverse, die ihre Aktualität bislang nicht eingebüßt hat, lag darin, dass sie sich zwischen zwei Extrempositionen vollzog, der symbolistischen (oder auch idealistischen) und der (kultur)materialistischen. Exemplarisch am deutlichsten lässt sich diese Auseinandersetzung am Werk der führenden Protagonisten der beiden Richtungen nachvollziehen: Mary Douglas (1921–2007) für den Symbolismus und Marvin Harris (1927–2001) für den Kulturmaterialismus.

Der symbolistische Forschungsansatz

1966 veröffentlichte Mary Douglas in dem Buch „Purity and Danger"[5] ihre zentrale These, dass Reinheitsrituale und Tabus weltweit in kulturellen Wertvorstellungen gründen, die dazu dienen, das gesellschaftliche Leben in seiner Gesamtheit sinnvoll zu organisieren. Sie wurde zur namhaftesten Vertreterin einer Forschungsrichtung, die der Ausdeutung von Symbolen eine entscheidende Rolle für das Verständnis kultureller

Tatbestände im weitesten Sinne zuweist und von idealistisch zu nennenden Grundsätzen ausgeht.[6]

Im Abendland ist das Verbot bestimmter Nahrungsmittel weniger aus dem eigenen Kulturbereich als durch den Kontakt mit orientalischen Weltreligionen, Judentum, christlich-orthodoxen Konfessionen und Islam ein seit langem vertrauter Kenntnisbereich. Bezeichnenderweise war es die Rezeption biblischer Texte, vor allem von *Levitikus* und *Deuteronomium*, des 3. und 5. Buches Mose, die Douglas' Interesse an der Thematik der Reinheitsgebote und damit auch den Nahrungstabus weckte. Sie argumentiert, dass alle bisher vorgebrachten Ausdeutungen der mosaischen Gesetze sich in zwei Gruppen aufteilen lassen: „entweder werden die Vorschriften als bedeutungslos und willkürlich hingestellt, weil es ihnen nicht darum geht, zu belehren, sondern zu disziplinieren, oder sie werden als Allegorien für Tugenden und Laster" (Douglas 1988:62) dargestellt. Sie führt weiter aus, dass alle Versuche, die Verbote des Alten Testamentes einzeln und losgelöst voneinander zu betrachten, notwendigerweise scheitern müssen und gelangt zu dem Schluss, dass es zwischen Heiligkeit und Gräuel so etwas wie eine Unvereinbarkeit gäbe, die den verschiedenen Einzelvorschriften einen übergreifenden Sinn verleihe (Douglas 1988:69).

Dieser Sinn sei aus dem Ordnungsprinzip der Genesis, nämlich der Einteilung in die drei Elemente Wasser, Luft und Erde, abzuleiten. Die Bibel wies jedem Element die ihm angemessene Art von Tieren zu: unter dem Firmament fliegen Tiere mit zwei Flügeln und zwei Füßen, im Wasser schwimmen Fische mit Flossen und Schuppen, auf der Erde laufen und hüpfen vierfüßige Tiere. Jede Spezies, der die für ihr Element als adäquat erkannte Fortbewegungsart fehlt, verstößt gegen das als sakrosankt empfundene Ordnungsprinzip und jeglicher Kontakt mit ihnen macht den Menschen „unrein". Darunter fallen im Wasser lebende Säugetiere, Vögel, die nur laufen, und Kriechtiere. In diesen Bereichen erscheint die Begründung logisch stringent. Schwierig ist jedoch die Tatsache zu deuten, warum von den Paarhufern nur die Wiederkäuer als rein gelten. Die Israeliten waren Agropastoralisten, die ihren Lebensunterhalt zum Großteil aus den Produkten ihrer Herdentiere Schaf, Ziege und Rind bestritten. Was das Schwein als einen nicht wiederkäuenden Paarhufer angeht, so spielte es in ihrer Ökonomie keine Rolle und konnte deshalb relativ leicht ausgesondert werden. Hier nimmt Douglas offenkundig Zuflucht bei sonst von ihr verschmähten utilitaristischen Argumenten (vgl. unten).

Die Tatsache, dass das Fleisch von Wildtieren gemäß den Vorschriften der mosaischen Gesetze kaum zu nutzen war, versucht Douglas (1988:74f.) aus einer ethnologischen Analogie zu erklären. Die Jagd werde z. B. von ostafrikanischen Hirtenvölkern kaum praktiziert. Für das Kamel wird die Aussonderung aus der Kategorie der „reinen" und damit essbaren Tiere, nur weil es kein Paarhufer ist, vollends problematisch. Warum konnte für dieses in ariden Gebieten so überaus nützliche Tier die starre Taxonomie nicht ebenso durchbrochen werden, wie es – etwa nach der Argumentation von Harris (1988:182f.) – im Falle der Heuschrecke geschah? Für die Muslime, die sich stark an die

Tradition der alttestamentarischen Reinheitsgebote anlehnten, wurde das Verbot von Kamelfleisch und -milch explizit aufgehoben. Andernfalls hätte die Islamisierung für die arabischen Wüstennomaden das Ende ihrer Existenz bedeutet.

Auf ihrer Feldforschung bei den Lele im Kongo hatten Mary Douglas (1957:46–58) die mit Tieren verbundenen Symbolvorstellungen offenbar so fasziniert, dass sie fortan ein als allgemeingültig zu verstehendes kognitives Modell aufzubauen bestrebt war. Es war dann ein folgerichtiger Schritt, in den für die universale Kulturgeschichte zentralen Schriftwerken wie der Bibel nach beweiskräftigen Analogien zu suchen.

Die Lele unterscheiden in ihrer Taxonomie Tagtiere und Nachttiere sowie Tiere, die oben leben, Vögel und Affen, und Tiere, die unten, d.h. auf dem Land und im Wasser leben. Tierarten, die sich nicht eindeutig zuordnen lassen, z.B. Flughörnchen oder Laufvögel, gelten als anomale Lebewesen und sind deshalb für erwachsene Menschen ungenießbar. Tiere, die in enger Gemeinschaft mit den Menschen leben, Hunde, Ziegen, aber auch Ratten und Geckos, werden ebenfalls nicht gegessen. Hier wird auch ein Gegensatz manifest, der in vielen Kulturen als „wild" und „domestiziert" konzeptionalisiert wird.[7] Die Welt der Menschen und die der Tiere und Naturphänomene stehen also in einem ganz bestimmten Bezug zueinander. Unter den Tieren der Wildnis, die im Prinzip als Nahrungsquelle dienen, haben jedoch jene Arten mit „anomalem" Verhalten eine besondere Stellung, weil sie mit Geistwesen assoziiert werden und deshalb vom Verzehr ausgeschlossen sind. Douglas (1988:60–62, *passim*) sieht in diesen Meidungen die Reflexion eines logischen, von kognitiven Dissonanzen freien Weltbildes: Menschen und gesellschaftliche Zustände, die eine Gefahr für die soziale Ordnung bedeuten, finden eine symbolische Entsprechung in den zu meidenden Tierarten. Diese Prämisse hält sie sowohl für alle Kulturstufen als auch – durch die Bibel – für eine große Zeittiefe eindeutig nachweisbar. Die Richtigkeit der ethnologischen Bestandsaufnahme und Deutung der Lele-Kultur durch Mary Douglas voraussetzend, drängen sich jedoch massive Zweifel auf, ob die durch Untersuchungen bei einer Ethnie von Regenwaldbauern gewonnenen Erkenntnisse den Anspruch eines universal einsetzbaren Paradigmas erheben können.

Der kulturmaterialistische Forschungsansatz

Als ein zeitgenössischer Antipode zur symbolistischen Forschungsrichtung entstand der von kulturökologisch-szientistischen und marxistischen Ideen angeregte Kulturmaterialismus. Sein Begründer Marvin Harris hatte 1966 mit Thesen über die „heilige Kuh" in Indien eine Debatte ausgelöst, die speziell für die Thematik der Nahrungstabus bedeutsam wurde. Er wendet sich gegen die weltweit vorherrschende Meinung, welche die hinduistischen Fleischtabus als einen „Triumph der Moral über den Appetit" herausgestellt hat. Nach seiner Überzeugung besteht das Tötungs- und Verzehrverbot des Rindes für die Hindus nicht deshalb, weil das Tier eine Art Apotheose erfahren hat, sondern aus der Erkenntnis, Rinder könnten der indischen Agrargesellschaft am besten dadurch dienen, dass sie als Arbeitstiere zum Pflügen und Lastentransport sowie als Lieferanten von Milch und Dung in einer möglichst großen Zahl zur Verfügung stehen. Jede Schlachtung würde eine Gefährdung des Bestandes bedeuten und somit einer zweckrationalen Wirtschaftslogik widersprechen. Folgerichtig sind die reproduktiven Kräfte gegenüber den produktiven auf der ganzen Linie als vorrangig zu werten.

Ein weiteres für Harris' utilitaristische Erklärungsweise besonders typisches Beispiel ist die Ausnahme der Heuschrecke vom alttestamentlichen Gebot des Verzehrs von Insekten. Die Heuschrecke, so argumentiert er (1977:134), ist groß und fleischig und kommt in riesigen Schwärmen vor, kann als Nahrungsressource leicht eingesammelt werden und stellt außerdem eine Bedrohung für die Nutzflächen dar. Die Ausnahme von der Tabuisierung ist somit ein Gebot wirtschaftlicher Logik. Der Kannibalismus wurde nach Harris (1977, 1988:Kap.10) nicht aufgrund von Moralvorstellungen, sondern deshalb verfemt, weil die Erkenntnis siegte, dass der Mensch als Produktionsmittel besser nutzbar war als als Fleischlieferant. Wo dennoch Anthropophagie praktiziert wurde, wie bei den Azteken, soll dies wegen eines chronischen Eiweißmangels lebensnotwendig gewesen sein. Marshall Sahlins (1978:48f.) hat jedoch gerade an diesem Beispiel eklatante Fehlberechnungen von Harris aufgedeckt und überzeugend nachgewiesen, dass die Azteken auch ohne Menschenfleisch über eine gute Proteinversorgung verfügten.

Gewichtige Argumente zur Stützung ihres Theoriengebäudes glaubten die Kulturmaterialisten im Jagdverhalten indigener Gruppen zu finden. Bei zahlreichen Gruppen des amazonischen Regenwaldes wie etwa den Matsigenka, Desana, Kayapó und Shuar ist die Vorstellung verbreitet, dass Tiere, die selber jagen und töten, Feliden, Schlangen, Raubvögel, Kaimane, nicht essbar seien (McDonald 1977:735–738, Ross 1978:5f., Baer 1986:26–30.). Bei dem verbleibenden Jagdwild unterliegen häufig Hirsche, seltener Tapire, einem Tötungsverbot, da sie nach gängiger Auffassung als Träger menschlicher Seelen angesehen werden. Dieser religiös begründeten Deutung setzen Vertreter der kulturmaterialistischen Schule, vor allem McDonald (1977) und Ross (1978), die Überzeugung entgegen, dass solche Tabus eine zielgerichtete Maßnahme zum Erhalt des ökologischen Gleichgewichtes sind. Große Tierspezies seien einerseits im Regenwald weniger zahlreich als etwa in der Savanne und wiesen andererseits eine so geringe Reproduktionsrate auf, dass eine Bejagung ihren Bestand gefährden würde. Jedoch weisen die Autoren selbst darauf hin, dass die Waldlandbewohner die jägerische Komponente in ihrem kulturellen Selbstverständnis zwar hervorheben, ihre Ernährung jedoch zu zwei Dritteln aus Produkten von Sammeltätigkeit, Fischfang und Gartenbau bestreiten. Die Wertschätzung der Jagd übertrifft unzweifelhaft also ihre reale Bedeutung für den Nahrungserwerb (siehe z. B. Ross 1978:4f., Baer 1986:30), so dass die Gefahr einer Übernutzung des Wildbestandes eher begrenzt ist.

Dem Ziel einer Harmonie von Mensch und Umwelt dient nach kulturmaterialistischer Auffassung auch das in jägerischen und bäuerlichen Ethnien weit verbreitete Protein-Tabu für Schwangere. Es soll angeblich durch die daraus resultierende Erhöhung der Säuglingssterblichkeit eine demografische Auslese bewirken, die den vorhandenen Ressourcen angemessen ist. Wie ist das jedoch vereinbar mit dem sehr viel häufiger dokumentierten Bestreben, die eigene Gruppe durch eine möglichst hohe Geburtenrate und gegebenenfalls durch Adoptionen auszuweiten?[8]

Wie Mary Douglas hat auch Marvin Harris umfassend Vergleichsmaterialien aus den antiken Kulturen und den Weltreligionen zur Stützung seines Theoriengebäudes herangezogen. Ein exponiertes Beispiel ist das Schweinefleisch-Tabu, das Judentum, Islam, einige christlich-orthodoxe Konfessionen sowie davon beeinflusste Stammesreligionen, z. B. in Süd-Äthiopien, gemeinsam haben. Nach Douglas (1988:75) wurde das Schwein für die Israeliten deshalb ein unreines Tier, weil sie es als eine „taxonomische Anomalie" nicht bei den „reinen" Tieren unterbringen konnten. Demgegenüber versucht Harris (1988:75f.) darzulegen, dass der einstmals blühenden Schweinezucht im palästinensisch-syrischen Raum durch die Vernichtung der Wälder seit etwa 5000 v. Chr. die ökologische Grundlage entzogen wurde. Das Tier wurde dann als Bedrohung für die Landwirtschaft und als Nahrungskonkurrent des Menschen zwangsläufig verfemt und ausgesondert. Die Meidung von Pferdefleisch in Teilen Europas ist nach Harris (1988:96–99) nicht dadurch begründet, dass es während der Christianisierung des frühen Mittelalters als ein Kernsymbol „heidnischer" Praktiken geächtet werden sollte, sondern weil Pferde für den Aufbau einer Reiterei zur Verteidigung des Abendlandes gegen die Muslime überlebenswichtig wurden.

Kritischer Vergleich der symbolistischen und kulturmaterialistischen Positionen

Die symbolistische und die kulturmaterialistische Schule vertreten in einer sehr apodiktisch erscheinenden Weise Standpunkte, die summarisch in den folgenden Hauptpunkten zusammengefasst werden können. Für Mary Douglas stehen als Prämissen und Deutungsmuster im Blickpunkt: Priorität des menschlichen Geistes vor materialistischen Tatbeständen, Streben nach einer holistischen Kulturbetrachtung, Teleologie eines rituellen „Reinheitsverständnisses", zentrale Bedeutung von Symbolen, „fundamentalistisch" erscheinende Exegese religiöser Schriften. Die Positionen von Marvin Harris stehen dazu in diametralem Gegensatz: Priorität materieller Umweltgegebenheiten, utilitaristische Teleologie, partikularistische ökologische Adaption, Vorrang reproduktiver gegenüber produktiven Faktoren, pragmatisches Tatsachenverständnis, positivistisch-szientistische Erkenntnistheorie.

Wie überall in kultur- und sozialwissenschaftlichen Themenbereichen und Diskursen monokausale Erklärungen zweifelhaft sind, kann auch die Deutung von Nahrungstabus entweder im Sinne der symbolistischen oder der kulturmaterialistischen Richtung nicht überzeugend sein. Für eine differenzierte Erklärung erscheint deshalb eine eklektische Vorgehensweise unabdingbar – wobei ich mir bewusst bin, dass Begrifflichkeit und Konzept von „eklektisch" im Grundsatz nicht als positiv konnotiert gelten. Es spricht zunächst einmal nichts dagegen, dass Speisetabus sowohl im ökobiologischen Bereich, als auch im religiösen Denken und Handeln einer Gruppe verwurzelt sein können, und je mehr Funktionen sie entsprechen, desto größer wird offenkundig ihre Bedeutung für die Gesamtkultur. Wie ich selbst in Äthiopien beobachten konnte (Braukämper 1984:441f.), liegt eine zentrale Rolle der Nahrungstabus, zu denen auch Fastengebote zählen, darin, die Identität von Gruppen auf verschiedenen Ebenen, sozio-politisch, religiös, ethnisch, abzugrenzen. Je ausgeprägter sie sind, desto höher ist in der Regel die gesellschaftliche Position der ihnen unterworfenen Individuen, eine Tatsache, die etwa auch im indischen Kastensystem bestätigt wird. Andererseits ist das auffallend häufig auf schwächere Bestandteile der Gesellschaft wie Kinder, Frauen, Hörige ausgerichtete Verbot hochwertiger Nahrungsmittel als ein die Gruppenhierarchie sanktionierendes Machtinstrument zu deuten.

Die vornehmlich in Südamerika exemplifizierte These der Kulturmaterialisten, dass gute Fleischlieferanten aus umweltbewusster Ratio geschont werden, kann insofern nicht überzeugen, als bei den Pygmäen des zentralafrikanischen Regenwaldes gerade die großen und keineswegs häufig vorkommenden Tierarten wie Elefanten, Rotbüffel, Großantilopen und Gorillas als Jagdbeute durchaus begehrt sind. Dem Argument, die Tötungstabus für Wildtiere resultierten aus der Einsicht, dass nur so der Erhalt ihrer Arten und damit das Gleichgewicht des Ökosystems gewahrt werden könne, wie auch Roy Rappaport (1967:26) mit seinem neo-funktionalistischen Ansatz betont, widerspricht die Tatsache, dass Menschen einer jägerisch-bäuerlichen Kulturstufe durchaus an der Reduzierung oder gar Vernichtung von Tierspezies beteiligt sein konnten. Ein Beispiel dafür ist die Ausrottung des neuseeländischen Riesenvogels Moa durch die Maori im 18. Jahrhundert.[9]

Beim Jagdverhalten erscheint mir die symbolistische Interpretation, dass Tiere als vermeintliche Träger von Geistwesen geschont werden, plausibler als die kulturmaterialistische Erklärung. Allerdings ist der Analogieschluss von Mary Douglas, dass der weitgehende Verzicht ostafrikanischer Hirtenvölker auf Jagdwild die biblischen Tabuvorschriften in diesem Bereich gewissermaßen bestätigt, nur von begrenztem Aussagewert. Was die Stigmatisierung von Kannibalismus und den Verzehr von Pferdefleisch angeht, so ist auch hier nach dem in der wissenschaftlichen Literatur ganz überwiegend geäußerten Argumentationsstand die religiöse Begründung wesentlich überzeugender als die utilitaristische. Hingegen entbehrt im Falle des Schweinefleisch-Tabus das historisch begründete wirtschaftlich-rationale Deutungsmuster von Harris nicht der Überzeugungskraft. Es ist jedoch nicht abwegig, dass gleichzeitig – oder nachfolgend – auch ein Reinheitsdenken zu der Meidung beigetragen haben kann. Das Wissen über *Trichinella spiralis* und die Übertragung des Parasiten vom Schwein auf den Menschen konnten die Schöpfer der mosaischen Gesetze zwar nicht besitzen, da die Zusammenhänge erst im 19. Jahrhundert bekannt wurden. Man kann jedoch wohl eine im Laufe von

Generationen erworbene Erfahrung als gegeben annehmen, dass nach dem Verzehr von Schweinefleisch eine bestimmte Krankheit vermehrt auftrat. Für die Tabuisierung wäre in der Tat wohl ein Zusammenwirken ökologisch-ökonomischer Veränderungen und in kulturellen Wertvorstellungen gründender Reinheitsvorstellungen anzunehmen.

Ein idealistischer Zugang impliziert keinesfalls die Abkehr von einer empirischen Forschungsstrategie. Was letztlich die gelebte Wirklichkeit bestimmt, sind die kognitiven Konzepte, mit denen menschliche Gruppen ihrer eigenen Umwelt entgegenstehen und sie zu gestalten versuchen. Ob diese von außen stehenden Beobachtern mit Kategorisierungen wie rational oder irrational, symbolistisch oder materialistisch bedacht werden, ist für die entsprechenden Menschen *selbst* belanglos. Wenn etwa die Kulturmaterialisten den Indigenen eine zielbewusst verfolgte Strategie zur Aufrechterhaltung des ökologischen Gleichgewichtes zuerkennen, so ist das eine zwar ehrenwerte Argumentation, die oft jedoch den Tatsachen widerspricht und den menschlichen Geist in eine utilitaristische Zwangsjacke einengt. Es gibt nach meiner Überzeugung umfassende Handlungsspielräume, die Menschen verschiedenster Kulturausstattung befähigt, auf äußere und oft unvorhersehbare Einflüsse elastisch zu reagieren.

Anmerkungen

1 Nach den mündlichen Überlieferungen des Göttinger Instituts für Ethnologie pflegte sie beispielsweise zu betonen, dass die Grenzen ihrer eigenen kulinarischen Belastbarkeit mit der Fettdrüse eines Krokodils erreicht seien.
2 Der Einfachheit halber soll die maskuline Form hier durchgehend für beide Geschlechter verwendet werden.
3 Was die Verhaltensweisen im Hinblick auf Nahrung angeht, so waren für mich selbst die Feldforschungen bei Ethnien Süd-Äthiopiens in den 1970er Jahren eine besonders prägende Erfahrung (vgl. Braukämper 1984).
4 Die Verbindung, in die Sigmund Freud (1956[1913]) die Konzepte von Totem und Tabu in einer seinerzeit einflussreichen Schrift brachte, wird von der modernen Forschung als nicht mehr haltbar abgelehnt.
5 Im Folgenden beziehe ich mich auf die deutsche Übersetzung „Reinheit und Gefährdung" von 1988.
6 Eine ähnlich exponierte Rolle, die der Nahrung auch im Strukturalismus von Lévi-Strauss (z. B. 1971) zukommt, soll hier außerhalb der Betrachtung bleiben.
7 Mit dieser Frage hat Brigitta Hauser-Schäublin (2001:15,17) sich u. a. im Kontext von Natur und Kultur als Machtbegriffe auseinandergesetzt.
8 Bei allen afrikanischen Ethnien, bei denen ich selbst geforscht habe, war das Ideal einer möglichst großen Zahl von Nachkommen ausgeprägt. Für das Bestreben einer Ausweitung durch Adoptionen sind vor allem Gruppen mit segmentären Lineage-Systemen, wie die Nuer im Sudan, bekannt geworden.
9 Ein Raubbau („overkill") an den Ressourcen jagdbarer Tiere geht offenbar schon bis in die Zeiten prähistorischer Wildbeuter zurück (vgl. Cohen 1977).

Literatur

Appadurai, Arjun (1986) Introduction: Commodities and the Politics of Value. In: Arjun Appadurai (Hg.) *The Social Life of Things. Commodities in Cultural Perspective,* S. 3–63. Cambridge: University Press.

Baer, Gerhard (1986) Jagdverhalten und Nahrungstabus bei den Matsigenka-Indianern. In: Brigitta Hauser-Schäublin (Hg.): *Rund ums Essen,* S. 23–30. Basel: Brinkhäuser (Mensch, Kultur, Umwelt 1).

Braukämper, Ulrich (1984) On Food Avoidances in Southern Ethiopia: Religious Manifestation and Socio-Religious Relevance. In: Sven Rubensen (Hg.): *Proceedings of the Seventh International Conference of Ethiopian Studies,* S. 429–445. Lund: University of Lund.

Cohen, Mark N. (1977) *The Food Crisis in Prehistory. Overpopulation and the Origin of Agriculture.* New Haven: Yale University Press.

Cook, G.C. (1969) Lactase Deficiency: A Probable Ethnological Marker in East Africa. *Man* 4(2):265–267.

Counihan, Carole (1999) *The Anthropology of Food and Body: Gender, Meaning and Power.* New York: Routledge.

Douglas, Mary (1957) Animals in Lele Religious Symbolism. *Africa* 27(1):46–58.

Douglas, Mary (1988) *Reinheit und Gefährdung. Eine Studie zu Vorstellungen von Verunreinigung und Tabu.* Frankfurt a.M.: Suhrkamp.

Eichinger Ferro-Luzzi, Gabrielle (1980) Food Avoidances at Puberty and Menstruation in Tamilnad. In: John R. K. Robson (Hg.): *Food, Ecology and Culture,* S. 93–100. New York et.al.: Gordon and Breach.

Freud, Sigmund (1956) *Totem und Tabu. Einige Übereinstimmungen im Seelenleben der Wilden und der Neurotiker.* Frankfurt a.M.: Fischer.

Harris, Marvin (1966) The Cultural Ecology of India's Sacred Cattle. *Current Anthropology* 7(1):51–66.

Harris, Marvin (1977) *Cannibals and Kings. The Origins of Cultures.* New York: Random House.

Harris, Marvin (1988) *Wohlgeschmack und Widerwillen. Die Rätsel der Nahrungstabus.* Stuttgart: Klett-Cotta.

Hauser-Schäublin, Brigitta (1986) Guten Appetit! – Guten Appetit? In: Brigitta Hauser-Schäublin (Hg.): *Rund ums Essen,* S. 5–14. Basel: Brinkhäuser (Mensch, Kultur, Umwelt 1).

Hauser-Schäublin, Brigitta (2001) Von der Natur in der Kultur und der Kultur in der Natur. Eine kritische Reflexion dieses Begriffspaares. In: Rolf Wilhelm Brednich, Annette Schneider und Ute Werner (Hg.): *Natur – Kultur. Volkskundliche Perspektiven auf Mensch und Umwelt,* S. 11–20. Münster: Waxmann.

Laderman, Carol (1981) Symbolic and Empirical Reality: A New Approach to the Analysis of Food Avoidances. *American Ethnologist* 8(3):468–493.

Lévi-Strauss, Claude (1968) *Das Ende des Totemismus.* Frankfurt a. M.: Suhrkamp.

Lévi-Strauss, Claude (1971) *Das Rohe und das Gekochte.* Frankfurt a. M.: Suhrkamp (Mythologica 1).

McDonald, David R. (1977) Food Taboos: A Primitive Environmental Protection Agency (South America). *Anthropos* 72:734–748.

Rappaport, Roy (1967) Ritual Regulation of Environmental Relations among a New Guinea People. *Ethnology* 6:17–30.

Ross, Eric B. (1978) Food Taboos, Diet and Hunting Strategy: The Adaptation to Animals in Amazon Cultural Ecology. *Current Anthropology* 19(1):1–36.

Sahlins, Marshall (1978) Culture as Protein and Profit. *The New York Review of Books* 25(18):45–53.

Steiner, Franz (1956) *Taboo.* London: Cohen and West.

Ethnologische Feldforschung
als Praxis von Differenz, Macht und Form

Wenn viele Felder sich in einem Raum vereinen: Feldforschung in internationalen Gremien

Regina Bendix

Es ist ein sonniger Dezembertag in Genf im Jahr 2006.[1] An die dreihundert Delegierte von Nationalstaaten, internationalen Organisationen, NGOs und weiteren, unterschiedlichen Gruppierungen lokaler, regionaler und überregionaler Art tröpfeln nach und nach durch die Eingangstüren des imposanten Glasbaus, der die *World Intellectual Property Organization* oder WIPO beherbergt.[2] Die Delegierten steuern, nachdem sie sich ausgewiesen und eine Zugangsberechtigung erhalten haben, auf einen großen Sitzungssaal zu. Hier tagt zum 10. Mal das Intergovernmental Committee for Traditional Knowledge, Genetic Resources and Traditional Cultural Expressions/Folklore (IGC for TK, GR and TCE). Das Gremium trifft sich in diesem Dezember für zehn Tage statt der üblichen fünftägigen Sitzungen. Es sollen Fortschritte erzielt werden, um damit die Generalversammlung der WIPO zu überzeugen, dass das Kommissionsmandat verlängert wird. Mit Simultanübersetzungen in – wie die Anwesenden meinen – zu wenige Weltsprachen präsentieren Delegationen vorbereitete Statements, sanktioniert von ihrer Regierung oder ihrer Organisation; Dank und elaborierte Begrüßungen, Ausdruck der Hoffnung auf eine erfolgreiche Sitzung und mehr oder weniger verschlüsselte Stellungnahmen zum erwünschten Resultat sind charakteristisch für diese Interventionen[3]. Spontane Diskussionen unterbrechen hin und wieder den Verlauf, bevor das Geschehen wieder zu vorbereiteten Materialien zurückkehrt.

Ambassador I Gusti Agung Wesaka Puja aus Indonesien, als Vorsitzender für diese und die letzte *committee* Sitzung gewählt[4], bemüht sich, den oft schleppenden Fort-gang zu beschleunigen. In den Kaffeepausen finden sich Gruppen und Grüppchen, die sich intensiver unterhalten. Manche Teilnehmer/innen entfernen sich zielstrebig, um einer Sondersitzung einer regionalen Gruppe oder einer Interessengemeinschaft beizuwohnen. Andere bedienen sich von den massiven Stapeln ausgedruckter Dokumente in verschiedenen Sprachen am Saaleingang. Wieder andere finden sich auf dem halboffenen nächsten Stockwerk, um bei einem der Computer ihre E-Mails zu lesen oder ein eigenes Dokument auszudrucken. Das geschäftige Kommen und Gehen steht im Gegensatz zum langsamen Prozedere der eigentlichen Sitzung, die denn auch streckenweise eher dünn besucht ist. Das eigentliche Anliegen des IGCs, international akzeptable Vorschläge zur rechtlichen bis urheberrechtlichen Verankerung von Ausschnitten traditionellen Wissens, genetischer Ressourcen und traditioneller Ausdruckskraft auszuarbeiten, wird hier nämlich kaum berührt. Vielmehr häufen sich die Vorschläge dazu, wie das Prozedere in einem internationalen Verhandlungsraum wie diesem besser, gerechter, effizienter gestaltet werden könnte. Schließlich gibt der Delegierte von Japan in einer Mischung von Geduld und Verzweiflung zu bedenken: „Inhalt und Definition der Begriffe sind immer noch nicht vorhanden. Uns mangelt es an einem gemeinsamen Selbstverständnis – daher ist es zu früh, über juristisch verpflichtende Prinzipien zu sprechen."[5] Um entscheiden zu können, ob etwas in den IP-Bereich gehöre, d.h., ob Rechte auf *intellectual property* oder geistiges Eigentum gefordert werden können, wären verbindliche Definitionen erforderlich. Das 16-seitige Beschlussprotokoll dieser 10. Sitzung beinhaltet denn auch einen Anhang, in welchem die zukünftig zu leistenden Arbeiten gelistet werden.

Diese japanische Intervention verdeutlicht die einer internationalen Verhandlungsrunde inhärenten und schwer zu überwindenden Hürden. Es fehlen die gemeinsame Muttersprache, die gemeinsamen Lebenskontexte und damit die gemeinsamen kommunikativen Normen. Damit ist jegliche Aushandlung verlässlicher Begriffe und Referenzrahmen ein langwieriges Unternehmen. Wer eine Sitzung des deutschen Bundestages oder des amerikanischen Kongresses für langsam hält, wird eine Sitzung innerhalb eines internationalen Verhandlungsgremiums als geradezu schleppend erleben. Für eine ethnographische Forschung dagegen birgt dieser Mangel an Tempo eine ureigene „Entdeckung der Langsamkeit"[6], die für die Erforschung internationaler Gremien und der hinter ihnen stehenden internationalen Organisationen auch eine Chance darstellt. Im vorliegenden Beitrag ist denn auch das Anliegen dieses WIPO IGCs nur von marginaler Bedeutung, insofern als die Praxen und Dynamiken internationalen Verhandelns eine hier noch dem komplexen Verhandlungsgegenstand entsprechende Typik zeigen. Zentral ist hier vielmehr die Frage, wie internationale Verhandlungsrunden als „Feld" im Sinne einer qualitativen, kulturanthropologischen[7] Forschung angegangen werden können. Hierzu soll einerseits ein Blick auf die in den letzten zwei Jahrzehnten erheblich gewachsene Literatur zu dem, was etwa *anthropology of the European Union* oder auch *anthropology of the United Nations* genannt wird, geworfen werden. Andererseits möchte ich Aufforderungen ebenso wie Berichte zur „Konstruktion des Feldes" (Amit

2000) auf global vernetzter Ebene auf ihr methodisches Vorgehen überprüfen, um schließlich aus den Feldforschungserfahrungen in dem eingangs geschilderten WIPO *committee* Vorschläge zur Festigung des methodischen Vorgehens in einem quecksilbrigen, sich in seiner Wandlungsfähigkeit dem Zugriff entwindenden Feld zu erarbeiten.

Die kulturanthropologische Erforschung internationaler Organisationen und internationaler politischer Institutionen ist in den letzten Jahrzehnten erheblich angewachsen, wenn auch viele Ergebnisse bisher noch eher auf Tagungen erprobt werden als ein Publikationsstadium erreichen.[8] Die Literatur zum methodischen Vorgehen auf dieser Art von internationalem Parkett ist spärlich. Lisa Markowitz (2001) bezeichnet dieses Feld im Sinne von Laura Nader (1972) als eine Form des *studying up*. Dies wäre zu präzisieren, da sich seit 1972 Arbeitsfelder im Service Bereich global augenfällig verdichten und in internationaler Vernetzung ansiedeln. Sie weisen in ihrem Habitus – wenn vielleicht auch nicht in ihrem gesellschaftlichen Machtpotential – Aspekte aus der Welt der Banken und Großkorporationen auf, die Nader ins Visier genommen sehen wollte. Auch anzupassen wäre Hugh Gustersons Anmerkung „participant observation is a research technique that does not travel well up the social structure" (1997:115) – abgesehen davon, dass teilnehmende Beobachtung immer von den Statusspannungen geprägt ist, die sich unter Forschenden und Beforschten ergeben (vgl. Gullestad 2006). Es gilt vor allem, sich die Methode der „Feldforschung" in ihrer Gänze vor Augen zu halten und darin die Komponente der teilnehmenden Beobachtung dem erweiterten Spektrum an Forschungssettings, welches die Spätmoderne birgt, anzugleichen. *Up* und *down* sind entsprechend Begriffe, die methodisch zu relativieren sind. Gerade der Versuch, das Wirken internationaler Organisationen nachzuvollziehen, verlangt letztendlich nach Forschungsbeziehungen, die die Vernetztheit von Akteuren in alle Richtungen wahrnimmt. Wie schwierig es Kulturanthropolog/innen fällt, Anpassungen ihres methodischen Vorgehens an neue Felder zu akzeptieren, notierte Vered Amit, die dies dem Umstand zuschreibt, dass das Fach ein Gutteil seiner Legitimation aus der Feldforschung als Methode bezieht (2000:5).

Ansätze der Feldforschung des überlokal bis international Vernetzten

Internationales Regeln und Organisieren ist in den letzten zwei Jahrzehnten vor allem in Forschungen zur Europäischen Union, ihren Auswirkungen auf Lebenswelten, aber noch mehr ihrer Art des „Regierens" erfasst worden, wofür auch Feldforschungen in Brüssel durchgeführt wurden (z. B. Abélès 1992, Shore 2000, 2005, Shore und Wright 1997). Nach konkreten Überlegungen dazu, wo und bei wem in Brüssel wie anzusetzen ist um welche Fragen zu beantworten, welche Rollen sich für die Feldforschenden als möglich erweisen, wie also eine Feldforschung in einem solchen Setting sich ausformuliert, sucht man vergeblich. Vielmehr kann von den verwendeten Daten her ungefähr zurückgeschlossen werden darauf, wie geforscht worden ist. Im Folgenden möchte ich kurz einige der Gedanken aufnehmen, die für eine umfassendere methodische Verortung in veränderten Feldern argumentiert haben, insbesondere aus den Impulsen zur *multi-sited ethnography,* um nach diesem Exkurs im Kontrastverfahren eine vorläufige Skizze der potentiellen methodischen Zugriffsarten anzubieten, die sich für „dichte Orte" wie das WIPO IGC eignen könnten. Es sind dies Orte, die sich in der Felderfahrung zwar als intransparent erweisen können, deren Gewebe jedoch von loser Textur bleibt, weil ein guter Prozentsatz der Akteure beständig fluktuiert.[9]

Internationale Entwicklungen und globale Stränge kultureller Vernetzungen sind bisher vor allem gerade in ihrer Vermehrung und damit Lösung von Lokalität untersucht worden. Einen wichtigen Anstoß zum methodischen Vorgehen auf internationalem Terrain würde man sich entsprechend von George E. Marcus' programmatischer Arbeit „Ethnography in/of the World System: The Emergence of Multi-Sited Ethnography" (1995) erwarten. Doch der Mitorganisator jener Tagung zur Re-Evalution der ethnographischen Monographie und der methodischen Schritte, die zwischen Feldforschung und wissenschaftlicher Repräsentation liegen, die in den vieldiskutierten Band *Writing Culture* (Clifford und Marcus 1986) mündete, hält sich mit eigentlichen methodischen Ausführungen zur Implikation dieser Variante der Feldforschung eher zurück darüber, wie sich Feldforschung, die sich mit Fragen kultureller Verortung in globalen Vernetzungen befasst, gestalten lässt.[10] Der Aufsatz zeigt letztendlich vor allem einen Fokus auf die Befindlichkeit der Forscher/innen und weniger auf die Notwendigkeit, sich auf das, was Gisela Welz (1998:177), in Anlehnung an Arjun Appadurai und Carol Breckenridge, *moving targets* genannt hat, einzulassen. In ihrer Anleitung, diesen Ansatz, den Appadurai (1996:52) wiederum als *cosmopolitan ethnography* bezeichnete, fruchtbar zu machen, kontrastiert Welz die Feldforschung in der klassischen Gemeindestudie mit einem komparativen, in mehreren Orten in parallel forschenden Ansatz und schließlich einem Ansatz, der den „Fokus von der Region selbst" löst. Der letzte Ansatz fragt, wie Ereignisse oder Konflikte „in sich überkreuzenden und weitgespannten antagonistischen wie kooperativen Bezügen zwischen der Region und andern Orten und Räumen auf der ganzen Welt ausgetragen wird" (1996:190). Hierzu wird die Feldforscherin selbst mobil, um Beziehungs- und Informationsstränge sowohl räumlich wie virtuell zu verfolgen. Welz betont, dass der in der klassischen Feldforschung so wesentliche Raumbezug hier keineswegs verloren geht. Vielmehr scheint sie darauf hinzuarbeiten, mittels der Mobilität der Forscherin auch die Flexibilität des Raumes und die unterschiedlichen Dimensionen der Entgrenzung und Enträumlichung, wie sie von verschiedenen Akteuren wahrgenommen wird, zu erfassen.

Zu fragen ist nun, welche Erkenntnisse sich aus *multi-sited* Forschungsansätzen gewinnen lassen, die auch auf die lokal fokussierte Arbeit mit internationalen Gremien angewandt werden kann. Aus der wachsenden Zahl von Fallstudien, die sich als *multi-sited ethnography* begreifen, ließen sich viele herausgreifen. Zwei seien kurz erwähnt, weil sie der Komplexität von „glokalen" Lebenssituationen und Problemen auf die Spur zu kommen suchen und dabei auch internationale Organisationen als Orte der Weichenstellung in den Blick nehmen. In seiner Studie zum Bau eines Riesenstaudamms in Argentinien begab sich Gustavo Ribeiro auf die Suche nach den Auswirkungen internationaler Entwicklungspolitik und transnationalen Kapitalflusses. Die Arbeit ist in ihren Schlussfolgerungen ernüchternd, insbesondere was den nachhaltigen Erfolg von grandiosen Entwicklungsprojekten betrifft. Sie ist aber methodisch aufschlussreich, insofern als Ribeiro die Gestaltung seiner *multi-sited ethnography* ausformuliert und dabei die Vielfalt von Institutionen und Akteuren holistisch einbezieht (1994:16). Teilnehmende Beobachtung, Interviews, Auswertung von Archivquellen und Tagespresse ergeben einen profunden Einblick in die disparaten Machtpotentiale von Wirtschaftsplanern über Architekten bis zu Material Lieferanten und deterritorialisierten Arbeitern.

Charles Briggs und Clara Mantini-Briggs verfolgten Erzählstränge unterschiedlichster Art, um den Dimensionen und Ursachen einer verheerenden Cholera Epidemie unter einer fragilen, indigenen Population in Venezuela auf den Grund zu gehen (2003). Im Fokus steht die Frage, welche Chance der Sichtbarkeit und Relevanz eine relativ kleine Bevölkerungsgruppe z. B. in einem global angelegten Gesundheitsnetzwerk sein kann. Welche Prioritätensetzungen schleichen sich in Erzählfragmente ein, die Marginalisierung letztendlich auch legitimieren? Aus Hunderten von Interviews, von der lokalen Ebene der Überlebenden bis zur *World Health Organization* in Genf konnten u. a. die je nach Ebene unterschiedlich gehandhabten bürokratischen Strukturen des Gesundheitswesens als Grund eruiert werden, warum eine im Prinzip heute kurierbare Seuche so viele indigene Bewohner der venezolanischen Deltas das Leben kostete.

Wie stark unterscheiden sich nun solche multi-lokalen Studien von den Anforderungen der „Feldforschung", wie sie heute auch in vielen lokalisierten, jedoch gesellschaftlich heterogenen Settings erfordert werden? Wie nützlich sind sie als Hintergrund für die Beforschung von internationalen Organisationen als „Feld"? Beide Studien illustrieren, wie überlokal bis global angesiedelte Forschungsfragen eine differenzierende Reflektion des Begriffes „teilnehmende Beobachtung" als Haupt- oder Begleitkomponente einer Feldforschung bedingen. Brigitta Hauser-Schäublin lokalisiert die aus der teilnehmenden Beobachtung zu gewinnenden Ergebnisse aus dem „Spagat zwischen Nähe und Distanz". Für Außenstehende ist es einfacher, „das Selbstverständliche und deshalb nahezu unsichtbar Gewordene des alltäglichen Lebens von ‚normalen' Teilnehmern zu sehen. Die kulturelle Distanz ist über weite Strecken eine Voraussetzung für das Sehen" (2003:37). Sowohl Ribeiro wie auch Briggs und Mantini Briggs kombinieren die Teilnahme in mehreren Mikrokontexten mit der Erfassung von Netzwerken, die ein räumlich nur imaginier-, nicht aber erfahrbares Forschungsfeld abgeben. Die eigene Teilhabe als Forschende an mobiler und multikontextueller Lebensweise vermittelt den notwendigen Wissensrahmen, um – in der Eruierung von funktionierenden und brüchigen Netzwerken – teilnehmend wahrnehmen zu können, welcher Funktionär sich der notwendigen Beziehungskaskaden von nationalem oder gar globalem Auftrag bis zur lokalen Ausführung bewusst ist, welcher regionale Krankenversorger solche Kaskaden erkennt, jedoch nicht über genügend Macht oder Autorität verfügt, sie auch durchsetzen zu können.

Trotz der limitierten „dichten Teilnahme" (Hauser-Schäublin 2003:39–40) gibt es Konstanten methodischen Zugriffes in dieser Art der *multi-sited ethnography*. Feldforschende bauen auch hier soziale Beziehungen auf, die sie temporär, mit nicht zu umgehender Distanz, in die beforschten Felder einbringen. Dass die Forschenden dabei innerhalb der Beziehungs- und Strukturgeflechte, die sie beforschen, nur noch fragmentiert sichtbar sind und damit den Beforschten auch weniger Grund zur Selbstreflektion im Angesicht des Fremden geben, gälte es – in der Kontrastierung mit der klassischen, ortsgebundenen Feldstudie – zu durchdenken, genauso wie die sich oft in Bewegung befindenden Beforschten für die Feldforschenden nur in Verhaltensfragmenten erfassbar sind. Eine Konstante, die nicht die Forschenden, sondern das zu Beforschende betrifft, formuliert Sarah Strauss: In ihrer Studie zur weltweiten Verbreitung von Yoga ausgehend von einem im indischen Rishikesh gelegenen Zentrum fügte sie Marcus' mobilem Feldforscher den festen Blick auf die Konstanz der Praxis hinzu. „Die Praxis zu verfolgen", schreibt Strauss, „realisiert von Menschen, in Büchern und Pamphleten [...] beschrieben, in bewegten Bildern in Film und Fernsehen gefasst" (2000:181), erlaubt es, die von Marcus angedachten Verkettungen nachzuvollziehen. Für Strauss werden diese Verkettungen zu Vektoren, die zusammengefügt eine Matrix von Yoga als transnationaler Praxis ergeben. Die lokalen Praxen bleiben hiervon nicht unberührt, genauso wie die transnationale Praxis Ausschnitte des Lokalen adaptiert.

Methodisch den Vernetzungen von Menschen, Praxen und Ideen zu folgen heißt also, enträumlichte Selbstverständnisse menschlicher Verflechtung aufzudecken – ebenso wie Brüche in diesem Selbstverständnis.[11] Für das eingangs geschilderte IGC ist umgekehrt zu fragen, welchen Gewinn die Erforschung von „stationären" Teilaspekten eines internationalen Zentrums, in welchem solche Netze zusammenlaufen, verspricht. Eine internationale Organisation über eine konkrete und intensive Situationsanalyse in dem spezifischen Rahmen einer Gremientagung und der darin enthaltenen Kommunikationen bietet sich hier in vieler Hinsicht als Gegenstück zur Mitverfolgung von Netzen an. Sie erlaubt eine auszugsweise Dokumentation der einfließenden und auswirkenden Netzwerke, sie dient des weiteren der Beobachtung des Lernens und Mitgestaltens seitens der beteiligten Akteure im Formieren internationaler Entscheidungsprozesse. In seinem Überblick zur Forschung über NGOs meint auch William Fisher, der selbst zu innovativen Methoden aufruft, ohne sie zu skizzieren, dass „das breite Ensemble von Netzwerken [...] nur in den chaotischen öffentlichen Spektakeln, wie sie internationale Konferenzen darstellen, greifbar" werde (1997:459). Genauso wie das Verfolgen einzelner Netzwerkstränge lohnt, wie dies Ribeiro exemplarisch getan hat, ist entsprechend auch für ein ethnographisches Einlassen auf diese temporäre Verortung zu plädieren, auch wenn sie oft wenig spektakulär sein mögen.

Als Beispiel für ein Vortasten in die Befassung mit dieser Art von Setting kann die Forschung zu *Heritage* Zertifizierungsprogrammen genannt werden.[12] So hat Valdimar Hafstein seine Dissertation den UNESCO Verhandlungen zur Konvention des *Intangible Heritage* gewidmet (2004). Sowohl als Beobachter wie auch als Mitglied einer nationalen Delegation fand er Wege zur Teilnahme in dem sich entfaltenden Rhythmus dieser Pariser Sitzungen. Gleich anderen Neuankömmlingen lernte er, wie verschiedene Sitzungsabschnitte und öffentliche Statements zu handhaben waren und erkannte die Balance zwischen diesen Aspekten und dem „Gutteil an informellem diplomatischen Manövrieren, das sich in Kaffeepausen und am Mittagstisch ebenso wie vermutlich an weiß-gedeckten Abendtafeln von Pariser Restaurants abspielte" (Hafstein 2009:99). Anne Meyer-Rath verbrachte für ihre im selben Themenfeld angesiedelte Dissertation zwei Jahre innerhalb der UNESCO Bürokratie sowie an verschiedenen Orten Afrikas, die sich um eine Weltkulturerbe Nominierung bemühten. Ihre Feldforschung zwischen Büros, Sitzungen und informellen Treffen bezeugt das temporäre Lernen internationaler Organisationsbürokratien seitens der Akteure, die sich im UNESCO Zentrum in Paris einfinden.[13] In beiden Forschungsunternehmen zeigt sich, dass aus der Vielfalt von Akteuren und Intentionen, wie sie sich gebündelt im Rahmen von UNESCO Verhandlungen darstellen, durchaus Erkenntnisse gewonnen werden, die auf kulturanthropologischer Datengenese beruhen und die zu einem Teilverständnis von Globalisierungs- und Glokalisierungsprozessen beitragen. Dies soll nun im abschließenden Teil ausführlicher dargestellt werden als dies in den genannten Studien der Fall ist. Wie können die Prämissen eines Feldes, das viele Felder in sich vereint, kulturanthropologisch erkundet werden?

Einlassen auf ein Hier und Jetzt

Angesichts der Dichte potentieller Netzwerke, assoziierter Geschichte(n) und damit verbundener (Ohn-)Machtgefüge und Aspirationen mag es naiv erscheinen, die eingangs skizzierten vielen in einem Raum versammelten Felder vorerst als *ein* Feld in einem klar erkennbaren, zeitlich verankerten Raum zu betrachten. Doch trotz der vielen *sites*, die sich, je nach Fragestellung, in internationalen Organisationen als potentiell relevant eröffnen, erfährt diese Vielheit im Verhandlungssetting dennoch eine Konkretisierung in Zeit und Raum, in welcher nicht nur Begegnungen und Austausch stattfinden. Die heterogenen Akteure schaffen über den Zeitraum einer face-to-face Sitzung eine temporäre Verhandlungsgemeinschaft, die in ihrer Verschriftlichung und digitalen Disseminierung eine Verstetigung erfährt und die – nunmehr außerhalb des konkreten Ortes – Auswirkungen entlang der Netze der beteiligten Akteure haben kann. Mit anderen Worten, eine Sitzung des untersuchten WIPO IGCs ist wohl geprägt von einer Vielfalt von Kontexten, die in den Köpfen der Teilnehmer mit anreisen, doch hat auch sie Auswirkungen und hinterlässt Spuren im weiteren Geschehen in den repräsentierten Netzwerken. Ein forschendes Einlassen auf dieses Hier und Jetzt verschafft die Chance, die kulturellen Praxen dieses Feldes wahrzunehmen so, wie sie sich neu oder erstmalig dazustoßenden Teilnehmer/innen in diesem Setting präsentieren. Diese werden im Verlauf der Sitzungstage durch die gremiumsgewohnten ebenso wie die organisationsverantwortlichen Akteure in die Tagungsmodalitäten enkulturiert, die in eigener Beobachtung und Aneignung der Praxen ihr eigenes Agieren entfalten können.

Neuankömmlinge gibt es in Foren wie dem IGC bei der WIPO bei jeder der halbjährlichen Sitzungen sehr viele. Nur wenige der nationalen Delegationen weisen über Jahre die gleichen Gesandten auf – auf der Liste internationaler Verhandlungen liegen die Anliegen des IGCs zumindest zurzeit nicht unter den Prioritäten, so dass vor allem seitens der Industriestaaten wechselnde, oft recht junge Menschen in den Delegationssesseln Platz nehmen, die Kopfhörer für die Simultanübersetzungen aufsetzen, Papiere ausbreiten oder ihr Laptop auspacken und einschalten. Konstanter sind die Teilnehmer aus den Reihen der NGOs und anderer Beobachterorganisationen. Deren Zahl vermehrt sich jedoch beständig, so dass auch hier stets neue Partizipation zu erwarten ist. Die Position der Feldforschenden ist daher eingangs nahezu deckungsgleich mit derjenigen der Teilnehmenden – sowohl im mitgebrachten Werkzeug wie auch der weit offenen Lernhaltung.

Arbeitet man mit dem Vokabular der *ethnography of speaking,* so kann eine IGC Sitzung als ein mehrtätiges *speech event* bezeichnet werden, das neben den angereisten Delegierten auch durch die von der WIPO beschäftigen Akteure gestaltet wird und eine durch die gemeinsame Zielsetzung des Verhandelns geprägte *speech community* (Morgan 2004) bildet.[14] Die WIPO Angestellten verleihen dem Geschehen temporäre Konstanz, sie traditionalisieren gewissermaßen manche der kommunikativen Regeln, müssen aber mit Neuerungsvorschlägen seitens der Teilnehmenden ebenso wie des von Sitzung zu Sitzung wechselnden Vorsitzes flexibel umgehen. All diese Akteure, vom distinguierten Diplomaten über die WIPO Sekretariatskraft bis zum Sicherheitspersonal, tragen Verantwortung dafür, dass dieses Ereignis organisatorisch einen gerundeten Verlauf nimmt.

Verhandeln ist die kulturelle Praxis, die im beobachteten IGC im Zentrum steht. Entsprechend verlangen die kommunikativen Verläufe im Plenum ebenso wie in kleineren mehr und weniger offiziellen Gruppensitzungen die intensivste Form teilnehmender Beobachtung. Hier gilt es, die verschiedenen Arten des Sprechens und die ihnen zukommende Gewichtung zu eruieren. Wesentliche Beachtung verdienen hier die verwendeten *Codes* und die Disziplinierung der verschiedenen rhetorischen Traditionen, die in einer solch internationalen Gruppe potentiell zusammentreffen. Verhandeln als eine spezifische Variante politischen Agierens weist selbstredend kulturell unterschiedliche Ausprägungen und Normen auf, die hier mit einer wenn auch flexiblen UNO-„-Tradition" des angemessenen sprachlichen Auftretens zusammentreffen. Das Setting verlangt den Teilnehmern selbst multilinguale Kenntnisse ab, und die Unterstützung, die hierbei die Simultanübersetzung anbietet, ist selbst wieder ein konstituierendes Element des Verhandlungsambientes. Der Umgang mit Sprechen und Zuhören sowie die jeweilige Sprachwahl und der Sprachstil sind in dieser Umgebung im Vergleich zu der in der Ethnolinguistik üblicherweise ethnographierten Sprachwechselpraxis erheblich verdichtet (Woolard 2004).

Sprechen und Übersetzen sind fokussierte Akte, die seitens vieler Teilnehmer/innen im IGC auch reflektiert werden und sich als einsteigende Interviewthematik für Leitfadeninterviews gut eignen. Ebenso wesentlich sind die Übersetzenden: Innerhalb der UNO werden sie *interpreters* genannt, was bereits auf die potentielle Gewichtigkeit ihrer Rolle hinweist.[15] Übersetzen ist auch integraler Bestandteil der Verschriftlichung und damit Fixierung von Verhandlungsverläufen und Ergebnissen. Während die Simultanübersetzung meist mehr als drei Sprachen beinhaltet, werden IGC Dokumente online nur in Englisch, Französisch und Spanisch bereitgestellt. Zum einen reflektiert dies einen kolonial geprägten Pragmatismus: Ein Großteil der Welt erscheint linguistisch quasi abgedeckt, da die europäische Kolonisation diese Sprachen vielerorts zu Zweit- oder Amtssprachen gemacht hat. Interventionen z. B. seitens Delegierter aus China oder des arabischen Raums straft diese Annahme Lügen und der Mehraufwand, der für Anderssprachige betrieben werden muss, um sich angemessen auf die Sitzungen vorzubereiten, taucht denn auch regelmäßig unter den verhandlungstechnischen Monita auf. Die Verschriftlichung und somit die – neben dem ephemeren mündlichen Verhandeln – dauerhaftere Repräsentation der IGC Verhandlungsarbeit ist eine weitere kommunikative Dimension, durch welche das IGC Gestalt annimmt und Kontinuität sowie historische Tiefe akkumuliert. Gleichzeitig stellt die Verschriftlichung und ihre digitale Verbreitung eine Brücke in die realen Netzwerke dar, deren Vertreter/innen die Delegierten sind. Die ausschnittweise Dokumentenanalyse, und hierbei der Vergleich zwischen eigenen Sitzungsprotokollen und den unweigerlichen Kürzungen und – wiederum – Interpretationen des Verlaufs eröffnen spannende Blicke in die Art und Weise, wie die WIPO Sekretariate ihre Gestaltungsmacht nutzen und das kokreative Moment der Sitzungen in Richtung eines im doppelten Sinne autorisierten Dokumentes verändern.

Die kommunikativen Stränge einer IGC Sitzung sind fluide und trotz gewisser gesetzter Parameter nicht rundum vorhersehbar. Diesem fluiden Aspekt des gemeinsamen Tagens steht die sachkulturell permanente Gestalt des Genfer WIPO Gebäudes mit seiner weithin sichtbaren Glasarchitektur und seiner Innenausstattung gegenüber. Materielle Gestalt wirkt sich auf den Habitus aus. Sie gibt Bewegungsmöglichkeiten und Beschränkungen vor, die körperlich-sinnlich erfahren werden. Der große Sitzungssaal mit seinen raumhohen Fenstern und den für alle Delegationen – egal wie groß das Land oder die Organisation ist, die sie vertreten – gleich großen Tischen signalisiert „demokratisches Vorgehen" und Gleichbehandlung zumindest der Nationen, die in alphabetischer Reihenfolge nebeneinander zu sitzen haben. Die beobachtenden Organisationen finden sich zwar zusammengedrängt in den hintersten Rängen, die aber gleich den *back benchers* in manchen Nationalparlamenten auch eine bessere Übersicht genießen und am unauffälligsten den Raum verlassen können. Bisher gar nicht beachtet in Arbeiten zu internationalem Verhandeln empfiehlt sich die materielle Dimension als ein Beobachtungsmoment. Die Art, wie Delegierte und WIPO Angestellte die Räumlichkeiten nutzen, wie sie darin ihren Geschäften nachgehen, verdient Aufmerksamkeit. Die Tatsache, dass trotz digitaler Möglichkeiten zwei Mal jährlich ein direkter Austausch arrangiert wird, deutet auf die Wichtigkeit hin, die direkter Kommunikation zugestanden wird – diese findet jedoch auch immer in konkreter Verortung in Raum und Zeit statt, die genauer zu durchleuchten sich lohnt.

Eine ethnographische Zuwendung zu Orten und kommunikativen Modalitäten verspricht Ergebnisse insbesondere für das Verständnis internationalen Organisierens und Verwaltens. „Regime" ist einer der beliebtesten Begriffe in der jüngsten kulturanthropologischen Forschung, eng verbunden mit der Erkenntnis, dass Stile der Gouvernementalität internationale bis globale Transformationen hervorbringen, die durch Regimes verfestigt werden und damit auch die vernetzten Stränge spätmodernen Lebens prägen. Sitzungen wie diejenigen des IGCs der WIPO bieten eine lokalisierte Feldforschungsgelegenheit, innerhalb welcher die Entstehung von Regimes nicht nur aber auch anhand der emergenten und flexiblen Gremienkultur dokumentiert werden kann. Das IGC ist zwar in seiner Zusammensetzung ein äußerst heterogenes Feld, in welchem in der Tat unzählige weitere potentielle Felder ihre Wege kreuzen. Es schafft aber auch – gleich anderen Gremien der Vereinten Nationen – Entscheidungsmuster, die wiederum aus dem Genfer Zentrum entlang vielfacher Netze diffundieren und so eine (sicher vielfältig adaptierte und dabei verwandelte) Prägekraft entfalten.

Anmerkungen

1   Der Beitrag beruht auf eigener Feldforschung in Genf im Dezember 2006 sowie auf den Diskussionen mit meinem Projektmitarbeiter Stefan Groth, der im Februar und von September bis November 2008 in Genf Feldforschung durchgeführt hat. Übersetzungen aus dem Englischen aus der Feldforschung ebenso wie aus der Sekundärliteratur sind von der Autorin. Für ihr Feedback zum Entwurf dieses Beitrags danke ich Brigitta Schmidt-Lauber.
2   Die WIPO wurde 1976 als eine Unterorganisation der Vereinten Nationen gegründet, vgl. WIPO <http://www.wipo.int/portal/index.html.en> [17.1.2009].
3   *Intervention* ist der Begriff, der hier wie in vielen andern internationalen Gremien als Bezeichnung für einen Wortbeitrag seitens einer Delegation benutzt wird.
4   Vgl. WIPO/IGC/GRTKF/10/7 Prov. 2, einsehbar unter <http://www.wipo.int/edocs/mdocs/tk/en/wipo_grtkf_ic_10/wipo_grtkf_ic_10_7_prov_2.pdf> [8.4.2009].
5   „Content and definition of terms still not there. We lack common understanding – hence it is premature to talk about legally binding principles." Feldnotizen der Autorin vom IGC Meeting vom 30.11.–8.12.2006.
6   Der Begriff ist ausgeliehen von Romancier Sten Nadolnys Roman gleichen Titels (1983).

7 Die Bezeichnung „Kulturanthropologie" wird hier verwendet im angloamerikanischen Sinne der *cultural anthropology*, in welcher sich die vielnamigen ethnologischen Fächer des deutschen Sprachraumes zumindest partiell wiedererkennen sollten.
8 Bezeichnenderweise sind in diesem Bereich vor allem auch Forscher/innen aktiv, die in *applied anthropology* arbeiten. Die Zeitschrift *Human Organization* der *Society for Applied Anthropology* pupbliziert entsprechend hierzu; das Forschungsfeld Entwicklungsethnologie wäre ebenfalls als ein Bereich zu nennen, in dem die internationale Zusammenarbeit gekoppelt mit der Untersuchung internationaler Organisationen augenfällig wird. Das von Christoph Brumann und Tim Allen organisierte Panel am EASA Kongress 2008 thematisierte die „Anthropology of the United Nations"; beim Treffen der American Anthropological Association 2009 stellten George E. Marcus und Marc Abélès ihr gemeinsames Projekt „Collaborative Ethnography Inside the World Trade Organization" vor. Bei beiden Panels waren es aber vor allem Ergebnisse, nicht der methodische Zugriff, die im Mittelpunkt standen.
In anderen Fächern wie z. B. den *International Relations* innerhalb der Politikwissenschaft sowie der Soziologie liegt einiges an Forschungsresultaten auch zu Verhandlungsmodalitäten und deren Verwandlung vor, aber auch hier wird das Methodische kaum erwähnt.
9 Dieser Konstellation eines dichten Feldes, das von fluktuierenden Akteuren belebt wird, wird im ethnographischen Schreiben auch Rechnung zu tragen sein – kann die Geertzsche Metapher der „dichten Beschreibung" hier tragen? Dies ist eine Frage, die hier nicht weiter behandelt werden wird, die aber in der Überprüfung der mittlerweile von vielen Disziplinen übernommenen Metapher anstehen sollte.
10 Es muss hier erklärend angemerkt werden, dass die anglo-amerikanische Forschungstradition methodische Überlegungen auch in der Ausbildung marginaler behandelt hat, als dies in der deutschen Forschung üblich ist. Stockings *Observers Observed* (1983) ist gewissermaßen auch ein Zeugnis dafür, dass ein Bedarf bestand, sich über Traditionen der Feldforschung und damit der Datengenerierung Rechenschaft abzulegen. Die Ausbildung favorisiert zumindest in den USA oft das *learning by doing*, obwohl es mittlerweile Feldforschungsliteratur zu verschiedensten Feldsituationen gibt und, im Zuge der *Writing Culture* Wende, autobiographische Essays und Bücher zur Felderfahrung verfasst worden sind. Im deutschsprachigen Raum werden Methodenhandbücher und -lehrveranstaltungen stärker genutzt werden mit der Annahme, dass sich der wissenschaftliche Habitus des Feldforschens durchaus Schritt um Schritt vermitteln lässt. Je nach Institut und Orientierung ist hier auch augenfällig, dass auch Texte aus der empirischen Sozialforschung wie etwa der qualitativen Soziologie gerne herangezogen werden (z. B. Flick et al. 2000, Bortz und Döring 2002).
11 Intensivst diskutiert wurden die Implikationen des *multi-sited* Vorgehens an einer kulturanthropologischen Tagung im September 2008, wo insbesondere der Beitrag von Brigitta Schmidt-Lauber (im Druck) das stationäre und das mobile Forschen bezüglich ihres Erkenntnisgewinnes kontrastiv fokussierte.
12 Eine weitere Arena fände sich im Bereich der Ethnographie zur Verhandlung völkerrechtlicher Abkommen. Wie Merrys Überblick zur Thematik *Anthropology and International Law* zeigt, wird aber auch hier bisher kaum auf die methodische Positionierung der Forschenden eingegangen. Typisch scheint auch hier wieder die Problematik der ethisch kaum zu umgehenden Involvierung der forschenden Person zu sein (Merry 2006:108–109).
13 Meyer-Rath war Stipendiatin am Hamburger Institut für Sozialforschung, wo sie an einer Dissertation zum Thema „Kultur im Katalog. Zur Entstehung eines ,immateriellen Kulturerbes der Menschheit'" arbeitete. Die Information zu ihrer Feldforschung stammt aus einem unveröffentlichten Vortrag, den sie 2004 am SIEF Kongress in Marseille hielt.
14 Als Einführung zur Kommunikationsethnographie empfehlen sich Hymes (1979) sowie Bauman und Sherzer (1989).

15 Übersetzen ist immer auch eine Interpretationsleistung, worauf Übersetzungswissenschaftler seit einiger Zeit hinweisen (Venuti 1995). Die völkerrechtliche Forschung befasst sich ebenfalls seit geraumer Zeit mit der Frage von Sprache sowohl im Verhandlungskontext wie auch in der nachfolgenden Auslegung von Rechtstexten (vgl. Schweisfurth 2006, Teil 1, Kapitel 4).

Literatur

Abélès, Marc (1992) *La Vie quotidienne au Parlement européen.* Paris: Hachette.

Amit, Vered, (2000) Introduction: Constructing the Field. In: Vered Amit (Hg.): *Constructing the Field: Ethnographic Fieldwork in the Contemporary World,* S. 1–18. London: Routledge (European Association of Social Anthropologists).

Appadurai, Arjun (1996) *Modernity at Large. Cultural Dimensions of Globalization.* Minneapolis: University of Minnesota Press.

Bauman, Richard und Joel Sherzer (Hg.) (1989) Explorations in the Ethnography of Speaking. Cambridge: Cambridge University Press.

Bortz, Jürgen und Nicola Döring (Hg.) (2002) Forschungsmethoden und Evaluation für Human- und Sozialwissenschaftler. Berlin: Springer.

Briggs, Charles und Clara Mantini-Briggs (2003) *Stories in the Time of Cholera. Racial Profiling During a Medical Nightmare.* Berkeley: University of California Press.

Fisher, William F. (1997) Doing Good? The Politics and Antipolitics of NGO Practices. *Annual Review of Anthropology* 26:439–464.

Flick, Uwe, Ernst von Kardoff und Ines Steinke (Hg.) (2000) Qualitative Forschung – Ein Handbuch. Reinbek: Rowohlt.

Gullestad, Marianne (2006) Reconfiguring Scholarly Authority: Reflections Based on Anthropological Studies of Norway. *Current Anthropology* 47(6):915–932.

Gusterson, Hugh (1997) Studying Up Revisited. *PoLAR: Political and Legal Anthropology Review* 20(1):114–119.

Hafstein, Valdimar (2004) The Making of Intangible Cultural Heritage: Tradtion and Authenticity, Community and Humanity. Ph.D. Dissertation, University of California, Berkeley.

Hafstein, Valdimar (2009) Intangible Heritage as a List. From Masterpiece to Representation. In: Laurajane Smith und Natsuko Akagawa (Hg.): *Intangible Heritage,* S. 93–111. London: Routledge.

Hauser-Schäublin, Brigitta (2003). Teilnehmende Beobachtung. In: Bettina Beer (Hg.) *Methoden und Techniken der Feldforschung,* S. 33–54. Berlin: Reimer.

Hymes, Dell (1979) *Soziolinguistik: Zur Ethnographie der Kommunikation.* Frankfurt a.M.: Suhrkamp.

Markowitz, Lisa (2001) Finding the Field: Notes on the Ethnography of NGOs. *Human Organization* 60(1):40–46.

Marcus, George E. (1995) Ethnography in/of the World System: The Emergence of Multi-Sited Ethnography. *Annual Review of Anthropology* 24:95–117.

Merry, Sally Engle (2006) Anthropology and International Law. *Annual Review of Anthropology* 35:99–116.

Morgan, Marcyliena (2004) Speech Community. In: Alessandro Duranti (Hg.): *A Companion to Linguistic Anthropology,* S. 3–22. Malden, Mass.: Blackwell.

Nader, Laura (1972) Up the Anthropologist – Perspectives Gained from Studying Up. In: Dell Hymes (Hg.): *Reinventing Anthropology,* S. 284–311. New York: Pantheon.

Nadolny, Sten (1983). *Die Erfindung der Langsamkeit.* München: Piper.

Ribeiro, Gustavo Lins (1994) *Transnational Capitalism and Hydropolitics in Argentina: The Yacyreta High Dam.* Gainesville: University Press of Florida.

Schmidt-Lauber, Brigitta (im Druck) Profil einer volkskundlich-kulturanthropologischen Empirie: Zum (Zu)Stand der Feldforschung im Fach. In: Beate Binder und Sonja Windmüller (Hg.): Kultur – Forschung. Zum Profil einer volkskundlichen Kulturwissenschaft. Münster: Lit-Verlag.

Schweisfurth, Theodor (2006) *Völkerrecht.* Tübingen: Mohr Siebeck.

Shore, Cris (2000) *Building Europe: The Cultural Politics of European Integration.* London: Routledge.

Shore, Cris (2005) Culture and Corruption in the EU: Reflections on Fraud, Nepotism and Cronyism in the European Commission. In: Dieter Haller und Cris Shore (Hg.): *Corruption: Anthropological Perspectives,* S. 131–155. London: Pluto Press.

Shore, Cris und Susan Wright (Hg.) (1997) *Anthropology of Policy: Critical Perspectives on Governance and Power.* London: Routledge.

Stocking, George Ward Jr. (Hg.) (1983) Observers Observed: Essays on Ethnographic Fieldwork. Madison, Wisc.: University of Wisconsin Press (History of Anthropology 1).

Strauss, Sarah (2000) Locating Yoga: Ethnography and Transnational Practice. In: Vered Amit (Hg.): *Constructing the Field: Ethnographic Fieldwork in the Contemporary World,* S. 162–194. London: Routledge (European Association of Social Anthropologists).

Venuti, Lawrence (1995) *The Translator's Invisibility: A History of Translation.* London: Routledge.

Welz, Gisela (1998) Moving Targets. Feldforschung unter Mobilitätsdruck. *Zeitschrift für Volkskunde* 94:177–194.

Woolard, Kathryn A. (2004) Codeswitching. In: Alessandro Duranti (Hg.): *A Companion to Linguistic Anthropology,* S. 73–94. Malden, Mass.: Blackwell.

Als Ethnologin in der Medizin?
Ein persönliches Resümee

Vera Kalitzkus

Wann ist eine Ethnologin eigentlich eine Ethnologin? Sie hat das entsprechende Fach studiert, dort auch promoviert – und dann? Viele betätigen sich danach in anderen Berufsfeldern und akademischen Disziplinen. Ich bin jetzt seit kurzem in der Allgemeinmedizin gelandet: als wissenschaftliche Mitarbeiterin am Institut für Allgemeinmedizin und Familienmedizin der Universität Witten/Herdecke. Über ein Jahrzehnt nach Beginn des DFG-Forschungsprojektes von Brigitta Hauser-Schäublin zu „Verwandtschaft und Humantechnologie: Die kulturelle Dimension von Reproduktionsmedizin und Organtransplantation" im Jahre 1996 ist dies ein guter Zeitpunkt, um den zurückgelegten Weg zu reflektieren.

Bin ich noch Ethnologin? Und wenn ja, woran merkt man das? Merke ich es noch? Oder habe ich ethnologisch gesehen in den letzten Jahren den Weg des *going native* beschritten in andere Fachdisziplinen und Wissenstraditionen (etwa der medizinischen Psychologie/Soziologie, der Medizintheorie und der allgemeinmedizinischen Forschung)? Denn die Projekte, in denen ich mitarbeitete, verfolgten *keine* ethnologische Fragestellung und waren auch nicht interdisziplinär angelegt; auch war ich – mit Ausnahme meiner jetzigen Station in der Allgemeinmedizin – nicht aufgrund meines ethnologischen Hintergrunds beteiligt, sondern wegen meiner Erfahrung in qualitativer Forschung und dem Arbeitsschwerpunkt Patientenperspektive/Umgang mit schweren Erkrankungen.

Das damalige Projekt „Verwandtschaft und Humantechnologie" zum Umgang mit neuen medizinischen Technologien in Deutschland erkenne ich rückblickend als Weichenstellung in meinem Werdegang – beruflich wie persönlich. Es hat mich aus der „klassischen" Ethnologie hinaus- und in den medizinischen Bereich hineingeführt. Seither war und bin ich mit dort angesiedelten Projekten zu Krankheitsverarbeitung, Patientenversorgung, Gesundheitsförderung oder Arzt-Patienten-Kommunikation beschäftigt. Das könnte nun auch explizit kulturelle Aspekte umfassen, wie etwa die Krankheitsvorstellungen bestimmter Migrantengruppen, transkulturelle Psychiatrie oder andere interkulturelle Aspekte im Gesundheitswesen. Doch das ist nicht der Fall. Was also mache ich dort, bin ich überhaupt noch Ethnologin?

Die Themen und Projekte, mit denen man beschäftigt ist, hinterlassen Spuren. Die Promotionszeit kommt einer langen Initiationsphase in die Identität als Ethnologin und wissenschaftlich Arbeitende gleich; sie ist nie nur rein intellektuelles Abenteuer. Für mich war sie verbunden mit einem persönlichen Wachstumsprozess, in dem die Fragen nach den eigenen Zielen und Werten im Leben, die sich auch in meiner Arbeit niederschlagen sollen, von zentraler Bedeutung waren. Dieser Aufsatz ist der Versuch, den Weg durch diese Zeit bis zu meiner heutigen Tätigkeit zu reflektieren – eine Art persönliches Resümee, das vielleicht zur Reflexion über das eigene Selbstverständnis anregen kann.

Ethnologin sein in der eigenen Gesellschaft

Brigitta Hauser-Schäublin fragt in ihrem Aufsatz „Blick zurück im Zorn: Ethnologie als Kulturkritik" (1997) nach Grenzen und Territorien der Ethnologie und was von ihr übrig bleibt, wenn sie sich auch komplexen Gesellschaften, gar der eigenen Gesellschaft zuwendet. „Ist sie dann keine autonome Wissenschaft mehr, sondern nur eine besondere Methode, die andere Wissenschaften nach Bedarf anwenden?", zitiert sie Stagl (1981:36) in diesem Aufsatz. Anders stellt sich die Frage, wenn man sich dazu auch noch aus der Disziplin selbst entfernt. Wie viel bleibt von meiner Ethnologen-Identität noch, wo ich doch sowohl thematisch als auch institutionell in „fremden Territorien" arbeite?

Nicht nur einmal habe ich gehadert mit dem Promotionsprozess im Allgemeinen und der Forschung zum Thema Organtransplantation im Besonderen. Die Kommilitoninnen und Kommilitonen aus dem Doktorandenkolloquium kehrten zurück aus Fidschi, Papua Neuguinea, Guatemala oder Indonesien – nicht immer braun gebrannt und glücklich, aber immerhin waren sie weg gewesen, in fremden Welten und fernen Ländern! Und ich? Ich konnte stattdessen von Kaffee und Kuchen bei Selbsthilfegruppen Organtransplantierter erzählen, dramatischen und schwer zu ertragenden Szenen auf der Intensivstation einer großen Klinik oder von Leid und Elend auf einer Transplantationsstation. „Highlights" gab es zwar auch – etwa eine im OP *live* miterlebte Transplantation oder die Begleitung der deutschen Sportmannschaft zu den *World Transplant Games* in Sydney, Australien. Das mutete mir auch recht „exotisch" an, aber leider nicht so, wie man sich das gemeinhin von der Ethnologie erträumt: also der romantische Traum einer Feldforschung irgendwo in der exotischen Fremde, was eh einer unzulässigen Einengung des Ethnologischen auf diesen Bereich gleich käme.

Einige Probleme, vor denen meine Kolleginnen aus dem Projekt und ich uns in dieser Feldforschung sahen, sind vergleichbar mit denen in einem „fremden" Land: Zugang finden zum Feld, Vertrauen schaffen, die eigene Rolle definieren, die medizinische Sprache verstehen, Tabuthemen erkennen. Auch gilt als akzeptiert, dass die traditionellen Fachgrenzen nicht mehr tragen und die neue komplexe vernetzte Welt nur inter- oder transdisziplinär angegangen werden kann und somit auch unser Thema ein ethnologisches war. Trotzdem waren wir irgendwie „draußen" damit. Als Initiation in den Reigen der „richtigen" Ethnologen zählte nach wie vor nur die „echte" Feldforschung, so wurde uns in vielen Reaktionen auf unser Projekt deutlich.

Setzt man als ausschlaggebendes Kriterium aber die Fremdheitserfahrung, das Be-Fremdetsein im Alltäglichen – es hätte in der Zeit meiner empirischen Erhebung nicht intensiver sein können. Das Eintauchen in ein neues Feld geht einher mit dem Wagnis, tiefe eigene Überzeugungen dessen, wie die Welt ist, und wie man sich selbst versteht, in Frage zu stellen. Davor schützt auch die Forschung in der eigenen Gesellschaft nicht. Mehr noch: die Be-Fremdung des Eigenen findet ja *zuhause* statt – ohne die Hoffnung auf einen rettenden Heimflug dorthin, wo alles so ist, wie wir es kennen (auch wenn diese Erfahrung durch ein etabliertes soziales Netzwerk und Gesprächspartner zu Hause aufgefangen werden kann).

Im „Feld" der Transplantationsmedizin

Feldforschung berührt immer die ganze Person. Sie birgt in der eigenen Gesellschaft andere Herausforderungen als in einem fremden Land. „Die kulturelle Distanz ist über weite Strecken eine Voraussetzung für das ‚Sehen' von nahezu Ausgeblendetem, aber auch von routinisierten Abläufen, von standardisiertem Verhalten und als normal geltenden Ansichten und Gefühlen", schreibt Brigitta Hauser-Schäublin (2003:38). Diese Distanz muss man sich in der eigenen Gesellschaft immer wieder bewusst heranziehen, eine „ethnologische Brille" aufsetzen, durch Erinnerung an die eigene Erfahrung in „fremden" Kulturen und die ethnologischen Theorien und das Wissen um andere kulturelle Konzepte zu den Themen, die man in der eigenen Gesellschaft untersuchen möchte.

Bei mir ging es um die scheinbar so einfach zu beantwortende Frage, wann ein Mensch tot ist und nicht mehr zur Gemeinschaft der Lebenden dazugehört. In einem Gespräch mit Brigitta Hauser-Schäublin darüber, was die teilnehmende Beobachtung in der eigenen Gesellschaft zum Thema „Organtransplantation" für mich bedeutete, reflektierte ich:

> Teilnahme bedeutete für mich in diesem Kontext die Konfrontation mit Krankheit und Tod. Da es sich um ein gesellschaftlich stark umstrittenes Thema handelt, das ich beforsche, wurde ich zudem immer wieder von meinen GesprächspartnerInnen vor das Problem gestellt, Position zu beziehen. Ich denke, es ist in einer fremden Gesellschaft einfacher, sich vorzubehalten, eine eigene Position zu beziehen. In der eigenen Gesellschaft ist die Frage nach der eigenen Verortung sehr viel schwieriger. [...] Ich habe gemerkt, wie schwer es ist, die Schicksale der Menschen, mit denen ich sprach, mir vom eigenen Leib zu halten, mir nicht zu sehr unter die Haut gehen zu lassen – gerade, weil es meine Aufgabe war, direkt einzutauchen in die Lebenswelt der Betroffenen. (Kalitzkus zitiert in Hauser-Schäublin 2003:39–40)

Die Herausforderung an mich, Position zu beziehen, wurde dadurch erschwert, dass sich das Feld „Transplantationsmedizin" durch starke Polarisierungen auszeichnet: zum einen zwischen Befürwortern und Kritikern der Transplantationsmedizin, zum anderen zwischen der Seite der Angehörigen von Organspendern und der Seite der Organempfänger. „*Teilnahme bedeutet Nähe, Beobachten Distanz*: Teilnehmende Beobachtung setzt sich deshalb aus widersprüchlichem Verhalten zusammen, nämlich so zu sein, wie einer, der dazu gehört und gleichzeitig mit einer Wahrnehmung wie einer, der außerhalb steht.", schreibt Brigitta Hauser-Schäublin (2003:38, Hervorhebung im Original). Das kann zu einer seelischen Zerreißprobe werden, wenn die unterschiedlichen Gruppen zum Teil miteinander unvereinbare Positionen und Interessen vertreten, bei denen es noch dazu um Leben oder Tod geht. Mir tat sich eine Welt voller schwer zu ertragender Ambivalenzen auf, die mich immer wieder zwang, mich zu offenbaren: „Bist Du dafür oder dagegen?". Und damit auch: „Bist du für oder gegen uns?", ja sogar „Sprichst Du uns damit das Recht auf Leben ab?" Der Wechsel zwischen der spendenden und der empfangenden Seite fiel mir besonders schwer. Doch diese äußerst unangenehmen Empfindungen wiesen mich auch auf ein Kernproblem der Transplantationsmedizin hin: das Überleben auf der Empfängerseite ist mit Tod, Trauer und Schmerz auf der Spenderseite verbunden. Die Angst vor dem Tod, das Verzweifeln am Tod lässt die Diskussion um Organtransplantationen so heftig werden (vgl. Kalitzkus 2003). Das ethnologische Unterfangen scheint per se zu bedeuten im „Dazwischen" zu sein und darüber Erkenntnisse zu erlangen, wie in einem späteren Abschnitt noch weiter ausgeführt wird. Ich kann mir kaum einen schmerzlosen Weg vorstellen, um dieses Abenteuer zu überstehen.

Ethnologie als Kulturkritik – Das Beispiel Transplantationsmedizin

Die Ergebnisse unserer Studie kritisch reflektiert in die Diskussion der eigenen Gesellschaft einzubringen, das war Ziel unseres Projektes, wie Brigitta Hauser-Schäublin auch im „Blick zurück im Zorn" schreibt (1997:10): dass wir als Ethnologen Stimmen wahrnehmen und sie auch zu Worte kommen lassen, die mit der dominierenden Meinung und dem sogenannten allgemeinen Konsens nicht übereinstimmen, oder gar ungehört verklingen. Diese Stimmen „hört" man natürlich aus einem bestimmten Grund, aufgrund der Werte und „Positionierung" im Feld. Es ist wichtig, „[...] dass der Standort des Ethnologen, seine Werteposition für die Auswahl der Stimmen und der Art ihrer Präsentation verantwortlich ist. Diese Position wird in jedem Fall bezogen – aber es gilt auch, sie sichtbar zu machen und zu vertreten" (Hauser-Schäublin 1997:10; vgl. auch Kalitzkus 2005).

Sich der gesellschaftlichen Diskussion zu stellen, zumal im Kontext der Transplantationsmedizin, kann recht „ungemütlich" sein, insbesondere dann, wenn man unpopuläre und unbequeme Ansichten vertritt: etwa zur Auseinandersetzung mit dem Tod, der „Hirntod"-Debatte, zur Bedeutung des verstorbenen Körpers für Abschiednehmen und Trauer, oder der Frage nach dem Verständnis vom Menschen und den Werten, mit denen es verbunden ist. Denn wir wissen aus ethnologischen Studien, dass die Elemente, die zur Konstituierung einer Person gehören, häufig „über die materielle Beschaffenheit des Körpers, seine Vollständigkeit/Unvollständigkeit und seine Disposition z. T. weit hinaus [gehen] und sich mit der sozialen Einordnung des Individuums in Gruppen sowie mit transzendentalen Dimensionen [befassen]" (Hauser-Schäublin 1997:12). Die Transplantationsmedizin möchte von einem solchen komplexen Bild des Menschen nichts wissen. Brigitta Hauser-Schäublin stellte 1997 die Hypothese auf, die Transplantationsmedizin versuche, „sich frei vom Faktor verwandtschaftlicher Beziehungen, den Körper, Körpersubstanzen und -teile symbolisieren, zu halten, um diese Errungenschaften auch möglichst frei und ungebunden einsetzen zu können, daß aber das, was das Resultat davon ist, der Warencharakter, den diese Körpersubstanzen durch deren Integration in einen internationalen Markt erhalten, unsichtbar gemacht oder verhüllt wird" (Hauser-Schäublin 1997:15). Das hat sich leider bestätigt, die Tendenz der fortschreitenden Kommerzialisierung des Körpers ist eindeutig, wie wir auch in der aktualisierten neuen Auflage unserer Projektpublikation „Der geteilte Leib" (2008) darlegten. Die Stimmung in der öffentlichen Diskussion hat sich in jüngster Zeit erneut verschärft: „Organspende" wird mehr und mehr zur moralischen Pflicht, die Beteuerung, jede Einstellung werde akzeptiert, verkommt zu einem Lippenbekenntnis. Sogar der Nationale Ethikrat behauptet in seiner Stellungnahme zur Organspende aus dem Jahr 2007: „Die Bereitschaft zur postmortalen Organspende ist ethisch als die objektiv vorzugswürdige Alternative anzusehen" (Nationaler Ethikrat 2007:29, Kalitzkus 2009). Eine Studie allein kann an einer gesellschaftlichen Entwicklung wenig ändern. Was bleibt, ist zumindest ein Korrektiv anzubieten für die begrenzte Sichtweise auf

Gesundheit und Heilung, wie sie im dominanten Paradigma der Biomedizin vorherrsche (Hare 2001:305).

Was kann für die Medizin hilfreich sein?

Ethnologische Themenfelder in der Medizin gibt es viele: sei es die medizinische Versorgung von Migranten und Flüchtlingen, das Hinterfragen medizinischer Konzepte, die „kulturelle Gebundenheit" medizinischen Wissens, die Analyse der „Mikrokosmen" in Krankenhäusern und Kliniken, aber auch in der Hausarztpraxis. Die Betreuung von Menschen mit anderem ethnischen Hintergrund gehört auch in Deutschland zum Alltag medizinischer Praxis. Längst gibt es schon Tagungen, die dieses Thema direkt von und für praktizierende Ärzte anbieten. Doch alles Wissen um interkulturelle Medizin, kulturelle Sensibilität, Kontextualität von Vorstellungen zu Körper, Gesundheit und Krankheit hilft nicht viel, wenn dem Arzt oder der Ärztin im direkten Kontakt mit den Patienten – egal ob deutsch, türkisch oder vietnamesisch – der Mut zur Begegnung fehlt.

Der zurückgelegte Weg hat in mir eine Vorliebe hinterlassen für Themen, die von individueller Entwicklung zeugen und Projekte, die danach streben, die (medizinische!) Welt ein wenig menschlicher zu gestalten – im Sinne einer stärkeren Orientierung an den Bedürfnissen der Patienten, aber auch im Sinne einer lebensgerechteren Arbeitswelt für die Gesundheitsberufe. Das hat immer mit Begegnungen zwischen Menschen zu tun und der Achtung vor ihrer jeweiligen Erfahrung. In der Medizin kann eine solche Haltung durch den Ansatz der narrativen Medizin entstehen, einer Richtung, die den Wert von Erzählungen als basales Instrument unseres Selbst- und Weltverständnisses sowie der Beziehungsbildung wieder in den Mittelpunkt rückt und die ein Weg sein könnte, die medizinische Welt und ihre alltägliche Praxis menschlicher zu gestalten (Kalitzkus et al. 2009).

Sich selbst als Erkenntnisinstrument begreifen

Den eben skizzierten Ansätzen ist zu Eigen, dass sie die Reflexion über die eigene Position und Erkenntnis erfordern. Die Ethnologie ist eine Wissenschaft des Verstehens, so Brigitta Hauser-Schäublin, und eine Disziplin des „Dazwischenstehens". Sie zitiert Hans-Georg Gadamer (1990:300, nach Hauser-Schäublin 1997:6): „In diesem Zwischen ist der wahre Ort der Hermeneutik [...] Aus der Zwischenstellung, in der die Hermeneutik ihren Stand zu nehmen hat, folgt, dass ihre Aufgabe überhaupt nicht ist, ein Verfahren des Verstehens zu entwickeln, sondern die Bedingungen aufzuklären, unter denen Verstehen geschieht." Das ist auch ein zentrales Anliegen in der Medizin und der Forschung zur Arzt-Patienten-Kommunikation. Zentral ist dabei das Subjekt, das das Abwägen und Verstehen vornimmt – es ist das Verbindungsglied zwischen dem Fremden und dem Eigenen, schreibt Brigitta Hauser-Schäublin weiter: „Diese Rolle des Dazwischenstehens spielt der Ethnologe als Subjekt mit allen seinen Prägungen und Idiosynkrasien, aber auch mit seinem Wissen, ein Subjekt, das indirekt, durch das Studium des Fremden, auch sich selber studiert" (Hauser-Schäublin 1997:7). Und durch dieses Selbststudium können Erkenntnisse erlangt werden, die auch etwas über das beforschte Thema aussagen. Beobachtung und Lernen seien dabei wichtige Faktoren, „weil sie zur Objektivation und zur Sichtbarmachung von Kultur führen" (Hauser-Schäublin 1997:7).

Dieses Verständnis ist auch in der Medizin von zentraler Bedeutung. Denn neben den Erkenntnissen aus breit angelegten randomisiert-kontrollierten Studien, die der Goldstandard in der evidenzbasierten Medizin sind, gilt es immer, dieses Wissen auf den konkreten einzelnen Patienten mit seiner einzigartigen Geschichte zu beziehen (Matthiessen 2006). Sich selbst mit allen Sinnen als Erkenntnisinstrument zu begreifen – und zwar nicht nur den eigenen Verstand, sondern auch körperliche Empfindungen und Gefühle, über die man wichtige diagnostische Hinweise bekommen kann, das ist ein Anliegen, wie ich es Medizinstudierenden zu vermitteln versuche. Erstaunlich ist, wie viele Fähigkeiten, die eine gute Feldforscherin auszeichnen, auch wichtige Merkmale für einen guten Arzt sind: „Teilnehmende Beobachtung verlangt vom Ethnologen, dass er seine Aufmerksamkeit schärft, sozusagen alle seine Sinne ausführt, um auch Dinge wahrzunehmen, die sonst nicht wahrgenommen werden" (Hauser-Schäublin 2003:37). Spittler spricht dabei von „dichter Teilnahme": „Zu diesem *Erleben* gehören alle Sinne, nicht nur das Sehen und Hören, sondern auch das körperliche und seelische Fühlen" (Spittler 2001:19, zitiert nach Hauser-Schäublin 2003:38; Hervorhebung im Original). Robert Hahn, Arzt und *medical anthropologist* beschreibt als anzustrebende Prinzipien in der Medizin etwa aktives und tiefes Zuhören; Kontextverstehen; intra-ethnische Unterschiede erkennen; erklären, übersetzen und vermitteln können (Hahn 1995:274–288). Diese Aufzählung ist fast identisch mit den wichtigsten Merkmalen, die der Hausarzt John Launer (2002) für den Ansatz einer narrativen Medizin nennt.

Ausblick

Was ich als wertvolles Gut aus meiner Zeit in der „richtigen" Ethnologie mitnehme, das ist das Wissen um die menschliche Vielfalt, ein komplexes Menschenbild, die Bedeutung von Subjektivität in der Wahrnehmung dieser Welt und die persönliche Erfahrung des Dazwischenseins. Der unglaubliche Erfindungsreichtum der Menschen, sich die Welt und den Kosmos zu erklären: die „natürlichen" Gegebenheiten mit Bedeutung zu versehen; den Körper als Ausdruck für Gefühle, familiäre oder soziale Konflikte zu nehmen; den Körper als Wahrnehmungs-, in gewisser Weise aber auch Ausdrucksinstrument für das Leben mit all seinen Facetten zu erkennen; die sich unterscheidenden Arten und

Weisen, wie sich Welt, soziale Gemeinschaft und individuelle Vorstellungen im Körper und den leiblichen Empfindungen niederschlagen. Meinen „ethnologischen" Beitrag sehe ich darin, für die Vielschichtigkeit und Komplexität menschlichen Lebens zu sensibilisieren, die gerade in der modernen Medizin so schnell aus dem Blick gerät. Doch diese Komplexität muss ich auch mir selbst immer wieder bewusst machen: durch stetige Rückbesinnung, Eintauchen in „andere" Welten (und sei es „nur" durch Bücher), um immer wieder frisch durch die „ethnologische Brille" auf unsere Gesellschaft und ihr medizinisches System zu blicken. Dazu gehört auch Selbstdisziplin, um sich immer wieder in den (zumindest inneren) Zustand des ungemütlichen „Dazwischen" zu versetzen. Diesen Artikel zu schreiben, hat mir dies erneut deutlich vor Augen geführt. Es zeigt mir den Wert, den das „Dazwischen" hat, auch wenn es im Arbeitsalltag oftmals eine Gratwanderung ist.

Mein bisher zurückgelegter Weg war nicht immer einfach, missen aber möchte ich ihn nicht. Ich bin dankbar für die Herausforderung, vor die mich diese Erinnerung an den Perspektivwechsel immer wieder stellt; dankbar dafür, dass ich meine Arbeit als Chance zu innerem Wachsen begreifen kann. So hat sich mir der Weg durch die verschiedenen Projekte und Disziplinen als innerer Werdegang, Formung meiner beruflichen Identität und meines Selbstverständnisses als Forschende gezeigt: als Fragende zum Thema des menschlichen Umgangs mit Krankheit und Leid und dem Potential zu persönlichem Wachstum.

Literatur

Gadamer, Hans-Georg (1990) *Hermeneutik I: Wahrheit und Methode. – 1. Grundzüge einer philosophischen Hermeneutik.* Tübingen: Mohr.

Hahn, Robert A. (1995) *Sickness and Healing: An Anthropological Perspective.* New Haven: Yale University Press.

Hare, Martha L. (2001) The Promise of Medical Anthropology at the End of the Twentieth Century. *Reviews in Anthropology* 30(4):291–307.

Hauser-Schäublin, Brigitta (1997) Blick zurück im Zorn: Ethnologie als Kulturkritik. *Zeitschrift für Ethnologie* 122:3–17.

Hauser-Schäublin, Brigitta (2003) Teilnehmende Beobachtung. In: Bettina Beer (Hg.): *Methoden und Techniken der Feldforschung;* S. 33–54. Berlin: Reimer.

Hauser-Schäublin, Brigitta, Vera Kalitzkus und Imme Petersen (2008) *Der geteilte Leib. Die kulturelle Dimension von Organtransplantation und Reproduktionsmedizin in Deutschland.* Überarbeitete Version (2005) und Ergänzung (2008) des gleichnamigen Buches von 2001. Abrufbar unter <http://webdoc.sub.gwdg.de/pub/mon/2008/hauser-schaeublin.pdf> [10.9.2009].

Kalitzkus, Vera (2003) *Leben durch den Tod. Die zwei Seiten der Transplantationsmedizin aus ethnologischer Sicht.* Frankfurt am Main: Campus.

Kalitzkus, Vera (2005) Die Bedeutung von Reflexivität und Positionierung im Prozess qualitativer Forschung in der Allgemeinmedizin. *Zeitschrift für Allgemeinmedizin* 81(6):243–247.

Kalitzkus, Vera (2009) *Dein Tod, mein Leben. Warum wir eigentlich für Organspenden sind und trotzdem davor zurückschrecken.* Frankfurt a.M.: Suhrkamp.

Kalitzkus, Vera, Stefan Wilm und Peter F. Matthiessen (2009) Narrative Medizin – Was ist es, was bringt es, wie setzt man es um? *Zeitschrift für Allgemeinmedizin* 85(2):60–66.

Launer, John (2002) *Narrative-Based Primary Care: A Practical Guide.* Abingdon: Radcliffe Medical Press.

Matthiessen, Peter F. (2006) Ärztliche Praxis und wissenschaftlicher Status der Medizin. *Forschende Komplementärmedizin* 13:136–139.

Nationaler Ethikrat (2007) *Die Zahl der Organspenden erhöhen – Zu einem drängenden Problem der Transplantationsmedizin in Deutschland. Stellungnahme.* Abrufbar unter <http://www.ethikrat.org/stellungnahmen/pdf/Stellungnahme_Organmangel.pdf> [10.9.2009].

Spittler, Gerd (2001) Teilnehmende Beobachtung als Dichte Teilnahme. *Zeitschrift für Ethnologie* 126(1):1–25.

Stagl, Justin (1981) Szientistische, hermeneutische und phänomenologische Grundlagen der Ethnologie. In: Wolfdietrich Schmied-Kowarzik und Justin Stagl (Hg.), *Grundfragen der Ethnologie. Beiträge zur gegenwärtigen Theorie-Diskussion*, S. 1–38. Berlin: Reimer.

Verkörperte Feldforschung als Ethnologe und Missionar

Hans Reithofer

Einleitung

Missionare und Ethnologen sind für viele wie Feuer und Wasser, und eine Vermischung der beiden Rollen deshalb so ätzend wie Feuerwasser. In plakativen Stereotypen erscheinen die einen als Kulturzerstörer, die anderen als Kulturversteher und -bewahrer. Trotz dieser Klischees sehe ich für meinen Teil keine Notwendigkeit, meine Vergangenheit als Steyler Missionar (offiziell: Missionar der „Gesellschaft des Göttlichen Wortes" bzw. „Societas Verbi Divini", kurz SVD) zu verheimlichen – und keinen inhärenten Widerspruch zwischen beiden Rollen, die ich zumindest für die zweijährige Dauer meiner Feldforschung im westlichen Hochland von Papua-Neuguinea (PNG) ausgeübt habe. Andere haben das jahrzehntelang getan, ohne dabei schizophrene Züge zu entwickeln (siehe unten).

Es soll hier aber nicht die existentielle Vereinbarkeit beider Rollen demonstriert werden. Vielmehr möchte ich über die Besonderheiten ethnologischer Feldforschung reflektieren, wenn man gleichzeitig – wie in meinem Fall – Ethnologe und katholischer Missionar ist: Welche besonderen Herausforderungen und Probleme ergeben sich daraus für die Forschung in methodischer, ethischer und (macht-)politischer Hinsicht? Als Impulsgeber sollen dabei die Überlegungen einer überaus forschungsstarken Ethnologin dienen, die – wie sie selbst sagt – seit (mittlerweile mehr als) 30 Jahren ausgesprochen gerne auf Feldforschung geht: Brigitta Hauser-Schäublin (2002:73). Am Schluss soll die häretische (?) Frage stehen, ob und inwieweit Missionare die besseren Ethnologen abgeben (können).

Verkörperte Feldforschung

Ihren Beitrag zur Neufassung der *Feldforschungen* (Fischer 2002) übertitelt Hauser-Schäublin mit: „*Gender*: Verkörperte Feldforschung", weil Feldforschung für sie immer Verkörperung bedeutet und damit den unausweichlichen Rückbezug auf das eigene Gender, den „Schnittpunkt von Hautfarbe, Kulturzugehörigkeit, Religion, Sprache und Sprechvermögen, zugeschriebenem Geschlecht, Sexualität, Alter und sozialem Status" (2002:85). Dieses Gender-Profil bestimme wesentlich die Rolle der Ethnologin oder des Ethnologen in der Gastgebergesellschaft und damit auch die Forschungssituation. Daraus ergebe sich die Notwendigkeit, subjektive Faktoren des Forschens offenzulegen, weil sie die Sichtweisen, Standpunkte und die Art der Wissensproduktion maßgeblich beeinflussten (2002:92, in Rückbezug auf Haraway). Sie selbst hat diese Forderung nicht nur vom Anfang ihrer Forscherlaufbahn an erhoben (1976:9), sondern auch umgesetzt (z. B. 1977:12–18), wie das gerade auch Ethnolog*innen* vor ihr (und lange vor der *Writing Culture*-Debatte) gemacht haben.

In meiner Feldforschung in der Südlichen Hochlandprovinz war mein Gender-Profil maßgeblich mitbestimmt durch die Tatsache, dass ich katholischer Priester war. Auf diesen Aspekt möchte ich mich hier auch konzentrieren. Ich mache in meiner Dissertation keinen Hehl daraus, dass bei meiner Ankunft die – ganz überwiegend katholische – Bevölkerung des gastgebenden Dorfes Ipisam eine beeindruckende Willkommensfeier abhielt für ihren neuen „Stationspfarrer" und die Redner sich beglückwünschten, dass durch mich nun die kleine Buschstation in den Status einer Pfarre erhoben wurde (Reithofer 2006:13). Diese Hervorhebung meiner Rolle als Priester („Father John") hielt sich durch bis zu meiner Abreise, wie etwa das Abschiedslied erkennen lässt, das die katholische Jugend im Jahr 2000 für mich getextet hat:

Bipo ol lain Ipisam	Früher lebten die Leute von Ipisam
ol i bin bihainim lo i stap,	nach dem Gesetz [der Ahnen],
tasol God i salim Father John,	Gott aber sandte Father John,
yu bin kam long Ipisam.	und du kamst nach Ipisam.
Yu bin stretim laip bilong mi.	Du hast mein Leben "gerade gerichtet".
Nau yu laik go long ples bilong yu.	Nun willst du nach Hause zurück.
Mipela i tok gutbai.	Wir sagen "Auf Wiedersehen!"

Die starke Fokussierung auf mein Priestersein war angesichts meines Forschungsinteresses von besonderer Brisanz, da ich die Prozesse der Rezeption des Christentums untersuchen wollte und damit auch das Verhältnis der vorchristlichen zur christlichen Religion. Sollte ich die Funktion eines Priesters ausüben – und ich war durchaus gewillt, dieser Erwartung meiner (katholischen) Gastgeber zu entsprechen – würde ich erheblichen direkten Einfluss auf meinen Forschungsgegenstand ausüben; zu dieser Problematik später.

Meine für jedermann präsente priesterliche Identität war ein zweischneidiges Schwert: Sie erleichterte mir den Zugang zu Mitgliedern der katholischen Gemeinde und legte von Anfang an den Grund für belastbare, vertrauensvolle Beziehungen, während sie zugleich den Zugang zu den stark anti-katholisch eingestellten Siebenten-Tags-Adventisten (STA) erheblich erschwerte. Das Timing meines Aufenthalts (1998–2000) verschärfte die Sache noch, weil die bevorstehende Jahrtausendwende auch in dem abgelegenen Hochlandtal Honda die millenaristischen Spekulationen beflügelte. Was Kristin Kocher Schmid (1999:23–24) über Millenniums-Diskurse und „symbolic anthropologists" schreibt, traf womöglich auf mich – als Ethnologen *und* Missionar – noch mehr zu: Ich selbst wurde für die Leute im Tal zu einem Symbol, einem Zeichen, dessen wahre Bedeutung sie immer wieder neu zu eruieren suchten. Was war der *eigentliche* Grund meiner Anwesenheit, und warum war ich gerade *jetzt* gekommen? Man erzählte mir etwa, dass man mich in adventistischen Kreisen für einen der falschen Propheten hielt, die gemäß biblischer Vorhersage (Matthäus 24:24) der Wiederkunft Christi vorausgingen, um die Gläubigen vom rechten Weg abzubringen. Manche Adventisten mieden mich deshalb wie der Teufel das Weihwasser. Als ich im Januar 2000 für einige Wochen die Forschung für einen Heimaturlaub unterbrach, vermuteten viele (wie ich später erfuhr), dass ich für die Wiederkunft Christi mit meiner eigenen Familie vereint sein wollte. Meine Anwesenheit und mein Status als Amtsträger der katholischen Kirche heizten also den lokalen Millenniums-Diskurs an, der ebenfalls zu meinen Untersuchungsgegenständen gehörte (vgl. Reithofer 2006:310–330), und schränkten die Gesprächsbereitschaft darüber ein.[1]

Hier klingt schon eine grundsätzlichere Problematik durch: Mein Priesterstatus verschaffte mir eine Autorität, die mir nicht immer bewusst war. Welches Gewicht meinen Worten und Handlungen zugemessen und welche Bedeutung ihnen gegeben wurde, wurde mir oft erst viel später deutlich. Vielleicht habe ich diese Autorität auch deshalb unterschätzt, weil ich oft hörte, dass man mit mir ganz anders reden könne als mit den anderen Missionaren, die jeweils nur kurze Besuche machten.

Als Amtsträger einer christlichen Kirche war ich jedenfalls – und dies für Christen wie Nicht-Christen gleichermaßen – ein Repräsentant der „neuen Zeit", die mit der Ankunft der ersten Kolonialbeamten und Missionare angebrochen war. Aus diesem Grund empfanden manche meiner Gewährsmänner und -frauen, viele davon praktizierende Christen, mein unermüdliches Interesse an der vorchristlichen Zeit als Paradox. Was kümmerten mich die alten, „heidnischen" Vorstellungen und Praktiken, wo sie selbst das alles doch glücklich hinter sich gelassen hatten? Dieses Unverständnis sehe ich heute auch als eine verhüllte Kritik an einem zu stark rückwärts gewandten Forschungsfokus, der zu wenig auf aktuelle Verhältnisse und Probleme Bezug nahm.[2]

Ich sehe allerdings keine Anzeichen dafür, dass die Wahrnehmung eines paradoxen Interesses oder mein Priesterstatus meine Forschungen wesentlich behindert hätten. Dafür sehe ich aber heute sehr deutlich, dass meine missionarische Ausbildung und meine starke innere Verpflichtung auf die katholischen Prinzipien des Dialogs und der Inkulturation einen unaufdringlichen, aber nachhaltigen Einfluss auf meine Forschung sowie die Interpretation und Präsentation der Ergebnisse ausgeübt haben: Meine Analyse des vielschichtigen Christianisierungsprozesses betont – bei aller Differenzierung – Kontinuität mehr als Diskontinuität. Diese subjektiven Faktoren wirkten demnach nicht nur auf die Art der Wissens*produktion* ein (Hauser-Schäublin 2002:92), sondern auch auf die Gewichtung und Darstellung ihrer Ergebnisse. Ich stimme meiner Erstgutachterin Hauser-Schäublin darin bei, dass eine andere Perspektive – und eine andere Sehgewohnheit – mit den gleichen Daten ein Bild mit mehr Brüchen und strukturellem Wandel ergeben hätte.

Teilnahme, Beobachtung, Einmischung

„Teilnehmende Beobachtung" trifft als spannungsgeladene Kurzformel nicht nur den Kern ethnologischer Feldforschung, sondern auch ihren inhärenten Widerspruch zwischen Nähe und Distanz – und dem „gefühlsmäßige[n] Oszillieren zwischen Beidem" (Hauser-Schäublin 2003:38). Das damit gegebene ethische Problem der Einmischung ins „ungestörte ethnographische Leben" thematisiert Hauser-Schäublin schon ganz früh (1976:13), weil ihr bereits ihre erste, sechsmonatige Feldforschung bei den Iatmul am Mittelsepik klarmacht, dass jeder Forschungsaufenthalt eine Einmischung ist und Veränderungen oder wenigstens die Sehnsucht danach bewirkt. Die implizite Frage lautet: Wie viel Einmischung ist legitim? Man kann m. E. auch andersherum fragen: Wie *wenig* Einmischung ist legitim, ethisch verantwortbar?

Durch meine doppelte Rolle als Ethnologe und Missionar stieß ich sehr bald an die engen Grenzen einer strikt teilnehmenden Beobachtung: bei christlichen Ritualhandlungen schon deshalb, weil ich solche oft initiierte und leitete, statt sie einfach teilnehmend zu beobachten. Das erforderte fast zwangsläufig die Reflexion – sowohl im Feld als auch danach im Schreibprozess – über die Angemessenheit einer Einmischung, meiner aktiven Mitwirkung an Änderungen. Die entscheidende Motivation und Legitimation für diese aktive Rolle lieferte mein Verständnis von Mission als respektvolle dialogische Begegnung zwischen der biblisch-christlichen Tradition mit ihrer ‚Wahrheit' und ihren Werten und einer anderen kulturellen Tradition mit ihrer ‚Wahrheit' und ihren Werten. Für einen echten Dialog ist die grundsätzliche Achtung vor der anderen Tradition unerlässlich, und diese beinhaltet das aufmerksame Hinhören ebenso wie die Bereitschaft, von ihr zu lernen. Ich will nicht sagen, dass mir das immer gelungen ist, aber:

> I was interested in fostering this dialogue and a respectful attitude towards the indigenous cultural tradition [...]. I thus encouraged Somaip Catholics to express their faith as much as possible in their own cultural ways and to reconsider their rhetoric that turned their pagan forebears into worshippers of *Seten* [Tok Pisin for "Satan"]. I found myself exploiting many possibilities (such as conversations, homilies, liturgical texts) to vindicate the ancestors, their knowledge and practices and thus to counter the pervasive trope of a dark, pagan past having given way to an enlightened Christian present. (Reithofer 2006:15)

Zwei Beispiele mögen meine missionarischen Interventionen, die ich durchaus als Beiträge oder Vorschläge zur Indigenisierung des Christentums verstand, veranschaulichen:

In Vorbereitung auf das Jubiläumsjahr 2000 regte ich in einem Workshop über Buße und Versöhnung katholische Gemeindemitglieder dazu an, neue und kulturell angemessenere Formen und Symbole für gemeinschaftliche Feiern der Versöhnung und Erneuerung zu entwickeln. Damit sollten auch Alternativen entstehen zu der in der katholischen Kirche vorherrschenden Form der Einzelbeichte, die m. E. einer kulturell wie theologisch unangemessenen Privatisierung des Glaubens Vorschub leistet. Es war dieser Workshop, der eine ungeahnte millenniale Dynamik entwickelte und am Vorabend der Jahrtausendwende zu einer Welle von Erneuerungsritualen führte, in denen mit großer Ernsthaftigkeit auch langlebige Konflikte in und zwischen den einzelnen Gemeinschaften in versöhnender Haltung thematisiert wurden (vgl. Reithofer 2006:324–328).

In anderen Fällen unterstützte ich indigene Initiativen, so etwa die Erstellung eines apologetischen Büchleins mit dem Titel „Tok i tru" (Tok Pisin für „Wahrheit"), das katholischen Christen Argumentationshilfen anbot für interreligiöse Streitgespräche vor allem mit Adventisten, die diesbezüglich weit besser gerüstet waren. Es kostete mich einige innere Überwindung, Bibelstellen und andere Argumente zusammenzustellen gegen die üblichen adventistischen Anschuldigungen (Halten des Sonntags statt des Sabbats, fehlende Meidung von Alkohol, Tabak und Schweinefleisch, ‚Verehrung' des Papstes und der Jungfrau Maria usw.). Was mich zur Mithilfe bewegte, war ein kultureller Lernprozess, die Erkenntnis nämlich, wie stark anschuldigende Worte wirken und empfunden werden (auch in anderen Bereichen des sozialen Lebens) und wie wichtig es für die Selbstachtung ist, hier Paroli bieten zu können.

Mitunter wirkte ich, bewusst und unbewusst, auch als Sand im Getriebe der Indigenisierung. So etwa wurde eine Pfingstpredigt, in der ich das Zungenreden zugunsten anderer Gaben des Heiligen Geistes (z. B. Weisheit, Friede) relativierte, als Angriff gegen eine bestimmte Form charismatischer Gebetsgottesdienste gedeutet, in denen Zungenreden eine prominente Rolle spielte (Reithofer 2006:299). Die Folge war, dass diese Laiengottesdienste eine längere Zeit ausgesetzt wurden, ohne dass ich den Grund dafür auch nur ahnte.

Die Beispiele meiner aktiven Einflussnahme werfen viele Fragen auf, von denen hier vor allem methodische und ethische relevant sind. Die heikelste Frage in methodischer Hinsicht hat in charakteristisch provokanter Manier Hauser-Schäublin auf den Punkt gebracht: "To what extent did I myself trigger what I describe as the *Somaip* indigenization of Christianity?" (Reithofer 2006:15).

Darauf kann ich Folgendes antworten: Die Indigenisierung ist zu einem überwiegenden Teil das Ergebnis vielfacher, auch widersprüchlicher indigener Interpretationen und langjähriger Aneignungsprozesse; ich habe aber in meiner Analyse versucht, meine Rolle und meinen Einfluss dort zu nennen, wo dies angebracht schien. Dabei sah ich jedoch eher die Gefahr der Überschätzung meines Einflusses. Ich machte meine pastorale Tätigkeit allerdings nicht zum expliziten Gegenstand meiner Untersuchungen. Heute denke ich, dass das doch in begrenztem Maße möglich gewesen wäre (etwa über indigene Mitarbeiter) und interessante Einblicke gewährt hätte.

Die gewichtigere Frage ist aber die nach der ethischen Rechtfertigung einer solchen Einmischung in lokale Angelegenheiten. Selbstverständlich wird eine Antwort darauf davon abhängen, ob man sich „nur" auf Ethnologen bezieht oder auf solche, die zugleich auch Missionare sind. Schließlich sind Aufgaben und Selbstverständnis eines Ethnologen nicht deckungsgleich mit denen eines Missionars. Der Steyler Missionar Philip Gibbs etwa, der auf eine jahrzehntelange Tätigkeit als *missionary-researcher* im Hochland von PNG zurückblickt (Gibbs 2004), sieht hinter der Ethnologen und Missionaren gemeinsamen Bereitschaft, mit Menschen anderer Kulturen das Leben zu teilen, unterschiedliche Motivationen am Werk: Bei Ethnologen die einer akademischen Qualifikation, bei Missionaren die des Bestrebens, zu den Menschen selbst, ihren Gedanken und Herzen zu gelangen und mit ihnen eine Glaubensbotschaft in einer sinnvollen Weise zu teilen (2004:61). Während ich mich dem zweiten Statement voll anschließen kann, halte ich das erste für pauschal und zu kurz gegriffen: Ich kenne viele Ethnologinnen und Ethnologen, deren Motivation sehr viel tiefgründiger und persönlicher ist als der Wunsch nach Titel oder Karriere. Des Weiteren sind die (in aller Regel) temporären, eher kurzfristigen Aufenthalte der Ethnologen gegenüber den eher langfristigen, oft auf unbestimmte Dauer angesetzten Aufenthalten der Missionare abzuwägen. Wo Missionare über Jahrzehnte ihr Leben mit Menschen einer anderen Kultur teilen, geht „Einmischung" ganz natürlich über in das, was man normale soziale Interaktion, Lebensgestaltung und politisches Engagement nennen kann.

Ungeachtet der Unterschiede glaube ich aber, dass es bestimmte ethische Kriterien gibt, die für beide Personengruppen relevant sind. Ich sehe Einmischung – insoweit sie nicht ohnehin durch bloße Anwesenheit schon gegeben ist – nicht per se als ethisch bedenklich an; auch nicht für Ethnologen. Wenn Feldforschung zwangsläufig verkörperte Feldforschung ist und die Forschungssituation ein kommunikatives und dialogisches Unterfangen zwischen so weit wie möglich gleichberechtigten Partnern, dann halte ich Intervention in bestimmten Situationen und Beziehungen für einen berechtigten, gar notwendigen Aspekt dieses Unterfangens, solange und sofern diese Ausdruck eines integren und aufrichtigen Umgangs miteinander ist, der die Würde und die Rechte des anderen respektiert. Um so mehr in jenen Fällen, in denen es sich um Langzeitforschungen und langfristig eingegangene Beziehungen und Verpflichtungen seitens der Forscher handelt.

Die ethisch entscheidende Frage (in Bezug auf Missionare als „change agents") stellt m. E. Michael Rynkiewich:

> The key question is not whether options are good or bad, not whether change should or should not take place, but rather what kinds of power and influence missionaries have, now and in the past, over the decision-making processes (1980:174).

Diese Machtfrage ist für Missionare wie für Ethnologen gleichermaßen relevant. Meiner Erfahrung nach setzen sich Missionare damit aber weniger auseinander als Ethnologen.[3] Im folgenden Abschnitt gehe ich unter dem Gesichtspunkt der vielschichtigen Beziehungen im Feld noch näher auf diese Machtfrage ein.

Feldforschung als „Gewebe von Beziehungen"

Hauser-Schäublin bezeichnet Feldforschung als ein „Gewebe von Beziehungen" (2002:73), in das Forscher temporär eingeflochten werden. In ihren einschlägigen Beiträgen macht sie sehr schön klar, dass das immer auch ein engmaschiges Gewebe von Machtverhältnissen, unterschiedlichen Erwartungen, Ansprüchen und Forderungen ist, also viel Konfliktpotenzial birgt. Sie betont dabei nicht nur, dass die Machtposition keineswegs eindeutig und einseitig beim Ethnologen liegt (2002:84f.), sondern auch den radikalen Umbruch, der sich in wenigen Jahrzehnten hinsichtlich der sozialen Beziehungen im Feld vollzogen hat: An die Stelle eines quasi-kolonialen Distanzverhältnisses, das dem Ethnologen einen Sonderstatus eingeräumt hat, ist eine Situation getreten, die beiden Seiten viele Spielräume offen lässt für die jeweilige Aushandlung gewünschter bzw. geforderter Nähe und Distanz, bis hin zum absoluten Distanzverlust (2002:78f.).

Ich selbst war froh über diese Spielräume, die es trotz meines Sonderstatus als „Stationspfarrer" erlaubten, ganz unterschiedliche Vertrauensbeziehungen aufzubauen und in unterschiedliche Familien eingebunden zu werden als Sohn, Bruder, für einige wenige auch als eine Art Vater. Auch Freundschaften entwickelten sich, die stark genug waren, bei allem, was uns einte und verband, auch das bleibende Trennende auszuhalten, die unterschiedliche Einstellung oder Bereitschaft zur Gewalt beispielsweise (ein Aspekt, mit dem auch Hauser-Schäublin gerungen hat). Meine Gastgeber – und hier an erster Stelle Frauen und Mütter – haben diese starke affektive Nähe und Gemeinsamkeit bei gleichzeitiger Anerkennung von Differenz in bewegender Weise ausgedrückt, als die Zeit meines Abschieds heranrückte. Die Form, die sie wählten, waren *liwaip*, kurze Textkompositionen zu einer charakteristischen Melodie, die mehrmals wiederholt wird. Das folgende Beispiel texteten Agnes Hoker und Jona Wal:

Kusipa kusi // Kusipa hauwa	Ich bin vom Kusipa-Fluss.
Father John o // 2000 mual ipis lo	Father John, dass du im Jahr 2000 kommen würdest,
nen nasape.	um zu helfen, wer hätte das gedacht?
Su gon e gon wuwa, heneng,	Ich habe [meine Gedanken] auf diese Welt, auf dieses Feld,
and gon wuwa, amen.	auf dieses Haus gerichtet. Amen.
Solwara moisal // hondapenja la.	Geh geradewegs über das Meer!
Haki, yan bali nenga senal,	Schwester, ist es unser kleiner Bruder,
wal ip lopa pe, heneng.	dass wir sagen könnten: "Komm wieder!"?
Bali, gen hame nenga senal	Bruder, ist es dein kleiner Bruder,
wal peke losi, amen.	dass du sagen könntest: "Komm zurück!"?

Ich bin für Menschen dort *wie* ein Bruder geworden, aber doch nicht so, dass die Bande zwischen uns so belastbar gewesen wären wie zwischen wirklichen Geschwistern. Mein bevorstehender Abschied rückte diese Tatsache klar ins Bewusstsein. Weil auch für mich viele der Menschen *wie* Brüder und Schwestern, Väter und Mütter geworden waren, empfand ich diese Differenz zu *wirklichen* familiären Beziehungen ebenfalls sehr stark, und es war mir ein Bedürfnis, meine Rückkehr „in spätestens drei Jahren" zu versprechen, um so mir und den anderen die Stärke unserer Verbindung zueinander (und meiner Gefühle für sie) gewissermaßen zu beweisen. Auch in der Absicht, ganz augenscheinliche Unterschiede zwischen uns zu relativieren, auf die sich etwa ein anderes Abschiedslied bezog: „Bruder, wenn wir die gleiche Hautfarbe hätten, würde ich sagen: Geh nicht, geh nicht!" Ich erkenne neidlos an, dass die Somaip mir weit überlegen waren in der Fähigkeit, die Trauer über den Abschied in Worte und Bilder zu fassen; ein gutes Beispiel dafür ist die folgende Komposition einer Frauengruppe:

Profet John o // peou peou lel	Prophet John, du sagst: "Ich gehe."
hur isi mupa lo // nen sapo haiyo.	Mein erstgeborener Sohn, meine Gedanken sind bei dir.
And go ne go neou,	Wenn ich in diesem Haus hier esse,
tamp naepe o, heneng.	merke ich den Geschmack des Essens nicht.

| *U go paileou,* | Wenn ich mich zum Schlafen hinlege, |
| *u naepe, amen.* | kommt der Schlaf nicht. Amen. |

Die Tatsache, dass Ethnologen kommen und (wieder) gehen, ganz egal, wie lange sie bleiben und wie eng sie ihre sozialen Beziehungen mit den Gastgebern knüpfen, ist zunächst etwas, mit dem beide Seiten fertig werden müssen. Es unterscheidet Ethnologen, wie schon angedeutet, von Missionaren. Diese Tatsache des begrenzten Aufenthalts muss dann aber auch in ethischer Verantwortung mit berücksichtigt werden in der Gestaltung der sozialen Beziehungen. Diese Tatsache reflektiert auch ungleiche Machtverhältnisse und Lebensgestaltungsmöglichkeiten: Die Länge des Aufenthalts und den Zeitpunkt der Abreise bestimmt in aller Regel der Forscher selbst (freilich in Abhängigkeit von Stipendiengebern und anderen übergeordneten Zeitzwängen) – und nimmt dabei Rücksicht auf seine Forschungspläne und Erwartungen, und selten auf die seiner Gastgeber. Was wird aus ihren Erwartungen und Hoffnungen?

Ich habe mich das oft gefragt, weil mein fürstlicher Empfang in Ipisam, wie eingangs angemerkt, erkennen ließ, dass man große Hoffnungen in mich setzte. Bei meinem *re-visit* im Jahr 2003, als ich meine fast fertige Studie besprechen und meine (!) noch offenen Fragen klären wollte, wurde mir mitgeteilt, dass diese Hoffnungen in zwei Richtungen gegangen waren, die aber ganz fundamental zusammengehörten wie die zwei Seiten einer Medaille. Katechist Henry Palip brachte die Schieflage der erfüllten und enttäuschten Hoffnungen deutlich genug zum Ausdruck:

> This book is about the "side of belief" of our ancestors and ourselves as Christians. But on the "side of the body" we lack almost everything: We have no school, no aid post, no road, no market […]. (Palip zitiert in Reithofer 2006:339)

Mein aus der Forschung hervorgegangenes Buch hatte nur der ‚Seite des Glaubens' Rechnung getragen – dadurch etwa, dass es das reiche und komplexe rituelle und mythologische Leben der vorchristlichen Ära (so gut es ging) rekonstruiert und so auch bewahrt. Dabei muss ich eingestehen, dass diese westliche Art der Bewahrung einer Vergangenheit zwischen Buchdeckeln nur von wenigen Somaip gewürdigt und wertgeschätzt wurde und wird.[4] Auf der ‚Seite des Körpers' aber hatte sich praktisch nichts bewegt; die Region war nach wie vor in sozioökonomischer und politischer Hinsicht desolat aufgestellt, vernachlässigt. Gerade die Christen unter den Somaip empfanden darüber Unmut und Enttäuschung: Was hatten ihnen die Übernahme des Christentums und das Bemühen um ein friedliches, christliches Leben eingebracht? Für mich schwang in dieser Frage auch mit: Was hatte ihnen mein zweijähriger Aufenthalt in ‚körperlicher' Hinsicht eingebracht? Hatten sie sich von mir auch diesbezüglich (mehr) Einmischung und Wirkung erhofft? Was sie mir gegenüber aber ausdrückten, war die Hoffnung, die sie an die Veröffentlichung meines Buches knüpften:

> They communicated to me their hope that this book could help to convince members of the (provincial) government that there are "good Christian" clans in Honda worthy of support and the allocation of development projects, so that the "body side" might once again correspond more closely with the "belief side". (Reithofer 2006:339)

Wohl jeder Ethnologe, der Feldforschung gemacht hat, kennt diese Erfahrung: dass er Hoffnungen weckt, die er nicht erfüllen kann, dass er Menschen enttäuscht, die ihm vertraut und mehr zugetraut haben, als er dann fähig oder willens war zu „liefern". Diese Erfahrung wird sich kaum vermeiden lassen. Warum mir aber diese Diskussion mit meinen Gastgebern noch so lebendig in Erinnerung ist, und worauf es mir hier ankommt, sind die Indizien asymmetrischer Machtverhältnisse. Ich hatte mein Forschungsthema noch vor meiner Ankunft bestimmt und dann auch durchgezogen (und bin dann wieder abgezogen). Ich habe gegenüber meinen Gastgebern den ideellen Nutzen einer solchen Studie hervorgehoben, aber mich nicht gefragt, ob die Erforschung einer anderen Thematik aus indigener Perspektive dringender und auch nützlicher wäre. In dieser Hinsicht bin ich wohl vielen Ethnologen sehr viel ähnlicher als etwa ethnologisch forschenden Missionaren.

Missionary-researcher Philip Gibbs etwa hält es für unvertretbar, in der gegenwärtigen Situation in PNG apolitische Forschungen zu unternehmen unabhängig von den Interessen der verschiedenen Gruppen in der Gesellschaft (2004:76). Dafür gebe es einfach zu viele große und drängende Herausforderungen, die der gemeinsamen Anstrengung von Missionaren *und* Ethnologen bedürften, um wichtige Erkenntnisse zu gewinnen und effektive, kulturell adäquate Problemlösungen zu entwickeln (2004:78). Ganz ähnlich auch der Steyler Missionar Douglas Young, mittlerweile Erzbischof der Diözese Mt. Hagen (= Western Highlands Province), der in seinen Forschungen über gewaltfreie Konfliktlösungsstrategien in Enga einen expliziten *participatory action research*-Ansatz verfolgte (Young 2004) und generell ein Mitspracherecht der Gastgeber bei der Wahl der Forschungsthematik einfordert.

Schluss

Kommen wir also zur angekündigten häretischen Frage: Sind Missionare (manchmal) die besseren Ethnologen? Ich beginne defensiv. Wenn wir von einem Missionsverständnis ausgehen, bei dem die Achtung der jeweiligen kulturellen Tradition und Situation selbstverständlich und „Dialog" das Schlüsselprinzip ist, dann kann ich hier eine grundsätzliche Kompatibilität, wenn nicht Gemeinsamkeit, feststellen mit dem ethnologischen Unterfangen der Feldforschung, in der sich – um mit Pat Caplan zu sprechen – eine radikale Wende von einer „observational and empirical methodology to a communicative and dialogical epistemology" (zitiert nach Hauser-Schäublin 2002:92) vollzogen hat. Ich sehe für diese dialogische Begegnung nicht den unbedingten Vorteil einer (angeblich) wertneutralen Position gegenüber einer Werteposition, die ja keineswegs ein echtes Verstehen-Wollen und eine Achtung des Anderen ausschließt.[5] Der echte interreligiöse Dialog (um ein nicht-ethnologisches Beispiel zu nennen) lebt ja gerade vom Ernstnehmen der eigenen Überzeugung und der aus dem Glauben bezogenen Werteposition *und* vom gleichzeitigen Ernstnehmen der Überzeugungen und Werte der jeweiligen Dialogpartner. Der schwedische lutherische Missionar Bengt Sundkler hält es für ehrlicher und wichtiger, die eigene *bias,* die ohnehin unausweichlich gegeben ist, zu kennen und zu benennen, statt so zu tun, als gäbe es eine völlig wertneutrale, unvoreingenommene Sozialwissenschaft (Bowie 2000:7–8). Ein ganz ähnliches Anliegen sehe ich in der oben schon erwähnten Forderung Hauser-Schäublins (1976:9) nach *persönlichen* Rechenschaftsberichten artikuliert. Methodisch gesehen ergeben sich für einen ethnologisch forschenden Missionar in aller Regel besondere Probleme und Herausforderungen, auch in Abhängigkeit des gewählten Forschungsbereichs, aber diese sind keineswegs unlösbar oder verurteilen von vornherein das ethnographische Unterfangen zum Scheitern.

Was die aktive Einflussnahme oder – weniger euphemistisch – die Einmischung in das Leben der Gastgebergesellschaft seitens des Forschers angeht und deren ethische Beurteilung, so habe ich oben argumentiert, beiden Personengruppen (in unterschiedlichem Maße und in Abhängigkeit verschiedener Faktoren) das Recht auf Einmischung zuzugestehen. Dabei bleibt die Machtfrage, wie sie Rynkiewich formuliert hat, kritisch und unentbehrlich.

An dieser Stelle bietet sich der Wechsel zu einer offensiven Beantwortung der Frage an. Hauser-Schäublin greift in ihrem Beitrag über „Teilnehmende Beobachtung" Gerd Spittlers (2001) Ausführungen über „dichte Teilnahme" auf, die als soziale Nähe immer auch Empathie, Einfühlen und Mitfühlen beinhalte und Voraussetzung für ein vertieftes Verstehen sei (Hauser-Schäublin 2003:38f.). Wenn dem zugestimmt werden kann, dann lassen sich m. E. schon vorteilhaftere Bedingungen für ethnologisch forschende Missionare ausmachen, sofern wir von einem langfristigen Zusammenleben und von dialogbereiten Menschen ausgehen. Gibbs bemerkt, nach vielen Jahren des Zusammenlebens mit Menschen in der Enga Province (PNG), eine fundamentale Änderung seiner Wahrnehmung und seines Blickwinkels: „This Enga society, so foreign and strange initially, was now ‚home'" (2004:69). Für mich ist Gibbs ein gutes Beispiel dafür, dass *going native* keine ethnologische Katastrophe bedeuten muss, sondern eher das Gegenteil heißen kann. Aus dieser intimen und große Zeiträume umspannenden Kenntnis der Menschen kann ein hohes Maß an Involviertsein, Engagement und Identifikation erwachsen – und die Forderung nach einer ethnologischen Forschung, die sich von den Interessen und Problematiken der betreffenden Gastgebergesellschaften leiten lässt. Wer diesen Grundgedanken der kooperativen Forschung für die Ethnologie insgesamt wenigstens für bedenkenswert hält, wird diese Einstellung auch bei Forscher-Missionaren zu würdigen wissen.

Können Missionare also die besseren Ethnologen sein? Ich werde jetzt doch den einen oder anderen Leser enttäuschen; denn ich möchte die Frage in dieser Form gar nicht beantworten, weil sie von einem Gegeneinander und einer Konkurrenz ausgeht, die ich gerade überwinden will. Es geht darum, die Stärken und Schwächen, Gefahren und Chancen – die eigenen und die der anderen – deutlicher zu sehen. Und es geht darum, die Komplementarität und die Notwendigkeit der Zusammenarbeit zu sehen, weil die drängenden Herausforderungen unserer Zeit einen multidisziplinären Ansatz brauchen, der missionarischen Eifer ebenso umfasst wie akademische Erkenntnissuche (Gibbs 2004:78). Es gibt gottseidank genug Ethnologen und genug ethnologische Ansätze, die sich gerade diesen drängenden Herausforderungen stellen wollen.

Für mich ist Hauser-Schäublin eine davon. Ihre Forschungen, die sie seit 1988 auf Bali durchführt, haben einen unverkennbar kooperativen Charakter (z. B. Hauser-Schäublin 2008), ihre Themen in Lehre und Forschung reflektieren ein hochpolitisches und waches Bewusstsein für die großen Herausforderungen unserer Zeit. Ich möchte nur ein Erlebnis nennen, in dem sie, wie mir scheint, einen Blick gewährt hat auf ihre zentrale Motivation für ihre ethnologischen Forschungen. Es war der Satz, in eine Vorstandssitzung über Lehrprogrammplanung hineingesprochen: „Für mich brennt die Welt!" Um die Brandherde zu löschen oder wenigstens einzudämmen, braucht es auch – und nicht zuletzt – Ethnologinnen und Ethnologen.

Als sich Hauser-Schäublin in einer Feldforschungssituation vor einigen Jahren für ein Gespräch auf den Boden setzen wollte, wurde sie von der Gastgeberin höflich, aber bestimmt daran gehindert mit den Worten: „Alte Leute müssen sich aufs Sofa setzen" (Hauser-Schäublin 2002:74). Auch wenn in dieser Fürsorge viel Respekt mitschwang, möchte ich selbst diese Wahrnehmung des vorgerückten Alters doch zurückweisen und meiner Hoffnung Ausdruck verleihen, dass sie ihren sogenannten Ruhestand nicht zum Anlass nimmt, sich von nun an aufs Sofa zu setzen und auszuruhen.

Anmerkungen

1 Umso dankbarer bin ich für die sehr fruchtbare und vertrauensvolle Zusammenarbeit mit einigen ausgewählten und ihrer Kirche gegenüber sehr loyalen Adventisten.
2 Ich sehe hier eine gewisse Parallele mit dem Konflikt, den Hauser-Schäublin durch ihre Forschungen unter den Abelam hervorrief: Ihr Interesse am traditionellen Wissen erregte den Widerstand von Mitgliedern der jüngeren Generation, deren Trachten mehr auf Fortschritt und Geld gerichtet war (Hauser-Schäublin 1985:186f.).
3 Das gilt nur bedingt für die Steyler Missionare, bei denen ich generell ein sehr waches Bewusstsein für diese Frage erlebte.
4 Weniger jedenfalls, als dies für Hauser-Schäublin und ihre Forschungen auf Bali zuzutreffen scheint. In *Traces of Gods and Men* schreibt sie: „But what really drove me to my desk were all those Balinese who told me what they know about [...]. They entrusted their knowledge to me with request to publish and thereby preserve it." (1997:9)
5 Mit Freude las ich im Erstgutachten von Hauser-Schäublin über meine Dissertation den Satz: „Aus seinen Beschreibungen der vorchristlichen Religion der Somaip spricht eine tiefe Bewunderung und Faszination [...]."

Literatur

Bowie, Fiona (2000) *The Anthropology of Religion. An Introduction.* Oxford: Blackwell Publishers.

Fischer, Hans (2002) *Feldforschungen. Erfahrungsberichte zur Einführung* (2. Auflage, Neufassung). Berlin: Reimer.

Gibbs, Philip (2004) Changing Perceptions of a Missionary-Researcher. *Pacific Studies* 27(3/4):61–80.

Hauser-Schäublin, Brigitta (1976) Feldforschung bei den Iatmul: Zwischen Erlebnis und Wissenschaft. *Bulletin der Schweizerischen Ethnologischen Gesellschaft,* Sondernummer „Probleme der Feldforschung aus der Sicht junger Ethnologen":9–14.

Hauser-Schäublin, Brigitta (1977) *Frauen in Kararau. Zur Rolle der Frau bei den Iatmul am Mittelsepik, Papua New Guinea.* Basel: Ethnologisches Seminar der Universität und Museum für Völkerkunde (Basler Beiträge zur Ethnologie 18).

Hauser-Schäublin, Brigitta (1985) Frau mit Frauen. Untersuchungen bei den Iatmul und Abelam, Papua Neuguinea. In: Hans Fischer (Hg.): *Feldforschungen. Berichte zur Einführung in Probleme und Methoden,* S. 179–201. Berlin: Reimer.

Hauser-Schäublin, Brigitta (1997) *Traces of Gods and Men. Temples and Rituals as Landmarks of Social Events and Processes in a South Bali Village.* Berlin: Reimer.

Hauser-Schäublin, Brigitta (2002) Gender: Verkörperte Feldforschung. In: Hans Fischer (Hg.): *Feldforschungen: Erfahrungsberichte zur Einführung* (2. Auflage, Neufassung), S. 73–100. Berlin: Reimer.

Hauser-Schäublin, Brigitta (2003) Teilnehmende Beobachtung. In: Bettina Beer (Hg.): *Methoden und Techniken der Feldforschung,* S. 33–54. Berlin: Reimer.

Hauser-Schäublin, Brigitta und I Wayan Ardika (2008) *Burials, Texts and Rituals. Ethnoarchaeological Investigations in North Bali, Indonesia.* Göttingen: Universitätsverlag (Göttinger Beiträge zur Ethnologie 1).

Kocher Schmid, Christin (1999) *Expecting the Day of Wrath. Versions of the Millennium in Papua New Guinea.* Boroko: The National Research Institute (NRI Monograph 36).

Reithofer, Hans (2006) *The Python Spirit and the Cross. Becoming Christian in a Highland Community of Papua New Guinea.* Berlin: Lit (Göttinger Studien zur Ethnologie 16).

Rynkiewich, Michael (1980) Response to „Anthropologists versus Missionaries: The Influence of Presuppositions", by Claude E. Stipe. *Current Anthropology* 21(2):165–179.

Spittler, Gerd (2001) Teilnehmende Beobachtung als Dichte Teilnahme. *Zeitschrift für Ethnologie* 126(1):1–25.

Young, Douglas W. (2004) *"Our Land is Green and Black". Conflict Resolution in Enga.* Goroka, Papua New Guinea: Melanesian Institute (Point Series 28).

„Da willst Du wirklich hin? Als Frau, so ganz alleine?" – Geschlecht im Feld

Stefanie Steinebach

„Da willst Du wirklich hin? Als Frau, so ganz alleine? Im Regenwald?" stirnrunzelnd und kopfschüttelnd betrachteten mich meine Mutter, Schwester, Freundinnnen und Freunde, als ich sie über meine geplante Feldforschung im Regenwald von Sumatra informierte. Verwöhnt durch ein akademisches Umfeld, in dem die Rezeption (de)konstruktivistischer Geschlechtertheorien mittlerweile zur Etablierung von *Genderstudies* oder Geschlechterforschung als eigenen Studiengängen geführt hat, schienen mir auf meinem Geschlecht basierende Zweifel an meinem Vorhaben fast als Unverschämtheit.

Die Bedeutung des Geschlechts während der Feldforschung, vor allem hinsichtlich der Möglichkeiten und Restriktionen für die teilnehmende Beobachtung, wurde bereits vielfach in der ethnologischen Literatur diskutiert. Brigitta Hauser-Schäublin (2002) beispielsweise betrachtet dieses Thema in ihrem Artikel „*Gender:* Verkörperte Feldforschung" vor dem Hintergrund ihrer eigenen 30jährigen Forschungserfahrungen in unterschiedlichen Kontexten. Mit diesem und anderen Artikeln zum Thema Geschlecht im Feld hatte ich mich vor meinem eigenen Feldaufenthalt in Sumatra intensiv beschäftigt und fühlte mich bestens vorbereitet. Die Komplexität meiner Genderidentität und ihre Bedeutung für den Verlauf der Forschung sowie die daraus resultierenden Ergebnisse wurden mir jedoch erst während meines Feldaufenthaltes deutlich. In diesem Beitrag werde ich die Bedeutung von Gender und den Prozessen des Aushandelns der eigenen Genderidentität als Ethnologin im Feld vor dem Hintergrund meiner Forschung über die Konstruktion ethnischer Identität bei den Orang Rimba in Sumatra reflektieren.

Das Feld

Von 2003 bis 2005 untersuchte ich auf Sumatra, Indonesien, die Bedeutung des Regenwaldes in der Konstruktion der ethnischen Identität der Orang Rimba. Die insgesamt etwa 2000 Orang Rimba leben als semi-nomadische Regenwaldbewohner in der Bukit Duabelas Region der Provinz Jambi in Zentralsumatra. Sie unterteilen die Welt in ein Innerhalb und ein Außerhalb des Regenwaldes, wobei der Regenwald, *rimba,* von der Welt außerhalb des Regenwaldes, der *dunia luar* (Außenwelt) oder *dunia terang* (helle, klare Welt) umgeben ist. Aus ihrer Lebensweise im tropischen Regenwald ergibt sich für die Orang Rimba ihre Eigenbezeichnung „Orang Rimba", Regenwaldmenschen (*orang* = Mensch, *rimba* = Regenwald), als logische Konsequenz. Der Regenwald als Lebenswelt stellt sich als Gefüge verschiedener sich durchdringender Ebenen dar, die das *adat*[1] und damit die soziale und kulturelle Praxis der Orang Rimba bestimmen. Der Regenwald bildet als Rahmen für Bedeutungen und Handlungen eine komplexe Welt, in der die Orang Rimba zu einer Einheit mit dem Regenwald werden und in der sowohl sämtliche Formen der Interaktion als auch die Existenz der Orang Rimba selbst vom Regenwald determiniert werden. In diesem Zusammenhang geht die Bedeutung des Regenwaldes für die Orang Rimba weit über seine materielle Bedeutung als Subsistenzgrundlage hinaus. Das im Regenwald verortete *adat* der Orang Rimba als Imperativ sozialer Handlungen wird dabei zu einem Garant der moralischen Ordnung und der Regenwald somit zu dem existentiellen Referenzpunkt der eigenen ethnischen Identität.

Als Lebenswelt wird der Regenwald zu einem Ort, dessen Struktur und Organisation sich deutlich von der *dunia terang,* dem Nicht-Regenwald unterscheidet. Entsprechend der Unterteilung der Welt in ein Innerhalb und ein Außerhalb des Regenwaldes findet auch eine Kategorisierung der Bewohner beider Welten durch die Orang Rimba statt. Die außerhalb des Regenwaldes lebenden Menschen werden kollektiv als *orang luar* (Außenmenschen), *orang terang* (helle, klare Menschen) oder auch *orang dusun* (Dorfmenschen) bezeichnet. Die Zugehörigkeit zu einer ethnischen Gruppe wird von den Orang Rimba nicht durch Abstammung oder verwandtschaftliche Beziehungen, sondern durch den Lebensort der jeweiligen Person bestimmt.

Das von den Orang Rimba bewohnte Regenwaldgebiet ist umgeben von Ölpalm- und Kautschukplantagen sowie Dörfern und Siedlungen der autochthonen Bevölkerung sowie der vorwiegend javanischstämmigen (Arbeits-)Migranten, die alle jeweils spezifische Nutzungsansprüche an den Wald formulieren. Im Jahr 2003 wurde das Waldgebiet auf Druck von Naturschutzorganisationen zum Nationalpark mit einer Größe von ca. 65.000 ha erklärt, um weitere Rodungen des Tieflandregenwaldes zu verhindern. Vor diesem Hintergrund untersuchte ich die Bedeutung des Regenwaldes in der Konstitution der Identität der Orang Rimba und anderer Gruppenidentitäten sowie die daraus resultierenden politischen Aktions- und Artikulationsmöglichkeiten der Orang Rimba, die aufgrund ihrer Lebensweise politisch und gesellschaftlich marginalisiert sind und deren Lebensraum trotz seiner Ausweisung als Schutzgebiet[2] permanent durch Abholzung bedroht ist.

Die Betrachtung von ethnischer Identität als einem dialogischen Prozess von Eigen- und Fremdkategorisierungen zwischen verschiedenen Gruppen erforderte meine Interaktion nicht nur mit den Orang Rimba, sondern auch mit den anderen Akteursgruppen und Einzelpersonen außerhalb des Nationalparks. So haben im Verlauf meiner Feldforschung über knapp 15 Monate hinweg immer wieder Begegnungen mit neuen Menschen in direktem und indirektem Zusammenhang mit meinem Forschungsthema stattgefunden – mit Freunden, bei Behörden, beim Einkaufen und unterwegs – die jedes Mal eine weitere Facette in der Bedeutung des Regenwaldes für die Konstruktion ethnischer Identität aufzeigten.

Geschlecht im Feld

Während der Begegnungen mit all diesen unterschiedlichen Menschen war es jedoch nie nur ich, die Fragen stellte und Antworten suchte. Immer war auch ich gefordert, Auskunft über mein Tun, meinen kulturellen, beruflichen und privaten Hintergrund etc. zu geben, um für meine Gesprächspartner einschätzbar und kategorisierbar zu werden. Dabei spielte mein Geschlecht als ein wichtiges Moment meiner Identität in Verbindung mit anderen Kriterien der sozialen Distinktion wie Herkunft/Nationalität, Hautfarbe, Religion, Beruf etc. und die damit verbundenen Erwartungen an mich eine entscheidende Rolle. Denn so wie die ethnische Identität immer ein Prozess der Eigen- und Fremdkategorisierung ist (Jenkins 1997), ist auch die personale Identität der Ethnologin ein Akt gegenseitiger Zuschreibungen zwischen Forscherin und Beforschten. Erst durch den mir zugeschriebenen Status (oder meine Identität) als Deutsche, (unverheiratete) Frau, Wissenschaftlerin und Ethnologin wurde ich zu einer Person, der bestimmte Informationen zugänglich gemacht oder verwehrt wurden. Dabei unterschieden sich die mir zugeschriebenen Rollen und die damit verbundenen Erwartungen an mein Verhalten je nach Akteuren mitunter deutlich voneinander, eine Bezugnahme auf mein Geschlecht fand jedoch direkt oder indirekt immer statt: „Feldforschung bedeutet immer Verkörperung und Verkörperung bedeutet Rückbezug auf Geschlecht und Alter, so wie diese von den Handelnden selbst dargestellt und von den anderen wahrgenommen werden", wie Hauser-Schäublin (2002:75) schreibt. Eine Reflektion der Bedeutung des Geschlechts bzw. der sozialen Kategorie „Frau im Feld" erfordert also die Auseinandersetzung mit Gleichheit und Verschiedenheit, mit Differenz zwischen und innerhalb von Geschlechtergruppen. Dazu werde ich Geschlecht im

Feld aus drei Perspektiven betrachten: Feldforschung als Frau, Feldforschung mit Frauen und Feldforschung von Frauen im Sinne der ethnographischen Repräsentation.

Feldforschung als Frau

Um meine Feldforschung im Bukit Duabelas Gebiet durchführen zu dürfen, musste ich verschiedene Behörden besuchen, um mich vorzustellen oder Genehmigungen zu beantragen. Die dort geführten Gespräche liefen fast immer nach demselben Muster ab. In Indonesien ist es üblich, bevor man zum eigentlichen Anliegen des Besuches kommt, einen mehr oder weniger ausgedehnten *Smalltalk* zu führen, der in der Regel auch bestimmte ‚persönliche' Fragen wie z. B. Alter, Familienstand, Herkunft, aber auch gemeinsame Bekannte etc. umfasst. Durch meine Herkunft aus Deutschland waren Fragen nach Fußball ebenfalls Standard, gefolgt von dem Thema „Freier Liebe" und meinem Vorhaben, mit den Orang Rimba zu leben. Exemplarisch gebe ich einen Ausschnitt aus meinem Tagebucheintrag wieder, den ich nach meinem Besuch der Polizeistation einer Kleinstadt in Sumatra verfasst habe.

> [Tagebucheintrag, 15. Februar 2004 / Polizeistation]
> Heute besuchte ich die Polizeistation in Bangko, um dort meinen Aufenthalt in der Region zu melden. Wieder musste ich mich über Fußball unterhalten – was indonesische Männer mit Deutschland assoziieren, scheint in erster Linie Fußball zu sein. Ich habe von Fußball keine Ahnung, Fußball interessiert mich nicht! Sollte er aber… Meine Gesprächspartner korrigierten mich geduldig, wenn ich wiederholt Spieler und Vereine in der falschen Kombination nannte. Dieses Unwissen ließ sich nur dadurch entschuldigen, dass ich glaubhaft versichern konnte, dass Fußball in Deutschland Männersache ist, und eine „richtige" Frau von Fußball keine Ahnung haben sollte, möchte sie sich nicht als ‚*kampungan*' oder ‚*tomboi*' zu erkennen geben.[3] Ich bin schließlich eine richtige Frau! Während ich dies vehement vertrete, bete ich inständig, dass keine meiner Freundinnen und Kolleginnen in Deutschland mich hören kann […].

In diesem Gesprächsausschnitt wird deutlich, dass auf der Polizeistation meine Nationalität das zentrale Kriterium ist, anhand dessen eine Identifikation und soziale Kategorisierung stattfindet. Die an meine Herkunft geknüpfte Erwartung ist eine Kompetenz in Sachen Fußball. Die Enttäuschung dieser Erwartung erkläre ich mit der Bezugnahme auf mein Geschlecht und die damit angeblich in meiner Heimat verbundenen Rollenvorstellungen. Die Betonung meiner Genderidentität als „richtige" Frau verwendete ich in dieser Situation strategisch, um die Geschlechterdifferenz zwischen mir und meinen Gesprächspartnern zu manifestieren und damit meine Moral und meinen Anstand im Umgang mit Männern zu betonen. In Deutschland hingegen empfinde ich es durchaus als positiv, wenn Frauen sich die Männerdomäne Fußball erobern und so Geschlechterrollen und Hierarchien in Frage stellen. Mein Rekurs auf klassische Rollenverteilungen auch im Bezug auf Sport entspricht so nicht meinem Ideal von emanzipativer Geschlechterdekonstruktion wie ich sie im deutschen Alltag propagiere. Gleichzeitig wird deutlich, dass sich für meine Gesprächspartner meine nationale Identität vor die geschlechtliche schiebt, denn auch in Indonesien gilt das Interesse für Fußball als spezifisch männliche Domäne und eignet sich keinesfalls dafür, sich als „echte" Frau zu beweisen.

Auch im zivilen Rahmen und mit Frauen verliefen die Gespräche ähnlich wie das auf der Polizeistation. Allerdings wurde hier mein Frausein als Gemeinsamkeit stiftendes Moment in den Vordergrund gestellt. Schnell zeigten sich jedoch Unterschiede beispielsweise in den Vorstellungen und Erwartungen darüber, wie eine ‚moderne' Frau zu sein hat – ein Thema, das gerne von meiner ökonomisch sehr gut situierten Gastfamilie in der Kleinstadt Bangko diskutiert wurde. Ich illustriere ein solches Gespräch durch die Wiedergabe einer Passage aus meinem Tagebuch:

[Tagebucheintrag, 15. Februar 2004 / Kel. Armen]
Nachdem ich meine auf der Polizeistation frisch erworbenen Kenntnisse der deutschen Fußball Bundesliga und ihrer Protagonisten souverän und ohne größere Fehler mit dem Hausherrn diskutiert hatte, wurde ich zum Gespräch mit Frau und Töchtern des Hauses entlassen.
Aber auch in der folgenden Unterhaltung stellt sich schnell heraus, dass ich zwar von Fußball recht wenig Ahnung habe, davon, was es heißt eine „richtige Frau" zu sein aber auch. Das ließ sich anhand folgender Problemfelder erkennen: Ich bin nicht verheiratet – und das in meinem Alter (Jahrgang 1972). Das ist ungewöhnlich und veranlasst die Frauen des Hauses zu verschiedenen Mutmaßungen: Ein Grund dafür, dass ich noch nicht verheiratet bin, könnte meine Kleidung sein – viel zu männlich, oder doch eher ‚*kampungan*'⁴. Ich sollte mich weiblicher und auch schicker kleiden, leisten könnte ich es mir als Wissenschaftlerin schließlich!
Zusätzlich stellte sich recht bald heraus, dass es auch mit meinen Kenntnissen über Make-up und die richtige Verwendung der einzelnen Schminkutensilien über gängige Praktiken hinaus nicht allzu gut bestellt ist. Glücklicherweise habe ich eine Tante, die lange als Model tätig war und in der Modebranche beschäftigt ist. Schnell holte ich einige Fotos von meiner attraktiven, blonden, perfekt geschminkten und gekleideten Tante hervor. Bewundernde „ahs", und „ohs" kommentieren die Bilder, die erfolgreich von meiner unzulänglichen Rollenperformanz als gebildete Mittelschichtsfrau ablenkten und ein bisschen von dem Glanz meiner Tante auch auf mich übergehen ließen. So konnte anhand verwandtschaftlicher Bande belegt werden, dass auch in mir irgendwo wenigstens die Anlagen zur richtigen Frau schlummern […].

Diese Begebenheiten fanden in einem kleinstädtischen Umfeld von Beamten und Mittelschichtsbürgern statt. Die lokalen Entwürfe von Männlichkeit und Weiblichkeit waren zudem geprägt von global zirkulierenden Geschlechterbildern in den Medien (vgl. Hauser-Schäublin und Braukämper 2002:11), die oft ein Bild westlicher Frauen als unmoralisch zeichneten (vgl. Schlehe 2002), das als negative Folie für den offiziellen (staatlichen) Diskurs über „die indonesische" Frau als moralisch integere, monogame Gattin dient.

Während ich als Frau also an divergierenden lokalen Konzepten von Weiblichkeit in Verbindung mit bestimmten Ideen über deutsche Wissenschaftlerinnen gemessen wurde, versuchte ich gleichzeitig, diesen mit einem je spezifischen Auftreten zu entsprechen. Wie unterschiedlich diese *Gender*-Konzepte und die von mir geforderten jeweiligen Verkörperungen waren, möchte ich verdeutlichen, indem ich einen Einblick in meine Interaktion mit Orang-Rimba-Frauen gebe. Während ich in der Kleinstadt und bei der Dorfbevölkerung am Rand des Regenwaldes darauf insistieren musste, aktiv am Kochen, Gemüseschneiden etc. teilnehmen zu dürfen, musste ich bei den Orang-Rimba-Frauen meine „Tauglichkeit" als Frau immer wieder durch harte Arbeit unter Beweis stellen:

Die Orang Rimba, insbesondere die Frauen, luden mich von sich aus ein, mich an der Feldarbeit und dem Jagen und Sammeln zu beteiligen. Zur Zeit der Reisernte beispielsweise stellte ich mich beim Reisstampfen recht ungeschickt an, und nach kurzer Zeit hatte ich von der ungewohnten und schweißtreibenden Arbeit offene Blasen an den Händen. Trotzdem wurde ich angehalten, diese Tätigkeit weiter auszuüben. Erst als das Blut von meinen Händen tropfte, hatten die Frauen und Mädchen ein Einsehen, und mir wurde gestattet, mit dieser Tätigkeit aufzuhören. In regelmäßigen Abständen musste ich meine Hände mit denen der Orang Rimba vergleichen lassen, um zu sehen, ob sich mittlerweile Hornhaut und Schwielen als Beweis meiner körperlichen Leistungsfähigkeit gebildet hätten.

Gerade diese Schwielen als Beweis meiner Annäherung an das Ideal einer tüchtigen, auch schwere körperliche Tätigkeiten ausübenden Orang-Rimba-Frau waren es, die mich unter anderem daran hinderten, die Ansprüche an das Ideal einer gepflegten „modernen" Frau in meinem kleinstädtischen indonesischen Umfeld zu erfüllen. Diese konträren Diskurse über die Rollen von Frauen konstruierten auch meine Genderidentität immer wieder neu und konfrontierten mich mit unterschiedlichen Erwartungen, denen ich jedoch immer nur in bestimmtem Umfang entsprechen konnte.

Ungleiche Frauen

Deutlich wird an diesen Beispielen die Bedeutung der Differenz innerhalb der Geschlechtergruppe „Frau"[5]: zum einen die Differenz zwischen mir als deutscher Ethnologin und den Frauen im Feld, zum anderen die lokalen Differenzen hinsichtlich der sozialen Kategorie „Frau". Diese variieren in Abhängigkeit der ethnischen und religiösen Zugehörigkeit, der Klassen- oder Schichtzugehörigkeit, dem Alter, dem Zugang zu Bildung und Information und vielen weiteren soziokulturellen Faktoren.

Die Differenz zwischen meiner ‚Weiblichkeit' und der lokaler Frauen zeigt sich besonders deutlich an den Möglichkeiten meiner Interaktion mit dem Geschlecht „Mann": Sowohl bei den Orang Rimba als auch in den unterschiedlichen Zusammenhängen außerhalb des Waldes wurde mir oft gestattet, an männlich assoziierten oder Männern vorbehaltenen Aktivitäten wie beispielsweise bestimmten Formen der Jagd oder am Zigarettenrauchen teilzunehmen, manchmal wurde ich gar dazu eingeladen. Hier wurde mein Geschlecht zugunsten anderer Differenzierungskriterien in den Hintergrund gestellt und mir so eine Identität als Ethnologin zugewiesen, die kontextuell am ehesten den Erwartungen und Vorstellungen meiner (männlichen) Gegenüber entsprach, die mich für die jeweiligen Frauen jedoch oft schwer einschätzbar werden ließ oder diese mir gegenüber misstrauisch machten.

Gleichzeitig ist auch der relationale Aspekt verschiedener Genderidentitäten untereinander zu beachten. ‚Männlich' und ‚weiblich' werden immer auch in Beziehung zueinander bzw. in Abgrenzung voneinander konstituiert, so dass die Beschäftigung mit einem Geschlecht immer auch die (indirekte) Auseinandersetzung mit dem anderen Geschlecht – oder unter Umständen alternativen Geschlechterkonzepten – bedeutet.

Im Hinblick auf eine geschlechtliche Identität im Feld wird deutlich, dass dieses „Spiel mit Identitäten" (Hauser-Schäublin 2002:86) und auch deren Instrumentalisierung zur Verringerung der Unterschiede zwischen der eigenen Forscherinnenpersönlichkeit und ‚den Anderen' durch die Geschlechterdiskurse in der untersuchten Gesellschaft bestimmt wird. So erscheint die (Gender-)Identität der Ethnologin im Feld aus einer Kombination der ‚eigenen' kulturellen Spezifika der Ethnologin zu bestehen, deren jeweilige Strukturierung und Betonung jedoch durch ‚die Anderen' im Bedeutungsrahmen ihres kulturellen Wertesystems erfolgt und die so letztendlich auch den Handlungs- und Aktionsradius der Ethnologin im Feld bestimmen.

(De)konstruktivistische Gendertheorien ermöglichen zwar eine differenzierte Analyse dieser Diskurse und Prozesse im Feld, sie dürfen jedoch nicht darüber hinwegtäuschen, dass die Konstruktion von Genderidentitäten (im Feld) kein individueller Akt der autonomen Ethnologin ist, sondern dass diese von lokalen Diskursen über Geschlecht in Verbindung mit Konzepten des „Anderen" oder „Fremden" maßgeblich beeinflusst werden.

Feldforschung mit Frauen

Dienten die vorangegangenen Beispiele der Interaktion zwischen mir und unterschiedlichen Frauen im Feld der Reflexion meiner geschlechtlichen Positionierung als Prozess zwischen Zuweisung und Aneignung, möchte ich hier ausführlicher auf die konkrete

Forschungssituation mit Orang-Rimba-Frauen eingehen. Zuvor gebe ich einen knappen Einblick in das Geschlechterverhältnis der Orang Rimba:

Die Orang Rimba unterscheiden zwei Geschlechter, männlich *(genton)* und weiblich *(betina)*. Dabei kommt dem weiblichen Geschlecht in der egalitären Orang Rimba Gesellschaft ein hoher Stellenwert zu. Die Orang Rimba leben in verwandtschaftlich organisierten Gruppen von ca. 15 bis 35 Personen, deren Zusammensetzung durch die matrilineare Abstammungs- sowie die matri- und uxorilokale Wohnsitzregelung der Orang Rimba bestimmt wird. So bleiben die Frauen einer Verwandtschaftsgruppe ihr Leben lang zusammen, während die Söhne in andere Gruppen heiraten. Ab etwa dem siebten Lebensjahr sind die Kontakte zwischen Jungen und Mädchen streng geregelt, Umgang miteinander ist, wenn überhaupt, nur in Anwesenheit Dritter erlaubt. Ab diesem Alter gelten die Jungen bereits als „Junggesellen" und schlafen nicht mehr im selben Haus mit ihren Eltern und Schwestern.

Haben ein junger Mann und eine junge Frau Interesse aneinander, werden die möglichen verwandtschaftlichen Beziehungen zwischen beiden überprüft. Lassen die verwandtschaftlichen Beziehungen junger Heiratswilliger eine Eheschließung zu, muss der potentielle Bräutigam einen Brautdienst bei seinen zukünftigen Schwiegereltern absolvieren. Während eines Zeitraumes von einem bis zu mehreren Jahren muss der junge Mann seinen Fleiß und seine Fähigkeiten beweisen, eine Familie zu ernähren, indem er seine Arbeitskraft der Familie seiner zukünftigen Ehefrau ohne Gegenleistung zur Verfügung stellt. Verläuft die Zeit des Brautdienstes zufriedenstellend für alle Beteiligten und ist die Heirat gewünscht[6], wird zwischen den Familien der Braut und des Bräutigams ein Brautpreis ausgehandelt, der in der Regel für die jüngste Tochter einer Familie am höchsten ausfällt.[7] Als optimale Verbindung wird die als *juwor dengan palau*[8] bezeichnete matrilaterale Kreuzcousinenheirat betrachtet.

Nach der Heirat ist es den Ehemännern nicht mehr gestattet, länger als drei Nächte von ihrer Frau getrennt zu sein. Die Nichteinhaltung der Eheverpflichtungen kann entweder nach dem *adat* bestraft oder auch als Scheidungsgrund gewertet werden. Die Scheidung (*bototoruwtowon* – Durchtrennen des Rattan) kann sowohl von Ehemännern als auch -frauen gewünscht werden. Kommt es zur Scheidung, muss von Männern eine Strafe von 20 *kain* (Batikstoffe, die bei den Orang Rimba als Währung verwendet werden) von Frauen hingegen eine Strafe 40–60 *kain* gezahlt werden. Die höhere Strafe für Frauen ergibt sich dadurch, dass Männer allgemein mit Verlust aus einer Scheidung hervorgehen. Durch die uxorilokale Wohnsitzregelung verlieren die Männer ihren Wohnort, die Kinder bleiben bei der Mutter, immobiler Besitz wie etwa Honigbäume wird matrilinear vererbt, so dass nach einer Scheidung der Mann auch hier die Nutzungsrechte verliert.

Bei der Verhandlung politischer Entscheidungen, die in der Regel durch Konsensfindung getroffen werden, sind Frauen und Männer in gleichem Maße stimmberechtigt und beteiligt.[9] Ein Beispiel dafür sind folgende Verhandlungen über zwischen-geschlechtliche Interaktionen vor der Ehe, die ich in einem kurzen Auszug aus meinen Notizen wiedergebe:

> [Tagebucheintrag 31. Januar 2005, Kedundung Jehat]
> [...] dort [im Wald] angekommen, erfahren wir, dass es abends eine Versammlung geben soll wo 2 Fälle von vorehelicher Kontaktaufnahme[10] zwischen zwei jungen Menschen vorgefallen sind, die nun in der Orang Rimba Gemeinschaft verhandelt werden, da sie gegen das *adat* verstoßen haben.
> Die männliche Verwandtschaft des Mädchens *(wari betina)* muss die Position des Mädchens vertreten. Andererseits sind auf der Seite des Mannes die Frauen für die Vertretung zuständig. Im aktuellen Fall hatte der Mann bereits seit 2 Jahren Brautdienst bei der Familie der Frau geleistet, erzählt nun überall herum, dass er sie schon hätte baden sehen und andere Intimitäten, die erst nach der Eheschließung gestattet sind. Das Mädchen widerspricht diesen Gerüchten, aber die sind schon zu weit herumgegangen, so dass der Fall nun verhandelt werden muss. Für die Seite des Mädchens kommt eine Eheschließung nicht in Frage, sie sagen das wäre Inzest[11] und fordern 20 *koping kain bersih*. Das heißt, 20 Stoffe und keine Heirat. Die Seite von Ngrip ist aber nur bereit, 2 *kupang* zu zahlen, was im Endeffekt auf 2 Stoffe hinausläuft.
> Während der Verhandlungen geht es sehr lebhaft zu, ganze Familienverbände sind anwesend, diejenigen, die gerade nicht aktiv in den Verhandlungen involviert sind, kochen. Während der Wortführung, dem Aushandeln der Strafe, sind sowohl die Frauen als auch die Männer involviert. Die Frauen äußern sich lautstark, am Rande des Geschehens fordert Besmi Ngrip zum Boxen heraus... – es geht hoch her, aber danach, sobald das Thema gewechselt wird, sind alle wieder die besten Freunde. Es ist das übliche „Theater". [...]
> Dann kommt Temenggung Mirak [ein Mann] mit Frau und Kindern, um den zweiten Fall, Betatai [ein Junggeselle] mit einem Mädchen aus der Familie Pengendums, zu verhandeln. Betatai hat der Familie 2–3 Tage *nugal* (Pflanzen mit dem Pflanzstock) geholfen, und dann den Ring seiner Angebeteten an sich genommen (hat sie ihn ihm gegeben oder hat er ihn einfach genommen?). Nun sollen sie schnell verheiratet werden, aber das Mädchen möchte nicht.
> Insgesamt sind immer die sogenannten wari zuständig, die der Männer und Frauen, auf der Seite des Mannes ist also die weibliche Verwandtschaft, auf der Seite der Frau die männliche Verwandtschaft für die Konfliktparteien [...] zuständig.

Während Männer und Frauen im Regenwald gleichberechtigte Verhandlungspartner in soziopolitischen Belangen darstellen, ist dies außerhalb des Regenwaldes nicht immer der Fall. Der Kontakt zwischen Orang Rimba und der sesshaften Bevölkerung fand bis in die 1980er Jahre hinein nur zum Zweck ökonomischer Transaktionen und nur über einen Mittelsmann aus der sesshaften Bevölkerung, den *jenang*,[12] statt. Durch die Reduktion der Waldflächen, die Besiedlung der Waldrandzonen und damit einhergehende soziopolitische und ökonomische Veränderungen und Möglichkeiten finden Kontakte zwischen den Menschen innerhalb und außerhalb des Regenwaldes heutzutage häufiger statt, sind jedoch für beide Gruppen noch immer keine Selbstverständlichkeit.

Aufgrund des *adat* der Orang Rimba, aber auch durch historische Ereignisse wie z. B. die Sklavenjagd in den Wäldern der Bukit Duabelas Region ist es für männliche Nicht-Orang Rimba nahezu unmöglich, generell Kontakt zu Orang Rimba-Frauen zu bekommen[13] oder gar mit ihnen zu forschen (vgl. Sandbukt 1984, 1988). Diese Situation, wie sie Ethnologinnen wie beispielsweise Margret Mead im Hinblick auf ihre männlichen Kollegen vor fast 40 Jahren erlebten (vgl. Hauser-Schäublin 2002), ist im Bukit Duabelas Gebiet noch heute (2009) aktuell.

Um den Kontakt mit den eigentlich akephalen Orang Rimba für sich zu erleichtern, haben Teile der lokalen autochthonen Bevölkerung ihre eigene politische Struktur und die darin verankerten Ämter einfach auf einzelne Orang Rimba Gruppen übertragen. Dabei wurden und werden diese Ämter in Bezug auf die Struktur der sesshaften Bevölkerung nur an Männer vergeben. Auch heute noch bestimmen die Dorfvorsteher einen oder mehrere Orang-Rimba-Männer als Ansprechpartner einer Gruppe, indem sie ihnen ein Uniformhemd überreichen, durch das die jeweiligen Männer dann zu offiziellen Vertretern ihrer Gruppen werden.[14]

Orang-Rimba-Frauen werden keine Interaktions- und Verhandlungspartnerinnen, da in ihrer eigenen Gesellschaft Frauen den Kontakt mit Männern meiden, die nicht Orang Rimba sind, und andererseits die sesshafte Bevölkerung Frauen nicht als Inhaberinnen dieser politischen Ämter und als Verhandlungspartnerinnen vorsieht. Zusätzlich erschweren bestimmte kulturelle Praxen der Orang Rimba die Akzeptanz von Frauen in politischen Ämtern, da beispielsweise Orang-Rimba-Frauen, sobald sie verheiratet sind, ihre Brüste in der Öffentlichkeit nicht mehr bedecken (müssen), was von einem Großteil der Nicht-Orang Rimba als Ausdruck von Primitivität, sexueller Freizügigkeit und unmoralischem Denken und Handeln bewertet wird. Die Interaktion und der Prozess des Aushandelns der ethnischen Identität zwischen der sesshaften Bevölkerung und den Orang Rimba finden somit fast ausschließlich zwischen Männern der unterschiedlichen Gruppen statt. Alle Informationen, die Orang-Rimba-Frauen über die Politik außerhalb des Waldes erhalten, bekommen sie aus zweiter Hand und aus einer männlichen Perspektive.

Es sind die Männer, die sich außerhalb des Waldes ein Netzwerk von Beziehungen aufbauen und die in der Interaktion mit Menschen außerhalb der eigenen ethnischen Gruppe Erfahrungen sammeln – und die so auch aktiv die Konstruktion ethnischer Identität als Prozess zwischen Gruppen gestalten.

Die Transformation meiner Feldforschungserfahrungen mit Orang-Rimba-Frauen in die Argumentation meiner Dissertation führt schließlich zum letzten Punkt, dem Thema der Feldforschung von Frauen.

Feldforschung von Frauen

Nach dem Feldaufenthalt erfolgen in der Regel die Auswertung des Datenmaterials und eine Verschriftlichung der Erfahrungen in Form einer Dissertation, eines Buches, Artikels oder Forschungsberichtes. Das in diesem Rahmen produzierte Wissen ist ebenso individuell wie die (Gender-)Identität der Ethnologin im Feld. Gerade deshalb wird von einer Ethnologin eine Auseinandersetzung mit der Komplexität des Themas Geschlecht erwartet, die sich als differenzierte Position diesbezüglich in ihren Schriften wieder finden sollte, möchte sie sich nicht dem Vorwurf der feministischen Abstinenz oder gar der Reproduktion des *male bias* aussetzen. Aus der Kombination der Fragestellung meiner Dissertation mit den Geschlechterrollen vor Ort wurde die Repräsentation von Frauen als Akteurinnen jedoch eine besondere Herausforderung.

Im Rahmen meiner Forschung zur ethnischen Identität der Orang Rimba und der Betrachtung ihrer Interaktion mit den unterschiedlichen Akteuren außerhalb des Regenwaldes verbrachte ich sehr viel Zeit mit Männern. Sie begleitete ich zu Treffen mit Dorfvorstehern, mit Forstbehörden und auch mit Nicht-Regierungsorganisationen. Die von mir dargestellten Prozesse der Konstruktion ethnischer Identität sind somit Aushandlungspraxen zwischen den Männern verschiedener (ethnischer) Gruppen. Dadurch ergibt sich letztendlich in meiner Dissertation ein *male bias* der repräsentierten Meinungen und Aussagen, der jedoch nicht die Gesellschaftsstruktur und Machtverhältnisse im Alltag der matrilinearen und matrilokalen Orang Rimba widerspiegelt.[15]

Umso deutlicher wird jedoch, dass das Feld der politischen Auseinandersetzung um den Bukit Duabelas Regenwald männlich dominiert ist. Daraus ergibt sich für mich die Frage, inwieweit durch das ausschließliche (Ver)Handeln männlicher Protagonisten in wichtigen politischen und gesellschaftlichen Belangen außerhalb des Regenwaldes das bislang mindestens gleichberechtigte Geschlechterverhältnis der Orang Rimba in Zukunft ins Wanken zu geraten droht.

Als Konsequenz für die schreibende Ethnologin bedeutet dies, die Repräsentation der Geschlechter und Geschlechterverhältnisse immer auch unter dem Aspekt der Macht zu betrachten: Wessen ethnische Identität es ist, über die ich schreibe, welche Machtstrukturen werden reproduziert und inwieweit kann die Repräsentation der feldforschenden Ethnologin Genderbeziehungen und Machtverhältnisse zwischen den Geschlechtern der beforschten Gesellschaft beeinflussen? Eine Auseinandersetzung mit Geschlecht und Geschlechterverhältnissen im Feld umfasst die Analyse von Beziehungen und Prozessen, die zeitlich und räumlich über die konkrete Forschungssituation hinausgehen. Dabei bleibt die Ethnologin auch nach der Feldforschung immer noch Teil dieser Beziehungen mit all ihren Auswirkungen.

Die zu Beginn dieses Artikels gestellte Frage nach der Bedeutung des Geschlechts im Feld hinsichtlich habe ich unter den drei Aspekten Feldforschung als Frau, Feldforschung mit Frauen und Feldforschung von Frauen betrachtet. Immer spielt das

Geschlecht der Ethnologin eine zentrale Rolle. Immer wieder werden unterschiedliche Erwartungen mit der Rolle der weiblichen Ethnologin verbunden, so dass die Konstruktion der Genderidentität der Ethnologin im Feld ein andauernder Prozess ist, der maßgeblich bestimmt wird von lokalen Diskursen über Geschlecht und Geschlechterrollen, die nicht unbedingt mit dem Selbstbild der Ethnologin übereinstimmen. Die aus der Feldforschung resultierenden Daten sind ebenso als komplexe Ergebnisse von Geschlechterbeziehungen, Machtstrukturen und Diskursen zu betrachten. Die letztendlich stattfindende Repräsentation und Veröffentlichung der Forschungsergebnisse manifestiert und verkörpert so auch die Genderidentität der Ethnologin, in meinem Fall die Identität einer „Frau" alleine im Regenwald.

Als Resümee dieser Selbstreflexion in Bezug auf Geschlecht im Feld zeigt sich für mich, dass eine Auseinandersetzung mit Geschlecht im Feld, wie sie Hauser-Schäublin unter anderem retrospektiv im Jahr 2002 veröffentlicht hat, weiterhin notwendig und hoch aktuell ist – und auch in Zukunft sein wird!

Anmerkungen

1 Als *adat* wird in Indonesien die Gesamtheit von Regeln und Normen bezeichnet, die das gesellschaftliche Zusammenleben der Gemeinschaft bestimmen. Das jeweilige *adat* einzelner ethnischer Gruppen basiert auf gemeinsamen Werten, Idealen und Wissen der Mitglieder dieser Gruppen, und steht so in einem engen Zusammenhang mit ihren kosmologischen und religiösen Überzeugungen. „In a more profound sense than its usual rendering as ‚customary law', adat must also be understood to incorporate the moral ideal of social consonance and the behavioural imperative of propriety. There is an underlying religious-social vision of the necessary correspondence of cosmic and human relationship towards which it is directed" (Warren 1993:3). Viele Elemente des *adat*-Systems sind in das alltägliche Handeln integriert und regeln beispielsweise Besitzverhältnisse, Rituale, Kleidungsvorschriften, Heiratsbeziehungen, Austauschverhältnisse, Vererbung, Titel sowie Macht- und Entscheidungsstrukturen. Das *adat* wird meist mündlich überliefert, wodurch es flexibel an Entwicklungen und Veränderungen angepasst werden kann. Dabei findet jedoch keine Änderung seiner Eigenschaft *(sifat)*, d. h. seines verbindlichen und normativen Charakters, an sich statt. Das *adat*-Recht steht häufig als Parallelstruktur neben dem kodifizierten staatlichen Recht und religiösen Rechtsnormen. Das *adat* wird als Komplex gruppenspezifischer kultureller Äußerungen und Handlungen zu einem wichtigen Moment der ethnischen Identitätsformulierung und zu einem Differenzierungs- und Abgrenzungskriterium gegenüber anderen Gruppen.

2 Auch die Ausweisung des Nationalparks hat negative Implikationen für die Orang Rimba, da ihre bisherige Nutzung des Waldes als Lebensraum durch die Nationalparkgesetze extrem eingeschränkt wird.

3 Als „*kampungan*" (*kampung* = Dorf) werden umgangssprachlich als ‚ungebildet' empfundene Frauen bezeichnet, die in der Regel aus ländlichen Regionen stammen und nicht dem Ideal einer modernen, gebildeten Mittelschichtsfrau entsprechen. Die lässt sich vor allem auch an der äußeren Erscheinung erkennen, wie mir erklärt wurde.

Als „*tomboi*" gilt ein Mädchen oder eine Frau, die in ihrem Rollenverhalten mitunter eher männlich orientiert ist, was sich z. B. in Freizeitaktivitäten (etwa Bergsteigen oder Waldaufenthalte) oder ähnlichem zeigt.

4   Zum Zeitpunkt des Gesprächs trug ich einen schlichten Rock und eine Bluse, wenn ich aber eine von einem Aufenthalt im Wald zurück in die Kleinstadt kam, war ich meist mit Hose und T-Shirt bekleidet, deren Sauberkeit durch den Wald und die Reise erheblich gelitten hatte.

5   Die Unzulänglichkeit des Konzeptes „Frau" als universaler Sammelkategorie, die die Heterogenität und ungleiche Machtverhältnisse zwischen Frauen verschleiert, wurde bereits von „women of colour" und „Dritte-Welt-Feministinnen" kritisiert (u.a. Abu Lughod 1991; Mohanty 1991, Spivak 1999, Steyerl 2003)

6   Neben diesem idealtypischen Verlauf einer Eheschließung gibt es Varianten, bei denen entweder der Brautdienst zugunsten von Geschenken (Geld und Wertgegenstände) in den Hintergrund tritt, oder aber zwei Jugendliche ohne das Einverständnis ihrer Familien gemeinsam davonlaufen. Das Ersetzen des Brautdienstes durch Geschenke findet sich vor allem in Regionen des Bukit Duabelas Gebietes, in denen Lohnarbeit und Kautschukplantagenwirtschaft größere Bedeutung für die Subsistenz haben als *shifting cultivation* in Kombination mit Jagen und Sammeln.

7   Bei den Orang Rimba richtet sich die Höhe des Brautpreises auch nach dem Alter des zu verheiratenden Kindes. Heiratet die jüngste Tochter (*bunsunye*) spricht man von einer *mancung tali buoyon* (cutting the swing) Heirat, für die der höchste Brautpreis zu bezahlen ist, der bis zu 60 *koping kain* betragen kann. Begründet wird dieser hohe Brautpreis von den Orang Rimba Eltern mit der ganz besonders großen Zuneigung, die sie für ihre jüngste Tochter empfinden, mit dem großen Schmerz, den ihnen die Trennung von ihr verursacht, und der besonderen Fürsorge, die sie in ihre Erziehung investiert haben.

8   *Juwor* und *palau* sind die Namen zweier von den Orang Rimba als äußerst delikat betrachteter Fischarten.

9   Die Gender-Konzepte der Orang Rimba sehen für den Alltag bestimmte Arbeitsteilungen, bestimmte Nahrungstabus und auch voneinander abweichendes Vokabular vor.

10 Ab einem Alter von sieben Jahren gelten Jungen bei den Orang Rimba bereits als Junggesellen. Sie schlafen ab diesem Zeitpunkt gemeinsam in einem Junggesellenhaus, der Kontakt zu Mädchen und unverheirateten Frauen ist streng reglementiert und darf nur im Beisein anderer (Erwachsener) stattfinden.

11 Als Inzest oder *sumbang* werden folgende Beziehungen angesehen:
Ego mit eigenen Kindern *(anak)*,
Ego mit Neffen oder Nichten *(keponakan)*,
Ego mit (Stief-)Geschwistern *(saudara tiri)*,
Ego mit Zieh- od. Adoptivkindern *(anak pengambilan, anak angkat)*.
Verbindungen, die als nicht optimal oder sogar als Tabu angesehen werden, werden als *pancit dengan membiang* bezeichnet. *Pancit* und *membiang* sind zwei Arten von Fisch, die von den Orang Rimba als ungenießbar klassifiziert werden und deren Verzehr Mädchen und Frauen verboten ist.

12 Bis in die 1970er Jahre fanden ökonomische Tauschbeziehungen zwischen den Orang Rimba und der sesshaften Bevölkerung entweder über den Mittelsmann oder in Form des ‚Stillen Tausches' – *silent barter* statt.

13 Die Namen unverheirateter Mächen werden nicht in der Öffentlichkeit und schon gar nicht vor Fremden erwähnt, um sie vor dem Einfluss schwarzer Magie *(pellet)* zu schützen. Das Gleiche gilt für das Fotografieren von Mädchen und Frauen, das von den Orang Rimba in

der Regel nicht gestattet wird. Wurden Fotos von Mädchen oder Frauen aufgenommen, so dürfen diese nur unter Absprache und in sehr seltenen Ausnahmen Dritten oder gar einer Öffentlichkeit zugänglich gemacht werden.

14 Die Vergabepraxis der Dorfvorsteher führt immer wieder zu Unmut unter den Orang Rimba, da so hierarchische Verhältnisse entstehen.

15 Die meiner Fragestellung und der lokalen Praxis geschuldete Unsichtbarkeit von Orang-Rimba-Frauen in meiner Dissertation führte immer wieder zu kontroversen Diskussionen im Doktorandenkolloquium – auch mit Brigitta Hauser-Schäublin. Wir einigten uns schließlich darauf, dass ich dieses Thema auch in einem separaten Artikel reflektieren könnte. Dieser Beitrag ist somit auch eine Referenz an unsere lebhaften und produktiven Diskussionen, die mich zwangen, meine diesbezüglichen Überlegungen zu schärfen.

Literatur

Abu-Lughod, Lila (1991) Writing against Culture. In: Richard G. Fox (Hg.): *Recapturing Anthropology. Working in the Present,* S. 137–162. Santa Fe: School of American Research Press.

Hauser-Schäublin, Brigitta (2002) Gender: Verkörperte Feldforschung. In: Hans Fischer (Hg.): *Feldforschungen: Erfahrungsberichte zur Einführung* (2. Auflage, Neufassung), S. 73–100. Berlin: Reimer.

Hauser-Schäublin, Brigitta (2003) Teilnehmende Beobachtung. In: Bettina Beer (Hg.), *Methoden und Techniken der Feldforschung;* S. 33–54. Berlin: Reimer.

Hauser-Schäublin und Ulrich Braukämper (2002) *Zu einer Ethnologie der weltweiten Verflechtungen.* In: Hauser-Schäublin und Ulrich Braukämper (Hg.): *Ethnologie der Globalisierung. Perspektiven kultureller Verflechtungen.* S. 9–14. Berlin: Reimer.

Hauser-Schäublin und Birgit Röttger-Rössler (Hg.) (1998) *Differenz und Geschlecht.* Berlin: Reimer.

Jenkins, Richard (1997) *Rethinking Ethnicity: Arguments and Explorations.* London: Sage.

Mohanty, Chandra T. (1991) Under Western Eyes: Feminist Scholarship and Colonial Discourses. In: Anne McClintock, Aamir Mufti und Ella Shohat (Hg.): *Dangerous Liaisons. Gender, Nation and Postcolonial Perspectives,* S. 255–274. Minneapolis: University of Minnesota Press.

Sandbukt, Øyvind (1984) Kubu Conceptions of Reality. *Asian Folklore Studies* 43:85–98.

Sandbukt, Øyvind (1988) Tributary Tradition and Relations of Affinity and Gender among the Sumatran Kubu. In: Tim Ingold, David Riches und James Woodburn

(Hg.): *Hunters and Gatherers* (Band 1: History, Evolution and Social Change), S. 107–116. New York und Oxford: Berg.

Spivak, Gayatri Chakravorty (1999) *A Critique of Postcolonial Reason: Toward a History of the Vanishing Present.* Cambridge: Harvard University Press.

Steyerl, Hito (Hg.) (2003) *Spricht die Subalterne deutsch? Migration und postkoloniale Kritik.* Münster: Unrast.

Schlehe, Judith (2002): Handeln und Aushandeln in transkulturellen Geschlechterbeziehungen. In: Hauser-Schäublin und Ulrich Braukämper (Hg.): *Ethnologie der Globalisierung. Perspektiven kultureller Verflechtungen.* S. 205–220. Berlin: Reimer.

Veröffentlichungen von Brigitta Hauser-Schäublin

i.Dr.   Changing Contexts, Shifting Meanings: The Cook/Forster Collection, for Example. In: Elfriede Hermann (Hg.): *Changing Contexts – Shifting Meanings: Transformations of Cultural Traditions in Oceania.* Honolulu: University of Hawai'i Press.

i.Dr.   Jenseits von Feldforschung. Kooperationen mit Partnern in den Ländern unserer Untersuchungen. In: Alke Dohrmann, Dirk Bustorf und Nicole Poissonnier (Hg.): *Schweifgebiete: Festschrift für Ulrich Braukämper.* Münster: Lit.

2008   *Burials, Texts and Rituals. Ethnoarchaeological Investigations in North Bali, Indonesia.* Brigitta Hauser-Schäublin und I Wayan Ardika (Hg.). Göttingen: Universitätsverlag Göttingen (Göttinger Beiträge zur Ethnologie 1).

2008   Sembiran and Julah – Sketches of History. In: Brigitta Hauser-Schäublin und I Wayan Ardika (Hg.): *Burials, Texts and Rituals. Ethnoarchaeological Investigations in North Bali, Indonesia,* S. 9–68. Göttingen: Universitätsverlag Göttingen.

2008   *Der geteilte Leib: Die kulturelle Dimension von Organtransplantation und Reproduktionsmedizin in Deutschland.* Brigitta Hauser-Schäublin, Vera Kalitzkus und Imme Petersen. Überarbeitete Version (2005) und Ergänzung (2008) des gleichnamigen Buches von 2001. Verfügbar unter <http://webdoc.sub.gwdg.de/pub/mon/2008/hauser-schaeublin.pdf>.

2008   Ritual, Pilgrimage and the Reconfiguration of the State. Sacred Journeys in the Political Landscape of Bali (Indonesia). In: Jörg Gengnagel, Monika Horstmann und Gerald Schwedler (Hg.): *Prozessionen, Wallfahrten, Aufmärsche.*

Bewegung zwischen Religion und Politik in Europa und Asien seit dem Mittelalter, S. 288–311. Köln: Böhlau.

2007 *Siberia and Russian America: Culture and Art from the 1700s; the Asch Collection, Göttingen. = Sibirien und Russisch-Amerika: Kultur und Kunst des 18. Jahrhunderts; die Sammlung von Asch, Göttingen.* Brigitta Hauser-Schäublin und Gundolf Krüger (Hg.). München: Prestel.

2007 Blutsverwandtschaft. In: Christina von Braun und Christoph Wulf (Hg.): *Mythen des Blutes,* S. 171–183. Publikation der gleichnamigen Tagung vom 1.–3. Dezember 2005 in Berlin. Frankfurt a.M., New York: Campus Verlag.

2007 Rivalling Rituals, Challenged Identities: Accusations of Ritual Mistakes as an Expression of Power Struggles in Bali (Indonesia). In: Ute Hüsken (Hg.): *When Rituals go Wrong: Mistakes, Failure, and the Dynamics of Ritual,* S. 245–271. Leiden: Brill.

2007 „Was die Europäer uns gebracht haben, ist der Körper". Von der Undenkbarkeit des Körpers als Objekt. In: Jochen Taupitz (Hg.): *Kommerzialisierung des menschlichen Körpers,* S. 21–36. Berlin: Springer. (Veröffentlichungen des Instituts für deutsches, europäisches und internationales Medizinrecht, Gesundheitsrecht und Bioethik der Universitäten Heidelberg und Mannheim 28).

2007 Weiss in einem Meer von Rot. Die bemalte Giebelwand des Abelam-Kulthauses. In: Anna Schmid und Alexander Brust (Hg.): *Rot. Wenn Farbe zur Täterin wird* (Buch zur Ausstellung im Museum der Kulturen, Basel), S. 190–194. Basel: Christoph Merian Verlag.

2007 Anstelle eines Nachrufs: Begegnungen mit Gerd Koch (1922–2005). *Paideuma* 53: 325–327.

2007 Die Bombenattentate auf der „Insel der Götter". Hintergründe und Wirkungen der Anschläge von Bali. *Georgia Augusta* 5:24–30.

2006 *Life in the Pacific of the 1700s – The Cook/Forster-Collection of the Georg-August-University of Göttingen. Volume II: European Research, Traditions, and Perspectives.* Brigitta Hauser-Schäublin und Gundolf Krüger (co-Hg.) / Stephen Little und Peter Ruthenberg (Hg.). Honolulu: Honolulu Academy of Arts.

2006 Introduction. In: Brigitta Hauser-Schäublin und Gundolf Krüger (co-Hg.) / Little, Stephen und Peter Ruthenberg (Hg.): *Life in the Pacific of the 1700s – The Cook/Forster Collection of the Georg-August-University of Göttingen. Volume II: European Research, Traditions, and Perspectives,* S. 6–7. Honolulu: Honolulu Academy of Arts.

2006 Witnesses of Encounters and Interactions. In: Brigitta Hauser-Schäublin und Gundolf Krüger (co-Hg.) / Little, Stephen und Peter Ruthenberg (Hg.): *Life in the Pacific of the 1700s – The Cook/Forster Collection of the Georg-August-University of Göttingen. Volume II: European Research, Traditions, and Perspectives*, S. 21–35. Honolulu: Honolulu Academy of Arts.

2006 „... yang hidup di sini, yang mati di sana" – *Upacara lingkaran hidup di desa Sembiran/Bali (Indonesia)*. Brigitta Hauser-Schäublin und Christian Riemenschneider. Berlin und Münster: Lit (Göttinger Studien zur Ethnologie 15).

2006 Pacific Cultural Heritage – The Göttingen Cook/Forster Collection. Brigitta Hauser-Schäublin und Gundolf Krüger. In: Therese Weber und Jeanie Watson (Hg.): *Cook's Pacific Encounters: The Cook-Forster-Collection of the Georg-August University of Göttingen*, S. 15–28. Canberra: National Museum of Australia Press.

2006 Buchbesprechung zu „Vom Kultobjekt zur Massenware". *Tribus* 55:273–274.

2005 Machbarkeit und Macht von Humantechnologien. *Kuckuck* 20(1):25–29.

2005 On Irrigation and the Balinese State. Reply. *Current Anthropology* 46(2):306–308.

2005 Temple and King: Resource Management, Rituals and Redistribution in Early Bali. *Journal of the Royal Anthropological Institute* 11(4):747–771.

2004 Biografien von Menschen, Sammlungen, Objekten: Skizzen eines Vortrages. In: Ev.-luth. Missionswerk in Niedersachsen (Hg.): *Zeugnisse ferner Begegnungen*, S. 37–43. Tagungsbericht der gleichnamigen Tagung im Dezember 2004 in Hermannsburg/Niedersachsen.

2004 Austronesian Aboriginality or the Ritual Organization of the State? A Controversy on the Political Dimension of Temple Networks in Early Bali. *History and Anthropology* 15(4):317–344.

2004 "Bali Aga" and Islam: Ethnicity, Ritual Practice, and "Old-Balinese" as an Anthropological Construct. *Indonesia* 77:27–55.

2004 The Politics of Sacred Space: Using Conceptual Models of Space for Socio-political Transformations in Bali. *Bijdragen tot de Taal-, Land- en Volkenkunde* 160(2/3):283–314.

2003 *Kulturelle Räume – räumliche Kultur. Zur Neubestimmung des Verhältnisses zweier fundamentaler Kategorien menschlicher Praxis*. Brigitta Hauser-Schäublin und Michael Dickhardt (Hg.). Münster: Lit (Göttinger Studien zur Ethnologie 10).

2003   Raum, Ritual und Gesellschaft. Religiöse Zentren und sozio-religiöse Verdichtungen im Ritual. In: Brigitta Hauser-Schäublin und Michael Dickhardt (Hg.): *Kulturelle Räume – räumliche Kultur. Zur Neubestimmung des Verhältnisses zweier fundamentaler Kategorien menschlicher Praxis*, S. 43–87. Münster: Lit (Göttinger Studien zur Ethnologie 10).

2003   Eine Theorie kultureller Räumlichkeit als Deutungsrahmen. Brigitta Hauser-Schäublin und Michael Dickhardt. In: Brigitta Hauser-Schäublin und Michael Dickhardt (Hg.): *Kulturelle Räume – räumliche Kultur. Zur Neubestimmung des Verhältnisses zweier fundamentaler Kategorien menschlicher Praxis*, S. 13-42. Münster: Lit (Göttinger Studien zur Ethnologie 10).

2003   Ethnologische Perspektiven auf globale Verflechtungen im lokalen Kontext. In: *Lokale Identitäten und überlokale Einflüsse*. Working Papers der Kommission für Sozialanthropologie. Reihe A, Band 4. Wittgenstein 2000. Wien: Verlag der Österreichischen Akademie der Wissenschaften.

2003   Teilnehmende Beobachtung. In: Beer, Bettina (Hg.): *Methoden und Techniken der Feldforschung*, S. 33–54. Berlin: Reimer.

2003   The Pre-colonial Balinese State Reconsidered: A Critical Evaluation of Theory Construction on the Relationship between Irrigation, the State, and Ritual. *Current Anthropology* 44(2): 153–182.

2002   *Ethnologie der Globalisierung. Perspektiven kultureller Verflechtungen*. Brigitta Hauser-Schäublin und Ulrich Braukämper (Hg.). Berlin: Reimer.

2002   Einleitung: zu einer Ethnologie der weltweiten Verflechtungen. Brigitta Hauser-Schäublin und Ulrich Braukämper. In: Brigitta Hauser-Schäublin und Ulrich Braukämper (Hg.): *Ethnologie der Globalisierung. Perspektiven kultureller Verflechtungen*, S. 9–14. Berlin: Reimer.

2002   Gender: Verkörperte Feldforschung. In: Fischer, Hans (Hg.): *Feldforschungen: Erfahrungsberichte zur Einführung* (2. Auflage, Neufassung), S. 73–100. Berlin: Reimer.

2001   *Der geteilte Leib: Die kulturelle Dimension von Organtransplantation und Reproduktionsmedizin in Deutschland*. Brigitta Hauser-Schäublin, Vera Kalitzkus, Imme Petersen und Iris Schröder. Frankfurt a.M.: Campus.

2001   Körperpolitik, Humantechnologie und die Konstruktion von „Verwandtschaft": eine kulturvergleichende Analyse. In: Carmen Franz und Gudrun Schwibbe (Hg.): *Geschlecht weiblich: Körpererfahrungen – Körperkonzepte*, S. 148–169. Berlin: Edition Ebersbach.

2001 Von der Natur in der Kultur und der Kultur in der Natur. Eine kritische Reflexion dieses Begriffspaars. In: Rolf Wilhelm Brednich, Annette Schneider und Ute Werner (Hg.): *Natur und Kultur. Volkskundliche Perspektiven auf Mensch und Umwelt*, S. 11–20. Münster: Waxmann.

2000 *Bali: Kultur, Tourismus, Umwelt. Die indonesische Ferieninsel im Schnittpunkt lokaler, nationaler und globaler Interessen.* Brigitta Hauser-Schäublin und Klaus Rieländer (Hg.). Hamburg: Abera.

2000 Dynamik zwischen Dissonanz und Harmonie. Kulturelle Ordnungssysteme unter dem Eindruck der Tourismusentwicklung. In: Brigitta Hauser-Schäublin und Klaus Rieländer (Hg.): *Bali: Kultur, Tourismus, Umwelt. Die indonesische Ferieninsel im Schnittpunkt lokaler, nationaler und globaler Interessen*, S. 142–159. Hamburg: Abera.

1999 Vom Reisen und vom Verstehen. Die Ethnologie und „das Andere". *Forschung & Lehre* 3:139–142.

1998 *James Cook. Gifts and Treasures from the South Seas, Gaben und Schätze aus der Südsee. The Cook/Forster Collection, Göttingen.* Brigitta Hauser-Schäublin und Gundolf Krüger (Hg.). München: Prestel.

1998 Exchanged Value – The Winding Paths of the Objects / Getauschter Wert – Die verschlungenen Pfade der Objekte. In: Brigitta Hauser-Schäublin und Gundolf Krüger (Hg.): *James Cook. Gifts and Treasures from the South Seas, Gaben und Schätze aus der Südsee. The Cook/Forster Collection, Göttingen*, S. 11–29. München: Prestel.

1998 Marquesas – Plagued by Misfortune / Marquesas – Unter einem unglücklichen Stern. In: Brigitta Hauser-Schäublin und Gundolf Krüger (Hg.): *James Cook. Gifts and Treasures from the South Seas, Gaben und Schätze aus der Südsee. The Cook/Forster Collection, Göttingen*, S. 221–233. München: Prestel.

1998 Marquesas. In: Brigitta Hauser-Schäublin und Gundolf Krüger (Hg.): *James Cook. Gifts and Treasures from the South Seas, Gaben und Schätze aus der Südsee. The Cook/Forster Collection, Göttingen*, S. 324–326. München: Prestel.

1998 *Differenz und Geschlecht. Neue Ansätze in der ethnologischen Forschung.* Brigitta Hauser-Schäublin und Birgitt Röttger-Rössler (Hg.). Berlin: Reimer.

1998 Differenz und Geschlecht – Eine Einleitung. Brigitta Hauser-Schäublin und Birgitt Röttger-Rössler. In: Brigitta Hauser-Schäublin und Birgitt Röttger-Rössler (Hg.): *Differenz und Geschlecht. Neue Ansätze in der ethnologischen Forschung*, S. 7–22. Berlin: Reimer.

1998   Humantechnologien und die Konstruktion von Verwandtschaft. Die Körperlichkeit des ‚echten' Verwandten. *Kea* 11:55–73.

1998   Temples and Tourism: Between Adaptation, Resistance and Surrender? *RIMA* 32(1):144–178.

1997   *Traces of Gods and Men. Temples and Rituals as Landmarks of Social Events and Processes in a South Bali Village*. Berlin: Reimer.

1997   Die Vergangenheit in der Gegenwart. Zeitkonzeptionen und ihre Handlungskontexte bei den Abelam in Papua-Neuguinea. In: Markus Schindlbeck (Hg.): *Gestern und Heute – Traditionen in der Südsee* (Festschrift zum 75. Geburtstag von Gerd Koch), S. 409–429 (Baessler-Archiv, Beiträge zur Völkerkunde, Neue Folge 45).

1997   Blick zurück im Zorn. Ethnologie als Kulturkritik. *Zeitschrift für Ethnologie* 122:3–17.

1997   Cult Houses. Abelam. In: Oliver, Paul (Hg.): *Encyclopaedia of Vernacular Architecture*. Cambridge: Cambridge University Press.

1996   The Thrill of the Line, the String, and the Frond, or Why the Abelam are a Non-cloth Culture. *Oceania* 67(2):81–106.

1995   Das Ende der Verwandtschaft? Zeugung und Fortpflanzung zwischen Produktion und Reproduktion. In: Wolfgang Kaschuba (Hg.): *Kulturen – Identitäten – Diskurse. Perspektiven Europäischer Ethnologie*, S. 163–186. Berlin: Akademie Verlag.

1995   Puberty Rites, Women's Naven, and Initiation: Women's Rituals of Transition in Abelam and Iatmul Culture. In: Nancy Lutkehaus and Paul Roscoe (Hg.): *Gender Rituals: Female Initiation in Melanesia*, S. 33–53. New York/London: Routledge.

1995   Politik des Blutes. Zur Verkörperung sozialer Ungleichheit als naturgegebene Verschiedenheit am Schnittpunkt zwischen Geschlecht, Klasse und Rasse. *Zeitschrift für Ethnologie* 120:31–49.

1995   The Art of Transformation – Transformations in Art. *Pacific Arts* 11&12:1–9.

1994   *Geschichte und mündliche Überlieferung in Ozeanien*. Brigitta Hauser-Schäublin (Hg.). Basel: Wepf (Basler Beiträge zur Ethnologie 37).

1994   Der schillernde Tod: Zur kulturellen Konstruktion der Tötung in der Kultur der Iatmul und der Fremden. In: Brigitta Hauser-Schäublin (Hg.): *Geschichte und mündliche Überlieferung in Ozeanien*, S. 15–49. Basel: Wepf (Basler Beiträge zur Ethnologie 37).

1994   The Iatmul of the Sepik River Basin. In: Göran Burenhult (Hg.): *Traditional Peoples Today: Continuity and Change in the Modern World,* S. 104–105. San Francisco, Califonia: HarperSanFrancisco (The Illustrated History of Humankind 5).

1994   The Track of the Triangle. Form and Meaning in the Sepik, Papua New Guinea. *Pacific Studies* 17(3):133–170.

1993   Blood: Cultural Effectiveness of Biological Conditions. In: Barbara D. Miller (Hg.): *Sex and Gender Hierarchies,* S. 83–107. Cambridge: Cambridge University Press.

1993   Introduction. In: Marie-Louise Nabholz-Kartaschoff et al. (Hg.): *Weaving Patterns of Life* (Indonesian Textile Symposium 1991), S. 8–9. Basel: Museum für Völkerkunde.

1993   Kannibalismus. In: Rolf W. Brednich, (Hg.): *Enzyklopädie des Märchens,* Band 7, S. 939–945. Berlin: de Gruyter.

1993   Keraton and Temples in Bali. The Transcendental Organization of Rulership between Centre and Periphery. In: Peter J. M. Nas (Hg.): *Urban Symbolism,* S. 280–314. Leiden: E.J. Brill.

1993   Comment on: „The New Guinea Highlands". Region, Culture, or Fuzzy Set? By Terence E. Hays. *Current Anthropology* 34(2):150–151.

1993   Rezension zu „Twisted Histories, Altered Contexts: Representing the Chambri in a World System" By Deborah Gewertz and Frederik K. Errington. *Pacific Studies* 16(1):106–111.

1992   Der verhüllte Schrein. Sakralarchitektur und ihre Umhüllungen in Bali. In: Wolfgang Marschall et al. (Hg.): *Die fremde Form,* S. 171–200. Bern: Société Suisse d'Ethnologie (Ethnologica Helvetica 16).

1991   *Ethnologische Frauenforschung. Ansätze, Methoden, Resultate.* Brigitta Hauser-Schäublin (Hg.). Berlin: Reimer.

1991   Das Werden einer geschlechterspezifischen Ethnologie (im deutschsprachigen Raum). In: Brigitta Hauser-Schäublin (Hg.): *Ethnologische Frauenforschung. Ansätze, Methoden, Resultate,* S. 9–38. Berlin: Reimer.

1991   „Verwandtschaft" und ihre „Reproduktion". Vaterschaft, die Entleiblichung der Frau und die Entseelung des Menschen. In: Brigitta Hauser-Schäublin (Hg.): *Ethnologische Frauenforschung. Ansätze, Methoden, Resultate,* S. 306–332. Berlin: Reimer.

1991 *Textilien in Bali.* Brigitta Hauser-Schäublin, Marie-Louise Nabholz-Kartaschoff und Urs Ramseyer. Berkeley, Singapore: Periplus. (Englischsprachige Ausgabe: *Balinese Textiles.* London: British Museum Press.)

1991 Abelam. Iatmul. In: Hays, Terence E. (Hg.): *Encyclopedia of World Cultures. Vol. II, Oceania,* S. 3–6, 98–100. New York: G.K. Hall & Co.

1991 Textiles as the Probable Source of House Decorations among the Sa'dan Toraja. In: Völger, Gisela and Karin von Welck (Hg.): *Indonesian Textiles: Symposium 1985,* S. 185–193. Köln: Rautenstrauch-Joest-Museum (Ethnologica N.F. 14).

1990 In the Swamps and on the Hills. Settlement Patterns and House Structure in the Sepik, Papua New Guinea. In: Nancy Lutkehaus, Christian Kaufmann, William E. Mitchell, Douglas Newton, Lita Osmundsen and Meinhard Schuster (Hg.): *Sepik Heritage. Tradition and change in Papua New Guinea,* S. 470–480. Durham: Carolina Academic Press.

1990 Die nackten Wilden. Touristen in Bali. *Basler Zeitung,* 22.9.90.

1989 *Kulthäuser in Nordneuguinea.*
Teil I: Architektur, Funktion und Symbolik des Kulthauses bei den Abelam.
Teil II: Vergleichende Studien zu Kulthäusern im Sepik-Gebiet und an der Nordküste. Berlin: Akademie-Verlag (Abhandlungen und Berichte des Staatlichen Museums für Völkerkunde Dresden 43, Monographien 7).

1989 *Leben in Linie, Muster und Farbe. Einführung in die Betrachtung aussereuropäischer Kunst am Beispiel der Abelam, Papua-Neuginea.* Basel: Birkhäuser.

1989 The Fallacy of „real" and „pseudo" Procreation. *Zeitschrift für Ethnologie* 114:179–194.

1989 Zeugungsvorstellungen und Reproduktionsmedizin. *Basler Zeitung,* Nr. 9.

1988 *The Sepik-Ramu: An Introduction.* Brigitta Hauser-Schäublin, Pamela Swadling, Paul Gorecki and Frank Tiesler (Hg.). Boroko: Papua New Guinea National Museum.

1988 Kleidung und Schmuck. Körpertrachten als Sprache. In: Brigitta Hauser-Schäublin (Hg.): *Kleidung und Schmuck,* S. 5–15. Basel: Birkhäuser.

1988 Sozio-kulturelles Umfeld von Projekten der Entwicklungszusammenarbeit. In: Schunk, Gerhard (Hg.): *Angepasste Industrialisierung: eine Herausforderung für uns und die Entwicklungsländer,* S. 39–53. Aachen: Forschungsinstitut für Internationale Technische und Wirtschaftliche Zusammenarbeit der RWTH Aachen (FIZ) (Aachener Beiträge zur Internationalen Zusammenarbeit 11).

1998 Die Rolle der Völkerkundemuseen bei der Vermittlung von Fremdbildern. In: Ina-Maria Greverus, Konrad Köstlin und Heinz Schilling (Hg.): *Kulturkontakt, Kulturkonflikt: zur Erfahrung des Fremden, Teil 1* (26. Deutscher Volkskundekongress in Frankfurt vom 28. September bis 2. Oktober 1987), S. 555–561. Frankfurt a.M.: Institut für Kulturanthropologie und Europäische Ethnologie (Notizen, Institut für Kulturanthropologie und Europäische Ethnologie, Universität Frankfurt a.M. 28).

1987 Mutterrecht und Frauenbewegung. In: Barbara Huber-Greub (Hg.): *Johann Jakob Bachofen (1815–1887)*, S. 137–150. Basel: Historisches Museum.

1987 Prostitution: der fatale Irrtum. Das Mißverstehen weiblicher Sexualität in der Südsee durch die ersten Europäer. In: Brigitta Hauser-Schäublin (Mitarb.): *Sexualität: eine Kontoverse*, S. 9–38. Basel: GS-Verlag.

1987 Stadtnomaden. In: Brigitta Hauser-Schäublin (Hg.): *Bauen und Wohnen*, S. 5–15. Basel: Birkhäuser.

1987 Zwischen Blätterdach und Erde. In: Brigitta Hauser-Schäublin (Hg.): *Bauen und Wohnen*, S. 35–43. Basel: Birkhäuser.

1987 Ritueller Wettstreit mit Feldfrüchten: Yamsfeste im Sepik-Gebiet, Papua-Neuguinea. *Verhandlungen der Naturforschenden Gesellschaft in Basel* 97:87–102.

1986 Guten Appetit! Guten Appetit? In: Brigitta Hauser-Schäublin (Hg.): *Rund ums Essen*, S. 5–15. Basel: Birkhäuser (Mensch, Kultur, Umwelt 1).

1986 Symbole als Mittler zwischen sozialer Auflösung und Koexistenz. In: Adam Zweig und Maja Svilar (Hg.): *Kosmos, Kunst, Symbol* (Akten des 3. Symposions der Gesellschaft für Symbolforschung und Vorträge eines Zyklus des Collegium generale der Universität Bern 1985), S. 91–112. Bern: Peter Lang (Schriften zur Symbolforschung 3).

1985 Blockbauten der Sa'dan Toraja. Materialien zur Geschichte der Toraja aufgrund von früheren Hausformen. In: Marschall, Wolfgang (Hg.): *Der grosse Archipel: schweizer ethnologische Forschungen in Indonesien*, S. 59–82. Bern: Schweizerische Ethnologische Gesellschaft (Ethnologica Helvetica 10).

1985 Der geliebte Mann, die vergewaltigte Frau. Das Beispiel der Iatmul am mittleren Sepik, Papua-Neuguinea. In: Völger, Gisela und Karin von Welck (Hg.): *Die Braut. Geliebt, verkauft, getauscht, geraubt. Zur Rolle der Frau im Kulturvergleich*, S. 520–528. Köln: Rautenstrauch-Joest-Museum für Völkerkunde.

1985 Frau mit Frauen. Untersuchungen bei den Iatmul und Abelam, Papua-Neuguinea. In: Hans Fischer (Hg.): *Feldforschungen: Berichte zur Einführung in Probleme und Methoden*, S. 179–201. Berlin: Reimer.

1985 Sammeln verboten. Oder: Vergängliche Kunst (englische Version: Not for Collection: Ephemeral Art). In: Suzanne Greub (Hg.): *Kunst am Sepik: Ausdruck und Ornament. Bildwerke einer alten Tropenkultur in Papua-Neuguinea (Art of the Sepik River)*, S. 27–32. Basel: Edition Greub; Tribal Art Center.

1985 Zeichen des Lebens, des Todes und der Unsterblichkeit. Über Seelenvorstellungen und deren Ausdruck in Melanesien, S. 99–110. In: Adam Zweig (Hg.): *Zur Entstehung von Symbolen* (Akten des 2. Symposions der Gesellschaft für Symbolforschung Bern 1984), S. 99–110. Bern: Peter Lang (Schriften zur Symbolforschung 2).

1985 Kunst zwischen Mythos und Realität. *Basler Magazin* 42:1–5.

1984 Schweinefleisch und Totenseele. Zur Bedeutung des Schweines in der Kultur der Abelam, Papua-Neuguinea. *Verhandlungen der Naturforschenden Gesellschaft in Basel* 94:335–365.

1984 „... und breitet die bluttriefende Haut auf dem Hüttendach aus": Diskussionsbeitrag zu einem Motiv der Sennenpuppensage. *Fabula* 25(3/4):266–276.

1983 Abelam. In: Klaus E. Müller (Hg.): *Menschenbilder früher Gesellschaften: ethnologische Studien zum Verhältnis Mensch und Natur* (Gedächtnisschrift für Hermann Baumann), S. 178–203. Frankfurt/Main und New York: Campus Verlag.

1983 The *mai* Masks of the Iatmul. In: *Oral History* 11(2):1–53.

1982 *Reproduction, Pregnancy and Birth in Kararau.* Papua New Guinea, Boroko: Institute of Social and Economic Research.

1982 Kathedralen der Steinzeit. *Basler Magazin* 22:1–2,4–5.

1981 Mann und Frau. Versuch einer Standortbestimmung aus kulturanthropologischer Sicht. *Verhandlungen der Naturforschenden Gesellschaft in Basel* 90:131–150.

1980 *The Abelam of the East Sepik Province.* Papua New Guinea, Boroko: National Cultural Council (People of Papua New Guinea).

1980 *Wir und unser Dorf. Die Kinder der Abelam in Papua Neuguinea.* Brigitta Hauser-Schäublin und Jörg Hauser-Schäublin. Basel: Lehrmittelverlag des Kantons Basel-Stadt (2. leicht veränderte Auflage 1995).

1980 „Damit sich niemand schämen muss...": Über Persönlichkeitsbildung und Kindererziehung bei den Eingeborenen Papua Neuguineas. *Basler Magazin* 10:15.

1979 Der Yamskult bei den Abelam. *Basler Magazin* 15:6–8.

1978   Mai-Masken der Iatmul, Papua New Guinea. Stil, Schnitzvorgang, Auftritt und Funktion. *Verhandlungen der Naturforschenden Gesellschaft in Basel* 87/88 (1976/77):119–145. [Und in: *Verhandlungen der Naturforschenden Gesellschaft in Basel* 92 (1981):47–54.]

1977/   Vom Terror und Segen des Blutes. Oder: Die Emanzipation des Mannes von
1978   der Frau. *Wiener Völkerkundliche Mitteilungen* 24/25:93–116.

1977   *Frauen in Kararau. Zur Rolle der Frau bei den Iatmul am Mittelsepik, Papua New Guinea*. Basel: Ethnologisches Seminar und Museum für Völkerkunde (Basler Beiträge zur Ethnologie 18).

1976   *So lebten die Alten Ägypter*. Führer durch das Museum für Völkerkunde Basel.

1976   Feldforschung bei den Iatmul: Zwischen Erlebnis und Wissenschaft. In: *Probleme der Feldforschung aus der Sicht junger Ethnologen*, S. 9–15. Basel (Bulletin de la Société Suisse d'Ethnologie. Numéro spécial).

1973   Bei den Iatmul: Aufwachsen in einer zweigeteilten Kultur. In: Gerhard Baer (Hg.): *Jugend und Gesellschaft: Führer durch das Museum für Völkerkunde und das Schweizerische Museum für Volkskunde Basel* (Ausstellung 1973/74): S. 33–36. Basel: Museum für Völkerkunde und Schweizerisches Museum für Volkskunde.

1973   Kindheitserinnerungen einer Iatmul-Frau. In: Gerhard Baer (Hg.): *Jugend und Gesellschaft*, S. 36–37. Basel: Führer durch das Museum für Völkerkunde Basel.

Reihen (als Herausgeberin)

1986–1988   Herausgeberin und Mitautorin der Reihe *Mensch, Kultur, Umwelt*. 1986 Band I: Rund ums Essen, 1987 Band II: Bauen und Wohnen, 1988 Band III: Kleidung und Schmuck (Birkhäuser Verlag Basel).

1995–2007   Herausgeberin (zusammen mit Ulrich Braukämper) der Reihe „*Göttinger Studien zur Ethnologie*" (Lit Verlag Münster). Bislang sind 17 Bände in dieser Reihe erschienen.

2008   Herausgeberin (zusammen mit Ulrich Braukämper) der Reihe „*Göttinger Beiträge zur Ethnologie*" (Universitätsverlag Göttingen). Bislang sind zwei Bände in dieser Reihe erschienen.

Tonträger

1986   The Abelam / Die Abelam. Brigitta Hauser-Schäublin und Gesine Haase. Schallplatte mit ausführlichem Kommentar in Deutsch und Englisch. In: Musikwissenschaftliches Institut der Universität Basel und Heinrich Strobel-Stiftung des Südwestfunks in Freiburg im Breisgau (Hg.): *Music of Oceania*.

Autorinnen und Autoren

Ardika, I Wayan, born in Tabanan, Bali, Professor of Archaeology at Udayana University, Denpasar, Bali. BA 1979 at Udayana University, Denpasar, Bali. MA 1987 and Ph.D. in Archaeology 1992 at the Australian National University, Canberra.

Regina Bendix studierte Folkloristik und Kulturanthropologie in der Schweiz und den USA. Sie lehrte an der University of Pennsylvania in Philadelphia, bis sie 2001 einen Ruf nach Göttingen wahrnahm. Ihr Buch *In Search of Authenticity* (1997) bereitete die wissensgeschichtlichen ebenso wie die kulturpolitischen Impulse vor, die ihre gegenwärtige Forschung im Bereich von Tourismus, *heritage* und *cultural property* bestimmen.

Brigitta Benzing, von 1981 bis 2006 Professorin für Ethnologie an der Georg-August-Universität in Göttingen. Neben der Lehre (ab 1969) an den Universitäten Mainz, Zürich, Marburg, Tübingen, Berlin in Theorien und Methoden lagen die regionalen Schwerpunkte ihrer Lehre in West- und Nordost-Afrika, West- und Zentralasien. Ihre Feldforschungen führten sie hauptsächlich nach Ghana (1967/68) und Mali (1980/82/84). Von 1987–89 und 1993–96 war sie Gastprofessorin an der Universität von Addis Abeba, Äthiopien. Spezielle Interessen liegen auf den Gebieten: Kunst und Museum, wie auch Entwicklungsförderung. Seit 2001 ist Brigitta Benzing Vorsitzende der Afrikanisch-Asiatischen Studienförderung mit Sitz in Göttingen.

Ulrich Braukämper. Von 1964–69 studierte ich Ethnologie in Köln und promovierte über den Einfluss des Islam in Nord-Kamerun. Danach war ich bis 1994 am Frobenius-Institut in Frankfurt a. M. tätig, von dem ich 1979 für einen Aufenthalt als „Academic Visitor" an der London School of Economics auf und 1985–88 für die Reorganisation des Sudanesischen Nationalmuseums für Ethnografie beurlaubt wurde. Feldforschungen führte ich in Äthiopien, Kamerun, Somalia, Sudan und Nigeria durch. Die Habilitation erfolgte 1990 in München, und von 1995 bis 2009 hatte ich eine Professur in Göttingen inne. Dort wurde ich Kollege von Brigitta Hauser-Schäublin, die ein vorbildliches Curriculum geschaffen hatte, das meine Lehrtätigkeit erleichterte und stimulierte.

Gudrun Bucher studierte Historische Ethnologie in Frankfurt/a.M. Sie promovierte mit einer Arbeit über das von Gerhard Friedrich Müller während seiner Teilnahme an der Zweiten Kamtschatkaexpedition (1733–1743) erarbeitete Konzept für eine systematische Völkerbeschreibung. Sie war an der Konzeption mehrerer Ausstellungen über die Arktis und Sibirien beteiligt und führte Forschungen über den Transformationsprozess in der Republik Burjatien durch. Im Rahmen eines von Dr. Gundolf Krüger beantragten DFG-Projektes bearbeitete sie die Sammlung des Baron von Asch in der Ethnologischen Sammlung der Universität Göttingen. Prof. Dr. Brigitta Hauser-Schäublin ermöglichte die Publikation dieser Sammlung und initiierte nachfolgende Projekte, wie z. B. die Bearbeitung der Kuprejanov-Sammlung im Landesmuseum Natur und Mensch in Oldenburg.

Ulrike Claas studied Anthropology, Prehistory, and Folk Studies in Münster and Göttingen Universities, Gemany. She holds an M.A. (1982) and a Ph.D. (2007), both from Göttingen University where Brigitta Hauser-Schäublin was the supervisor for her Ph.D. thesis. Her areal research interest is New Guinea, especially the Sepik River and its tributaries, and her theoretical interests are Early Contact History and Oral Tradition. She has published *Das Land entlang des Sepik. Vergangenheitsdarstellungen und Migrationsgeschichte im Gebiet des mittleren Sepik, Papua New Guinea* (2007); „On the Edge of Empire: Military Brokers in the Military ‚Tribal Zone'" (with Laurie Bragge and Paul Roscoe) in *American Ethnologist* (2006); „Hot Air and the Colonialist ‚Other': The ‚German-English-Dutch Airship Expedition' to New Guinea" (with Paul Roscoe) in *The Journal of the Royal Anthropological Institute* (2009).

Michael Dickhardt studierte in Frankfurt a.M. und Göttingen Ethnologie, danach Forschungen zur kulturellen Räumlichkeit mit Feldforschung in Fiji und Mitarbeit im DFG-Forschungsprojekt *Raumorganisation, Raumverhalten und Raumkognition im Interkulturellen Vergleich* unter der Leitung von Brigitta Hauser-Schäublin. Promotion mit der Dissertation *Das Räumliche des Kulturellen* (Münster 2001) an der Universität Göttingen im Jahre 2000. Von 2001 bis 2009 Wissenschaftlicher Assistent am Institut für Ethnologie Göttingen. Publizierte u. a.: „Viti, the Soil of Eden: On Historical Praxis as a Mode of Connecting in Fiji." In: *Oceania* 75 (4) 2005, S. 342–353 und – zusammen mit Hauser-Schäublin – „Eine Theorie kultureller Räumlichkeit als Deutungsrahmen." In: Brigitta Hauser-Schäublin und Michael Dickhardt (Hg.), *Kul-*

turelle Räume – räumliche Kultur, S. 13–42. Münster: Lit, 2003. Gegenwärtig forscht er zur Kulturanthropologie der Moralität und hat dazu eine Feldforschung unter den Qaqet-Baining in Neubritannien, Papua-Neuguinea mit Unterstützung der Gerda Henkel Stiftung durchgeführt.

Beate Engelbrecht studierte an der Universität Basel Ethnologie, Soziologie und Nationalökonomie. Für ihre Dissertation führte sie mehrere Feldforschungen in Michoacán, Mexiko durch.1985 begann sie als Referentin für Ethnologie am Institut für den Wissenschaftlichen Film (IWF) in Göttingen zu arbeiten. Seit 1986 lehrt sie zugleich am Institut für Ethnologie der Universität Göttingen. Im Rahmen eines größeren Filmprojektes in Michoacán, Mexiko, dokumentierte sie einen Teil des dortigen Festzyklus. Weitere Besuche im Dorf und der Familien in der Migration in den USA folgten. Sie realisierte darüber hinaus Filmprojekte in Burkina Faso und Indien. Zurzeit arbeitet sie zum Thema Transkulturelle Autorenschaft und Copyright im Film.

Jörg Hauser, geboren in Basel und Wahlgöttinger von 1993 bis 2009. Ausgebildet in einem technischen Beruf, gab ich 1992 mein eigenes Geschäft in Basel auf, um mit Brigitta Hauser-Schäublin nach deren Annahme des Rufes auf die C4-Professur für Ethnologie an der Universität Göttingen in den „hohen Norden" zu ziehen. Seit 1972 habe ich sie auf allen ihren Forschungen begleitet und dabei meine Leidenschaft für Fotografie entdeckt und gepflegt. Meine technischen Fähigkeiten kamen vor allem bei der Erforschung der Kulthäuser bei den Abelam, Papua-Neuguinea, und beim Vermessen der Tempelanlagen in Bali zum Einsatz. Bei dem eher betriebsamen und reisefreudigen Lebensstil von Brigitta schätze ich die Ruhe von Tai Chi.

Elfriede Hermann ist Research Fellow an der Honolulu Academy of Arts, Hawaii, USA. Nach ihrer Promotion an der Universität Tübingen lehrte sie am Institut für Ethnologie der Universität Göttingen, zunächst als wissenschaftliche Assistentin und nach ihrer Habilitation als Privatdozentin und Lehrstuhlvertreterin. Dort lernte sie Brigitta Hauser-Schäublin als Direktorin und Kollegin schätzen. Sie forscht mit den Ngaing in Papua New Guinea und den Banabans in Fiji sowie in Kiribati. Zu ihren Publikationen zählen: "Emotions and the Relevance of the Past: Historicity and Ethnicity Among the Banabans of Fiji." *History and Anthropology* 16(3) 2005, S. 275–291; Changing Contexts – Shifting Meanings: Transformations of Cultural Traditions in Oceania (Hg.; im Druck).

Adrienne L. Kaeppler is Curator of Oceanic Ethnology at the Smithsonian Institution in Washington, D.C. Her research and publications focus on the interrelationships of social structure and the arts, especially poetry, music, dance, and the visual arts. She is also a specialist on Cook's voyages and has worked with Brigitta Hauser-Schäublin on the Cook/Forster collection in Göttingen. Her latest book is „The Pacific Arts of Polynesia and Micronesia" published by Oxford University Press in 2008.

Vera Kalitzkus, Studium der Ethnologie, Religionswissenschaft, Interkulturellen Didaktik (Universität Göttingen, University of California, Santa Barbara, USA); Promotion am Institut für Ethnologie der Universität Göttingen im Rahmen des DFG-Projektes *Verwandtschaft und Humantechnologie* (Prof. Brigitta Hauser-Schäublin). Sie ist heute wissenschaftliche Mitarbeiterin am Institut für Allgemeinmedizin und Familienmedizin sowie am Lehrstuhl für Medizintheorie und Komplementärmedizin (Prof. P. F. Matthiessen) der Universität Witten/Herdecke. Themenschwerpunkte: Kulturelle Konzeptionen von Körper, Selbst und Tod; Biographie und Krankheit, Narrative Medizin.

Wolfgang Kempf, anthropologist, University of Göttingen. Research and teaching activities at the Universities of Tübingen (where he earned his PhD), Heidelberg and Göttingen. Fieldwork among the Ngaing in Madang Province, Papua New Guinea, and among diaspora Banabans in Fiji and Kiribati. Research specialisms: climate change and forced migration, diaspora, space, biographic research, religion, colonialism, power and resistance. Recent publications include „Mobility, Modernisation and Agency: The Life Story of John Kikang from Papua New Guinea." In B.V. Lal and V. Luker (eds.) *Telling Pacific Lives: Prisms of Process*, pp. 51–67. Canberra: ANU E Press, (2008); also Hermann, Elfriede and Kempf, Wolfgang (guest eds.): „Relations in Multicultural Fiji: Transformations, Positionings and Articulations." *Oceania* 75 (4), (2005).

Karin Klenke studierte Ethnologie und Soziologie in Göttingen und Kopenhagen. Nach ihrem Magisterabschluss war sie Stipendiatin im DFG-geförderten Graduiertenkolleg Identität und Differenz an der Universität Trier und arbeitete anschließend als wissenschaftliche Mitarbeiterin am Institut für Ethnologie der Universität Göttingen. Den erfolgreichen Abschluss ihrer Promotion mit dem Thema Consuming Beauty: Körper, Schönheit und Geschlecht in Tanah Karo, Nord-Sumatra verdankt sie nicht zuletzt Brigitta Hauser-Schäublins bewährter Strategie aus Zuckerbrot und Peitsche in der Betreuung von Dissertationen. Sie ist momentan Mitarbeiterin in der DFG-geförderten interdisziplinären Forschergruppe Cultural Property an der Universität Göttingen. Zu den regionalen und thematischen Schwerpunkten ihrer Arbeit zählen kulturelles Eigentum, Geschlecht, Visuelle Anthropologie und Südost-Asien, insbesondere Indonesien.

Gundolf Krüger, seit 1991 Akademischer Rat und Kustos der Ethnologischen Sammlung am Institut für Ethnologie der Universität Göttingen. Studium der Ethnologie und Anthropologie in Göttingen, Promotion 1984. Wissenschaftlicher Mitarbeiter an der Universität Göttingen (1982–1986), wissenschaftlicher Museumsassistent am Ethnologischen Museum Berlin (1987–1988), Referent für Öffentlichkeitsarbeit am Linden Museum Stuttgart/Staatliches Museum für Völkerkunde (1988–1990). Mehrere Forschungs- und Filmprojekte in Polynesien und Mikronesien (seit 1980). Thematische Schwerpunkte: Materielle Kultur und Museumsethnologie. Durchführung mehrerer Ausstellungen in Göttingen. Gemeinsam mit Brigitta Hauser-Schäublin Herausgabe einer umfassenden Dokumentation der Göttinger Cook/Forster-Sammlung (1998) und der Baron von Asch-Sammlung (2007). Zusammen mit Brigitta Hauser-Schäublin Kooperationspartner im Rahmen von Cook/Forster-Ausstellungen in der Academy of Arts, Honolulu, und dem National Museum, Canberra (2006), sowie in der Kunst- und Ausstellungshalle der Bundesrepublik Deutschland, Bonn (2009).

Nancy Lutkehaus is Professor and Chair of the Department of Anthropology at the University of Southern California. She has done fieldwork on Manam Island and among the Enga in the highlands of Papua New Guinea. She is the author most recently of *Margaret Mead: The Making of an American Icon* (2008) and *Zaria's Fire: Engendered Moments in Manam Ethnography* (1995). She is the co-editor of *Gender Rituals: Female Initiation in Melanesia* (1995), with Paul Roscoe and *Gendered Missions: Male and Female in Missionary Discourse and Practice* (1999), with Mary Huber. Her present research focuses on the incorporation of non-western art into museums of fine art, in particular, the Metropolitan Museum of Art's Michael Rockfeller Wing of Art of Africa, Oceania and the Americas. During the 2009–2010 academic year she will be a Research Fellow at the Getty Museum's Getty Research Institute.

Ulrich Menter studierte Ethnologie und Volkskunde in Göttingen und Leiden und ist wissenschaftlicher Projektleiter am Linden-Museum Stuttgart. Nach einem Volontariat und mehrjähriger Projektarbeit am Linden-Museum Stuttgart arbeitete er als freiberuflicher Ethnologe und wissenschaftlicher Autor und war maßgeblich an zahlreichen Ausstellungsprojekten u. a. in Stuttgart, Detmold (2004), Hildesheim (2008) beteiligt und ist Autor bzw. Mitherausgeber verschiedener Publikationen zu Kunst und Kulturen Ozeaniens. Im Rahmen des von Brigitta Hauser-Schäublin geleiteten Forscherteams zum Thema „Kulturdokumente auf dem Weg zu einem internationalen Publikum" wirkte er an den Vorbereitungen zu den Ausstellungen der Göttinger Cook/Forster-Sammlung in Honolulu und Canberra im Jahre 2006 mit. Brigitta Hauser-Schäublin betreute auch seine Dissertation, eine Analyse hawaiischer Kultur- und Autonomiepolitik im 20. Jahrhundert.

Imme Petersen, studierte Ethnologie, Rechtswissenschaften und Geographie an den Universitäten Göttingen, Hamburg, San Diego und Brüssel. Prof. Dr. Brigitta Hauser-Schäublin betreute sowohl ihren Magister als auch ihre Promotion. Darüber hinaus war Imme Petersen wissenschaftliche Mitarbeiterin in dem DFG-finanzierten Forschungsprojekt *Verwandtschaft und Humantechnologie in Deutschland,* das Prof. Dr.

Brigitta Hauser-Schäublin von Mai 1996 bis November 2001 leitete. Nach ihrer journalistischen Ausbildung und Tätigkeit im Wissenschaftsjournalismus arbeitete Imme Petersen in Forschungsprojekten an den Universitäten Lüneburg und Hamburg über die soziale, kulturelle und ethische Dimension von Biotechnologien. Heute ist sie wissenschaftliche Mitarbeiterin am Forschungsschwerpunkt Biotechnik, Gesellschaft und Umwelt (BIOGUM) an der Hamburger Universität.

Hans Reithofer, „Lehrkraft für besondere Aufgaben" am Institut für Ethnologie der Universität Göttingen. Quereinstieg über das Studium der Theologie in Mödling bei Wien und drei Jahre als Missionar in Papua-Neuguinea. Erst dann (1992–1997) Studium der Ethnologie in Basel, wo er Brigitta Hauser-Schäublin zunächst nur dem Namen nach kennenlernt. Untersucht in einer zweijährigen Feldforschung Prozesse der Indigenisierung des Christentums bei den Mendi im Hochland von Papua-Neuguinea. Unter der sachkundigen Betreuungsarbeit von Hauser-Schäublin wird daraus in Göttingen eine Dissertation (*The Python Spirit and the Cross*, 2006). Reithofer bleibt auch nach der Promotion in Göttingen: 2004–2006 als wissenschaftlicher Assistent, im Sommersemester 2007 mit einer Vertretungsprofessur und seit dem Studienjahr 2007/08 als Lehrkraft für besondere Aufgaben. Zu seinen Interessensgebieten gehören Religionsethnologie, Prozesse der Christianisierung, Angewandte Ethnologie und Ökologische Anthropologie.

Meike Rieger studierte an der Georg-August-Universität Göttingen Ethnologie, Geschlechterforschung und Pädagogik. Seit 2008 ist sie wissenschaftliche Mitarbeiterin des DFG-Projekts *Religion, Ritual und politische Akteure unter den Bedingungen der* otonomi daerah *und* reformasi *in Bali, Indonesien*. Forschungsschwerpunkte sind Schnittstellen und Wechselwirkungen politischer Transformationsprozesse mit Konzeptionen von Glaubenssystemen aus inter-religiösen Perspektiven.

Paul (‚Jim') Roscoe is a cultural anthropologist who has conducted two years of fieldwork among the Yangoru Boiken of New Guinea, a field site originally suggested to him by Brigitta Hauser-Schäublin, who subsequently became a close colleague in his later career. Roscoe also has an archival specialization in Ancient Polynesia and specializes in political evolution, the anthropology of war, cultural ecology, and anthropological archaeology. He has authored articles on the origins of war, war and social organization, the evolution of the state, male and female initiation rites, the incest taboo, ‚tribal' art, and millenarian movements. He is Professor of Anthropology and Co-operating Professor of Climate Change Studies at the University of Maine.

Martin Rössler war Hochschulassistent am Institut für Ethnologie der Universität Göttingen und ist seit 2001 Professor am Institut für Ethnologie der Universität zu Köln. Mehrjährige Feldforschungen in Indonesien. Hauptarbeitsgebiete: Wirtschaftsethnologie, Sozialethnologie, Islamische Gesellschaften, Politische Ethnologie, Raumkonzeptionen und Mensch-Umwelt-Beziehungen. Regionale Schwerpunkte: Südostasien, Ozeanien, Nordafrika.

Birgitt Röttger-Rössler ist Professorin für Ethnologie im Rahmen des Exzellenzclusters „Languages of Emotion" an der FU Berlin. Sie studierte Ethnologie, Anthropologie, Romanistik sowie Malaiologie und Volkskunde an den Universitäten Göttingen, Zürich, Köln und Bonn und wurde 1988 an der Universität Köln promoviert. 2001 habilitierte sich an der sozialwissenschaftlichen Fakultät der Universität Göttingen. Seit einigen Jahren liegt ihr Hauptforschungsschwerpunkt auf dem Gebiet der ethnologischen Emotionsforschung, wobei sie sich vor allem mit der kulturellen Modellierung von Emotionen in südostasiatischen Gesellschaften beschäftigt. Sie hat mehrjährige Feldforschungen in Indonesien (vor allem auf Sulawesi und Sumatra) durchgeführt. Von 2003 bis 2006 leitete sie gemeinsam mit dem Hirnforscher Hans Markowitsch eine interdisziplinäre Forschungsgruppe zum Thema *Emotionen als bio-kulturelle Prozesse* am Zentrum für interdisziplinäre Forschung der Universität Bielefeld. Gegenwärtig liegen ihre Forschungsschwerpunkte auf der Sozialisation von Emotionen im Kulturvergleich sowie auf der Untersuchung kollidierender Gefühlskulturen in Migrationskontexten.

William S. (‚Bo') Sax studied at Banaras Hindu University, the University of Wisconsin, the University of Washington (Seattle), and the University of Chicago, where he earned the PhD in Anthropology in 1987. He has taught at Harvard, Christchurch, Paris, and Heidelberg, where he is Chair of Ethnology at the South Asia Institute. His major works include *Mountain Goddess: Gender and Politics in a Central Himalayan Pilgrimage* (1991); *The Gods at Play: Lila in South Asia* (1995); *Dancing the Self: Personhood and Performance in the Pandav Lila of Garhwal* (2002); *God of Justice: Ritual Healing and Social Justice in the Central Himalayas* (2008); and *The Problem of Ritual Efficacy* (in press).

Markus Schindlbeck, born in Todtnau (Black Forest), received his doctorate in anthropology from the University of Basel in 1978 and has done fieldwork among the Sawos and Kwanga. His research among the Sawos village of Gaikorobi was in close proximity to the area and village of Kararau. Thus letters were exchanged between Schindlbeck and Hauser-Schäublin through women meeting on the market place between both villages. The further research area of the Kwanga is again a neighbour culture of the Abelam where Hauser-Schäublin has worked. The forthcoming monograph on the Kwanga will illustrate further the area surrounding the Middle Sepik. Markus Schindlbeck is Curator of the Oceania collection and Head of the Department of Visual Anthropology, Ethnologisches Museum Berlin.

Judith Schlehe, studierte Ethnologie, Soziologie und Psychologie. Seit 2002 ist sie Ordinaria am Institut für Völkerkunde/Ethnologie der Universität Freiburg im Breisgau. Ihre aktuellen Forschungsinteressen gelten kultureller Globalisierung und Inter- bzw. Transkulturalität, Geschlechterforschung, religiöser Dynamik, Naturkatastrophen aus ethnologischer Sicht, populären Repräsentationsformen von Kultur, der Frage nach Wahrnehmungen des ‚Westens' in Asien (Okzidentalismus) und neuen Ansätzen von internationaler Zusammenarbeit vor dem Hintergrund unterschiedlicher akademischer Kulturen. Ihre regionalen Schwerpunkte liegen in Südostasien, insbesondere Indonesien, und in der Mongolei. Brigitta Hauser-Schäublin kennt sie seit deren Basler Zeit. Gemeinsame Forschungsinteressen verbinden sich mit einem freundschaftlichen Verhältnis. Dies lässt auf künftig häufigere Begegnungen hoffen, wenn Brigitta und ihr Mann wieder in die nahe Schweiz ziehen.

Anna Schmid ist seit 2006 Direktorin des Museums der Kulturen Basel. Davor leitete sie die Abteilung Völkerkunde am Niedersächsischen Landesmuseum Hannover. Aus ersten Gesprächen während dieser Zeit (2002 – 2006) entwickelte sich eine fruchtbare Zusammenarbeit zwischen dem Museum und dem Institut für Ethnologie in Göttingen und eine intensive inhaltliche Auseinandersetzung mit Brigitta Hauser-Schäublin. Sie führte Feldforschungen in Pakistan, Indien und Deutschland durch. Zu Ihren Publikationen zählen: Anna Schmid und Alexander Brust (Hg.) *Rot: wenn Farbe zur Täterin wird* (Begleitpublikation zur gleichnamigen Ausstellung im Museum der Kulturen, Basel). Basel (2007); und Anna Schmid (Hg.) *Mit Begeisterung und langem Atem. Ethnologie am Niedersächsischen Landesmuseum Hannover.* Hannover (2006).

Stefanie Steinebach besuchte zur Vorbereitung eines Südostasienaufenthaltes im Rahmen ihres Forststudiums an der Georg-August Universität Göttingen als Gasthörerin eine Vorlesung bei Brigitta Hauser-Schäublin. Sie war begeistert und beschloss, zusätzlich Ethnologie zu studieren. Im Anschluss an das Studium arbeitete sie als wissenschaftliche Mitarbeiterin am Institut für Ethnologie der Universität Göttingen. Brigitta Hauser-Schäublin begleitete sie während ihres Studiums und vor allem als Betreuerin ihrer Dissertation zum Thema *Der Regenwald ist unser Haus. Die Bedeutung des Regenwaldes in der Konstruktion der ethnischen Identität der Orang Rimba in Jambi, Sumatra,* deren fristgerechte Fertigstellung sie neben der fachlichen vor allem ihrer didaktisch wertvollen Betreuung zu verdanken hat.

Sophie Strauß studierte Ethnologie, Anthropologie und Naturschutz an der Georg-August-Universität Göttingen und in Uppsala (Schweden). Seit 2003 verschiedene mehrmonatige Studien- und Forschungsaufenthalte in Bali (Indonesien). Mehrmals als Lehrbeauftragte am Institut für Ethnologie in Göttingen tätig. Seit 2008 Promovendin an der *Graduate School Society and Culture in Motion* der Martin-Luther-Universität Halle-Wittenberg zum Thema Wasserrechtsdispute auf Bali und ihre Aushandlung.